Kursbuch + Arbeitsbuch

Cristóbal González Salgado
Carlos Sanz Oberberger

eñe A2

Der Spanischkurs

Hueber Verlag

eñe A2, Der Spanischkurs

von Cristóbal González Salgado und Carlos Sanz Oberberger

Beratung

- Reinhard Beer, Fachbereichsleiter Sprachen an der VHS Erlangen
- Regine Göpel, Programmbereichsleitung Sprachen, VHS Hildesheim
- Luisa Gómez, Spanisch-Dozentin, Fachhochschule München
- Prof. Claudia Fernández Silva, Dozentin für Lehrerfortbildung Spanisch, Aula Abierta, Universität Antonio de Nebrija, Madrid
- Claudia Moriena, Dozentin für Spanisch, Universität Potsdam

3. 2. 1. | Die letzten Ziffern
2012 11 10 09 08 | bezeichnen Zahl und Jahr des Druckes.
Alle Drucke dieser Auflage können, da unverändert, nebeneinander benutzt werden.
1. Auflage

Zeichnungen: Virginia Azañedo, München
Verlagsredaktion: Raquel Muñoz Martínez, Beate Dorner, Hueber Verlag, Ismaning
Redaktionelle Mitarbeit: Nydia Contreras Pinzón, Eching
Druck: Firmengruppe APPL, aprinta druck, Wemding
Bindung: Ludwig Auer GmbH, Donauwörth
Printed in Germany
ISBN 978–3–19–004220–3

VORWORT

Español versteht man besser mit eñe!

Liebe Lernerin, lieber Lerner,

¡Bienvenidos!
eñe A2, der Spanischkurs, setzt **eñe A1** fort und führt Sie in neun *Unidades* zum Niveau A2 des Gemeinsamen Europäischen Referenzrahmens. Hier können Sie Ihre Spanischkenntnisse erweitern und weiter lernen erfolgreich auf Spanisch zu kommunizieren. Das geschieht in zahlreichen Partner- und Gruppenaktivitäten, in denen Sie die gelernten Inhalte gleich wieder in wirklichkeitsnahen Situationen anwenden können.

Wie schon **eñe A1** bietet Ihnen auch **eñe A2** wieder alles in einem: Kursbuch, Arbeitsbuch, sowie die beiden zugehörigen CDs sind in diesem Band integriert.

Wie sind die Einheiten aufgebaut?

Der **Kursbuchteil** besteht aus neun thematischen Einheiten, den *Unidades 1–9*. Damit Sie sich schnell zurecht finden können, ist jede *Unidad* auf zehn Seiten klar und übersichtlich dargestellt:

- **Seite 1:** ***Einstieg***
  Die erste Seite macht Sie mit dem Thema der Einheit bekannt und nennt die kommunikativen Ziele.
- **Seite 2 bis 5:** ***En primer lugar*** und ***A continuación***
  Auf zwei Doppelseiten werden die neuen Lerninhalte anhand zahlreicher Kursaktivitäten rund ums Thema präsentiert: lebendig und informativ, unterhaltsam und motivierend.
- **Seite 6:** ***A toda página***
  Hier können Sie spanische Texte verschiedener Textsorten lesen und darüber sprechen.
- **Seite 7:** ***Entre culturas***
  Auf dieser Seite erhalten Sie einen Einblick in die Vielfältigkeit der spanischsprachigen Länder.
- **Seite 8:** ***¡A la tarea!***
  Hier dürfen Sie gleich anwenden, was Sie in der *Unidad* gelernt haben – und das im Team mit den anderen Kursteilnehmern.
- **Seite 9:** ***Recursos***
  Am Ende einer Einheit sind noch einmal alle wichtigen Strukturen und Wendungen der *Unidad* zusammengefasst.
- **Seite 10:** ***¡Ya lo sabes!***
  Ihre eigenen Lernfortschritte können Sie auf der letzten Seite einer *Unidad* überprüfen.
  Dort finden Sie auch eine Schreibaufgabe für das Dossier Ihres Portfolios sowie Lerntipps.

Ob Sie das, was Sie gelernt haben, auch wirklich aktiv beherrschen, erfahren Sie auf den **Wiederholungsseiten**, den *Otras vueltas*: im Kursbuchteil ganz spielerisch mit Gruppenaktivitäten, originellen Brettspielen und spanischen Liedern – zum Hören und Mitsingen.

Wie lerne ich außerhalb des Kurses?

Das **integrierte Arbeitsbuch** ist für das Üben zu Hause gedacht: Hier finden Sie passend zu den einzelnen Lernschritten im Kurs viele Aufgaben zu Strukturen, Wortschatz und Kommunikation. Mit Hilfe der beiliegenden Arbeitsbuch-CD können Sie gezielt Hörverständnis-Übungen machen und die Aussprache trainieren. In grüner Farbe markiert sind weiterführende, freie und produktive Übungen. Ihren wachsenden Sprachkenntnissen entsprechend wechselt ab *Unidad 4* auch die Sprache der Übungsanweisungen schrittweise von Deutsch zu Spanisch.

Auch im Arbeitsbuch können Sie Ihren Lernerfolg überprüfen: Nach jeweils drei *Unidades* gibt es in den *Otras vueltas* einen Multiple-Choice-Test und eine Checkliste.
Am Ende des Arbeitsbuchs von **eñe A2** finden Sie einen weiteren Test: Dieser bereitet auf die TELC-Prüfung „Español Nivel elemental A2" vor.

Außerdem finden Sie in **eñe A2** eine Grammatik, die systematisch die Grammatikinhalte von A1 und A2 zusammenfasst, sowie den Lösungsschlüssel zum Arbeitsbuch und Wortlisten mit dem Lektionswortschatz und dem alphabetischen Wortschatz.
Auf den beiliegenden Audio-CDs ist das komplette Hörmaterial zum Kurs- und Arbeitsbuch enthalten: zum Üben, Wiederholen und Nachbereiten.

Weitere Materialien, passend zu **eñe** gibt es im **eñe**-Lehrwerkservice im Internet unter
www.hueber.de/ene
zu entdecken, z.B. Online-Übungen, Links und vieles mehr.

Wir wünschen Ihnen viel Spaß und Erfolg beim Spanischlernen!

Ihr **eñe**-Team

INHALT

Symbole

1-6 Hörtext auf CD mit Tracknummer

Aktivität zu zweit

Aktivität in einer kleinen Gruppe

Tipp 2 S. 26 Verweis auf einen Lerntipp

AB 1, 2 passende Übung im Arbeitsbuchteil

¡Fíjate! Besonderheit, Ausnahme

recursos grammatische Struktur

vocabulario Wortschatz

Unidad 1

A

B

C

D

E

F

1-6 Escucha las situaciones en el curso y anota en la foto el orden.
¿Sabes cómo es tu nombre en español?

Me gusta el español

IN DIESER UNIDAD LERNEN SIE:

- etwas begründen
- eine Absicht äußern
- Angaben zur Person machen
- über Erfahrungen beim Spanischlernen sprechen
- Gegenstände im Klassenraum benennen
- eine Meinung äußern

1 A EN PRIMER LUGAR

1. ¿Por qué estudian español?

a **Mira las fotos y decide por qué aprenden estas personas español. Coméntalo con tu compañero/-a y luego completa la tabla.**

A Ingrid

B Sofie

C Clara

D Rita y Johannes

~ *Mira, este estudia español porque su novia es española.*
~ *No, yo creo que estudia español sólo para hablar con la gente.*

¿Por qué estudian español?

A ....

B ....

C ....

D ....

etwas begründen und die Absicht äußern

Estudio español **porque** mi novia es ecuatoriana.
Estudio español **por** trabajo.

porque + *Satz*
por + *Substantiv*

Estudio español **para** ir a México.

para + *Infinitiv*

recursos

7 **b** **Escucha las conversaciones y comprueba.**

c **¿Qué otras razones crees que hay para estudiar español?**

AB 1-4

2. ¿Qué tenemos en común?

a **Haz las preguntas a tu compañero/-a y completa la ficha.**

¿Cómo te llamas? ______________________

¿Cuántos años tienes? ______________________

¿De dónde eres? ______________________

¿Dónde vives ahora? ______________________

¿A qué te dedicas? ______________________

¿Desde cuándo estudias español? ______________________

¿Hablas otros idiomas? ¿Cuáles? ______________________

¿Qué haces en tu tiempo libre? ______________________

gustar / interesar / encantar

(a mí) me... (a ti) te... (a él, a ella) le... (a nosotros/-as) nos... (a vosotros/-as) os... (a ellos/-as) les...	interesa la literatura. gusta ir en bici. encantan las comedias.

recursos

desde / desde hace

Estudio **desde** noviembre de 2007.
desde + *Zeitpunkt*

Estudio **desde hace** seis meses.
desde hace + *Dauer*

recursos

b **Presenta a tu compañero/-a y di lo que tenéis en común.**

~ *Os presento a Fabian. Es de Berna, de Suiza, pero vive en…*
Los dos hablamos los mismos idiomas.
~ *Elke estudia español desde hace seis meses, y yo también.*

AB 5-8

3. Mi diario de español

a **Pregunta a tu compañero/-a si le gusta hacer las siguientes actividades en la clase de español.**

- hablar con los compañeros/-as
- ver vídeos
- escuchar las audiciones
- navegar en Internet
- leer artículos de revistas y periódicos
- leer textos literarios
- escribir textos para el portfolio
- buscar todas las palabras en el diccionario
- hacer ejercicios de gramática
- trabajar individualmente
- preguntar a los compañeros lo que no entiende

~ *¿A ti te gusta hacer ejercicios de gramática?*
~ *Sí que me gusta. ¿Y a ti…?*

Gefallen äußern

Me encanta(-n)…
Me gusta(-n) muchísimo…
Me gusta(-n) mucho…
Me gusta(-n)…
Me gusta(-n) un poco…
Me aburre(-n)…
No me gusta(-n) mucho…
No me gusta(-n) nada…
Odio…

¡Fíjate!

b **Lee el diario de Alex, un estudiante de español. ¿De qué trata cada párrafo?**

Tipp 1 S. 16

MI PORTFOLIO

Miércoles, 12 de mayo

Hoy hemos empezado un nuevo curso de español. Ha sido muy divertido porque he conocido a gente muy simpática. Nuestra profesora, que se llama Ana, también es muy amable. Sobre todo he hablado mucho con Vera, de Austria, y con Travis, un americano que es profesor de inglés aquí. Todavía no conozco a todos mis compañeros. ______

Mi profesora nos ha dado un test para conocernos mejor y nos ha dicho que es muy bueno escribir un diario sobre cómo aprendo el idioma y tener un "portfolio" personal para coleccionar textos y otros documentos en español. A mí no me gusta mucho escribir textos, prefiero hablar con la gente, pero creo que es una buena idea escribir más. ______

En clase también me gusta conocer otras culturas y hablar con mis compañeros sobre las diferencias. También me gusta leer textos, pero no literatura porque no entiendo mucho. Tampoco me gusta mucho hacer actividades de gramática porque a veces son aburridas, pero sé que son importantes. ______

En este curso voy a trabajar más en casa con las audiciones porque también tengo problemas para entender a los nativos. ¡Hablan muy rápido! ______

c **Y a ti, ¿te pasa lo mismo que a Alex? Subraya en el diario las experiencias que tenéis en común.**

AB 9-11

4. ¿Qué hay en tu clase?

a **Escribe las palabras de la tabla en el lugar correspondiente.**

el televisor | el proyector | el diccionario | el archivador | el juego de tablero

AB 12, 13 **b** **¿Qué hay en tu clase? ¿Qué no? ¿Qué objetos son los más importantes para ti? Elige tres.**

5. ¿Cómo aprendes?

8 **a** **Joan, Marta y Alberto estudian alemán y hablan de sus experiencias. Escucha y marca qué aspectos positivos o negativos se mencionan.**

+

- ☐ Es útil trabajar con textos y su vocabulario.
- ☐ Es una lengua muy lógica y sistemática.
- ☐ Es bueno trabajar en grupo.
- ☐ La fonética alemana es muy fácil.
- ☐ Se aprende mejor trabajando también con juegos.
- ☐ Bailar y moverse en clase facilita el aprendizaje.
- ☐ El alemán se aprende muy rápido.
- ☐ Hacer ejercicios de gramática es una actividad interesante.

–

- ☐ La pronunciación es muy difícil.
- ☐ Escribir en alemán es muy complicado.
- ☐ Las audiciones son difíciles.
- ☐ Hay que pensar mucho antes de hablar.
- ☐ La gramática es difícil.
- ☐ Los alemanes hablan muy rápido.
- ☐ Hacer ejercicios de gramática es una actividad difícil.
- ☐ Los austriacos hablan más despacio que los alemanes.

b **¿Qué te parece fácil? ¿Y difícil? Puntúa del 1 (más difícil) al 10 (más fácil) cada una de las actividades. Después habla con tus compañeros/-as y daros consejos sobre lo que podéis hacer para mejorar vuestras dificultades.**

- ☐ hacer ejercicios de gramática
- ☐ hacer ejercicios en grupo
- ☐ entender a los nativos (hablan muy rápido)
- ☐ practicar la pronunciación
- ☐ escribir textos
- ☐ hacer juegos en clase
- ☐ hablar
- ☐ entender las audiciones del cedé
- ☐ aprender vocabulario

~ *Para mí es muy difícil entender las audiciones.*
~ *Pues puedes escucharlas otra vez en casa con más tranquilidad.*

AB 14

6. ¿Qué tipo de estudiante eres?

a Lee este test y marca todas las frases con las que te identificas.

LAS INTELIGENCIAS MÚLTIPLES

¿Qué significa ser inteligente? Todas las personas tenemos varios tipos de inteligencia desarrollados en diferentes grados. ¿Cuáles son tus inteligencias más fuertes? ¡Averígualo!

GRUPO 1
- ☐ Bailar es fácil para mí.
- ☐ Recuerdo mejor las cosas si las aprendo con ritmo.
- ☐ Me gusta cantar, tocar un instrumento...
- ☐ Prefiero los musicales a las obras de teatro.
- ☐ Me gusta el ritmo de la poesía.
- ☐ Recuerdo fácilmente la letra de las canciones.

GRUPO 2
- ☐ Me gusta ser ordenado.
- ☐ Antes de utilizar un aparato leo bien las instrucciones.
- ☐ Me siento mal con gente desorganizada.
- ☐ Me gustan los juegos de lógica.
- ☐ Si no tengo todo bien organizado, no puedo estudiar bien.
- ☐ Me gusta saber cómo funcionan las cosas.

GRUPO 3
- ☐ No me gusta trabajar solo.
- ☐ Soy miembro de varios clubs y organizaciones.
- ☐ La amistad es muy importante para mí.
- ☐ Es más productivo aprender en grupo.
- ☐ Soy una persona divertida.
- ☐ Es fácil para mí conocer a otras personas.

GRUPO 4
- ☐ Aprendo mejor cuando hago cosas.
- ☐ Me gusta trabajar con las manos.
- ☐ Cuando hablo con otras personas hago también gestos.
- ☐ Me encanta bailar.
- ☐ Soy una persona activa.
- ☐ Prefiero estar muy ocupado a no hacer nada.

GRUPO 5
- ☐ Me interesan los idiomas.
- ☐ Escribo un diario.
- ☐ Me gusta mucho leer libros, revistas, páginas Web...
- ☐ Tomar notas me ayuda a estudiar.
- ☐ Escribo correos y cartas a mis amigos y familia.
- ☐ Me gustan los juegos de palabras (crucigramas, sopa de letras, etc.).

GRUPO 6
- ☐ Me gusta el cine, la televisión, Internet...
- ☐ No tengo problemas para leer mapas o planos.
- ☐ Me gusta hacer fotos, vídeos...
- ☐ Los mapas, gráficos o tablas me ayudan a entender.
- ☐ Me gusta ordenar y decorar mi casa o piso.
- ☐ Recuerdo bien cosas en forma de imágenes mentales.

b Suma las cruces que has hecho en cada grupo y marca el resultado en la tabla.

Total de puntos en cada grupo	1x	2x	3x	4x	5x	6x
GRUPO 1: Inteligencia musical						
GRUPO 2: Inteligencia lógica 2+2=4						
GRUPO 3: Inteligencia social/grupal						
GRUPO 4: Inteligencia corporal						
GRUPO 5: Inteligencia verbal						
GRUPO 6: Inteligencia visual						

El número de puntos indica el modo en que aprendes. Es decir, cuanto más alto es el número de puntos dentro de un grupo, más tiendes hacia ese tipo de inteligencia.

Lerntypen

Unter den Lernenden gibt es selten "reine Typen", das heißt z.B. den 100%ig visuellen Lerner. Vielmehr gibt es Lernende mit einer Mischung verschiedener Lerntypen, die dann aber zu ein oder zwei Lernschwerpunkten hin tendieren.

¡Fíjate!

c Compara los resultados con tu compañero/-a y decide qué inteligencia quieres desarrollar más. AB 15-17

Un examen oficial de Español

a Relaciona.

leer	expresión escrita
escribir	comprensión auditiva
escuchar	expresión oral
hablar	comprensión lectora

b Lee la información sobre el examen de Español del nivel A2 de TELC[1].
¿De cuántas partes consta el examen?
¿Cuánto tiempo dura?

[1] Mehr über die TELC-Prüfungen können Sie im Internet finden unter http://www.telc.net

Las partes del examen

Prueba	Objetivo	Tipo de tarea	Puntos	Duración (min.)
Examen escrito				
1 Vocabulario y gramática				
1.1	Vocabulario y gramática	10 ítems: selección múltiple	5	15
1.2	Lenguaje interactivo	8 ítems: relacionar	8	
2 Comprensión auditiva				
2.1	Comprensión global	5 ítems: verdadero/falso	10	20 aprox.
2.2	Comprensión detallada	2 ítems: verdadero/falso	4	
2.3	Comprensión selectiva	5 ítems: verdadero/falso	10	
3 Comprensión lectora				
3.1	Comprensión global	4 ítems: relacionar	8	30
3.2	Comprensión detallada	4 ítems: verdadero/falso	8	
3.3	Comprensión selectiva	4 ítems: relacionar	8	
4 Expresión escrita				
		3 puntos-guía	12	15
	Marcar las soluciones en la Hoja de respuestas			10
Examen oral				
	Parte 1: Conocerse el uno al otro	Examen con dos candidatos (o, como excepción, con un candidato solo)	3	10 aprox.
	Parte 2: Intercambio de informaciones		12	
	Parte 3: Llegar a un acuerdo		12	

c Bettina, una estudiante de español, ha hecho el examen del nivel A2.
Lee su correo electrónico y marca las tres informaciones falsas.

Nuevo mensaje

Enviar Chat Adjuntar Agenda Tipo de letra Colores Borrador

el examen

Querido Pedro:
¿Qué tal estás? Yo muy bien. Esta semana he hecho el examen de español del TELC. En total ha durado una hora y treinta minutos, con una parte escrita y una oral. La parte oral ha sido muy rápida, solo 5 minutos. En la parte escrita ha habido tres partes, una de comprensión auditiva, una de comprensión lectora y también hemos tenido que escribir un texto. La parte más difícil para mí ha sido la comprensión auditiva porque cuando escucho el cedé me pongo siempre muy nerviosa. ¡Muchas gracias por corregir mis correos electrónicos! Tus correcciones me han ayudado mucho en el examen. Escríbeme pronto, ¿vale?
Un abrazo,
Bettina ☺

d ¿Has hecho ya algún examen oficial de una lengua extranjera?
¿Cuál ha sido la parte del examen más difícil para ti? ¿Por qué?

AB 18

La Torre de Babel

a ¿Cuáles de estas lenguas se hablan en España (E)? ¿Cuáles en Latinoamérica (L)?

☐ catalán	☐ quechua	☐ guaraní	☐ aimara	☐ gallego
☐ vasco	☐ castellano	☐ nahuatl	☐ mapuche	☐ quiché

b Lee la información "¿Sabías que...?" y señala en el mapa dónde se hablan las seis lenguas que se mencionan.

¿Sabías que...?

En los países de Latinoamérica que tienen español como lengua oficial, también se hablan numerosas lenguas aborígenes.

En México el gobierno ha reconocido 65 lenguas indígenas. El náhuatl, el idioma de los aztecas, es la lengua indígena más hablada en este país.

En los países de Centroamérica se hablan las lenguas mayenses, una variedad de lenguas que suman más de seis millones de hablantes. La variante más conocida es el quiché, que se habla en el sur de México, en Guatemala y en Honduras.

En los países de la zona andina, sin embargo, hablan lenguas indígenas entre el 40 y el 78% por ciento de la población. En algunos países estas lenguas son oficiales, por ejemplo, en Perú.

El quechua, idioma oficial del antiguo imperio inca, es la lengua indígena con mayor número de hablantes: se estima que cerca de 12 millones de personas lo hablan en Perú, Bolivia (en ambos países es lengua co-oficial con el aimara y el castellano) y algunas minorías de Ecuador.

El aimara se habla en la frontera entre Bolivia y Perú y cuenta con un millón y medio de hablantes.

El guaraní es la segunda lengua indígena más hablada después del quechua. Se habla sobre todo en Paraguay, donde es lengua oficial. En total cuenta con unos siete millones de hablantes.

El mapuche se habla en Chile (en el centro-sur). También se habla en el norte de la Patagonia argentina. Se calcula que actualmente lo hablan medio millón de personas.

c ¿Se hablan otras lenguas (o dialectos) en tu país? ¿Cuáles? ¿Están consideradas oficiales en tu país?

AB 19

Vamos a realizar para el/la profesor/a una lista con información sobre vuestros intereses y experiencias estudiando español.

1 Rellena la línea verde con información sobre ti.

2 En grupos de cuatro, haced preguntas a tres compañeros/-as sobre los temas de la tabla. Después rellenad la líneas roja, amarilla y azul.

Nombre	1 Motivos para estudiar español	2 Temas que interesan	3 Aspectos fáciles y difíciles
Yo			
compañero/-a			
compañero/-a			
compañero/-a			

3 Formad nuevos grupos con compañeros/-as del mismo color (grupo verde, grupo azul...). Cada grupo prepara un informe escrito sobre la información recogida.

Grupo Azul

1 ¿Motivos?
Bettina y Karsten estudian español porque quieren ir a Latinoamérica el próximo año.
Maja...

2 ¿Temas?
A Karsten le interesa la historia de España.
Bettina y Maja...

3 ¿Fácil / difícil?
Muchos tienen problemas con los ejercicios de... Para Christian es muy difícil...

4 Ahora poned vuestros informes en la pared. ¿Qué motivos, temas y actividades de clase son los más nombrados? Al final entregad vuestros informes al profesor o a la profesora.

Pronomen nach Präpositionen

para	**mí**
de	**ti**
entre	él, ella, usted
delante de	nosotros/-as
detrás de	vosotros/-as
por	ellos/-as, ustedes

→5.4

! conmigo (mit mir)
contigo (mit dir)
consigo (mit sich)

→5.4

Begründung

porque + Satz
*Estudio español **porque** tengo una novia peruana.*

por + Substantiv
*Estudio español **por** mi trabajo.*

→10.6

Zweck

para + Infinitiv
*Estudio español **para** hablar con la familia de mi novia.*

→10.6

desde/desde hace

desde + Zeitpunkt
¿Desde cuándo estudias español?
***Desde** noviembre.*

desde hace + Dauer
***Desde hace** seis meses.*

→8

Die Verdoppelung des indirekten Objektpronomens

betont	unbetont	
(A mí)	*me*	
(A ti)	*te*	*gustan mucho las novelas de Carlos Fuentes.*
(A él/ella/ustedes)	*le*	*encanta viajar.*
(A nosotros/-as)	*nos*	*interesa la pintura de Dalí.*
(A vosotros/-as)	*os*	
(A ellos/-as/ustedes)	*les*	

Manche Verben (z.B. *gustar, parecer, interesar, encantar*) werden vor allem in der 3. Person verwendet. Dann stehen sie mit indirektem Objektpronomen, das sich auf die handelnde Person bezieht.
Das Objektpronomen kann verdoppelt werden, um es hervorzuheben. Die verdoppelten Objektpronomen werden betonte Objektpronomen genannt. Im Gegensatz zu den betonten können die unbetonten Objektpronomen nicht weggelassen werden.

→5.4

LENGUA

etwas begründen

■ Estudio español **porque** mi novia es ecuatoriana.
● Yo, **por** mi trabajo.

jemanden vorstellen

■ Te presento a mi compañero. Se llama Mark.
● Ah, encantada, yo soy Marianne.

■ Mira, este es Johannes.
● Hola, Johannes, ¿qué tal?

über Vorlieben und Interessen reden

A mí me gusta mucho escuchar música en clase.
A Martha no le gusta nada hacer los deberes.
A Peter le interesa la cultura maya.
A mis compañeros les interesan los países de Latinoamérica.
■ ¡A mí me encanta viajar! ¿Y a ti?
● A mí también.

eine Absicht äußern

■ Yo estudio español **para** ir a México.
● Y yo **para** hablar con mis amigos españoles.

persönliche Ansichten ausdrücken

■ **Para mí,** los españoles hablan muy rápido.
● **A mí me parece** muy difícil entender a los nativos.
Para Michael es muy fácil memorizar vocabulario.

Kommunikation im Unterricht

¿Puedes repetir?	Otra vez por favor.
¿Qué significa?	No lo sé.
¿Cómo se escribe?	Más despacio, por favor.
¿Cómo se pronuncia?	No lo he entendido.
¿Qué tenemos que hacer?	Un momento.

COMUNICACIÓN

¡YA LO SABES!

Ich kann ...	😊	🙂	☹	Unidad 1
etwas begründen	☐	☐	☐	A1
eine Absicht äußern	☐	☐	☐	A1
nach persönlichen Angaben fragen und antworten	☐	☐	☐	A2
jemanden vorstellen	☐	☐	☐	A2
über Erfahrungen beim Spanischlernen sprechen	☐	☐	☐	A3
Gegenstände in Klassenraum benennen	☐	☐	☐	B4
Meine Meinung zum Thema Lernen äußern	☐	☐	☐	B5
Über meinen Lerntyp sprechen	☐	☐	☐	B6

Escribe la primera página de tu diario de clase. Comenta qué has hecho en el curso, qué es lo que te ha gustado y no te ha gustado. Escribe también cómo prefieres aprender español, qué te gusta hacer en el curso y qué puedes hacer tú para aprender mejor.

Tipp 1

Mit einem Sprachenportfolio arbeiten

„Kann ich auf Spanisch schon Vorschläge machen?" „Wie schreibt man eine Einladung auf Spanisch?" „Kann ich über das Thema Gesundheit sprechen?" Haben Sie sich solche Fragen zu Ihren Spanischkenntnissen vielleicht auch schon gestellt? Damit Sie zukünftig einen noch besseren Überblick über Ihre persönlichen Erfahrungen und Erlebnisse mit der spanischen Sprache – und auch weiteren Fremdsprachen – haben: Verwenden Sie ein Sprachenportfolio.

Das Europäische Sprachenportfolio ist ein Lernbegleiter oder auch Lerntagebuch für alle, die Sprache lernen oder gelernt haben. Das Sprachenportfolio kann in jeder Lernsituation verwendet werden – also sowohl wenn man in einem Kurs oder in der Schule als auch zu Hause am PC lernt. Das Sprachenportfolio hilft Ihnen das Niveau der vorhandenen Sprachkenntnisse festzustellen und zu dokumentieren. Es zeigt Lerntipps auf und hilft beim Setzen von Lernzielen. Außerdem kann man durch die langfristige und kontinuierliche Arbeit mit dem Sprachenportfolio den eigenen Lernprozess besser verstehen und nachvollziehen.
Ein Sprachenportfolio besteht aus drei Teilen:
der Sprachenbiographie
dem Dossier
dem Sprachenpass

Die <u>Sprachenbiographie</u> unterstützt Sie bei der Reflektion und Planung des Lernens. Hier kann man Vorkenntnisse und Spracherfahrungen sowie kulturelle Erfahrungen eintragen. Außerdem enthält die Sprachenbiographie Checklisten, mit denen Sie selbst Ihre Sprachkenntnisse einschätzen können. Zudem können Sie für jede Lektion von e□e anhand der Checkliste am Anfang jeder *¡Ya lo sabes!*-Seite Ihren Kenntnisstand festhalten, sowie in den Checklisten auf den Seiten 139, 162 und 187 Ihren Lernerfolg nach den Fertigkeiten Hören, Lesen, Sprechen und Schreiben überprüfen.
Das <u>Dossier</u> bietet Ihnen die Möglichkeit, Materialien und Dokumente, die für das ganz persönliche Sprachenlernen wichtig sind, zu sammeln und zu systematisieren. Beispiele könnten z.B. Liedtexte, Musterbriefe, besonders Gelungenes sein. Auf jeder *¡Ya lo sabes!*-Seite von e□e finden Sie unter der Rubrik *Mi dossier* einen Schreibauftrag: Den von Ihnen dazu erstellten Text können Sie dem Dossier hinzufügen.
Der <u>Sprachenpass</u> fasst die Informationen des Sprachenportfolios zusammen. Er enthält neben einer Aufstellung der erworbenen Prüfungen und Zertifikate auch eine Zusammenfassung Ihres gesamten Spracherwerbs, also z.B. auch die vierwöchige Sprachreise nach Andalusien. Damit ist der Sprachenpass ein wichtiges Dokument, um z.B. die bei Bewerbungen üblicherweise aufgeführten Sprachkenntnisse zu untermauern.

Unidad 2

1 Nuestro bebé. ¡Es un sol!
junio de 2006

2 Bautizo de Alba
junio de 2007

3 Viaje de luna de miel en México
7–23 de sept de 2005

4 Nuestra boda
4 de septiembre de 2005

5 Mi Primera Comunión
1 de mayo de 1988

El álbum de Ana y José Manuel: relaciona las fotos con las frases.

Toda una vida

IN DIESER UNIDAD LERNEN SIE:

- über Vergangenes sprechen
- von historischen Ereignissen berichten
- Vergangenes zeitlich einordnen
- ein Gedicht interpretieren

1. Una biografía

a **Haz suposiciones sobre el personaje de las fotografías.**

- *¿A qué se dedica?*
- *¿Cuáles son sus gustos y aficiones?*
- *¿Qué cosas importantes ha hecho en su vida?*

b **Lee la biografía y compara tus respuestas con la información del texto.**

Miguel de la Quadra

El último explorador y aventurero romántico

La vida de Miguel de la Quadra está llena de experiencias que muchos de nosotros hemos soñado vivir alguna vez. Los que lo conocen lo definen como sencillo, humilde y un personaje de otro tiempo.

Miguel de la Quadra Salcedo nació en Madrid, el 30 de abril de 1932. De pequeño, la familia se mudó a Navarra. Estudió para ser ingeniero agrónomo, pero siempre le interesó más el deporte. Participó en los Juegos Olímpicos de Roma en 1960.

De 1961 a 1963 vivió en la selva del Amazonas, donde trabajó como botánico para el gobierno de Colombia. Allí hizo muchas fotografías y grabó muchos vídeos. Después Televisión Española lo contrató como reportero.

En su primer trabajo viajó al Congo para informar sobre la guerra. Allí fue condenado a muerte por grabar la ejecución de 300 prisioneros, pero tuvo la suerte de escapar en el último momento.

En 1965 se casó en Tokio con Marisol Arzumendi.

En 1979 creó el programa de intercambio cultural "Aventura 92", que hoy lleva el nombre de "Ruta Quetzal". El programa consiste en intercambios entre jóvenes de más de 50 países para realizar viajes de estudio de geografía, historia y medioambiente de Iberoamérica.

Miguel de la Quadra ha conocido y entrevistado a personajes tan importantes como el Dalai Lama, Salvador Allende, Indira Gandhi o el poeta chileno Pablo Neruda, ha escrito varios libros sobre viajes y ha obtenido múltiples premios nacionales e internacionales.

c **En la biografía hay un nuevo tiempo del pasado, el indefinido. Busca en el texto las formas que faltan y completa la tabla.**

Tipp 2 S. 26

regelmäßig				unregelmäßig		
viajar	**nacer**	**vivir**	**casarse**	**ser / ir**	**hacer**	**tener**
viajé	nací	viví	me casé	fui	hice	tuve
viajaste	naciste	viviste	te casaste	fuiste	hiciste	tuviste
....	....	....	....	fue	....	....
viajamos	nacimos	vivimos	nos casamos	fuimos	hicimos	tuvimos
viajasteis	nacisteis	vivisteis	os casasteis	fuisteis	hicisteis	tuvisteis
viajaron	nacieron	vivieron	se casaron	fueron	hicieron	tuvieron

recursos

d **Elige tres acontecimientos destacados de la vida de Miguel de la Quadra.**

Der Gebrauch des *Indefinido*

Das *Indefinido* wird verwendet, wenn der Sprecher ein Ereignis in einem abgeschlossenen Zeitraum der Vergangenheit situieren möchte. Daher steht das Indefinido häufig nach Ausdrücken wie *En 1985..., de 1961 a 1963, ayer, la semana pasada, el mes/año pasado, anoche, anteayer, hace dos años...*

¡Fíjate!

e **Escribe sobre cinco acontecimientos importantes de tu vida.**

nacer | terminar mis estudios, mi formación | empezar a trabajar | cambiar de trabajo | divorciarse, separarse | casarse | tener un/-a hijo/-a | viajar a... | salir de casa de los padres | mudarse a otra ciudad, a otro país | conocer a mi mujer/marido | jubilarse | ganar un premio

f **Compara con tus compañeros/-as. ¿Qué tenéis en común?**

Indefinido

empezar → yo empecé
comenzar → yo comencé

¡Fíjate!

AB 1-7

2. El fin de semana pasado

a **¿Qué hizo Rosa el fin de semana pasado? Escribe una frase debajo de cada imagen.**

a ☐

Rosa limpió su piso. ....

b ☐ ....

c ☐ ....

d ☐ ....

....

f ☐ ....

g ☐ ....

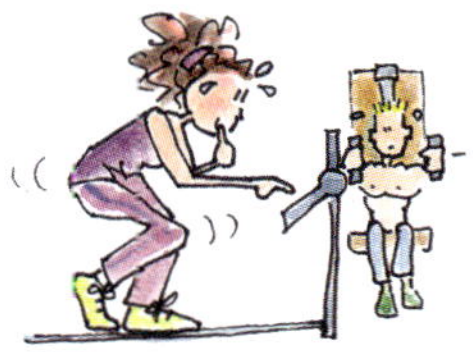

h ☐ ....

9 **b** **Rosa habla con una compañera de trabajo sobre el fin de semana pasado. Escucha y marca en 2a en qué orden hizo las actividades.**

9 **c** **Escucha otra vez y contesta las preguntas.**

¿Qué hizo Rosa el viernes? | ¿Qué hizo Rosa el sábado? | ¿Qué hizo Rosa el domingo?

Indefinido

estar	**dormir**
estuve	dormí
estuviste	dormiste
estuvo	durmió
estuvimos	dormimos
estuvisteis	dormisteis
estuvieron	durmieron

recursos

d **¿Y tú qué hiciste el fin de semana pasado? Escribe en un papel cuatro actividades y dáselo a tu profesor/a.**

e **Tu profesor/a te da un papel con cuatro actividades. Busca en el curso a su propietario/-a.**

~ *El sábado por la mañana limpié mi piso y después fui a comprar. Por la noche fui a bailar con amigos, ¿y tú qué hiciste?*

~ *Yo también limpié y después fui a comprar comida y por la noche estuve cenando con unos amigos.*

estar + gerundio

Estuvimos bailando hasta las cuatro.

recursos

f **¿Quiénes del grupo hicieron lo mismo?**

~ *Michael, Franziska y yo estuvimos el fin de semana en el cine, pero vimos películas diferentes.*

Zeitangaben

por la mañana	primero
por la tarde	después
por la noche	luego
	más tarde

vocabulario

AB 8-10

3. Una guía de Barcelona

a **Lee esta información histórica de una guía de viajes sobre Barcelona. ¿De qué épocas históricas encuentras información? Márcalas.**

☐ el siglo XX ☐ la época romana ☐ el siglo XIX
☐ la Edad Media ☐ el siglo XVIII ☐ el siglo XXI

El desarrollo de Barcelona

Cataluña volvió a la vanguardia de Europa apartir de 1850 gracias a su boom industrial, demográfico y artístico. En este siglo tuvo lugar la modernización de Barcelona, que empezó a ser el centro de una vanguardia cultural. En 1888 se celebró en Barcelona la Exposición Universal.

En 1899 se fundó el FC Barcelona y un año más tarde el RCD Espanyol, los dos equipos de fútbol de la capital catalana.

Aunque el siglo pasado comenzó con acontecimientos difíciles para la ciudad, en 1929 se organizó la Exposición Internacional. Durante la II República española (1931–1939), Cataluña consiguió cierta autonomía. Pero en 1936 comenzó la Guerra Civil española, una de las épocas más duras para Barcelona. Miles de personas tuvieron que exiliarse. En 1939, cuando terminó la Guerra Civil y comenzó la dictadura de Franco, Barcelona perdió muchas libertades.

En los años 60, aproximadamente, llegaron a la ciudad muchos emigrantes de diferentes lugares de España para participar en el desarrollo económico e industrial. La ciudad se desarrolló gracias a dos eventos importantes: en 1992 se celebraron los Juegos Olímpicos que proyectó al mundo la imagen de una Barcelona moderna, abierta y hospitalaria y en el año 2004 tuvo lugar "El Fòrum de les Cultures 2004".

Barceloneses ilustres

El maestro del Modernismo, Antoni Gaudì, nació en Tarragona pero fue en la cercana Barcelona donde produjo sus obras: la Sagrada Familia, la Casa Batllò, la Casa Milà o la Pedrera, el Parc Güell... Otro artista adoptado por Barcelona fue Pablo Picasso, andaluz de Málaga, que se trasladó a esta ciudad durante su "período azul".

Otros artistas de Barcelona fueron: Joan Mirò, "hijo legítimo" de la capital catalana o Antoni Tàpies. En la literatura destacan Manuel Vázquez Montalbán, Eduardo Mendoza, Carlos Ruiz Zafón, Luis Goytisolo o Carmen Laforet. De Barcelona son también los cantantes de ópera Monserrat Caballé y José Carreras. Importantes deportistas son los tenistas Sergi Bruguera, Carlos Costa, Arantxa Sánchez Vicario, así como el piloto de motociclismo Sito Pons.

b **Ahora completa con tres informaciones sobre cada tema.**

Hechos históricos	Información cultural	Deportes	Sociedad

10

c **Gustavo, Roberto y Claudia están jugando al "Quien sabe, gana". Escúchalos y marca en cada tarjeta la respuesta correcta.**

deportes
¿En qué ciudad nació Dani Pedrosa, campeón del mundo de motociclismo?
a) En Tarragona
b) En Sabadell
c) En Barcelona

música
¿Qué cantante español no pudo cantar en catalán en el festival de la canción de Eurovisión en 1968?
a) Joan Manuel Serrat
b) Raimon
c) Lluís Llach

arte y literatura
¿Cómo se llama el detective barcelonés protagonista de la serie de novelas del escritor Manuel Vázquez Montalbán?
a) Ricardo Tubbs
b) Guido Brunetti
c) Pepe Carvalho

historia
¿Después de qué guerra entre 1705 y 1714 se unificó Castilla y Aragón?
a) La Guerra dels Segadors
b) La Guerra de Sucesión
c) La Guerra de la Independencia

d **Elabora tarjetas para el juego con preguntas sobre tu ciudad. ¿Quién sabe más respuestas?**

AB 11-13

4. Toda una década

a ¿Qué pasó en 1992? Lee los acontecimientos y busca tres informaciones falsas.

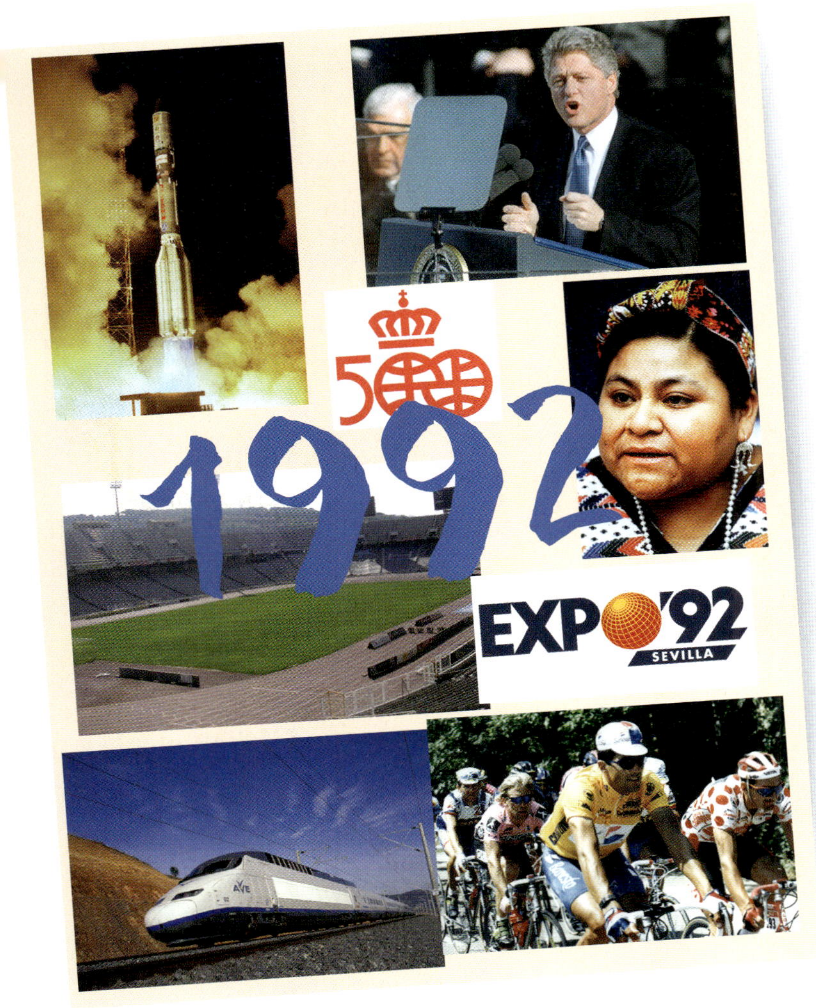

a Se celebró la Exposición Universal en Sevilla.
b Se celebraron los Juegos Olímpicos en Barcelona.
c Se puso en órbita el Hispasat 1A, el primer satélite espacial español.
d Salió al mercado el primer teléfono móvil.
e Se inauguró el AVE, el tren de alta velocidad, entre Madrid y Sevilla.
f Se nombró a Berlín capital de la República Federal de Alemania.
g La guatemalteca Rigoberta Menchú recibió el premio Nobel de la Paz.
h Se celebró el 500 aniversario de la llegada a América de Cristóbal Colón.
i El ciclista español Miguel Induráin ganó el Tour de Francia por segunda vez.
j Bill Clinton ganó las elecciones de los Estados Unidos.
k Argentina ganó el mundial de fútbol celebrado en Suiza.

se + 3. Person

Se inauguró el AVE.
Se celebraron los Juegos Olímpicos.

¡Fíjate!

b Busca a dos compañeros/-as que nacieron en la misma década que tú. ¿Qué acontecimientos importantes tuvieron lugar en esa década?

Historia	*Cultura*	*Deporte*	*Sociedad*

c Elabora un póster con los acontecimientos más importantes de la década. ¿Qué póster del curso es el más informativo?

AB 14-15

Autobiografía

a **Lee este poema de Gloria Fuertes. ¿De qué temas se habla?**

de sus padres | de su trabajo | de su formación escolar | de su juventud | del amor | de viajes | de la muerte | de la naturaleza

Autobiografía

1 A los pies de la Catedral de Burgos
2 nació mi madre.
3 A los pies de la Catedral de Madrid
4 nació mi padre.
5 Yo nací a los pies de mi madre en el centro
de España, una tarde.
6 Mi padre era obrero,
7 modista mi madre.
8 Yo quisiera haber sido del circo
9 y sólo soy esto.
10 De pequeña,
11 fui a un reformatorio y a un colegio gratis.
12 De joven fui al dolor
13 y en el verano a un Preventorio,
14 ahora voy a todas partes.
15 He tenido por lo menos siete amores,
16 varios jefes malos
17 y apetito envidiable.
18 Ahora tengo dos recordatorios
19 y un beso muy de tarde en tarde.

Gloria Fuertes (Madrid, 1918–1998)
Escritora española. Su obra gira en torno a los temas del amor, la ternura y el mundo de la infancia, y se caracteriza por el humor, los juegos verbales y la originalidad de las expresiones.

b **¿En qué versos se dan estas informaciones?**

La madre de la autora nació en Burgos. ...1, 2...
El padre de la autora nació en Madrid. ....
Gloria Fuertes también nació en Madrid. ....
Su padre trabajó en la construcción de casas. ....
De niña, Gloria Fuertes estudió en una escuela especial. ....
Su juventud no fue fácil. ....
Ahora viaja mucho. ....
A Gloria Fuertes le gusta mucho comer. ....
Sus padres ya no viven. ....
Ahora se siente un poco sola. ....

c **Tu poema. Escribe una breve autobiografía y preséntala en el curso.**

Yo nací a los pies de la Catedral de Múnich.
De joven fui a la alegría.
Ahora tengo dos hijos envidiables.
...

El ayer, hoy en día.

a ¿Qué fotos se refieren a la historia de España y cuáles a la de Latinoamérica?

1

2

3

4

5

6

7

8

- *La foto 1 es de España, ¿no?*
- *Creo que sí. ¿Y la 7 también?*
- *No lo sé...*

b Lee el texto. ¿A qué foto de a se refiere?

A principios del siglo XVIII la ciudad de Xátiva, en Valencia, participó activamente en la Guerra de Sucesión, tomando partido a favor del Archiduque Carlos de Austria y en contra de Felipe V de Borbón, quien después de ganar la guerra mandó incendiar y destruir el municipio (por eso, los habitantes de Xátiva también se llaman "socarrats", que en valenciano significa "quemados"). Como protesta histórica, el retrato del rey Felipe V se mantiene boca abajo en el Museo Municipal de la ciudad de Xátiva.

c ¿Conoces en tu país o ciudad productos, lugares, monumentos, fiestas, etc. que hacen referencia a su historia?

¿Sabías que...?

Algunas monedas de Latinoamérica reciben el nombre de personajes históricos. Así por ejemplo, en Venezuela la moneda se llama "Bolívar" por el libertador Simón Bolívar, o en Costa Rica, "Colón" por Cristóbal Colón.

En el este peninsular español se siguen celebrando las fiestas de Moros y Cristianos que representan la lucha de la Reconquista de los cristianos contra los musulmanes.

El 31 de octubre de 2007 se aprobó en España la Ley de Memoria Histórica que obliga a retirar cualquier tipo de símbolo franquista de lugares públicos (carteles, estatuas, etc.).

1. Monumento a Cristóbal Colón en Barcelona. 2 Bolívares, moneda venezolana. Simón Bolívar fue un libertador de Latinoamérica. 3. Fiesta de Moros y Cristianos con la que se conmemora la Reconquista cristiana de la Península Ibérica a los musulmanes. 4. Sello de Felipe V. España. 5 Las ruinas de Palenque en México. 6. Casa Calderón de la Barca en Madrid. 7. Cuadro de Felipe V en Xátiva. 8 Parque en Bogotá.

¡A LA TAREA! EL JUEGO DE LA CLASE

Vamos a diseñar un juego de tarjetas con preguntas.

1 **Elaborad las tarjetas. En cada tarjeta escribís vuestros nombres y un hecho del pasado sobre uno de los siguientes temas. Las frases pueden ser verdaderas o falsas. Escribid en la tarjeta si la información es verdadera o falsa.**

a) Datos personales del pasado (ayer, la semana pasada, el año pasado, en el 2004...).

b) Biografía de un personaje famoso.

c) Acontecimientos históricos.

a
Franziska y Jeanette
Franziska se casó en el 2003.
(falso)

b
Franziska y Jeanette
Helmut Schmidt fue canciller en 1995.
(falso)

c
Franziska y Jeanette
Los Juegos Olímpicos de Barcelona fueron en 1992.
(verdadero)

2 **Intercambiad en el curso las tarjetas. Cada persona recibe al menos tres tarjetas.**

3 **Dividid la clase en dos grupos. Por cada respuesta correcta recibís un punto. Gana el grupo con más puntos.**

Das *Indefinido*: die Formen

regelmäßig

	-ar	-er	-ir
	terminar	**nacer**	**recibir**
yo	terminé	nací	recibí
tú	terminaste	naciste	recibiste
él/ella/usted	terminó	nació	recibió
nosotros/-as	terminamos	nacimos	recibimos
vosotros/-as	terminasteis	nacisteis	recibisteis
ellos/-as/ustedes	terminaron	nacieron	recibieron

unregelmäßig

ser, ir
fui
fuiste
fue
fuimos
fuisteis
fueron

→6.3.1

ser und *ir* haben im *Indefinido* identische Formen.

Verben mit verändertem Wortstamm

	Infinitiv		
yo	tener	tuv-	-e
tú	hacer	hic-	-iste
él/ella/usted	estar	estuv-	-o
nosotros/-as	poder	pud-	-imos
vosotros/-as	venir	vin-	-isteis
ellos/-as/ustedes	querer	quis-	-ieron

→6.3.1

ebenso: andar → anduv-
poner → pus-

mit Vokalwechsel

dormir
dormí
dormiste
durmió
dormimos
dormisteis
durmieron

→6.3.1

ebenso: pedir → él pidió, ellos pidieron
preferir → él prefirió, ellos prefirieron
conseguir → él consiguió, ellos consiguieron

Besonderheiten bei der Schreibweise

empezar	→	yo empecé	llegar	→	yo llegué
comenzar	→	yo comencé	hacer	→	él hizo

Das *Indefinido*: der Gebrauch

Das Indefinido verwendet ein Sprecher für eine Handlung, die für ihn innerhalb eines abgeschlossenen Zeitraum der Vergangenheit stattgefunden hat und die als abgeschlossen betrachtet wird.
Das Indefinido steht häufig mit Zeitangaben wie *ayer, el fin de semana pasado, anoche, la semana pasada, el año pasado, en 1997.*
Ayer estuve en una fiesta.
El año pasado fuimos de vacaciones a Argentina.

→6.3.2

LENGUA

über etwas Vergangenes sprechen

- ■ ¿Cuándo nació Pablo Picasso?
- ● En 1881.

- ■ ¿Como se llama una famosa cantante colombiana?
- ● Shakira.

- ■ ¿Qué hiciste ayer?
- ● Hice una excursión con Pablo.
- ◆ Pues, yo estuve cenando con unos amigos.

einen Zeitraum oder ein Datum in der Vergangenheit angeben

- ■ ¿Cuándo pasó?
- ● En 1992.
  Ayer.
  Anteayer.
- ● El fin de semana pasado.
  El mes/año pasado.
  El 12 de octubre de 1492.

COMUNICACIÓN

¡YA LO SABES!

Mi portfolio

Ya soy capaz de...

Ich kann …	😊	🙂	☹	→ Unidad 2
in einem biografischen Text die Hauptaussagen erkennen	☐	☐	☐	A1
von wichtigen Ereignissen in meinem Leben erzählen	☐	☐	☐	A1
von Freizeitaktivitäten erzählen	☐	☐	☐	A2
kurz über historische Ereignisse berichten	☐	☐	☐	B3, B4
mir einen kurzen Text über Geschichte erarbeiten	☐	☐	☐	B4
ein einfaches Gedicht lesen und interpretieren	☐	☐	☐	A toda página

Mi dossier

Escribe una carta a un/-a amigo/-a en la que le cuentas las cosas que hiciste el fin de semana pasado.

Aprender a aprender

Tipp 2

Aus Fehlern lernen

Vielleicht wissen Sie aus dem Test von Seite 11 bereits, welcher Lerntyp Sie sind. Und wo Ihre Stärken und Schwächen, Ihre Vorlieben und Abneigungen beim Sprachenlernen liegen: ob beim Lernen von Verbformen, beim Texte lesen, beim Regeln erinnern, beim Gespräch mit den anderen Kursteilnehmern, beim freien Sprechen, beim Lernen am Computer, beim Wiederholen … Sicherlich haben Sie dabei schon erlebt, dass sich beim Sprechen und Schreiben ärgerlicherweise immer wieder (dieselben) Fehler einschleichen. Denn eine Sprache zu lernen, ohne dabei Fehler zu machen, ist unmöglich. Nutzen Sie also lieber Ihre Fehler, denn sie sind ein wichtiges Hilfsmittel, um Ihre persönlichen Schwachstellen zu erkennen. Nur dann können Sie diese auch korrigieren und somit Ihre Sprachkenntnisse gezielt verbessern. Und wie geht das?

7 Tipps, um Fehler zu erkennen und vermeiden:

~ Bitten Sie einen anderen Kursteilnehmer, diejenigen Ihrer Fehler zu protokollieren, die ihm besonders auffallen. Das Gespräch im Spanischen sollte dabei aber nicht unterbrochen werden. Anschließend werden die Fehler gemeinsam besprochen.

~ Versuchen Sie dann, die Fehler nach Gruppen zu analysieren: die Verbformen, die falsche Bedeutung eines Wortes, die Stellung im Satz, …

~ Nehmen Sie sich dann jeden Monat einen Bereich Ihrer Fehlerliste vor und üben Sie diesen ganz bewusst: Verbformen der Vergangenheit, Besonderheiten der Aussprache, der Unterschied zwischen *ser* und *estar*, usw.

~ Sie können die Fehler auch auf kleine Karteikarten notieren und die richtige Version auf der Rückseite festhalten.

~ Man kann auch mit dem Kursleitenden und den anderen Kursteilnehmern ein eigenes System an Gesten als Hinweis auf Fehler vereinbaren, um den Gesprächsverlauf im Kurs nicht zu unterbrechen: Eine falsche Verbform z.B. kann durch einen erhobenen Zeigefinger ausgedrückt werden.

~ Erstellen Sie sich Ihre persönliche Fehlerliste: die häufigsten Fehler der gesprochenen Sprache, die interessantesten Fehler, usw.

~ Wählen Sie Ihre „Lieblingsfehler“ aus und vergleichen Sie diese mit den Schwierigkeiten der anderen Kursteilnehmer. Solche Fehler können Sie auch gut durch Übertreibung bewusst machen.

~ Fragen Sie Ihre/n Kursleiter/in: Er/sie kann Ihre Spanischkenntnisse am besten einschätzen und kann Ihnen sagen, wo Sie noch gezielt üben müssen.

¿Qué objetos crees que son para hombre? ¿Y cuáles son para mujer?

¿Cuáles de estos objetos te han regalado alguna vez?

¿Qué le regalamos?

IN DIESER UNIDAD LERNEN SIE:

- unter verschiedenen Gegenstände eine Auswahl treffen
- Gegenstände mit verschiedenen Merkmalen unterscheiden
- Vorlieben und Gewohnheiten beschreiben
- ein Geschenk für jemanden aussuchen
- eine Geschenkauswahl begründen
- Wünsche äußern

1. Objetos nuevos para Agustín

a Agustín se va de compras. Mira el dibujo y haz una lista de las cosas nuevas que necesita.

b ¿A qué sección tiene que ir Agustín para comprar las cosas de 1a?

ALMACENES ALAMEDA

Planta	Secciones
8	CAFETERÍA – RESTAURANTE TERRAZA WC
7	ELECTRÓNICA TELEVISIÓN – VIDEO – INFORMÁTICA TELEFONÍA – VIDEOJUEGOS INSTRUMENTOS MUSICALES – DIGITAL DISCOS - PELÍCULAS – LIBRERÍA FOTOGRAFÍA - JUGUETES
6	HOGAR TEXTIL ROPA DE CAMA Y MESA – TOALLAS ALFOMBRAS – CORTINAS MUEBLES Y DECORACIÓN LÁMPARAS – CUADROS
5	HOGAR MENAJE ELECTRODOMÉSTICOS – MUEBLES COCINA BOUTIQUE DE REGALOS –ARTESANÍA VAJILLA – CRISTAL – PLÁSTICOS FERRETERÍA Y BRICOLAJE – LISTAS DE BODA SERVICIO AL CLIENTE
4	MODA JÓVENES BOUTIQUES DE MODA JOVEN ZAPATERÍA JOVEN
3	MODA INFANTIL – CHICOS – CHICAS – BEBÉS ZAPATERÍA: MUJER – HOMBRE – JOVEN – NIÑOS LENCERÍA
2	MODA HOMBRE BOUTIQUES – SPORT COMPLEMENTOS – ROPA INTERIOR ARTÍCULOS DE VIAJE – ZAPATERÍA HOMBRE PELUQUERÍA AGENCIA DE VIAJES - WC
1	MODA MUJER BOUTIQUES – COMPLEMENTOS - FUTURA MAMÁ NOVIAS – PELUQUERÍA – ZAPATERÍA MUJER – WC
PLANTA B	COMPLEMENTOS DE MODA BOLSOS – PERFUMERÍA – COSMÉTICA – RELOJERÍA – JOYERÍA – BISUTERÍA – TURISMO REVELADO FOTOGRÁFICO – INFORMACIÓN

c ¿Qué otros objetos puedes comprar en estas secciones? Tienes cinco minutos. ¿Qué grupo tiene más objetos?

AB 1-6

2. Bueno, bonito y barato

1-13 **a** Agustín busca con una amiga objetos para su casa. ¿Cuáles de estos objetos compra? Escucha y completa la lista.

LISTA DE LA COMPRA

....

....

....

b Tenéis un vale de 100 euros para comprar en la tienda de 2a. Decide con tu compañero/-a qué compráis. ¿Qué pareja del curso compra más cosas?

¿qué? ¿cuál?

Auswahl aus
- verschiedenen Objekten:
  qué + *Verb*
  ¿**Qué** compramos?
- verschiedenen Sorten eines Objektes:
  cuál, cuáles + *Verb*
  qué + *Substantiv*
  ¿**Cuál** compramos?
  ¿**Qué lámpara** compramos?

recursos

3. Nuestra guía comercial

a ¿Cuáles son tus tiendas favoritas en tu pueblo o ciudad? ¿Qué se puede comprar allí? Haz una lista.

b Elige con tus compañeros/-as los comercios más interesantes de tu pueblo o ciudad. Elabora una guía comercial.

A mí me gusta mucho una tienda con productos de México que hay en mi barrio. Se llama "Popocatepetl".
¿Y qué venden?
...

NUESTRAS TIENDAS FAVORITAS

Ropa: ....
Alimentación: ....
Regalos y decoración: ....
Zapatos: ....
..............: ....

Tipp 3 S. 36

AB 7-9

4. El regalo ideal

a Lee esta página de venta de regalos por Internet. ¿En qué coincides con estas personas?

REGALOS PARA ÉL Y PARA ELLA

¿Buscas un regalo original para una persona querida? ¡Aquí puedes encontrarlo! Más de 5.000 regalos están esperando encontrar dueño!

¿No sabes qué regalar? Nosotros te ayudamos. ¿Cómo es él? ¿Cómo es ella? Saberlo te ayudará a encontrar el regalo ideal.

Tiempo libre
Actividades
Entradas
Regalos

Viajes
Vuelos
Hoteles
Vuelo+hotel
Alquiler coches
Vacaciones
Escapadas

Los + vendidos
Cata de vinos
Fin de semana spa
Viaje en globo
Noche romántica

¿Le gusta cuidarse?

Su aspecto físico es muy importante. Le gusta invertir dinero y tiempo en su cuerpo. Le atrae la gente guapa y le encanta flirtear con ella.

¿Es una persona creativa?

Es un(a) artista. Le gusta hacer sus propias obras de arte. La originalidad es importante para él/ella. Le encanta visitar museos y exposiciones de arte.

¿Es una persona aventurera?

No soporta las vacaciones organizadas en un club. Tiene que vivir siempre nuevas experiencias. Le gusta el contacto con la naturaleza.

¿Es una persona estresada?

Tiene demasiado trabajo. Nunca tiene tiempo para descansar: demasiadas responsabilidades, y ¡todo al mismo tiempo! ¿Es una persona muy activa?

¿Es una persona muy activa?

Se aburre si no hace algo. Tiene mucha energía y no le gusta estar inactivo. Siempre está en movimiento.

¿Es un(a) sibarita?

Le gusta disfrutar de los placeres de la vida: la buena comida, el buen vino, la comodidad, las cosas exclusivas...

b IDEAS PARA UN REGALO INOLVIDABLE
¿Cúales de estos regalos podéis hacer a las personas de 4a?

un tratamiento de belleza

un viaje en globo

una visita a un museo con guía privado

un curso de pintura

un safari en Kenia

una cena en un restaurante de lujo

un curso de cocina

un fin de semana en un spa

un crucero por el Mediterráneo

~ *A una persona que se cuida mucho podemos regalarle un fin de semana en un spa, ¿no?*
~ *Sí, o también...*

Stellung der Pronomen
A... podemos regalar**le** un libro.
A... **le** podemos regalar un libro.
¡Fíjate!

c Busca más regalos para las personas de 4a. ¿Qué grupo encuentra más?

d Elige tres regalos que te gustaría recibir. Después compara con tus compañeros/-as.

Wünsche äußern
A mí me gustaría el curso de cocina, porque no sé cocinar.
recursos

AB 10-12

5. Un regalo especial

14 **a** **Bea le enseña su habitación a Charo, una compañera de la universidad. Escucha la conversación y marca de qué objetos están hablando.**

- [ ] unas copas
- [ ] unos libros
- [ ] un cedé de música
- [ ] un oso de peluche
- [ ] un perfume
- [ ] una planta
- [ ] unas cortinas
- [ ] un jarrón
- [ ] un bolso

b **Completa las frases del diálogo con las palabras que faltan. Después escucha y comprueba.**

el oso de peluche	Me _____ regalaron mis padres cuando me fui de su casa a vivir sola.
la palmera	Pues me _____ compré hace dos años, muy pequeña muy pequeña, y mira cómo ha crecido.
los libros de Harry Potter	Es que _____ _____ regaló mi novio para mi cumpleaños, pero es muy difícil para mí leer _____ .
el jarrón	¿ _____ lo han regalado o _____ has comprado tú? _____ _____ regaló mi madre una vez que vino de visita.

c **¿Cuáles han sido los regalos más inútiles, bonitos, feos o especiales que te han hecho? ¿Quién te los regaló? Completa y después cuéntaselo a tu compañero/-a.**

	Regalo	¿Quién te lo regaló?
el regalo más bonito	....	....
el regalo más especial	....	....
el regalo más feo	....	....
el regalo más inútil	....	....

Kombination zweier Objektpronomen

Me lo/la/los/las regaló mi madre.
¿Quién **te lo/la/los/las** ha regalado?

recursos

AB 13-15

6. ¿A quién se lo regalamos?

a **¿Qué tipo de personas son Adrián, Ágata y Silvia? ¿Qué les gusta?**

Adrián

Ágata

Silvia

b **Busca un regalo adecuado para cada uno de ellos, decidid quién se lo compra y dónde.**

c **¿Qué regalos has hecho últimamente? ¿A quién se los has regalado?**

Verdoppelung

Wird das direkte Objekt an erster Stelle im Satz genannt, muss außerdem das direkte Objektpronomen hinzugefügt werden.
*El libro **lo** compro yo.*

¡Fíjate!

Kombination zweier Objektpronomen: le, les → se

Yo puedo comprar el libro **a Silvia**.
Yo puedo comprar el libro **a Silvia y a Juan**.

Se lo puedo comprar yo. / Puedo comprárselo yo.

recursos

AB 16

Tiques de compra

a Marca qué información encuentras normalmente en un tique de compra.

el IVA ☐ la dirección de la tienda ☐ el nombre de la tienda ☐
la hora de la compra ☐ un anuncio publicitario ☐ los artículos comprados ☐
el importe que hay que pagar ☐ el número de la tarjeta de crédito ☐ los ingredientes ☐
las gracias por la compra ☐ el DNI o NIF de la tienda o vendedor ☐ la vuelta ☐

b Lee el tique de compra.
¿Qué información de a encuentras?

c Lee las afirmaciones.
¿Son verdaderas o falsas?

	v	f
El comprador ha pagado la compra con tarjeta de crédito.	☐	☐
La compra ha costado 110 euros en total.	☐	☐
Los platos cuestan 1,10 la unidad.	☐	☐
La vuelta ha sido de 2,14 euros.	☐	☐

d Relaciona los productos del tique con las siguientes secciones.

alimentación y bebidas

droguería y artículos de limpieza

hogar menaje

moda y complementos

* * * * HIPERFOUR * * * *
C/ RONDA NORTE, S/N
NIF: A- 98987239 TFNO: 953929833

LECHE SEMIDESNATADA HIPERF		
6 x (0,62)		3,72
COCA COLA ZERO BIPAC		2,43
PAN SIN CORTEZA BIMB		1,45
GEL DUCHA FA		1,32
DONUT MINI GLACE P-5		1,50
CHORIZO-LONCHA-CAMP		1,35
PASTA DIENTE PRODENT		2,05
PIMIENTO ITALIANO	0,260 KILOS	0,47
TOMATE MADURO PESO	0,880 KILOS	0,96
CAFÉ M/M DESCAFEINADO		
2 x (1,26)		2,52
PANTALÓN CABALLERO		37,20
BIKINI COLOR FASHION		25,10
SERVILLETA PAPEL		1,07
CUBO FREGONA		3,50
RELOJ BARBIE		11,70
PLATO BLANCO DURA		
6 x (1,10)		6,60

****

TOTAL COMPRA EUROS 102,94

****

PAGADO 110,00
TARJETA CLUB *****************4113
FORMA PAGO: CONTADO
CAMBIO RECIBIDO 7,06

================================

Euros acumulados en
esta compra: 2,14

================================

***** CONTIGO ES POSIBLE *****
Usa la tarjeta de EL CLUB HIPERFOUR
Acumula euros en cada compra y
Consigue descuentos exclusivos
¡Disfruta de todas sus VENTAJAS!
Es totalmente GRATIS

Otros países, otros regalos

a **Mira estas cuatro fotos. ¿Qué situaciones representan?**

1

2

3

4

b **Lee las explicaciones y relaciónalas con las fotos. ¿Cómo es en tu país?**

¿Sabías que...?

La entrega y recepción de regalos sigue en la mayor parte de los países hispanohablantes el siguiente esquema: quien recibe el regalo lo agradece mucho y dice a menudo frases como: *¡Qué bonito! Pero, ¿por qué te has molestado?*
El que hace el regalo contesta quitándole importancia: *¡Ah, no es nada! Es solo un pequeño detalle.*

En las invitaciones informales (de amigos) a almorzar o cenar se puede llevar un postre o una botella de vino. En el caso de invitaciones formales (de trabajo) se llevan flores o algún pequeño objeto de adorno.

A **Gabriela Alcántara**
35 años. Casada, dos hijos. Monterrey, México.
En las fiestas de cumpleaños jugamos a la piñata: se rellena una figura o un globo con dulces y el niño o la niña que cumple años tiene que romperlo con los ojos cerrados.

B **Marta Fernández**
52 años. Soltera. Valencia, España.
En España, algunas empresas regalan a sus empleados en Navidad una cesta con bebidas y alimentos para celebrar las fiestas. Cuanto más alto es el cargo en la empresa, más grande es también la cesta.

C **Joaquín Arencibia**
27 años. Soltero. Las Palmas de Gran Canaria, España.
A nosotros nos gusta abrir el regalo inmediatamente, para poder dar las gracias en el momento a la persona que nos lo ha regalado.

D **Celia Carreras**
17 años. Soltera. Pinar del Río, Cuba.
En Cuba, cuando una chica cumple 15 años se hace una fiesta y se la viste con un vestido muy elegante. Las chicas reciben también bastantes regalos.

c **¿En cuáles de estas ocasiones se hacen regalos en tu país? ¿Qué se regala?**

una boda

un cumpleaños

un funeral

El día de los Reyes Magos

el nacimiento de un/a niño/-a

la Primera Comunión

una mudanza

un bautizo

un ascenso en el trabajo

el primer día de escuela

AB 17-18

¡A LA TAREA! EL REGALO DE CUMPLEAÑOS

Vamos a elegir regalos de cumpleaños para nuestros compañeros/-as.

1 **En pequeños grupos, elaborad doce preguntas para saber si vuestros compañeros son personas activas, creativas, estresadas, sibaritas, activas o aventureras.**

1. ¿Haces deporte en tu tiempo libre?
2 ....
....
....

2 **Ahora haz las preguntas a un compañero/-a de otro grupo.**

3 **Después vuelve a tu primer grupo y presenta al compañero/-a que has entrevistado.**

4 **Poneos de acuerdo sobre...**

... qué regalos les hacéis a los compañeros entrevistados.
... quién compra qué.
... en qué tiendas compráis los regalos.

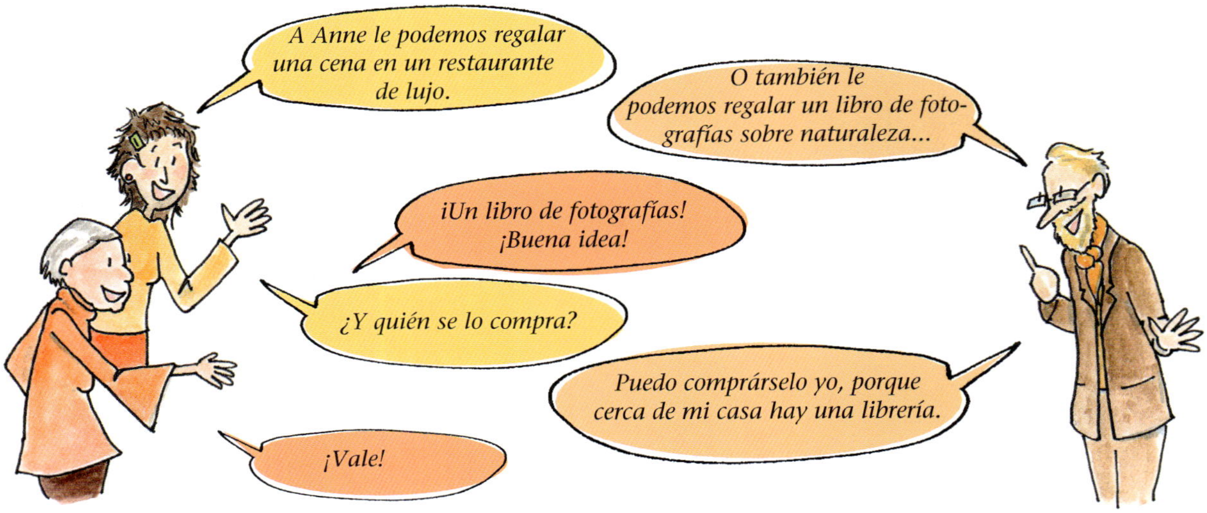

5 **Escribid un vale con el nombre del regalo.**

6 **Presentad los regalos que habéis comprado y explicad por qué.**

- *A Anne le hemos comprado un libro de fotografías.*
- *¿Y por qué?*
- *Pues se lo hemos comprado porque le gusta mucho la naturaleza...*

Das indirekte Objektpronomen (wem?)

*A María **le** regalamos un cedé.*
*A Juan **le** regalamos un libro.*

*A Pedro y Elisa **les** regalamos dos entradas al concierto.*

→5.4

Kombination von indirektem und direktem Objektpronomen

Me		
Te	lo	
~~Le~~ Se	la	ha comprado Javier.
Nos	los	
Os	las	
~~Les~~ Se		

Wenn **le** oder **les** in Verbindung mit **lo, la, los, las** treten, werden sie zu **se**.

→5.5

Die Stellung der Pronomen

Das indirekte Objektpronomen steht immer vor dem direktem.
In der Konstellation Verb + Infinitiv können die Pronomen auch an den Infinitiv angehängt werden.
■ *¿Quién le compra el perfume a Marga?*
● ***Se lo** puedo comprar yo.*
*Puedo comprár**selo** yo.*

→5.6

Das direkte Objektpronomen (wen, was?)

*¿Quién compra el libro? **Lo** compro yo.*
*¿Quién compra la mochila? **La** compro yo.*
*¿Quién compra los cosméticos? **Los** compro yo.*
*¿Quién compra las flores? **Las** compro yo.*

Wird das direkte Objekt an erster Stelle im Satz genannt, muss außerdem das direkte Objektpronomen hinzugefügt werden.
*El libro **lo** compro yo.*
*La mochila **la** compro yo.*
*Los cosméticos **los** compro yo.*
*Las flores **las** compro yo.*

→5.2

¿qué? und ¿cuál?

Wenn man aus verschiedenen Gegenständen auswählt, verwendet man **¿qué?** + Verb
*¿**Qué** le regalamos? ¿El perfume o las zapatillas?*

Wenn aus verschiedenen Sorten eines Objektes ausgewählt wird, verwendet man
- **¿cuál?**, **¿cuáles?** + Verb
*¿**Cuáles** prefieres? ¿Las zapatillas rojas o las azules?*
- **¿qué?** + Substantiv
*¿**Qué** libro le regalamos?*
- In Lateinamerika wird auch **¿cuál?**, **¿cuáles?** + Substantiv verwendet.

→9

LENGUA

Gegenstände unterscheiden

■ ¿Qué le compramos? ¿Un libro o un cedé?
● El libro.
■ ¿Cuál compramos? ¿El bueno o el más barato?
● Pues, no lo sé.

Aufgaben aufteilen

◆ ¿Quién le compra el regalo a Juan?
● Se lo compro yo.
Puedo comprárselo yo.
Se lo puedo comprar yo.

Vorlieben und Gewohnheiten beschreiben

Me gusta mucho jugar al fútbol.
A mí me encanta escuchar música rock.
Le gusta el contacto con la naturaleza.
Les gusta mucho la comida asiática.
A Julia le atraen mucho los deportes de riesgo.

Wünsche äußern

Me gustaría hacer un viaje en globo.
Me gustaría hacer un curso de tango.
Me gustaría viajar a Latinoamérica.

Entscheidungen begründen

Le compramos una mochila porque es una persona muy aventurera.

Le regalamos una cena de lujo porque es un sibarita.

Personen beschreiben

Soy una persona bastante activa, viajo mucho.
Ágata es una mujer muy arrogante.
Mi jefa es simpática, pero muy exigente.
Peter es un tipo muy estresado.

COMUNICACIÓN

¡YA LO SABES!

Ich kann ...	😀	🙂	☹️	→ Unidad 3
die Abteilungen eines Kaufhauses benennen	☐	☐	☐	A1
unter verschiedenen Gegenständen eine Auswahl treffen	☐	☐	☐	A2
Gegenstände mit verschiedenen Merkmalen unterscheiden	☐	☐	☐	A2
Vorlieben und Gewohnheiten beschreiben	☐	☐	☐	B4
Wünsche äußern	☐	☐	☐	B4
Entscheidungen begründen	☐	☐	☐	B4
über Geschenke sprechen	☐	☐	☐	B5
ein Geschenk für jemanden aussuchen	☐	☐	☐	B6
die wichtigsten Informationen einer Quittung verstehen	☐	☐	☐	A toda página

Has ganado 100 000 Euros en la lotería y quieres con una parte del dinero hacer regalos a cinco personas. ¿Qué les vas a regalar y por qué?

Tipp 3

Wenn man nicht mehr weiter weiß ...

Erinnern Sie sich an eine Gesprächssituation mit Spanischsprechern, in der Ihnen im ersten Moment alles einfach nur „spanisch" vorkam? Nein? Irgendwann aber werden Sie voraussichtlich damit konfrontiert sein, dass Sie nur einen Teil eines Gesprächs oder eines Textes auf Spanisch verstehen, denn – anders als Ihr Spanischbuch – achtet die Realität nicht darauf, Ihnen die spanische Sprache auf Ihrem aktuellen Kenntnisstand zu präsentieren. Wie geht man damit um? Nutzen Sie für die mündliche Kommunikation gezielt Ihr Wissen um sprachliche Strukturen – und die Kooperationsbereitschaft Ihrer Gesprächspartner.

8 Tipps für den kommunikativen Ernstfall:

- Interpretieren Sie den Situationsrahmen: Wer spricht wann, wo, mit wem? Wie ist die Atmosphäre? Und worum könnte es in einer solchen Situation möglicherweise gehen?
- Achten Sie auf Körpersprache, Gesichtsausdruck und Stimmlage Ihrer Gesprächspartner – daraus kann man viel über die Formalität der Situation und über die Stimmung der Menschen ableiten.
- Scheuen Sie sich nicht, Ihren Gesprächspartnern zu signalisieren, wenn Sie etwas nicht verstehen. Oft reicht hierfür schon ein fragender Gesichtsausdruck – außerdem können Sie sich aber ein „Notfall-Set" von gezielten Nachfragen zurechtlegen.
- Sie können bis zu einem gewissen Grad selbst entscheiden, zu welchem Thema und wie detailliert Sie sich äußern. Im Extremfall werden Sie es vorziehen, zu einem Thema (auf Spanisch) einfach nichts zu sagen. Oder aber Sie gehen wenig ins Detail und versuchen, das Wesentliche dennoch in einfachen Worten auszudrücken.
- Ihr Problem ist der Wortschatz? Versteifen Sie sich nicht auf eine bestimmte Vokabel, sondern üben Sie, Wörter zu umschreiben oder durch Überbegriffe zu ersetzen; nehmen Sie Synonyme zur Hilfe und arbeiten Sie mit dem Gegenteil.
- Und: Es muss nicht immer Spanisch sein! Vielleicht können Sie durch eine Geste deutlich machen, worum es geht? Sie können sich auch Wörter aus anderen Sprachen „leihen" oder sogar selbst spanische Wörter er-finden.
- Wortfindungsschwierigkeiten lassen sich mit „Lückenfüllern" wie Floskeln oder Ausrufen überbrücken – beobachten und imitieren Sie, wie spanische Muttersprachler damit umgehen.
- Zuletzt: Sie sprechen nicht gegen eine Wand. Ihre Gesprächspartner werden Ihnen aktiv zuhören und mit fehlenden Wörtern aushelfen oder Ihre Sätze treffend umformulieren. Überlegen Sie sich entsprechende Standardsätze, wie Sie auch direkt um solche Unterstützung bitten können.

Un curso de español para ti

1 **En grupos pequeños, haz las preguntas a tus compañeros/-as y escribe el nombre.**

Busca a alguien que/a quien...	**Nombre**
• estudia español para ir a Latinoamérica.	....
• le gusta escuchar canciones en la clase de español.	....
• es deportista.	....
• le gusta leer libros en español.	....
• tiene una pareja española o latinoamericana.	....
• no ha hablado nunca con un nativo en español.	....
• le interesa la gastronomía de otros países.	....
• le gusta hacer ejercicios de gramática.	....
• prefiere aprender español con juegos.	....
• le interesa el arte y la historia.	....
• le interesa más la ciudad que el campo.	....
• le gusta la naturaleza.	....
• le gusta ver películas en español.	....
• le gusta aprender español con el ordenador.	....
• hace deportes de riesgo.	....
• le gusta ir a la playa.	....
• le gusta ir de compras.	....
• no le gusta trabajar en grupos.	....
• le gusta cocinar.	....
• le gusta bailar.	....

2 **Lee las características de los cursos de español. Según las respuestas, ¿qué curso pueden hacer tus compañeros/-as?**

Escuela Riviera
Mazatlán, México

Español y cocina.

Curso de español diseñado para aquellos estudiantes que quieren aprender los secretos de la cocina mexicana. El curso de cocina tiene lugar en el jardín de la escuela. En los cursos se aprende español de una manera práctica (con juegos, trabajos en grupos, etc.).

Escuela Guanacaste
Golfo del Papagayo, Costa Rica

Aprenda español con profesores particulares y en contacto con la naturaleza, en el parque nacional de Guanacaste.
Cursos de español general para gente activa: excursiones por el parque nacional (volcanes, playas), actividades como el buceo, la pesca, deportes de riesgo.

Escuela Coricancha
Cuzco, Perú

Cursos de lengua y cultura en la antigua capital inca.
Visita a los restos arqueológicos de las civilizaciones precolombinas.
Cursos de español con énfasis en la historia, cultura y literatura.
Escuela dotada de las últimas herramientas informáticas.

Escuela El Gaucho
Buenos Aires, Argentina

¡Aprenda español bailando!

Español en inmersión cultural. Cursos de lengua y de tango en Buenos Aires. Visitas a museos y exposiciones.
Gran oferta cultural y de ocio en una ciudad que no duerme (cine, conciertos, discotecas...)

3 **Explícales a tus compañeros/-as qué curso de español les recomiendas y por qué.**

4 **¿Estás de acuerdo con el curso que te han ofrecido a ti? ¿Por qué?**

El sabelotodo

Ziel

Ziel des Spieles ist es, zu jeder der vier Themengruppen eine Frage richtig zu beantworten und somit mindestens eine Karte von jeder Farbe zu besitzen.

gelb: Geschichte

rot: Sport

blau: Biographien

grün: Kultur

Teilnehmerzahl

in Gruppen von 3–4 Personen

Material

pro Person eine Spielfigur,
pro Gruppe ein Würfel

I OTRA VUELTA

Spielanweisung

Bevor das Spiel beginnt, werden gemeinsam Fragenkarten erstellt, siehe dazu S. 109.
Die Fragenkarten werden in vier Stapeln – nach Farben sortiert – in die Mitte des Spielfelds gelegt.
Jeder Mitspieler setzt seine Figur auf eine anderes Startfeld (Salida). Wer zuerst eine 6 würfelt, beginnt und rückt die gewürfelte Punktzahl in beliebiger Richtung vor. Dann zieht der rechtssitzende Nachbar eine Fragenkarte, die der Farbe des Feldes entspricht, und liest die Frage vor. Wenn der Mitspieler die Frage richtig beantwortet hat, darf er die Karte behalten. Falls die Frage nicht korrekt beantwortet wurde, wird die Karte wieder unter den Stapel gelegt.
So wird das Spiel reihum fortgeführt. Wer als erster mindestens eine Karte von jeder Farbgruppe gesammelt hat, hat das Spiel gewonnen.

Was bedeuten die Felder mit ñ?

- **Bei einer richtigen Antwort darf man die Karte behalten.**
- **Bei einer falschen Antwort muss eine beliebige, bereits erhaltene Karte wieder abgeben werden und unter den entsprechenden Stapel gelegt werden.**

I

OTRA VUELTA

Oye, abre tus ojos

1 Relaciona las actividades con las fotos. Después elige tus tres actividades preferidas. Puedes añadir otras actividades a la lista.

1. Caminar por la montaña y hacer un descanso al lado de un riachuelo. ....
2. Tomar un buen vino. ....
3. Descansar en la hierba en verano y observar el cielo. ....
4. Escuchar una risa o una carcajada de una persona querida. ....
5. Escuchar buenos consejos de buenos amigos. ....
6. Montar a caballo. ....
7. Viajar en barco o velero. ....
8. Jugar con los niños en un parque. ....
9. Pasear por una playa blanca con palmar. ....
10. Escuchar una música muy bella. ....
11. Recordar algo bonito del pasado. ....
12. Conversar animadamente. ....
13. Oler un perfume agradable. ....
14. ....
15. ....
16. ....

A

B

C

D

2 Comenta tu selección a tus compañeros/-as y explica por qué. Escribe en la tabla de la actividad 1 el nombre del compañero/-a junto a la actividad que le gusta.

15

3 Escucha la canción. Marca en la lista las expresiones que escuchas. ¡No importa si no entiendes todo!

- ☐ un descanso en el camino
- ☐ una botella de vino
- ☐ una alegre carcajada
- ☐ un baile romántico
- ☐ un amigo
- ☐ un buen consejo
- ☐ un viaje en barco o velero
- ☐ un ramo de flores
- ☐ un caballito
- ☐ un palmar
- ☐ una noche de verano
- ☐ un riachuelo
- ☐ un vestido maravilloso
- ☐ una playa
- ☐ un buen recuerdo
- ☐ una conversación amena
- ☐ una casa en la montaña
- ☐ un parque lleno de niños
- ☐ una música muy bella
- ☐ un perfume
- ☐ un libro interesante
- ☐ una estrella

Oye, abre tus ojos,
mira hacia arriba,
disfruta las cosas buenas
que tiene la vida.

4 Asignad un regalo a cada compañero/-a de curso y explicad por qué. Podéis utilizar la lista de la actividad 1.

Unidad 4

1 .....

2 .....

3 .....

4 .....

5 .....

6 .....

16-21 Mira los objetos y las personas de las fotos. ¿A qué década crees que corresponden (años 50, 60, 70, 80 ó 90)? ¿Por qué? Después escucha las entrevistas y compara con lo que dicen estas personas.

Eran otros tiempos

IN DIESER UNIDAD LERNEN SIE:

- Situationen in der Vergangenheit beschreiben
- über Lebensumstände sprechen
- Verhaltensweisen in Gegenwart und Vergangenheit vergleichen
- Gegenstände in Material und Form beschreiben
- das frühere Aussehen von Personen schildern
- Zugehörigkeit bestimmen

4 A EN PRIMER LUGAR

1. Recuerdos

a **Relaciona las las citas con las fotos.**

1

2

3

4

5

6

A ¡Cuando éramos jóvenes...! ¡Bueno! a mi mujer y a mí nos encantaba el "rock and roll". Entonces éramos novios. Teníamos un pequeño todadiscos portátil y organizábamos fiestas con los amigos, que entonces se llamaban guateques... ¡Cómo lo pasábamos!
José María Romero. Jubilado.

B Antes vivíamos en un pueblo pequeño y por entonces yo era la primera chica que llevaba minifalda... ¡Era el escándalo del pueblo! En aquella época las chicas sólo llevaban faldas largas o, si eras muy moderna, pantalones... Las minifaldas sólo se veían en las revistas.
Marisa Buenaventura. Profesora de inglés.

C Pues cuando yo era joven, llevaba el pelo largo y pantalones de campana, esos pantalones que eran tan anchos por abajo... Todo era nuevo para nosotros: la democracia, la libertad de expresión... ¡Queríamos cambiar el mundo!
Ignasi Serra. Arquitecto.

D ¿Algo típico de mi juventud? Pues... no sé... ¡Ah sí! La moda Tecno-Pop. Me acuerdo que entonces llevábamos ropa muy rara, pantalones muy anchos, y chaquetas cortas y hombreras... También nos pintábamos muchísimo los ojos, la boca... ¡Qué locura! **Rafael Casado. Diseñador.**

E ... Eran unos aparatos enormes, y pesaban bastante, si los comparas con los que hay ahora. Y además tenían una antena, que primero tenías que sacar si querías hablar por teléfono.
Patricia Rubín. Informática.

F Mis padres tenían un coche muy pequeño para toda la familia... era muy pequeño pero práctico. ¡En aquella época era toda una sensación! Íbamos a todas partes con él, ¡hasta de vacaciones a la costa!
Arantxa Otamendi. Enfermera.

b **En estas citas aparece un tiempo nuevo del pasado, el imperfecto. Subraya las formas en los textos y completa la tabla.**

Imperfecto

regelmäßig			unregelmäßig		
llevar	**tener**	**vivir**	**ir**	**ser**	**ver**
....	tenía	vivía	iba	....	veía
llevabas	....	vivías	ibas	eras	veías
llevaba	tenía	vivía	iba	....	veía
....	....	....	....	éramos	veíamos
llevabais	teníais	vivíais	ibais	erais	veíais
llevaban	tenían	vivían	iban	eran	....

recursos

Der Gebrauch des *Imperfecto* (1)

Das *Imperfecto* wird verwendet, wenn der Sprecher die Absicht hat, Situationen oder Umstände in der Vergangenheit zu **beschreiben**.

Das *Imperfecto* erscheint oft nach Zeitangaben wie *antes* (früher), *entonces, por entonces, en aquella época* (damals), *cuando* (als), *a los 20 años, de pequeño, de niño...*

¡Fíjate!

c **Lee las afirmaciones y marca con cuáles te sientes identificado. Después continúa la lista con tres datos sobre tu vida.**

- ☐ Cuando era más joven, escuchaba a los Beatles.
- ☐ En los años 90 no tenía ordenador.
- ☐ Cuando tenía 10 años, todavía existía la República Democrática de Alemania.
- ☐ En los años 80 vivía todavía en casa de mis padres.
- ☐ Cuando era niño, no teníamos televisor en casa.
- ☐ A los 14 años, yo ya tenía un teléfono móvil.

Cuando tenía... años,
....
En los años
....
Cuando vivía en
....

d **Pregunta a tu compañero/-a y compara con tus respuestas. ¿Qué experiencias tenéis en común?**

AB 1-3

2. ¿Cómo éramos?

a **Relaciona las fotos con los pies de foto.**

A Francisco Franco gobernó España durante 40 años.
B Benidorm, ejemplo del boom turístico de los años 60.
C La policía franquista reprime una manifestación de protesta.
D Una familia numerosa de la época.

b **Lee el texto. ¿Dónde pondrías las fotos de 2a?**

La cadena de televisión La Sexta muestra el documental "Así éramos en los 60"

¿Cómo éramos los españoles en los años 60? Una década en la que el país se encontraba bajo la dictadura de Franco, una década en la que estaban prohibidas muchas cosas que hoy en día forman parte de la vida cotidiana de los españoles: los partidos políticos y los sindicatos eran ilegales, y también el beso en público y el divorcio. Los anticonceptivos o la homosexualidad eran un tema tabú, muchos españoles cruzaban la frontera con Francia para poder ver películas de cine censuradas en su país, la única lengua oficial era el español, los toros eran la Fiesta Nacional...

En esa década llegaban cada año más turistas al país y la economía mejoraba, pero ¿por qué los españoles emigraban a Francia, Alemania, Suiza o Bélgica? ¿Cómo vivían las familias españolas? ¿Por qué pasábamos las vacaciones en el país? Un piso, un televisor o un Seat 600 eran artículos de lujo que no todos podían comprar. ¿Cómo era la música que escuchábamos y los programas que veíamos en la tele?... Todo esto y mucho más son temas de este excelente documental que compara aquellos años con la moderna España de hoy.

c **¿Cuáles de estas afirmaciones aparecen en el texto y cuáles no?**

		sí	no
1	Los emigrantes españoles provenían de las zonas más pobres de España, como Galicia, Extremadura, Andalucía, Castilla-León y Castilla-La Mancha.	☐	☐
2	En aquella época no estaba permitida la separación legal del matrimonio.	☐	☐
3	Los españoles no salían de vacaciones al extranjero porque no tenían suficiente dinero.	☐	☐
4	Muchos españoles iban a Francia para ver películas que estaban censuradas en España.	☐	☐
5	El Seat 600 era un coche muy caro para el español de la época.	☐	☐

d **¿Cómo era la vida en los años...? Busca a compañeros/-as de tu misma edad, elegid una década y describidla.**

AB 4-5

Familia | Vacaciones | Política | Música | Cine

3. Inventos que han cambiado nuestra vida.

a ¿Cómo era la vida antes de existir estos inventos?

Antes del ordenador…

22

b **El mejor invento. Marca la información que escuchas.**

- [ ] Cuando no había coches, la gente viajaba menos que ahora.
- [ ] Los coches antes costaban menos que ahora.
- [ ] Ahora la gente escribe menos.
- [ ] Antes de la invención del ordenador se necesitaba más tiempo para muchas cosas.
- [ ] La lavadora es el mejor invento del ser humano.
- [ ] Antes del teléfono móvil la gente usaba menos el teléfono.
- [ ] Mandar mensajes a móviles es muy caro.
- [ ] El premio del programa es un viaje por la República Dominicana.

***Imperfecto:* hay**

Ahora **hay** muchos coches en las ciudades.
Antes no **había** muchos.

recursos

c **Elige el invento más importante para ti. Describe cómo era la vida antes de ese objeto y cómo es ahora.**

4. Todo cambia

a **Lee y elige una de las fotos. ¿Qué ordenador se describe?**

Aquí tenéis una foto mía con mi primer ordenador: un Spectrum. Como veis, era gris y muy, muy grande. Estaba conectado a la televisión y era muy lento. No podía hacer muchas cosas con él, pero me gustaba mucho. ¡Para mí el ordenador era mi juego favorito!

1

2

Objekte beschreiben

Era
redondo/-a
cuadrado/-a
grande
pequeño/-a

Era
de madera
de plástico
de metal
de cristal
de cuero

Pesaba poco
mucho
Tenía...
Servía para...

vocabulario

AB 6-8

b **Describe un objeto que ya no utilizas. El resto del grupo adivina qué objeto es.**

5. Tal como éramos

a **Lee los comentarios de los lectores de un foro y relaciónalos con las fotos de los personajes.**

Re: ¿Qué ídolos marcaron tu vida?
Respuesta 5: viernes, 30 de mayo, 2008
Si tengo que pensar en mi pasado, pienso en la década de los 80, y si tengo que elegir a un cantante de esa década, elijo a nuestra querida Olvido Gara. Para mí, era la reina oficial de La Movida de los 80 por su extravagancia: pelos de colores con peinados de todo tipo, mucho maquillaje... Ella era, y todavía es, una mujer simpática y segura de sí misma, lo más parecido que tenemos a Divine, Liberace y Presley, que nos gustan tanto. Sin duda era una mujer valiente porque con ella comenzó el cambio en la moda del pop español. :)

[ ] **publicado por Alicia 6:43** **3 comentarios →**

A

Re: ¿Qué ídolos marcaron tu vida?
Respuesta 6: lunes, 02 de junio, 2008
Para contestar esta pregunta tengo que pensar en mi padre y en su gran ídolo, uno de los grandes personajes en Buenos Aires, que revolucionó el tango e hizo de este baile popular una de las grandes aportaciones culturales de Argentina al mundo. Como él, mi padre era una persona muy elegante. Vestía trajes con corbata y a veces pajarita. Además se peinaba con una raya al lado y casi siempre llevaba un sombrero. A mi padre le gustaba tanto que, incluso, en el salón de nuestra casa tenía una foto suya.

☐ **publicado por Verónica 22:14** B

Re: ¿Qué ídolos marcaron tu vida?
Respuesta 7: martes, 03 de junio, 2008
Pues para mí está claro. En ella parece que el tiempo no pasa. Aún la recuerdo en los años 80, cuando llevaba faldas cortas, tops, y el pelo rizado y rubio. 😎 Pero su estilo siempre ha sido variado. Unas veces llevaba el pelo corto, otras largo, a veces lo llevaba rizado y otras liso, rubio o negro. Ella siempre ha cambiado su estilo, pero podemos decir que ha sido y es una diva de la música internacional.

☐ **publicado por Roberto 01:37** C

Re: ¿Qué ídolos marcaron tu vida?
Respuesta 8: domingo, 08 de junio, 2008
No sólo era mi ídolo en mi juventud, sino que todavía lo es. Creo que su arte no tiene edad y se puede comprobar en que aún hoy hay mucha gente que viste como él, cuando llevaba tupé, pantalones de campana, camisas y chaquetas, a veces con mucho brillo. Me encantaba. Claro, en su última época ya no era lo que era al principio porque estaba muy gordo. Sin embargo, era y es el rey del rock and roll 🙂 .

☐ **publicado por Nicolás 10.47** D

1

2

3

4

b **¿Cómo eran antes Alaska, Carlos Gardel, Madonna y Elvis Presley? ¿Y cómo erais tú y tu compañero/-a hace diez años? Completa la tabla.**

	era	tenía	llevaba
Alaska	....	....	....
Carlos Gardel	....	....	....
Madonna	....	....	....
Elvis Presley	....	....	....
Yo	....	....	....
Mi compañero/-a	....	....	....

das Aussehen beschreiben

Llevar verwendet man bei der Beschreibung von veränderlichen Eigenschaften oder Merkmalen („tragen“). *Tener* wird verwendet bei der Beschreibung von Eigenschaften, die konstant und unveränderlich sind („haben“).

¡Fíjate!

c **¿Has tenido algún ídolo en el pasado? ¿Cómo te ha influido?**

~ *A mí me gustaba mucho Madonna en los años 80. Antes llevaba el pelo como ella.*
~ *Pues a mí me gustaba…*

d **Describe a un personaje del pasado sin decir su nombre. El resto del curso adivina quién es.**

6. Describiendo el pasado

a **¿Recuerdas cómo eran estos lugares o personas? Descríbelos.**

mi primera escuela · mi profesor favorito · mi primer piso o casa · mi primera pareja

b **Habla con tu compañero/-a y busca coincidencias y diferencias.**

~ *Mi primer novio era deportista, era guapísimo y muy alto.*
~ *El mío no, era gordito, bajito y muy simpático.*

el mío, el tuyo, el suyo…

♂	♀
el mío	la mía
el tuyo	la tuya
el suyo	la suya
el nuestro	la nuestra

recursos

AB 9-14

AÑOS DE CAMBIOS

a Mira la portada del libro y marca de qué crees que trata.

- [ ] Es un libro de música.
- [ ] Es un libro de moda.
- [ ] Es una fotonovela.
- [ ] Es un libro erótico.
- [ ] Es una novela de misterio.
- [ ] Es una novela de amor.
- [ ] Es una novela con una historia escandalosa.
- [ ] Es un libro sobre una época cultural.
- [ ] Es un libro que habla sobre la época de juventud de unos artistas.
- [ ] Es una colección de biografías de personajes especiales.
- [ ] Es un libro de fotografías.
- [ ] ....

CRÍTICA: EL LIBRO DE LA SEMANA

RADIOGRAFÍA DE LOS AÑOS LOCOS

MARISA MARTÍNEZ MORENO 14/09/2008

Después de la muerte de Franco en 1975 comenzó a crearse en Madrid un movimiento cultural sin precedentes: la Movida. Eran los primeros años de la transición a la democracia y España salía de un régimen político anticuado que necesitaba nuevos aires. Los jóvenes querían vivir de forma diferente y salían por las noches en la llamada cultura alternativa, underground o contracultura. Era una época de provocación y experimentación: noches de copas, ganas de vivir, reuniones multiculturales. Nacían ideas, amores y grandes canciones. Época de músicos, pintores, fotógrafos, actores y directores de cine como Pedro Almodóvar. En la música figuraban, entre otros, artistas como Radio Futura, Loquillo, Nacha Pop, Los Secretos, Alaska, Tequila y Mecano. El autor Pablo Pérez-Mínguez recoge en este libro fotos representativas de esos años locos, desde 1973 a 1984. Un libro, en definitiva, sobre una época fascinante e irrepetible que ya forma parte de nuestra historia.

b Lee el texto y resume con una frase estos temas. Después compara con tu compañero/-a.

la política: ....
....
....

la cultura: ....
....
....

los jóvenes: ....
....
....

la Movida: ....
....
....

c ¿Por qué crees que merece la pena leer el libro? Busca razones.

Para saber más sobre la España moderna.

Porque…

AB 15-18

Objetos con historia

a **¿Cuáles de estos objetos piensas que todavía se utilizan y cuáles no? ¿Para qué crees que sirven o servían?**

el brasero

el mate

los guirnaldos

el metate

la peineta

el poncho

la aldaba

el botijo

el reloj astrológico azteca

el abanico

b **Haz una lista de objetos típicos de tu país y describe cómo son y para qué sirven. ¿Son objetos del pasado o se usan todavía?**

c **¿Qué se suele regalar como recuerdo de tu país? Vas a visitar a esta familia española. Decide qué le llevas a cada miembro.**

~ *A la niña le llevo…*

¿Sabías que…?

Muchos objetos que representan un país ya no se usan o se usan solamente en algunas regiones o en ocasiones concretas.

Por ejemplo, en España *la peineta* la llevan las mujeres principalmente en Andalucía y en fiestas tradicionales.

El brasero se usa todavía en muchas casas españolas que todavía no tienen calefacción central. Se pone debajo de una mesa alrededor de la que se sienta la familia.

El botijo se sigue usando en algunos pueblos españoles. En él se mantiene fresca el agua.

El mate se bebe sobre todo en Argentina y Uruguay. Es parecido al té. El mate ya se bebía antes de la llegada de los colonizadores.

El *metate* o molino de maíz es un utensilio que se utiliza para moler los granos de maíz.

AB 19

¡A LA TAREA! UNA EXPOSICIÓN SOBRE NUESTRA VIDA

Vamos a crear una exposición sobre los objetos y los personajes más especiales de nuestras vidas.

1 **Elegid objetos que ya no tenéis o no usáis y también personajes importantes para vosotros en el pasado. Describidlos y explicad por qué eran especiales.**

Tipp 4 S. 50

~ *Yo propongo mis primeros patines. Eran de metal y los zapatos iban dentro. Me encantaban.*
~ *Pues yo, una taza que me regaló mi mejor amiga. La tenía en mi trabajo. Era verde y tenía un patito amarillo.*

~ *¿Y qué personaje?*
~ *A mí me gustaba mucho Marilyn Monroe porque…*

2 **Elaborad fichas con información sobre vuestros objetos y personajes.**

PATINES de Vera

Año: 1985.
Descripción: eran de metal y de plástico. Eran amarillos, pequeños pero muy cómodos y ¡muy divertidos!
Otros comentarios:
Sus padres se los regalaron por Navidad. A Vera le encantaba patinar con sus amigos y recuerda que hacía concursos de bailes en una plaza de su barrio.

MARILYN MONROE

Años 50
Descripción: era muy guapa. Tenía el pelo rubio e iba siempre muy elegante. Llevaba ropa muy bonita.
Otros comentarios:
A Vera le gustaban sus películas y canciones.

3 **Exponed las fichas.**

4 **Elegid los objetos y los personajes que más gustan a todo el curso.**

Das *Imperfecto*: die Formen

regelmäßig

	llevar	tener	vivir
yo	llevaba	tenía	vivía
tú	llevabas	tenías	vivías
él/ella/usted	llevaba	tenía	vivía
nosotros/-as	llevábamos	teníamos	vivíamos
vosotros/-as	llevabais	teníais	vivíais
ellos/-as/ustedes	llevaban	tenían	vivían

→6.4.1

unregelmäßig

ser	ver	ir
era	veía	iba
eras	veías	ibas
era	veía	iba
éramos	veíamos	íbamos
erais	veíais	ibais
eran	veía	iban

! hay → había

→6.4.1

Das *Imperfecto*: der Gebrauch (1)

Das *Imperfecto* verwendet man, wenn man die Absicht hat, Beschreibungen von Situationen oder Umständen in der Vergangenheit auszudrücken. Es wird sehr oft bei Zeitangaben gebraucht wie *antes* (früher), *entonces, por entonces, en aquella época* (damals), *cuando* (als), *a los con 20 años, de pequeño, de niño...*

Antes vivíamos en un pueblo pequeño y por entonces yo era la primera chica que llevaba minifalda.

→6.4.2

Die Possessivpronomen

Singular ♂	Singular ♀	Plural ♂	Plural ♀
el mío	la mía	los míos	las mías
el tuyo	la tuya	los tuyos	las tuyas
el suyo	la suya	los suyos	las suyas
el nuestro	la nuestra	los nuestros	las nuestras
el vuestro	la vuestra	los vuestros	las vuestras
el suyo	la suya	los suyos	las suyas

Um die Wiederholung eines bereits genannten Substantivs zu vermeiden, verwendet man ein Possessivpronomen mit dem bestimmten Artikel. Sowohl das Pronomen als auch der Artikel stimmen in Zahl und in Geschlecht mit dem Bezugswort überein.

■ *Mi primera pareja tenía el pelo largo y era muy alta.*
● *La mía también.*

→5.8

LENGUA

Umstände und Situationen in der Vergangenheit beschreiben

■ En los años 80 yo vivía todavía en casa de mis padres.
● Pues yo no. Yo compartía piso con unos amigos.

das frühere Aussehen von Personen beschreiben

■ ¿Cómo eras tú cuando tenías nueve años?
● Era gordito, tenía el pelo rubio y largo y era muy tímido.

Gegenstände beschreiben

■ ¿Cómo era tu primer coche?
● Era un Seat 600, blanco y muy pequeño.

die Zugehörigkeit bestimmen

● Mi casa tiene tres habitaciones, ¿y la tuya?
■ La mía tiene cuatro.

COMUNICACIÓN

¡YA LO SABES!

Ich kann …	☺	😐	☹	→ Unidad 4
Situationen in der Vergangenheit beschreiben	☐	☐	☐	A1, A2
über Lebensumstände sprechen	☐	☐	☐	A2
Verhaltensweisen in Gegenwart und Vergangenheit vergleichen	☐	☐	☐	B3
Gegenstände in Material und Form beschreiben	☐	☐	☐	B4, B6
das frühere Aussehen von Personen schildern	☐	☐	☐	B5, B6
Zugehörigkeit bestimmen	☐	☐	☐	B6
eine kurze Buchrezension verstehen	☐	☐	☐	A toda página

¿Cómo has cambiado? Busca una foto tuya de hace diez, quince o veinte años y describe:
- tu aspecto físico
- tu carácter
- tu forma de vida en general (intereses, objetos que tenías, temas que te interesaban, etc.)

Tipp 4

Lernen im Team

Warum in der Gruppe lernen?
Sprachen lernt man bekanntlich am besten beim Sprechen! Und sicher gibt es auch in Ihrem Spanischkurs viele Gelegenheiten, um mit den anderen Kursteilnehmern zu kommunizieren und dabei gemeinsam Aufgaben zu lösen, zu diskutieren, sich Geschichten zu erzählen, Erfahrungen auszutauschen oder Projekte zu bearbeiten.
Dabei werden Sie – fast wie von selbst – im Zuhören und Sprechen sicherer und gewandter.
Und nicht zuletzt wirkt sich das Gespräch miteinander positiv auf die Stimmung und den Zusammenhalt der Gruppe aus.

Die *Tarea*: An die (gemeinsame) Arbeit!
In eñe finden sich viele Situationen, in denen Sie miteinander kommunizieren können und sollen. Eine Möglichkeit ist die *Tarea*, eine kleine realitätsnahe Projektaufgabe. Sie ist auf der achten Seite jeder *Unidad* zu finden und wird im Team mit anderen Kursteilnehmern gelöst. Hier können Sie die zentralen Gesprächsinhalte der *Unidad* gleich gemeinsam in einem vergnüglichen Rahmen ausprobieren.

Damit das auch in idealer Weise in der Gruppe funktioniert, können Ihnen folgende Hinweise weiterhelfen:

- Sprechen Sie miteinander nur auf Spanisch, auch wenn das manchmal ungewohnt ist.
- Finden Sie sich im Lauf des Kurses immer mal wieder in neuen Teams zusammen. So sprechen Sie auch mit möglichst vielen verschiedenen Kursteilnehmern.
- Achten Sie darauf, dass sich alle Mitglieder der Gruppe am gemeinsamen Gespräch beteiligen, damit jeder zum Zug kommt.
- Unterstützen Sie sich gegenseitig, helfen Sie Ihren Partnern z.B. mit Wörtern weiter, bügeln Sie gemeinsam Fehler aus, …
- Besprechen Sie von Anfang an die Aufgabenverteilung: Bestimmen Sie z.B. einen Protokollführer, einigen Sie sich, wer die Ergebnisse präsentiert. Das spart Zeit, Meinungsverschiedenheiten und führt zu besseren Resultaten.

Lernen außerhalb des Kurses
Gemeinsam zu lernen muss nicht auf den Spanischkurs beschränkt sein. Warum sich dazu nicht auch außerhalb des Kurses treffen? Das bringt mehr Motivation, mehr Lerneffekt und …mehr Spaß!

A

B

C

D

E

F

G

H

23

Numera las fotos según el orden de los sonidos que escuchas.

¿Recuerdas sonidos u olores característicos de tu pasado? ¿Cuáles? ¿Qué asocias con ellos?

¡Qué historia!

IN DIESER UNIDAD LERNEN SIE:

- Gewohnheiten in der Vergangenheit beschreiben
- die Umstände eines Ereignisses schildern und Ereignisse in der Vergangenheit erzählen
- von besonderen Erlebnissen berichten
- eine kurze Erzählung schreiben

5

A EN PRIMER LUGAR

1. ¿Qué cosas hacías?

24

a **Amalia ha hecho un test sobre el pasado de su marido Enrique. Lee el test. Después escucha la conversación y comprueba en sus respuestas si Amalia conoce bien a su pareja.**

¿Conoces bien a tu pareja?

A todos nos gusta pensar en el pasado. De niños y de jóvenes hacíamos cosas que hoy en día nos sorprenden. Pero, ¿sabes qué cosas hacía realmente tu pareja en el pasado? ¿La conoces bien? Haz el siguiente test y compruébalo.

1) Una comida que recuerda especialmente:
   (a.) La comida que le hacía su mamá.
   b. La comida que le hacía su abuela.
   c. Las comidas en el comedor de su colegio.
   d. Otros: ____________________

2) Un medio de transporte que usaba de niño:
   a. El coche familiar.
   b. Un autobús.
   (c.) Una bicicleta.
   d. Otros : ____________________

3) Una canción que le trae buenos recuerdos:
   a. Una canción que le cantaba un familiar.
   b. Una canción que aprendió en el colegio.
   c. Una melodía de la televisión o de la radio.
   (d.) Otros: alguna canción que cantaba con amigos

4) Un lugar donde jugaba:
   a. El barrio donde vivía de niño.
   (b.) Su casa.
   c. Los alrededores de su pueblo.
   d. Otros: ____________________

5) Un lugar de vacaciones adonde iba con su familia:
   a. La playa.
   b. Las montañas.
   (c.) El pueblo donde vivían sus abuelos.
   d. Otros: ____________________

6) ¿Que hacía después de la escuela?
   a. Iba a un curso.
   b. Hacía deporte.
   (c.) Se quedaba en casa.
   d. Otros: ____________________

7) ¿Dónde comía los domingos cuando tenía 8 años?
   a. En su casa.
   b. En casa de los abuelos.
   c. En restaurantes.
   (d.) Otros: ____________________

8) ¿Qué deportes hacía a los 12 años?
   a. Hacía un poco de todo.
   (b.) Jugaba en un equipo.
   c. Bailaba.
   d. Otros: ____________________

- **De siete a nueve respuestas correctas:** ¡Felicidades! Conoces a tu pareja muy bien. Se nota que te interesa su pasado. Seguro que sin hablar con ella sabes cómo está.
- **De cuatro a seis respuestas correctas:** Tienes que conocer mejor a tu pareja. Hay temas que todavía no conoces, ¿por qué no empiezas a hablar hoy?
- **De una a tres respuestas:** ¡Ten cuidado! ¿Desde cuándo estáis juntos? La comunicación es muy importante. Habla un poquito más con tu pareja...

Der Gebrauch des *Imperfecto* 2

Das *Imperfecto* wird auch zur Beschreibung von wiederholten und regelmäßigen Tätigkeiten in der Vergangenheit verwendet.

¡Fíjate!

b **Elabora ocho preguntas sobre los temas del test y pregunta a tu compañero/-a. ¿En qué coincidís?**

¿Qué comidas recuerdas?
El «Apfelstrudel» que hacía mi abuela, ¿y tú?

acordarse/recordar

acordarse de
Me **acuerdo de** las vacaciones en la playa.
recordar
Recuerdo las vacaciones en la playa.

¡Fíjate!

c **Elige un tema del test de 1a y escribe un texto para el foro de internet "Mis recuerdos favoritos".**

AB 1-4

2. Así era hasta que un día...

a Mira las fotos, encuentra una información incorrecta en los textos y corrígelos.

Aquí podéis verme con mi familia en las vacaciones. Siempre íbamos a la montaña. Allí mis padres alquilaban una casa y pasábamos las vacaciones de verano. Pero un año, cuando empecé a salir con Luisa, nos fuimos de vacaciones con unos amigos. A partir de entonces dejé de ir a la montaña con mis padres.

Siempre jugaba con mis amigos en una plaza de mi barrio. Allí pasaba casi todas las tardes. Hasta que un día nos mudamos a otro piso y ya no fue lo mismo. No veía a mis amigos de infancia con tanta frecuencia. Esta foto es de mi primer barrio y estaba jugando con mi nueva bicicleta.

En mi juventud iba casi siempre en moto. Era una Vespino negra que me regalaron mis padres por Reyes a los 16 años. Cuando me saqué el carné de conducir, me compré mi primer coche, y ya no volví a montar en moto.

b Subraya en el texto de 2a las formas verbales y completa la tabla.

Imperfecto* und *Indefinido I

Wenn man vergangene Handlungen als gewohnt oder regelmäßig wiederholt darstellen möchte, wird das .... verwendet.
Wenn man vergangene Handlungen als abgeschlossene Ereignisse darstellen möchte, wird das .... verwendet.
Der Gebrauch des *Imperfecto* oder *Indefinido* hängt also von der Sprechintention ab.

¡Fíjate!

c ¿Qué acontecimientos cambiaron tus hábitos en el pasado? Escribe tres frases.

la escuela | los deportes | los juegos | las comidas | los medios de transporte | las vacaciones | los fines de semana

De niño vivía en el centro de Berlín, hasta que... / pero en el año...

d Lee el comienzo de tus frases. Tus compañeros/-as adivinan el final de la frase. ¿Quién adivina más frases?

Imperfecto* und *Indefinido II

Routine: *Imperfecto* Ereignis: *Indefinido*

En verano iba a nadar a la piscina de mi barrio hasta que la cerraron y dejé de ir.

recursos

AB 5,6

3. Historietas

a **Mira los dibujos y ordena la historia.**

b **Lee la historia y comprueba.**

Tipp 5 S. 60

Hacía un día fantástico. Lola estaba en la playa tomando el sol con Tomi, su perro. En el agua, no muy lejos de Lola y Tomi, había un chico muy interesante encima de una colchoneta, Chema. Tomi estaba un poco aburrido y entró en el agua. Chema empezó a jugar con él. Se lo estaban pasando muy bien y, de repente, Tomi mordió la colchoneta, que perdió todo el aire rápidamente, y el chico cayó al agua. Pero Chema no sabía nadar y entonces empezó a gritar pidiendo ayuda. En ese momento Lola entró en el agua y fue nadando rápidamente hacia él. Con todas sus fuerzas, Lola lo sacó del agua. Cuando llegaron a la orilla, Chema estaba inconsciente. Había mucha gente alrededor y Lola estaba muy preocupada. Pero Chema se despertó y Lola le pidió perdón.

Como Chema ya se sentía mejor, Lola lo invitó a tomar algo en un chiringuito próximo. Allí los dos estuvieron hablando hasta muy tarde, y claro, quedaron para ir otra vez a la playa juntos al día siguiente.

c **Marca con colores diferentes en el texto de 3b las frases que introducen acontecimientos (Ereignisse) y las frases que describen circunstancias (Umstände).**

***Imperfecto* oder *Indefinido*?**

Der Sprecher bestimmt, wie er das Geschehene erzählen will: wenn er Beschreibungen der Umstände oder der Situation (wie war es?) machen will, wählt er das *Imperfecto*.
Ins *Indefinido* aber setzt er das, was er als Ereignis darstellen möchte (was geschah?) und was auf das Fortschreiten der Handlung verweist.

¡Fíjate!

d **Lee y elabora tu propia historieta. Empieza por el número 1.**

Había una vez un perro llamado Tico que vivía con Marcos, su dueño, en un piso en las afueras de una gran ciudad.
Si quieres saber qué le pasó al perro → 2.
Si quieres saber qué le pasó al dueño → 4.
1

¡Entonces Tico empezó a ladrar! Sabía que el monedero era de una mujer que estaba delante de ellos. Corrió tras ella y se lo dio.
Si te interesa saber qué hicieron el perro y la mujer → 9.
8

En la bolsa no sólo había comida, sino que también había un monedero lleno de dinero.
Si quieres saber más del monedero → 8.
Si quieres saber qué hicieron Marcos y Tico con la bolsa → 6.
7

Un día estaban paseando por el parqué, cuando Tico olió algo muy raro. Era una bolsa que tenía una comida exquisita.
Si te interesa saber más de la bolsa → 7.
Si te interesa más qué hizo Tico → 5.
2

Y ese fue el comienzo de una gran amistad.

FIN
9

Entonces Marcos cogió el monedero y pensó en llevarlo a la policía. En ese momento vieron a una mujer pelirroja que pasaba por su lado y tenía mucha prisa porque buscaba a la policía. Por lo visto, alguien le robó una bolsa y en la bolsa estaba su monedero.
Si quieres saber qué pasó con la mujer pelirroja → 3.
Si quieres saber qué pasó al final → 9.
6

Entonces Marcos le dio el monedero y quedaron para tomar algo juntos.
Si quieres saber el final de la historia → 9.
3

Un día Marcos salió a pasear con Tico. Estaba disfrutando del buen tiempo cuando vio a una mujer que corría en su dirección. La mujer tenía una bolsa con comida y un monedero de otra mujer.
Si quieres saber qué pasó con el monedero → 6.
Si quieres saber qué hizo el perro → 5.
4

Tico empezó a morder la bolsa y después salió corriendo con un monedero en la boca. Marcos corrió detrás de Tico y empezó a gritar.
Si quieres saber qué hizo Tico → 8.
Si te interesa saber qué hizo Marcos → 6.
5

e **Cuenta tu historia a tu compañero/-a. ¿Qué diferencias hay?**

4. Te cuento una historia.

a **Mira las fotos, decide dónde se conocieron y qué estaban haciendo cada una de estas tres parejas.**

Se volvieron a encontrar en la Feria de Sevilla.
Quería comprar unas flores.
Ella necesitaba un intérprete.
Chocaron con sus kayak.
Él se presentó.
Estaban pasando las vacaciones en un lago.
Se conocieron en un viaje por la India.
Se conocieron en una floristería.
Se conocieron en la Patagonia Argentina.

1 Salman y Ruth

2 Ingrid y Leonardo

3 Roberto y Toni

25-27 **b** **Escucha y compara con tu versión.**

c **Elige dos de las situaciones (A – D) y contesta las preguntas. Después habla con tus compañeros/-as. ¿Quién cuenta la historia más interesante?**

A un momento en el que pasaste miedo
B problemas que tuviste en un viaje
C un encuentro inesperado
D un momento ridículo

¿Dónde estabas?
¿Con quién estabas?
¿Cuándo pasó?
¿Qué pasó?

AB 7-14

A TODA PÁGINA

Cuéntame un cuento

a Lee los títulos. ¿De qué cuento se trata?

Blancanieves y los siete enanitos

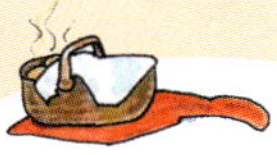

Caperucita Roja

La bella durmiente

El lobo y los siete cabritos

b Ordena los párrafos de este cuento tradicional colombiano.

LA MUCHACHA Y EL RÍO

☐ *Después de ese día, los hombres no podían coger ningún pez de ese río. Algunos dicen que hay un pez grande con una cabeza y ojos oscuros que protege los peces. Parece que la muchacha que siempre cuidaba los peces desde la tierra, ahora lo hace desde el agua. Y colorín colorado, este cuento se ha acabado.*

☐ *Después de coger algunos peces, los hombres hicieron un fuego grande y mataron, cocinaron y se comieron todos los peces que tenían. La muchacha estaba muy triste. Se bañó en el río y allí se quedó.*

☐ *Un día, vio a los hombres del pueblo que querían casarse con ella. Estaban pescando en el río. Cada vez que un hombre cogía un pez, la mujer oía: "Nos van a matar. Nos van a cocinar. Nos van a comer. ¡Ayúdanos!"*

☐ *Érase una vez un señor que tenía una hija muy bonita con ojos y cabellos oscuros. Todos los hombres del pueblo se querían casar con ella, pero a ella no le interesaba casarse. Sólo le gustaba ir al río para estar con los peces. Todos los días les daba de comer.*

c Contesta las preguntas con la información del cuento.

1. ¿Quiénes eran los personajes? ....
2. ¿Dónde estaba/n? ....
3. ¿Qué estaba/n haciendo? ....
4. ¿Qué pasó? ....
5. ¿Cómo terminó la historia? ....

d ¿Te acuerdas del cuento de la Caperucita Roja? Elabora una nueva versión a partir de las preguntas de c. Puedes usar las siguientes palabras.

pistola | león | zapato de tacón | minifalda | teléfono móvil | dulces | centro comercial | pozo | cazador | camino | piedras | flores | comerse | matar | disparar

AB 15

Reírse de los clichés

a ¿Sobre qué temas se hacen chistes en tu país?

- ☐ otras regiones de tu país
- ☐ otros países
- ☐ grupos sociales
- ☐ una profesión
- ☐ las mujeres
- ☐ los hombres
- ☐ el sexo
- ☐ la lengua
- ☐ otros: ....

b Lee chistes. ¿A qué grupo de a pertenecen?

Si quieres escuchar los chistes → CD Arbeitsbuch 97 o → www.hueber.de/ene

1 *Esto es un catalán, un vasco, un madrileño y un lepero que van a la máquina de la verdad. Primero habla el catalán:*
– Yo pienso que los catalanes no somos tan agarrados.
¡PIIIIIIIII! ¡PIIIIIIIIII!

Luego el vasco:
– Yo pienso que los vascos no somos tan brutos.
¡PIIIIIIIII! ¡PIIIIIIIIII!

Después el madrileño:
– Yo pienso que los madrileños no somos tan chulos.
¡PIIIIIIIII! ¡PIIIIIIIIII!

Y el lepero:
– Yo pienso...
¡PIIIIIIIII! ¡PIIIIIIIII!

2 ¿Por qué un argentino mira al cielo y sonríe cuando relampaguea? Porque cree que Dios le está sacando fotos.

3 ¿Cómo se dice en alemán "ir en autobús"?
Suban, empujen, estrujen, bajen.

4 *Una abuelita de 98 años y un abuelito de 115 visitan al doctor:*
– ¿Entonces... nosotros no podemos hacer el amor, Doctor?
– No señora, si ustedes lo hacen se pueden morir. Es mejor que duerman en cuartos separados.
A media noche, alguien toca la puerta del cuarto del viejito.
– ¿Quién es?
– ¡Una viejita suicida!...

5 Estaba un abogado tomando el sol, llega una señora y le dice:
– ¿Qué hace abogado? y éste le responde:
– Robándole unos rayos al sol.
Y la señora le dice lo siguiente:
– Usted siempre trabajando, ¿verdad, abogado?

6 Una suegra que era bien mala, pero mala, mala, se murió, y en su tumba le pusieron este mensaje: "Aquí descansa ella, y en la casa descansamos todos".

¿Sabías que...?

En algunos países de Latinoamérica como Argentina, Cuba o Venezuela se hacen chistes de gallegos que, en realidad, se refieren a los españoles.

En España se hacen chistes de leperos. Lepe es una pequeña ciudad en la provincia de Huelva, en Andalucía.

Los chistes con temática sexual se llaman *chistes verdes*.

En España se cuentan chistes de Jaimito que es el correspondiente al "Fritzchen" alemán.

c ¿Conoces un buen chiste? Cuéntalo.

5 ¡A LA TAREA! HISTORIAS DEL CURSO

Vamos a escribir una historia para el libro de relatos del curso.

1 **Lee los comienzos de las historias y elige uno. Sentaos en grupos según preferencias.**

Estaba esperando a mi amigo Borja en una cafetería. Estaba muy tranquilo y disfrutaba de un café delicioso. Estaba mirando hacia la puerta de entrada cuando la vi...

Regresaba a casa en el autobús. Era de noche y el autobús estaba vacío. Pensaba en lo que iba a cenar, cuando se sentó a mi lado...

Aquella mañana me desperté y no sabía dónde estaba. Todo era nuevo para mí: la cama, la habitación, el olor...

¿Diga? – ¿Francisca? Hola, soy tu padre. Era la primera vez que Francisca escuchaba la voz de su padre. No sabía que su padre vivía...

2 **Decidid cómo sigue la historia. Estas preguntas os pueden ayudar.**

- *¿Quién era la persona? ¿Cómo era?*
- *¿Qué pasó después?*
- *¿Qué hizo el/la protagonista?*
- *¿Cómo se sentía después?*
- *¿Cómo acabó la historia?*

3 **Escribid la historia según las respuestas de vuestro grupo.**

4 **Contad en el curso vuestras historias. ¿Cuál es la más romántica, la más divertida y/o la más misteriosa?**

Das *Imperfecto*: der Gebrauch (2)

Das *Imperfecto* wird verwendet, wenn der Sprecher Gewohnheiten und regelmäßige oder wiederholte Handlungen in der Vergangenheit ausdrücken will. Oft steht das *Imperfecto* mit Zeitangaben wie *todos los días/meses/años, normalmente, siempre (zu jeder Gelegenheit), muchas veces, cada día…*

Siempre íbamos a la montaña. Allí mis padres alquilaban una casa.

Der Sprecher bestimmt, wie er das Geschehene erzählen will: wenn er Beschreibungen der Umstände oder der Situation (wie war es?) machen will, wählt er das *Imperfecto*.
Ins *Indefinido* aber setzt er das, was er als Ereignis darstellen möchte (was geschah?) und was auf das Fortschreiten der Handlung verweist.

→6.4.2

Gebrauch des *Imperfecto* und *Indefinido* bei Erzählungen

Der Erzähler wählt die Vergangenheitsform je nach seiner Erzählabsicht:

- Der Rahmen der Handlung (Beschreibungen von Personen, Situationen, etc.) wird dargestellt. (Wie war es?) → *Imperfecto*
- Gewohnheitsmäßige Handlungen werden geschildert.
- Die Ereignisse der Handlung werden dargestellt. (Was geschah?) → *Indefinido*
- Die Handlungen sind zeitlich begrenzt und abgeschlossen.

Imperfecto: Wie war es?	→ *Indefinido*: Was geschah?
Vivía en Barcelona,	→ *pero en 1999 me fui a vivir a Valencia.*
Siempre iba en moto	→ *hasta que me saqué el carnet de conducir y me compré mi primer coche.*

→6.4.3

Zeitangaben in Erzählungen

en aquel tiempo	(por) entonces	de repente	en ese momento
siempre	un día	de pronto	luego
todos los años	una vez	el otro día	más tarde

Die Zeitwörter helfen, eine Erzählung zu strukturieren. Sie werden – je nach Erzählabsicht – mit *Imperfecto* oder *Indefinido* verwendet.
Entonces vivía en Barcelona. Estábamos en la parada. Vino Javier y entonces nos fuimos.

Un día estaba sentado en el autobús cuando de repente la vi desde la ventanilla…
Siempre nos encontrábamos en el bar de la universidad, pero un día llegué tarde y…

→7.2

LENGUA

Gewohnheiten in der Vergangenheit beschreiben

Cuando **era** pequeño, **andaba** todos los días media hora para ir a la escuela.
En nuestras últimas vacaciones **íbamos** cada día a una playa diferente.

Umstände und Situationen in der Vergangenheit beschreiben

Lola **estaba** en la playa con su perro, tomando el sol. En el agua **había** un chico encima de una colchoneta.
Yo **estaba** de vacaciones con unas amigas y **dormíamos** en una tienda de campaña.
El chico no **sabía** nadar.
El chico ya **se sentía** mejor.

Handlungen schildern

Entonces el perro **mordió** la colchoneta y el chico **cayó** al agua.
Nos **conocimos** en un cámping, en Menorca.

Ereignisse erzählen, die eine andere Handlung oder Umstand verändern

Yo siempre lo **veía** en la biblioteca de la universidad, y **pensaba** que **era** muy tímido. Pero en la fiesta se **acercó** a mí, **se presentó** y empezamos a bailar. **Resultó** ser un bailarín de primera. Y de tímido nada.

COMUNICACIÓN

¡YA LO SABES!

Ich kann ...	😊	🙂	☹	→ Unidad 5
Gewohnheiten in der Vergangenheit beschreiben	☐	☐	☐	A1, A2
ein Ereignis, das eine Gewohnheit unterbricht, darstellen	☐	☐	☐	A2
von besonderen Erlebnissen berichten	☐	☐	☐	B3, B4
ein Märchen verstehen	☐	☐	☐	A toda página
einfache Witze verstehen	☐	☐	☐	Entre culturas
eine Geschichte erzählen	☐	☐	☐	A la tarea

Piensa en un acontecimiento importante que viviste en los últimos años en el país donde vives. Escribe un mensaje por correo electrónico a un/a amigo/-a en el que le cuentas brevemente dónde estabas, con quién estabas, qué estabas haciendo y qué ocurrió.

Tipp 5

Das merk ich mir!
Das muss man einfach lernen – haben Sie sich auch schon einmal geärgert über diesen Spruch? Die meisten verbinden damit wohl die Vorstellung von trockenem Auswendiglernen. Tatsächlich ist die mechanische Wiederholung eine Methode, um neue sprachliche Strukturen „in den Griff" oder „ins Ohr" zu bekommen; daneben arbeitet unser Gehirn aber auch mit anderen Hilfsmitteln: mit Logik, mit Emotionen und mit Fantasie.
Die folgenden Tipps geben Ihnen ein paar Anregungen, wie man einfach lernt und sich effektiv erinnert. Probieren Sie es doch einmal aus!

- Ein Wort allein lernt sich schwer. Wenn es aber mit anderen vernetzt ist, bleibt es besser hängen. Versuchen Sie deshalb systematische Verbindungen zwischen den Vokabeln herzustellen: Sortieren Sie die Wörter nach grammatischen Gesichtspunkten (z.B. Adjektive), gruppieren Sie die Wörter nach Wortfamilien (*preguntar*, la *pregunta*), bilden Sie thematische Wortfelder (z.B. Urlaub, Märchen) oder stellen Sie Gegensatzpaare zusammen.
- Neue Strukturen treffen Sie meistens im Zusammenhang mit einem Text oder einer Gesprächssituation an. Nutzen Sie diesen Kontext als Erinnerungshilfe: Notieren Sie sich in Ihr Vokabelheft nicht nur Einzelwörtern, sondern den ganzen Satz, merken Sie sich zu Grammatikregeln immer ein konkretes Verwendungsbeispiel.
- Es muss nicht immer sinnvoll sein! Gedankliche Verknüpfungen funktionieren oft besonders gut, wenn sie auf den ersten Blick überhaupt keinen Sinn ergeben. Als Merkhilfen eignen sich zum Beispiel ähnliche klingende Wörter aus verschiedenen Sprachen, wie: *In Spanien wachsen die Bananen auf der Platane.*
- Versetzen Sie sich in einen Raum, den Sie gut kennen, oder begeben Sie sich auf einen imaginären Spaziergang, den Sie schon oft gemacht haben. Das, was Sie lernen wollen, platzieren Sie nun an verschiedenen Stellen in diesem Vorstellungsraum. Wenn Sie dann den Weg im Geiste wiederholen, finden Sie Ihre Lerngegenstände dort wieder, wo Sie sie „abgelegt" haben.

Ob Sie nun Abschreiben, Wortnetze oder Spazierengehen vorziehen – wichtig bleibt, dass Sie regelmäßig lernen und verschiedene Methoden kombinieren. Denn je öfter und vielseitiger man sich mit einem Gegenstand beschäftigt hat, desto dauerhafter die Erinnerung.

...los bomberos ayudan a la gente.

...los maestros saben muchas cosas.

...los cantantes ganan mucho dinero y viajan mucho.

...los veterinarios trabajan con animales.

Cuando eras niño/-a: ¿qué querías ser de mayor? ¿Por qué?

modelo	médico/-a
policía	actor/actriz
astronauta	cantante
futbolista	bailarín/a

¡A trabajar!

IN DIESER UNIDAD LERNEN SIE:

- Stellenanzeigen verstehen
- über Qualifikationen sprechen
- Merkmale von Berufen beschreiben
- Arbeitsvorgänge in einem Büro benennen
- Gegenstände räumlich einordnen
- um etwas bitten und auf eine Bitte reagieren
- Arbeitsvorgänge am Computer benennen

6 A EN PRIMER LUGAR

1. Buscando trabajo

a **Lee estos anuncios y completa con las palabras que faltan.**

sueldo | jornada laboral | contrato | titulación superior | empresa

Puesto: RECEPCIONISTA
Lugar: Hotel en Madrid
Descripción
- .... estable (3 meses + incorporación)
- Salario inicial: 1180 €

Requisitos
Estudios mínimos: Bachillerato
Experiencia mínima: 6 meses
Requisitos mínimos: Inglés medio - alto; Buena presencia y don de gentes

Contrato
Tipo de contrato: 3 meses + indefinido
.............................: A tiempo parcial
Horario: De 11.30 a 20.30

SE NECESITA REPARTIDOR
(CON CARNÉ DE CONDUCIR Y VEHÍCULO PROPIO)

Grupo de alumnos busca profesor/-a de alemán con MUCHA paciencia para clases particulares.
Requisitos: .... como profesor.
Honorario: a convenir
Interesados llamar al 976-483 67 52 (Raúl)

Importante empresa del sector financiero necesita
TÉCNICO CONTABLE
Se requiere:
- .... en Contabilidad
- conocimientos informáticos
- experiencia mínima de 2 años en puesto similar
- dotes de organización

Ofrecemos:
- contrato indefinido
- posibilidad de promoción

.... de moda en expansión busca
DEPENDIENTES
Si eres joven, te gusta la moda y el trato con la gente, ¡entra en nuestro equipo!
Te ofrecemos un buen ambiente de trabajo, ... fijo más comisiones y horarios flexibles.

28-29

b **Escucha. ¿Qué puestos de trabajo de 1a solicitan las personas de los diálogos? Después lee las frases, escucha otra vez y marca en qué diálogo se dice qué.**

	Diálogo1	Diálogo 2
Ha estudiado contabilidad.	☐	☐
Tiene experiencia en un trabajo similar.	☐	☐
Sabe inglés.	☐	☐
Le gusta trabajar en grupo.	☐	☐
Es muy organizado/-a.	☐	☐
Puede trabajar bien con estrés.	☐	☐
Ha vivido en el extranjero.	☐	☐

saber* und *poder

saber *können, wissen, etwas gelernt haben*
Marta no **sabe** conducir.
Pilar **sabe** francés y chino.
poder *können, in der Lage sein*
Puedo trabajar bien con estrés.

¡Fíjate!

c **Pregunta a tu compañero/-a y completa la ficha de la oficina de empleo con sus datos.**

BUSCAJOB Agencia de contratación

Nombre y apellidos:..
Estudios y formación: ....
....
Idiomas:..
Experiencia laboral:
☐ no
☐ sí ....
....
Otras capacidades:
....

d **¿Qué requisitos y cualidades se necesitan para trabajar en estas profesiones?**

empresario/-a
dependiente/-a
administrativo/-a
repartidor/a
taxista
gerente
ejecutivo/-a
representante comercial
profesor/a
guía turístico/-a
acompañante de vuelo
empleado/-a de banco

e **¿En cuál de estas profesiones puede trabajar tu compañero/-a? ¿Por qué? ¿Está de acuerdo contigo?**

Yo creo que tú puedes ser administrativo porque eres muy organizado.
¿Tú crees? Pero no sé mucha informática...

AB 1-6

2. ¿Cómo es tu trabajo?

a **¿A qué le das más importancia en el trabajo? Escribe un número del 1 (–) al 10 (+). Compara con tu compañero/-a.**

- ☐ una buena relación con el/la jefe/-a
- ☐ mucho tiempo libre
- ☐ un sueldo adecuado
- ☐ mucha responsabilidad
- ☐ poco estrés
- ☐ buena relación con los compañeros
- ☐ horarios flexibles
- ☐ posibilidades de promoción
- ☐ un trabajo interesante y variado
- ☐ material de oficina moderno

b **Lee este texto y di si las afirmaciones son verdaderas o falsas.**

¿Qué valora más de su trabajo?

El ambiente laboral, el factor más importante para los españoles.

¿Qué es prioritario para usted en su puesto de trabajo? El buen ambiente laboral, la responsabilidad, la autonomía y el reconocimiento dentro de la empresa son los factores más valorados por los españoles para permanecer en su puesto de trabajo, según un estudio sobre satisfacción laboral y calidad de vida elaborado por la firma europea de búsqueda de profesionales Cátenon.

Ahora bien, cuando se busca un cambio de trabajo el factor principal es el aumento de sueldo, seguido de las posibilidades de promoción profesional, la responsabilidad y autonomía del puesto, el equipo humano y horarios flexibles.

Aunque el dinero no se encuentra entre nuestras principales prioridades, el 54% afirma no estar conforme con su sueldo. Sin embargo, más del 70% de los trabajadores estarían dispuestos a renunciar a parte del salario para tener una mejor calidad de vida. Y es que tres de cada cuatro españoles creen que para tener una brillante carrera profesional es necesario muchas veces renunciar a la vida personal.

	V	F
1. La relación con los compañeros es el factor más importante en el trabajo.	☐	☐
2. Un aumento de sueldo no es la principal motivación para cambiar de trabajo.	☐	☐
3. La mayoría de los trabajadores prefieren ganar menos pero tener mejor calidad de vida.	☐	☐
4. Muchos españoles piensan que el éxito en el trabajo y una vida tranquila y feliz no son compatibles.	☐	☐

30 **c** **Maite habla con su amiga de su nuevo trabajo. Marca de qué aspectos habla. Después escucha otra vez y marca si está contenta o no.**

	Habla del tema		
el jefe	☐	☐	☐
la relación con los compañeros	☐	☐	☐
el sueldo	☐	☐	☐
las posibilidades de promoción	☐	☐	☐
las vacaciones	☐	☐	☐
los horarios	☐	☐	☐

d **Una cadena: nombra una profesión. Un compañero/-a dice una característica de esa profesión. El siguiente dice otra profesión que tiene la misma característica, etc. No se pueden repetir ni las profesiones ni las características.**

Empresario ~ *tiene un sueldo alto* ~ *abogado* ~ *tiene un trabajo con mucho estrés* ~ *médico* ~ *ayuda a la gente ...*

e **Haz una lista con dos características positivas y dos negativas de tu trabajo. Después haz con tus compañeros/-as una estadística del grupo. ¿Cuáles son las características más positivas y las más negativas en el trabajo?**

AB 7-8

3. Un día en la oficina

a **¿Cuáles de estos objetos tienes tú en tu escritorio?**

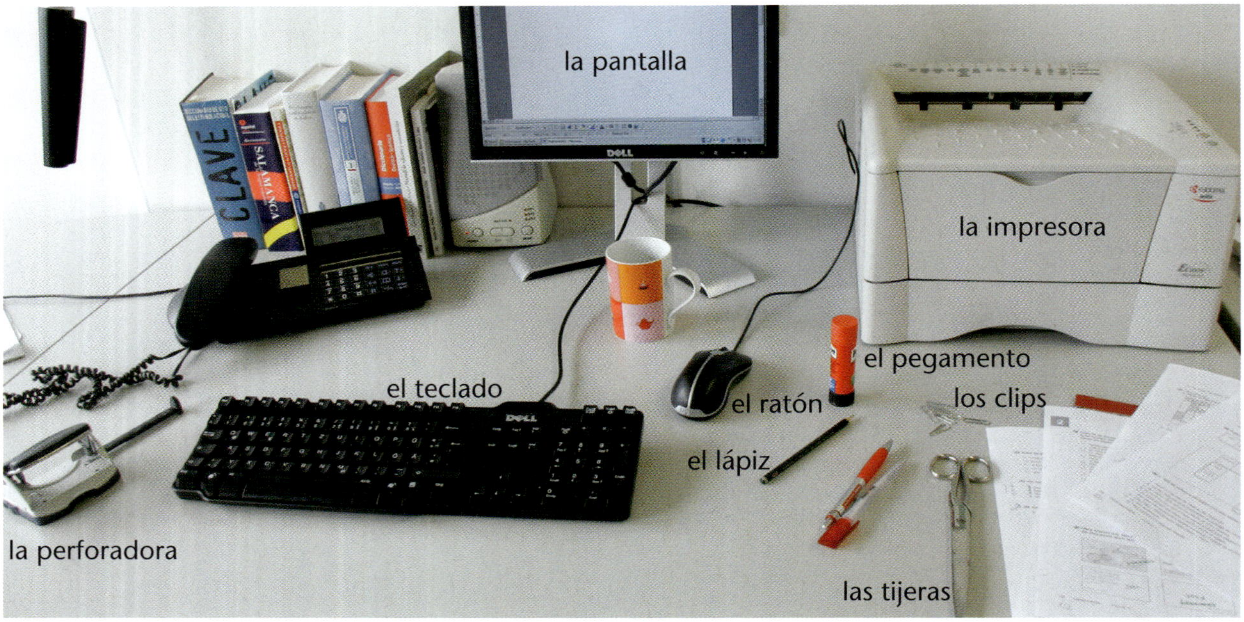

Tipp 6 S. 70

b **Lee los textos. ¿Qué tareas tiene que hacer Natalia? Completa la agenda.**

Nuevo mensaje

Enviar | Chat | Adjuntar | Agenda | Tipo de letra | Colores | Borrador

Estimada Natalia:

Adjunto le envío la confirmación de la reserva del vuelo a Santiago. Tiene plazo hasta el 2 de marzo. Ruego me envíe un fax con la firma autorizada antes de esa fecha.

¿Me puede confirmar el recibo de este mail?
Gracias.

Saludos cordiales,
Marisa Jiménez
Viajes Ramiro
Manuel Montt 317
Antofagasta

Natalia, acuérdate de llamar al técnico.
¿Me puedes escanear la factura del último pedido?
Carlos

Nº. FACTURA D02013 MATERIAL DE OFICINA
FECHA 18/02/09

CÓDIGO	DESCRIPCIÓN	CANTIDAD	PRECIO	I
65145	PAPEL DIN. A4	20	2,05	4
76347	SOBRES 100	5	2,78	1
65465	TINTA IMPRESORA	3	7,85	2
25845	PEGAMENTO	6	1,18	7,08
33545	PERFORADORA	3	4,85	14,55
			TOTAL	100,08

¡¡¡REVISAR FACTURA Y ARCHIVAR!!!

¿Me envías una copia de las actas de la reunión del viernes 7?
Gracias,
Almudena

21 de febrero

– Contestar correos electrónicos
–
–
–

c **¿Qué objetos se necesitan para hacer las tareas de 3b?**

4. ¿Me dejas ese boli?

31-33

a **Escucha. Natalia habla con estas cuatro personas. ¿En qué orden lo hace? Numéralo. ¿Las trata de tú o de usted?**

Habla con...	Diálogo	¿tú o usted?
su jefe	☐	....
un compañero de trabajo	☐	....
una persona desconocida	☐	....

AB 9-11

b **Marca en dos colores las expresiones que se utilizan para pedir cosas y para reaccionar a la petición.**

1 ● ¿Me puedes pasar ese archivador?
■ ¿Cuál? ¿este?
● No, no, aquel.
■ Toma, aquí lo tienes.

2 ■ Hola, Gustavo, dime.
▲ Mira, Natalia, que te quería preguntar si has hecho ya las fotocopias.
■ Sí, las acabo de hacer. Aquí mismo las tengo.
▲ ¿Puedes traérmelas, por favor?
■ Sí, ahora mismo te las llevo.
▲ Y otra cosa, por favor, ¿me envías el informe por correo electrónico?
■ Vale, ahora lo hago.

3 ★ Hola, buenas tardes. ¿Se puede?
■ Sí, claro, pase, pase.
★ Quería hablar con el señor Arjonilla.
■ ¿Me dice su nombre, por favor?
★ Carmen Cobos.
■ Sí, un momento, por favor. En este momento está ocupado. Si quiere, se puede sentar ahí enfrente.
★ Muchas gracias.

este, ese und _aquel_

Este, ese und *aquel* werden abhängig von der Entfernung zum Sprecher verwendet. *Este* bezieht sich auf etwas, das nahe beim Sprecher ist, *ese* auf Entfernteres, *aquel* auf weit entfernte Gegenstände und Lebewesen.

¡Fíjate!

um etwas bitten

Bitten werden häufig in indirekter Form geäußert.
Quería hablar con el señor Arjonilla.
¿Cerramos la ventana?
Der Imperativ wird selten verwendet. Um den „Befehlton" abzumildern, wird der Imperativ mit Ausdrücken kombiniert wie, *por favor, si puedes, anda*, etc.
Siéntese, por favor. Cierra la ventana, ¡anda!

¡Fíjate!

Stellung der Pronomen beim Imperativ

Das Pronomen wird dem bejahten Imperativ immer direkt nachgestellt und zusammen geschrieben.
Dale las copias a Juan.
Wenn es zwei Pronomen gibt, steht das indirekte Objektpronomen vor dem direkten Objektpronomen.
Dáselo a Juan.

recursos

c **Haz tres peticiones a tu compañero/-a. Él/ella decide si las concede o no.**

d **Juega al tablero con tus compañeros/-as. Reacciona a las situaciones y/o preguntas. Gana el primero que llega al final de la jornada.**

8:30 La jornada acaba de empezar. Di tres cosas que se pueden hacer con

8:45 Hoy tienes mucho trabajo que hacer. Pero no puedes empezar si no tomas un café. Pierdes un turno.

9:10 Tu ordenador no funciona y tienes que enviar un correo electrónico. Pídele a un compañero/-a si puedes usar el suyo.

9:35 ¿Cómo se llama la máquina que hace fotocopias?

10:30 Tu oficina es un caos, hoy no encuentras nada. Pregunta a tu compañero/-a por tres objetos que necesitas.

15:00 Estás tosiendo mucho y necesitas unos caramelos. Pídeselos a tu compañero/-a.

14:45 Tienes el messenger conectado y estás chateando con unos amigos. Pierdes un turno.

13:15 Tienes hambre y necesitas hacer un descanso. Llama a la cafetería y haz un pedido.

12:30 No encuentras tus tijeras y tu compañero/-a tiene unas. Pídeselas.

11:15 Mañana hay una reunión en tu departamento. La estás preparando y vas al escáner. ¿Qué haces con este aparato?

15:45 Tienes un montón de facturas pagadas viejas encima de la mesa. ¿Qué haces con ellas?

16:20 Tienes que hablar urgentemente con un cliente pero no consigues hablar con la persona. Di dos posibles razones.

17:00 Tienes que hacer unas fotocopias pero no puedes porque esperas una llamada. Pídele a tu compañero que te haga el favor de hacerlas por ti.

17:35 No sabes cómo abrir un documento de un archivo de tu ordenador. Le pides ayuda a un compañero/-a.

18:00 ¡Y por fin se acabó la jornada laboral! ¿Qué haces después del trabajo?

AB 12-18

El lenguaje informático

a **Mira estas pantallas de un ordenador. Con su ayuda, escribe las siguientes expresiones en la frase correspondiente.**

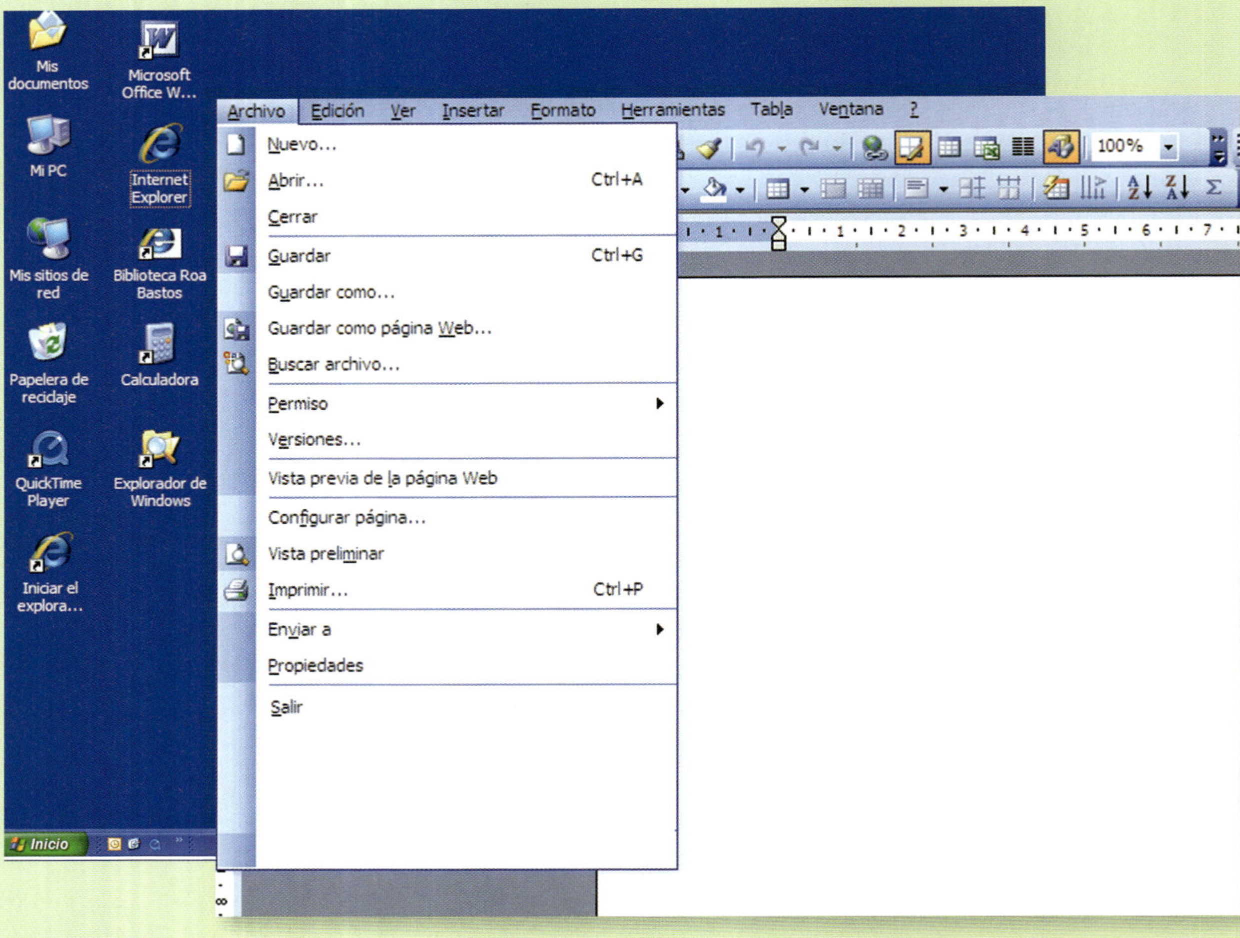

navegar por Internet | abrir el menú "Archivo" y seleccionar "Imprimir" | guardar un texto | abrir primero el explorador | abrir un nuevo documento de Word | enviar un texto por correo electrónico | apagar el ordenador

1. Si haces clic en el icono de Internet Explorer, puedes ....
2. Para imprimir un documento puedes ....
3. Si quieres .... que has escrito, tienes que seleccionar "Guardar" o "Guardar como".
4. Si quieres bajar de Internet un nuevo programa para tu ordenador, tienes que ....
5. Tienes que hacer clic en "Abrir" si quieres ....
6. Si quieres .... , tienes que seleccionar "Enviar a" en el menú "Archivo".
7. Para .... tienes que hacer clic en el botón de color verde que está abajo, a la izquierda de la pantalla.

b **¿Para qué tareas utilizas el ordenador?**

AB 19, 20

Otros países, otras maneras

a **¿Qué entiendes por...?**

buena presencia
don de gentes
buen ambiente de trabajo
horarios flexibles
buena relación con los jefes
buena relación con los compañeros
puntualidad
flexibilidad
improvisación
capacidad para trabajar en equipo

b **Elige los cinco aspectos de la actividad "a" qué te parecen más importantes.**

c **Realiza el test y lee los resultados.**

¿Qué importancia tiene para usted el tiempo? Haga el siguiente test y averígüelo.

1. Su compañero/-a de trabajo ha tenido que cancelar una comida. Usted ya está en la puerta del restaurante y tiene una hora libre. ¿Qué hace?
a) Entro en el restaurante y como mientras hago unas llamadas telefónicas importantes. (3 puntos)
b) Voy a la oficina y trabajo. (1 punto)
c) Si tengo mucha hambre, entro y como, o doy un paseo y disfruto del ambiente de la ciudad. (5 puntos)

2. A usted le interesa un tema mucho, y para informarse no sabe si ver un programa sobre ese tema o leer un libro. ¿Qué elige?
a) Leo el libro. (1 punto)
b) Veo el programa de la tele. (5 puntos)

3. Ha quedado con un/a buen/a amigo/-a pero ha olvidado una cita importante de trabajo que tiene desde semanas. ¿Qué hace?
a) Le digo a mi amigo/-a que no puedo quedar. (1 punto)
b) Cambio la fecha de la cita de trabajo. (3 puntos)
c) Intento ir a las dos citas: Le digo a mi amigo/-a que voy a llegar tarde e intento terminar la cita de trabajo lo antes posible. (5 puntos)

4. Está caminando por una calle donde hay mucha gente. ¿Qué hace?
a) Sigo por la calle con cuidado. (5 puntos)
b) Sigo por la calle, pero me pongo nervioso. (1 punto)
c) Cambio de acera para ir más rápido. (3 puntos)

5. Está trabajando en un proyecto muy importante. Su hijo le llama para contarle algo. Entra en la oficina un compañero de trabajo que quiere hablar sobre algunos problemas del proyecto. ¿Qué hace?
a) Hablo con mi compañero mientras mi hijo espera un momento al otro lado de la línea. (5 puntos)
b) Hablo con mi compañero y le digo a mi hijo que le llamo más tarde. (1 punto)

De 21 a 25 puntos: Usted es una persona policrónica. Puede realizar varias tareas al mismo tiempo y no es tan importante cumplir con las fechas. Prefiere una buena relación con los compañeros.
De 17 a 20 puntos: Dependiendo del momento, unas veces es una persona policrónica y otras monocrónica.
De 5 a 16 puntos: Usted es una persona monocrónica. Es importante cumplir con los plazos y no puede hacer muchas tareas al mismo tiempo.

¿Sabías que...?

En relación con el tiempo se distinguen dos tipos de culturas: policrónicas y monocrónicas. Las personas que pertenecen a las culturas policrónicas prefieren hacer varias tareas al mismo tiempo, mientras que los de la cultura monocrónica realizan tarea por tarea, ya que estos conciben el tiempo como algo lineal.

La visión del tiempo tiene consecuencias en la organización del trabajo. En las culturas monocrónicas se planifica el trabajo a largo plazo y es muy importante cumplir los plazos. En las culturas policrónicas se planifica a corto plazo, se practica la improvisación y el tiempo es algo flexible, cumplir los plazos no es tan importante.

El tiempo en las culturas policrónicas no es tan fijo. Por eso existen expresiones como *a media mañana o a media tarde*.

En España y países latinoamericanos los temas de conversación en reuniones de trabajo no son exclusivamente sobre el trabajo. También se habla de temas cotidianos y familiares.

d **¿Cuáles son las ventajas e inconvenientes de ser policrónico o monocrónico?**

AB 21, 22

6 ¡A LA TAREA! EN LA OFICINA DE EMPLEO

Vamos a elaborar un cuestionario para una entrevista de trabajo y a elegir a tres personas del grupo para estos puestos.

1 **Elegid un anuncio y elaborad las preguntas que queréis hacer a los solicitantes del empleo.**

a

CASA DE LA JUVENTUD SOLICITA ASISTENTE SOCIAL

PERFIL:
- Titulación superior o formación profesional en el sector.
- Experiencia en trabajos sociales.
- Edad entre 20 y 40 años.

Gran disponibilidad de horarios.

b

EMPRESA MULTINACIONAL necesita
ADMINISTRATIVO

Se requiere:
- **Formación profesional o titulación superior.**
- **Experiencia en administración de empresas.**
- **Conocimientos informáticos.**
- **Buen nivel de inglés.**
- **Capacidad de trabajo en grupo.**

→a

c

AYUNTAMIENTO DE CERCEDILLA
Para la implantación de Centro Cultural BUSCA

GESTOR CULTURAL

Perfil:
- **Experiencia en profesión artístico-manual.**
- **Capacidad de liderar grupos.**
- **Don de gentes.**

Incorporación inmediata.

2 **Buscad a los compañeros/-as del curso que han elegido el mismo anuncio. Comparad las preguntas y seleccionad aquellas que sirven para elaborar una entrevista de trabajo.**

3 **Haz las preguntas de la encuesta a un/a compañero/-a de otro grupo y escribe sus respuestas.**

4 **Regresa a tu grupo y comenta los resultados de tu entrevista. Elegid en el grupo a la persona más adecuada para el puesto.**

5 **Según el perfil de esta persona, escribid la parte final del anuncio. ¿Qué le ofrecéis al nuevo empleado (sueldo, formación y otras ventajas)?**

a

OFRECEMOS:
–
–
–

b

SE OFRECE:
–
–
–

c

SE OFRECE:
–
–
–

Demonstrativpronomen und -begleiter | **Adverbien des Ortes**

Unmittelbar nah beim Sprechenden:		
este	esta	aquí, acá
estos	estas	
vom Sprecher weiter entfernt, nah beim Angesprochenen:		
ese	esa	ahí
esos	esas	
vom Sprecher und Angesprochenen weit entfernt:		
aquel	aquella	allí, allá
aquellos	aquellas	

Häufig werden die Demonstrativa mit den Adverbien des Ortes *(aquí/acá, ahí, allí/allá)* kombiniert.

¿Me das esas tijeras (de ahí)?
¿Cuáles? ¿estas (de aquí)?
No, esas (de ahí) no, aquellas (de allí).

→5.9

Stellung der Pronomen beim Imperativ

Das Pronomen wird dem bejahten Imperativ immer direkt nachgestellt und zusammen geschrieben.
Este libro es para ti, Raquel. Tómalo.
Ayúdame, por favor.

Wenn es zwei Pronomen gibt, steht das indirekte Objektpronomen vor dem direkten Objektpronomen.
Dáselos a Juan.
Pregúntamelo mañana. Ahora no lo sé.

→5.6

LENGUA

über Qualifikationen sprechen

● Es una persona con don de gentes. Habla inglés y alemán y tiene experiencia de dos años en este sector.

Eigenschaften von Berufen beschreiben

● ¿Cómo es tu trabajo?
■ Mi trabajo es muy interesante pero trabajo muchas horas. Lo bueno que tiene es que el ambiente con los compañeros es muy bueno. También tengo mucha flexibilidad.

um etwas bitten und auf eine Bitte reagieren

● ¿Me pasas ese lápiz?
■ Sí, claro.

● ¿Puedes llamarme esta tarde?
■ Vale.

● Quería hablar con el señor Arjona.
■ Lo siento, ahora no está.

Gegenstände und Lebewesen räumlich einordnen

▲ ¿Me puedes pasar ese archivador?
◆ ¿Cuál? ¿Este?
▲ No, no, aquel.

COMUNICACIÓN

¡YA LO SABES!

Ich kann ...	😊	🙂	☹	Unidad 6
Stellenanzeigen lesen und verstehen	☐	☐	☐	A1
über Qualifikationen sprechen	☐	☐	☐	A1
Merkmale von Berufen beschreiben	☐	☐	☐	A2
Arbeitsvorgänge in einem Büro benennen	☐	☐	☐	B3
Gegenstände auf einem Schreibtisch benennen	☐	☐	☐	B3
um etwas bitten und auf eine Bitte reagieren	☐	☐	☐	B4
Arbeitsvorgänge am Computer benennen	☐	☐	☐	A toda página

Mi dossier

Escribe una carta explicando tu formación profesional y vida laboral.

Aprender a aprender

Tipp 6

Lernen mit Hilfsmitteln und Zusatzmaterial
Mit dem vorliegenden Kurs- und Arbeitsbuch von **eñe** halten Sie umfassendes Lernmaterial in der Hand: in einem Band finden Sie hier das Kursbuch, vertiefende Übungen für zu Hause, eine Vokabelliste, eine Kurzgrammatik und das komplette Tonmaterial. Darüber hinaus gibt es noch viele Zusatzmaterialien, mit denen Sie weiterarbeiten können:

Arbeiten Sie mit dem Wörterbuch?
Gerade wenn man selber Texte in der Fremdsprache schreibt, schlägt man häufig im Wörterbuch nach, um das richtige Wort, die korrekte Schreibweise oder passende Redewendungen zu finden.
Bringen Sie doch einmal Ihre Wörterbücher in den Kurs mit und vergleichen Sie einzelne Einträge miteinander: Gibt es Unterschiede? Welche Tipps haben die anderen Kursteilnehmer und Ihr Kursleiter parat?
Hat schon jemand mit einem einsprachigen Wörterbuch gearbeitet? Welche Erfahrungen gibt es mit verschiedenen online-Wörterbüchern und Übersetzungsforen?

Möchten Sie längere Texte lesen?
Auf verschiedenen Sprachniveaus sind Lesehefte für Spanischlernende erhältlich. Mit authentischen Geschichten aus Spanien und Lateinamerika können Sie weiter lesen und lernen: Denn als Service für den Fremdsprachenlerner gibt es zu den Geschichten oft Wortschatzhilfen und Grammatikübungen. Einige Lektüren haben außerdem noch eine Hörbuch-CD beigelegt, so dass für Sie neben dem Lesespaß auch noch der Hörgenuss stehen kann.

Erstellen Sie gern Ihr eigenes Lernmaterial?
Lernmaterialien, die perfekt auf Ihre Wünsche und Bedürfnisse abgestimmt sind, fertigen Sie am besten selbst an: Das können selbsterstellte Vokabelkärtchen sein oder ein Heft, in dem Sie Ihre wichtigsten Grammatikregeln mit Beispielsätzen festhalten. Sie können aber auch eigene Übungen entwerfen (z.B. zum Wortschatz) oder Spiele erfinden, die Sie dann gemeinsam im Kurs ausprobieren können. Ihrer Kreativität sind hier keine Grenzen gesetzt.

¡Adivina en qué trabajaba antes!

34 **1 Unos amigos intentan averiguar un anterior trabajo de Juanjo. ¿De qué temas tratan las preguntas? Escucha y márcalos.**

- ☐ el sueldo
- ☐ los compañeros
- ☐ las posibilidades de promoción
- ☐ las herramientas de trabajo
- ☐ las vacaciones
- ☐ la ropa, el uniforme
- ☐ los horarios
- ☐ las horas extras
- ☐ el jefe, la jefa
- ☐ el lugar de trabajo

35 **2 ¿En qué crees que trabajaba Juanjo? Habla con tus compañeros/-as. Después escucha y comprueba.**

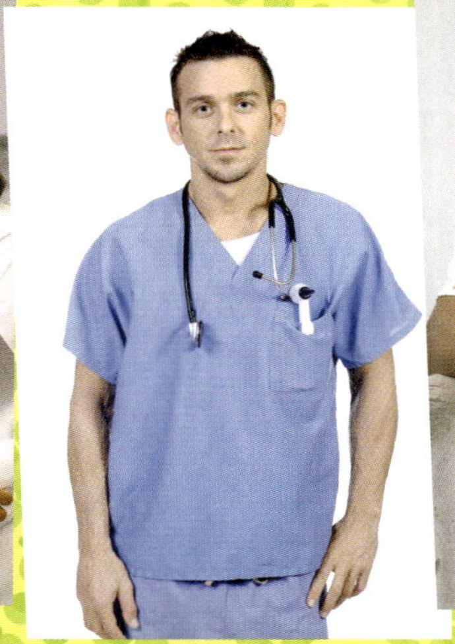

3 Elabora un cuestionario a partir de los temas de la actividad 1 para poder adivinar un anterior trabajo de tus compañeros/-as.

Pregunta	
¿Quién utilizaba un vehículo?	....
¿Quién llevaba un uniforme o ropa especial?	....
....	....
....	....
....	....
....	....
....	....
....	....
....	....
....	....

4 Pregunta a tus compañeros/-as y escribe el nombre al lado. ¿En qué creéis que trabajaban vuestros/-as compañeros/-as?

5 ¿Quién del grupo ha tenido el trabajo más original o sorprendente? ¿Por qué?

II

OTRA VUELTA

TE CUENTO UNA HISTORIA

Ziel

Ziel des Spieles ist, gemeinsam eine zusammenhängende Geschichte (in der Vergangenheit mit einem schlüssigen Ende zu erzählen. Die Geschichte wird von einem Mitspieler notiert.

Teilnehmerzahl

In Gruppen von 3-4 Mitspielern, ein Mitspieler ist zusätzlich der Protokollant.

Material

Pro Gruppe eine Spielfigur und eine Münze.

Vorgehen

Die Gruppe entscheidet sich für eine Hauptfigur der zu erzählenden Geschichte, z.B. ein kleiner Junge, eine Prinzessin, ... Weitere Figuren können dann in die Geschichte eingeführt werden, wenn dies auf den entsprechenden Feldern angezeigt ist. Beim Start steht die Spielfigur auf dem Feld *Salida*. Ein Mitspieler wirft die Münze und rückt die Spielfigur vor: bei Zahl um ein Feld, bei Kopf um zwei Felder. Je nach Farbe des erreichten Feldes fügt er der Geschichte einen Satz hinzu:

- grün: Die Handlung der Geschichte wird weitergeführt *(Indefinido)*.
- rot: Es erfolgt eine Beschreibung: Situationen, Umstände, Gewohnheiten in der Vergangenheit *(Imperfecto)*.
- gelb: Der Mitspieler bestimmt selbst, ob er ein Ereignis erzählen will (grün) oder eine beschreibende Haltung einnimmt (rot).

So wird reihum gespielt, bis das Ziel *Fin* erreicht ist. Zum Schluss wählt die Gruppe einen Titel für die Geschichte und trägt sie im Kurs vor.

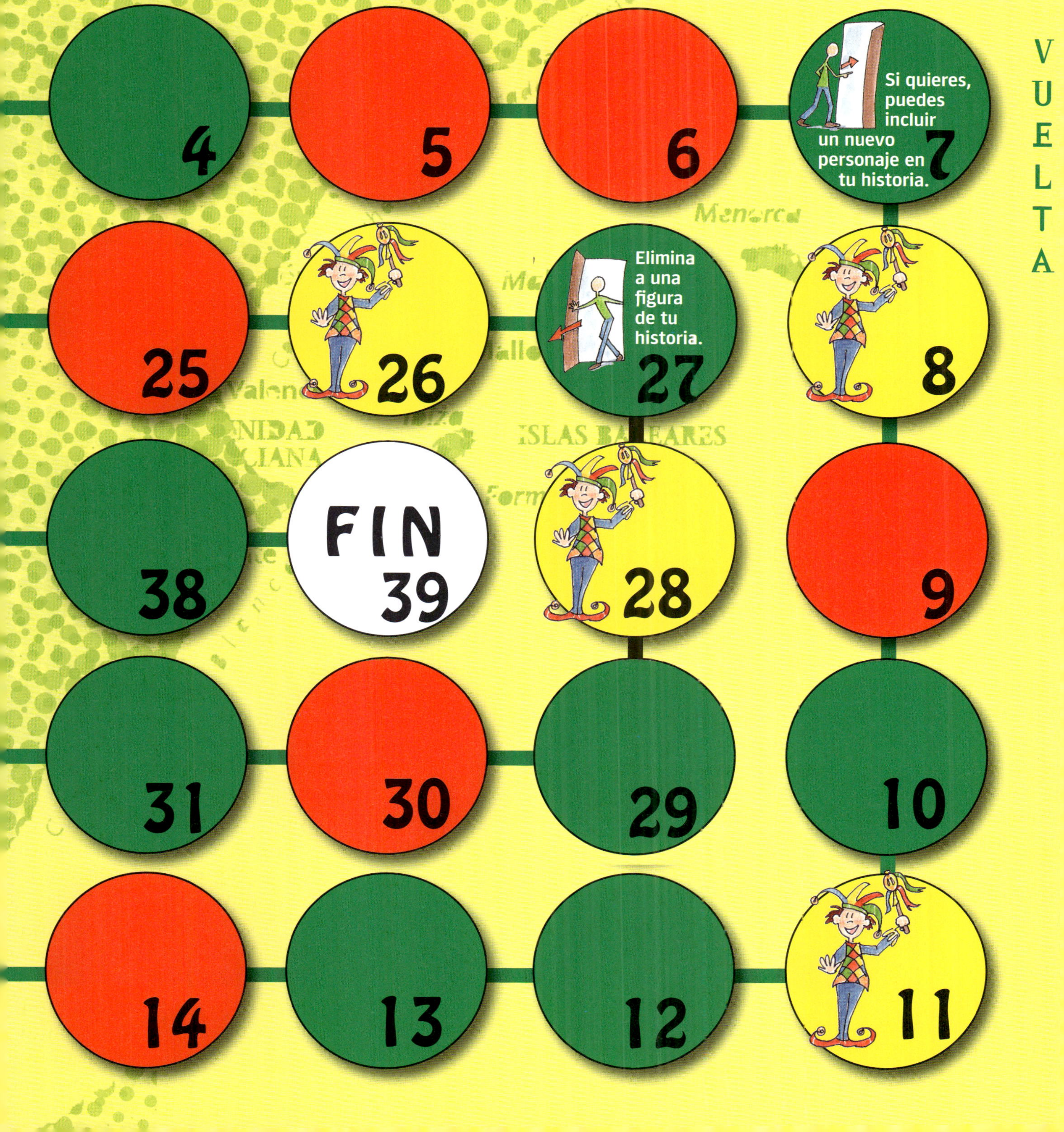

Historias de amor

1 **Mira las fotos de las personas y decide cuáles son pareja y por qué.**

Nuria

Lola

Carmelo

Rafael

Javier

Aurora

36 2 **Escucha el comienzo de la canción y ordena las frases del 1 al 8.**

- [1] Hoy me han dicho que te vas como has venido,
- [ ] como el agua,
- [ ] porque tienes 20 años y yo tengo muchos más, porque tienes 20 años y yo tengo muchos más.
- [ ] como el viento,
- [ ] porque tienes 20 años y yo tengo alguno más, porque tienes 20 años y yo tengo alguno más.
- [ ] que se lleva mi tristeza y tu piedad,
- [ ] un capricho de aire nuevo y libertad,
- [ ] Hoy te han visto con una muchacha fresca,

3 **Lee de nuevo el texto. ¿A qué tres personas de la actividad 1 crees que se refiere?**

36 4 **Lee cómo se conocieron. Después escucha como sigue la canción. ¿Cuál de los dos relatos se corresponde con la letra de la canción?**

A
Recuerdo perfectamente el día en que nos conocimos. Él era muy joven, tenía solo 20 años, y yo tenía muchos más. El encuentro fue muy romántico. Él llegó a mí muy mal. Era bastante pobre y no tenía dinero ni para comer. Estaba en la calle y vino hacia mí. Yo salía de la panadería y me pidió un poco de pan. Como estaba cansado me lo llevé a casa y en seguida se quedó dormido. Al día siguiente fuimos a la playa y nos quedamos todo el día hasta la noche. Había luna llena. ¡Qué romántico fue todo! Pero claro yo no tenía edad para él, ¡él sólamente tenía 20 años! Al final me dejó por una chica mucho más joven que yo.

B
Recuerdo perfectamente el día en que nos conocimos. Él era muy joven, tenía solo 20 años, y yo claro, tenía muchos más. Él llegó a mí en mal estado. Imagínate, era de noche y había luna llena, ¡qué romántico!, ¿no? Hablamos mucho... estaba triste y necesitaba a alguien a quien contar sus penas y, bueno, yo le ayudé. Me fascinó porque era... no sé... como un niño dormido que pedía pan... Es muy difícil de explicar. Creo que yo era para él como una playa tranquila en donde podía descansar porque estaba realmente mal. Pero la relación no duró mucho porque la diferencia de edad era muy grande. Conoció a una chica más joven que yo y me dejó. Ahora soy yo la que estoy bastante triste.

5 **Escribe un texto en el que cuentas cómo se conocieron dos de las personas de la actividad 1. Después preséntalo en el curso. Tus compañeros/-as adivinan quiénes son.**

A ☐ Boda en Camagüey (Cuba)

B ☐ Carnavales en Cádiz (España)

C ☐ Semana Santa en Sevilla (España)

D ☐ Fiesta de cumpleaños en Tepeapulco (México)

globo

flores

velas

sangría

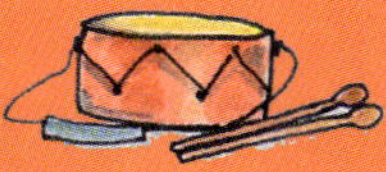

tambor

tarta

disfraz

canapés

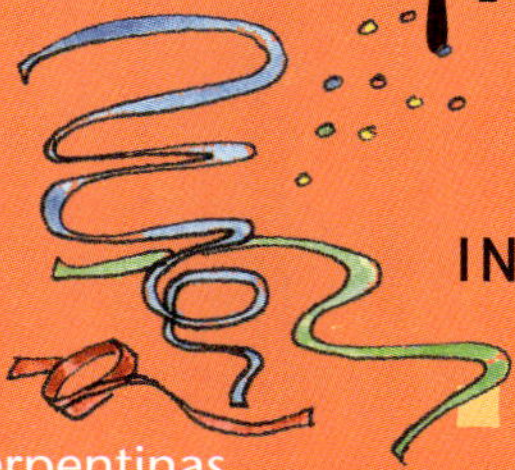

serpentinas

fuegos artificiales

bailes

¿Cuáles de estas cosas se necesitan para celebrar estas fiestas?

37 Escucha la música y relaciónala con las fiestas.

Tipp 7 S. 84

¡Menuda fiesta!

IN DIESER UNIDAD LERNEN SIE:

- jemanden einladen
- eine Einladung annehmen oder ablehnen
- Glückwünsche äußern
- über Feste sprechen
- unpersönliche Aussagen machen
- Abläufe zeitlich beschreiben
- ein Rezept lesen und schreiben
- eine Feier im Kurs organisieren

7

A EN PRIMER LUGAR

1. Mis fiestas favoritas

a **Elige tres fiestas que celebras especialmente y anota lo que sueles hacer.**

Nochevieja | santo | cumpleaños | aniversario de boda | Nochebuena | Carnaval | Halloween | …

b **¿Cómo las sueles celebrar? Busca semejanzas y diferencias con tus compañeros/-as.**

~ *Yo suelo celebrar la Nochevieja en una fiesta con amigos.*
~ *Pues, yo no. Mi marido y yo nos vamos a cenar a un buen restaurante y después buscamos un lugar para disfrutar de los fuegos artificiales.*

Gewohnheiten ausdrücken

soler
suelo
sueles
suele
solemos
soléis
suelen
} + *Infinitiv*

recursos

2. El cumpleaños de Daniel

38-43

a **Escucha y marca en la lista quién ha confirmado su asistencia a la fiesta de cumpleaños de Daniel.**

- Toñi ☐
- Alberto ☐
- Juanjo ☐
- Luisa ☐
- Fede ☐
- Isma(el) ☐
- Mireia ☐
- Mari Carmen ☐

b **¿Qué expresiones se utilizan para invitar, aceptar y rechazar? Completa la tabla.**

Pues claro, gracias por la invitación. | Os quería invitar a… | ¿Te apetece venir a…? | Por supuesto. | Me encantaría, pero es que… | Lo siento mucho, pero es que…

invitar	aceptar 🙂	rechazar 🙁
....	Claro que sí.	....
Llamo para invitarte a…	....	....
Celebro mi fiesta de cumpleaños.	....	¡Vaya, qué pena!, pero es que…
¿Vienes?	Con mucho gusto.	
....	Encantado/-a.	
¿Tienes ganas de venir a mi fiesta…?	¡Vale! / ¡Muy bien!	

40,43

c **Escucha otra vez. ¿Qué explicaciones dan Juanjo y Mireia?**

d **Escribe en la agenda cinco planes para el próximo mes y elige un día para celebrar una fiesta (inauguración de una casa, bienvenida de un/a amigo/-a, despedida de curso, un nuevo trabajo, boda, …). Después invita a tus compañeros/-as. ¿Cuántos pueden ir a tu fiesta?**

Mes: ....

....Lu	....Lu	....Lu	....Lu
....Ma	....Ma	....Ma	....Ma
....Mi	....Mi	....Mi	....Mi
....Ju	....Ju	....Ju	....Ju
....Vi	Vi	Vi	Vi
....Sa	....Sa	....Sa	....Sa
....Do	....Do	....Do	....Do

Präposition *a*

Vorsicht bei der Präposition **a**! Sie kann sowohl eine Person als Objektpronomen einführen (**a** tu compañero) als auch Bestandteil des Verbs sein (invitar **a** una fiesta). ¡Invita **a** tu compañero **a** una fiesta!

¡Fíjate!

AB 1-5

3. Tengo el gusto de invitarte...

a ¿Qué puedes decir en cada situación? Elige tres expresiones y completa los diálogos.

¡Que te diviertas! | ¡Feliz cumpleaños! | ¡Enhorabuena! | ¡Feliz Navidad! | ¡Felicidades! | ¡Buen viaje! | ¡Que aproveche!

1
- ● ¡Por fin terminé la carrera!
- ▲ ¡Qué bien! ....
- ● Muchas gracias.

2
- ■ ....
- ▼ Igualmente y... ¡Feliz Año Nuevo!
- ■ Gracias. Para vosotros también.

3
- ✳ ....
- ▲ Gracias, gracias.
- ✳ ¿Qué? ¿Cuántos cumples?
- ▲ Eso no se pregunta.

b Lee las invitaciones. ¿Qué se celebra? ¿Qué expresión de 3a puedes utilizar en cada ocasión?

Nuevo mensaje

Enviar | Chat | Adjuntar | Agenda | Tipo de letra | Colores | Borrador

Asunto: Cena de Navidad
De: andres.martinez@evertour.com
Para: todos@evertour.com

Querid@s compañer@s:

Me complace invitaros a nuestra tradicional cena de Navidad el próximo viernes 21 de diciembre a las 20:30 horas en el restaurante «Pino Grande» en la calle Princesa 23.
¿Me confirmáis vuestra asistencia? Gracias.

Saludos,

Andrés

Abkürzungen in sms

bss =	besos
hla=	hola
vns? =	¿vienes?
ksa =	casa
q =	que
x =	por

¡Fíjate!

UNIVERSIDAD AUTÓNOMA DE LEÓN
FACULTAD DE MEDICINA

Calzada Madero
esq. Dr. Eduardo Aguirre
Colonia Mitras Centro
Monterrey, Nuevo León,
México C.P. 64460

La dirección y el personal docente de la Universidad Autónoma de León tiene el honor de invitar a Ud. y a su apreciable familia a la

CEREMONIA DE GRADUACIÓN

de la generación 2008 de estudiantes de Bioquímica de la facultad de Medicina en el Salón de Actos de la Facultad, el día 19 de diciembre, a las 11 horas.

Atentamente

Dra. Gabriela Alonso Jimeno
Jefa del Departamento de Bioquímica

Monterrey, 28 de noviembre de 2007

Wie formell ein Schreiben formuliert ist, ist in den einzelnen spanischsprachigen Kulturen unterschiedlich: in einigen Ländern Lateinamerikas (z.B. in Mexiko, Kolumbien) ist der Ton formeller und blumiger als beispielsweise in Spanien oder Argentinien.

¡Fíjate!

c Subraya en las invitaciones las expresiones que se utilizan para dirigirse al destinatario, invitar y despedirse. ¿Cuáles de las invitaciones son formales y cuáles informales?

d Elige una fiesta que te gustaría celebrar y escribe una invitación. Decide a quién vas a dirigir la invitación y si necesitas escribir una invitación formal o informal.

AB 6-9

4. ¿Cómo celebramos las fiestas?

a ¿Cuáles de las fiestas del folleto turístico tienen un origen popular, religioso o histórico?

FIESTAS DE ECUADOR

Durante su visita a Ecuador disfrute de una gran variedad de festividades con las que los ecuatorianos celebran acontecimientos populares, religiosos o históricos. Aquí le ofrecemos una selección.

24–26 de Septiembre
Festividades de la Mama Negra en Latacunga: procesión de la Mama Negra a la iglesia de La Merced, espectáculos de danza, poesía, música y comedia, exhibición de artesanía popular.
Existen diferentes versiones sobre el origen de esta fiesta.

9 de octubre
Festividades de la Independencia de Guayaquil: conciertos, regatas, bailes, desfiles y fuegos artificiales.
Guayaquil recuerda en esta fiesta que fue la primera ciudad de Ecuador que declaró su independencia en 1820.

3 de mayo
Fiesta de la chirimoya en Puná: diversiones populares, comida, exposición y selección de la mejor fruta.
El origen del nombre proviene del quechua "chirimuya".

EN TODO EL PAÍS

1–3 de noviembre
El día de los Muertos: visita a los cementerios, preparación de guaguas de pan y de colada morada, de flores y cruces de papel, de una mesa de comida para los muertos.
En esta fiesta se mezclan costumbres cristianas e indígenas.

12 de octubre
Fiesta del Montubio o de la Raza: corridas de toros, rodeos, riñas de gallos, bandas de música, comida y bebidas típicas.
Se recuerda la llegada de Colón a América.
La fiesta del Montubio se festeja paralelamente a la de la Raza. La primera tiene un carácter más popular, la segunda un origen histórico por lo que es muy discutida.

28 de diciembre
Fiesta de los Inocentes: bromas, disfraces, bailes. Los festejos suelen prolongarse hasta el 6 de enero. Con esta fiesta se conmemora la muerte de los niños menores de dos años, ordenada por Herodes cuando Jesús nació.

unpersönliche Aussagen mit *se*

se + Verb (3. Person)
En las fiestas **se** come **un plato típico**.
En las fiestas **se** com**en varios platos típicos**.

Aber: En las fiestas se visita **a los** amigos.

recursos

b Elige la fiesta más interesante y ponte de acuerdo con un/a compañero/-a. ¿Cuál ha sido la fiesta favorita del grupo?

44

c Escucha y marca lo que se dice sobre la fiesta de los Finados o Muertos.

- ☐ Se come algo típico.
- ☐ Se bailan danzas tradicionales.
- ☐ Se canta una canción especial.
- ☐ Se prepara una bebida especial.
- ☐ Se come con los muertos.
- ☐ Se visita a los amigos del muerto.
- ☐ Se pasa el día en el cementerio.
- ☐ Se compran flores y regalos para los muertos.
- ☐ Se prepara la comida favorita del muerto.
- ☐ Esta fiesta no sólo se celebra en Ecuador.

AB 10-12

d ¿Existen fiestas similares en tu país o en tu región? Describe lo que se hace.

5. Las fiestas del Pilar

a Lee este programa de las Fiestas del Pilar y elige cinco actividades que quieres hacer.

FIESTAS DEL PILAR DE ZARAGOZA

Las Fiestas del Pilar son las fiestas más importantes en la ciudad española de Zaragoza. Tienen lugar durante la semana del 12 de octubre. Se celebran en honor de la Virgen del Pilar, patrona de la ciudad. El 12 de octubre es también un importante día festivo en toda España ya que se celebra el Día de la Fiesta Nacional de España, en el que se conmemora el recuerdo de la historia colectiva de los españoles.

¡VÍVELAS!

PROGRAMA

12 de octubre

05:00h. ROSARIO DE LA AURORA. Basílica del Pilar
07:30h. OFRENDA DE FLORES a la Virgen del Pilar
11:00h. XVII MUESTRA DE ARTESANÍA ARAGONESA
11:00h. MUESTRA GASTRONÓMICA
11:30h. Teatro de MARIONETAS
12:00h. SOLEMNE MISA PONTIFICAL. Basílica del Pilar. PROCESIÓN por el exterior de la Plaza del Pilar
17:00h. Actuaciones de los GANADORES DEL CONCURSO DE JOTA
17:30h. FERIA TAURINA. Plaza de Toros
18:30h. Actuación del GRUPO FOLCLÓRICO EL PILAR
19:00h. PREGÓN DE FIESTAS del alcalde. Plaza del Pilar
19:30h. MÚSICA CLÁSICA. GRUPO CORAL DE HERRERA. Sala Luis Galve
20:00h. NUEVO CIRCO: "ILUSIÓN". Plaza Sas
20:00h. BAILE-VERBENA. Pasodobles, rumbas y cha-chachás con la Orquesta ILUSIÓN. Plaza de la Independencia
20:30h. BANDA DE MÚSICA DE TARAZONA
21:00h. FUEGOS ARTIFICIALES
22:30h. Concierto de HÉROES DEL SILENCIO
24:00h. RONDA JOTERA. GRUPO FOLCLÓRICO ARAGONÉS "LOS BATURROS"

b ¿Qué actividades del programa de fiestas crees que van a hacer Marisa e Isidoro?

Marisa: ....
....

Isidoro: ....
....

einen Zeitablauf beschreiben

primero
antes (de + *Infinitiv*)
después (de + *Infinitiv*)
luego
(y) al final

Por/en la mañana vamos a la Feria de Artesanía.
La misa es **a/al** mediodía.
La verbena empieza **a las 8 de** la tarde.
La fiesta es **el** viernes.
Las Fiestas del Pilar son **en octubre**.

recursos

45-46 **c** Ahora escucha, comprueba y márcalas en el programa.

d ¿Qué hicieron Marisa e Isidoro realmente? Busca las informaciones falsas y corrígelas.

Marisa y sus amigos dieron primero una vuelta por la ciudad y después fueron a una muestra gastronómica. Por la tarde antes de ir al concierto de los Héroes del Silencio, fueron a la verbena a bailar pero no les gustó mucho. Y al final vieron los fuegos artificiales en el río.

Isidoro y su mujer fueron primero al Teatro de Marionetas, después quedaron para tomar unas tapas con unos amigos. Después de comer fueron a ver las actuaciones de los ganadores del concurso de jotas. Al final del día se fueron a bailar a la verbena.

e Piensa en la última fiesta popular o religiosa en la que estuviste y en las actividades en las que participaste. Explica lo que hiciste.

AB 13-17

No hay fiesta sin bebida

a Lee la receta y numera las imágenes según las instrucciones de la preparación de la sangría.

SANGRÍA

Ingredientes

- 1 litro de vino tinto
- 1 naranja
- 2 limones
- 2 melocotones
- 1 copa de ron
- 4 cucharadas de azúcar
- 1 pizca de canela molida
- 1/2 litro de gaseosa o soda

Opcional
1 manzana, 1 pera, 1/2 piña

Preparación

Se echa el vino en un recipiente grande. Se exprime uno de los limones y se mezcla con el vino. Se le añaden la naranja y el otro limón en finos gajos, con su piel incluida. Se corta el resto de la fruta en daditos y se añade. Se mezcla el azúcar con un poco de agua caliente, el vino y las frutas. Se añaden el licor y la canela al gusto. Dejar de cuatro a seis horas en el frigorífico.
Añadir unos cubitos de hielo y la gaseosa o soda. Mezclarlo todo y servir la sangría muy fría.

b Busca en la receta los verbos que faltan en la lista. Después combina las actividades con los alimentos.

echar 

.... 

.... 

meter en el horno 

.... 

cocer 

batir 

pelar 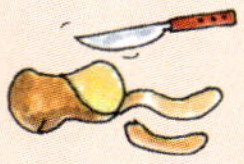

.... 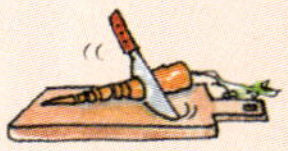

freír 

asar 

calentar 

para cocinar

la cazuela 
el cazo 
la sartén 
la fuente 
el horno 

sal | tomate | huevos | pollo | sardinas | tarta | patatas | naranja | manzana

La manzana se puede pelar, partir, meter en el horno…

c Escribe una receta de un plato o de una bebida para una fiesta.

AB 18

No hay fiesta sin música

a **¿Cuáles de estos instrumentos te parecen adecuados para una fiesta? ¿En qué tipo de fiestas crees que podrías encontrarlos?**

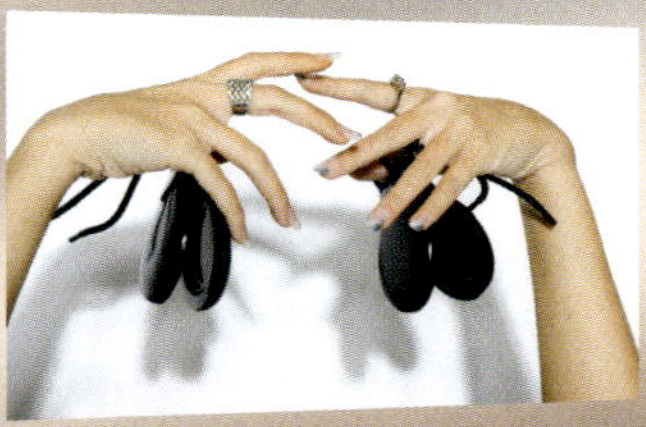

☐ castañuelas

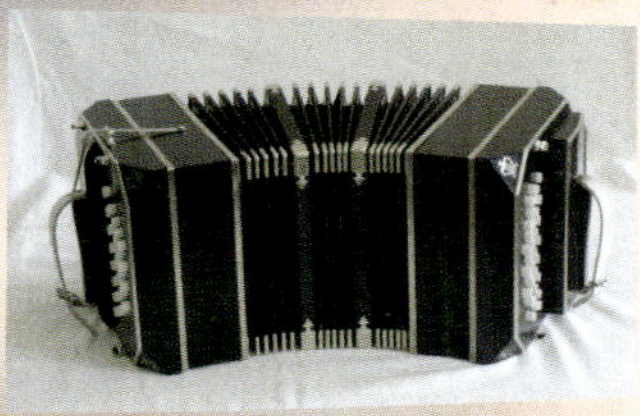

☐ bandoneón

☐ pandereta

☐ maraca

☐ trompeta

☐ marimba

☐ acordeón

☐ flauta de pan

47 **b** **Escucha estos seis fragmentos musicales y relaciónalos con las fotos.**

c **Lee los textos del apartado ¿Sabías que? ¿En qué países se utilizan estos instrumentos? ¿En qué estilos musicales se utilizan?**

d **¿Qué música se escucha en las fiestas de tu país?**

¿Sabías que…?

Los Mariachi son grupos musicales de México que participan en fiestas, celebraciones, y otras ocasiones especiales. Los instrumentos indispensables son la vihuela, la guitarra, los violines, el guitarrón y la trompeta. Los Mariachi tocan música de diversos estilos: rancheras, corridos, boleros, huapangos, sones jalicences, valses, etc.

La marimba es un símbolo cultural de Guatemala, en especial de la población indígena. Antes de los años 60 sólo se escuchaba en fiestas religiosas, populares y particulares. En el año 1959 se creó La Marimba de Concierto de Bellas Artes, una institución que se ocupa de la difusión e investigación de este instrumento.

La maraca tiene un origen incierto, para algunos procede de África, para otros, de los indígenas de Puerto Rico. Es uno de los instrumentos utilizados en el son cubano.

El vallenato es un género musical de la costa caribeña de Colombia que contiene rasgos (en instrumentos y ritmos) de las tres culturas que se mezclaron en esta zona: la indígena, la africana y la española. Los tres instrumentos del vallenato son la caja, la guacharaca y el acordeón.

La flauta de pan es el instrumento que mejor simboliza la música folclórica de los Andes.

El tango nació en los barrios marginales de Buenos Aires y expresa la melancolía del emigrante. Los intérpretes más conocidos de tango son Carlos Gardel, quien lo hizo famoso a nivel mundial, y Ástor Piazzolla, que lo modernizó. Un instrumento utilizado para el tango es el bandoneón que fue creado en Alemania por el músico Heinrich Band.

La jota se canta y se baila en toda España, pero especialmente en Aragón y en las dos Castillas. Uno de los instrumentos de la jota es la castañuela.

La tuna es una agrupación musical de estudiantes universitarios que nació en el siglo XV y que interpreta piezas musicales del folclore español y también latinoamericano. Al igual que los Mariachi tocan en fiestas, celebraciones o zonas turísticas. El instrumento más típico de la tuna es la pandereta.

AB 19

7 ¡A LA TAREA! LA FIESTA DEL CURSO

Vamos a preparar una fiesta para el curso. Después vamos a invitar a nuestros/-as compañeros/-as.

1 **Buscad un motivo y una fecha para hacer la fiesta (el cumpleaños de un/a compañero/-a, el final del curso, una fiesta importante en España o Latinoamérica...).**

2 **¿Qué necesitáis para la fiesta?**

decoración: ....

alimentos: ....

bebidas: ....

música: ....

otras cosas: ....

3 **Preparad juntos el programa de la fiesta (¿qué?, ¿cuándo?, ¿dónde?)**

18:00–18:30
Recepción de los asistentes con una copa de cava en el recibidor de la escuela.

....

....

....

4 **Escribid una invitación formal o informal para la fiesta y dádsela a vuestros/-as compañeros/-as.**

5 **¿Puedes participar en la fiestas de los otros grupos? Acepta o rechaza las invitaciones dependiendo de los compromisos reales que tienes el día y a la hora de las fiestas.**

LENGUA

Die verbale Umschreibung

soler

suelo
sueles
suele
solemos
soléis
suelen
} + Infinitiv

*Nosotros **solemos celebrar** la Nochevieja en una fiesta con amigos.*

→6.11.1

Objektpronomen: a – Person

Die Person als Objekt wird immer mit der Präposition *a* eingeführt.

*Queremos invitar **a Pedro** a nuestra fiesta de cumpleaños.*

*Tengo que llamar **a mi madre**.*

→10.5

Unpersönliche Aussagen mit *se*

Unpersönliche Aussagen werden mit dem Pronomen *se* und der Verbform in der 3. Person formuliert.

*En la Fiesta de los Muertos se prepar**a la** guagua.*

*En Navidades se canta**n** villancic**os**.*

Steht das Substantiv im Plural, steht auch das Verb im Plural.

! Steht "*a*" + Objektpronomen (Person) steht das Verb im Singular.

*En las fiestas se conoc**e a** much**as** person**as**.*

→5.11

Der Infinitiv bei Anweisungen

Bei Anweisungen (z.B. bei Kochrezepten) kann das Verb im Infinitiv stehen.

***Dejar** reposar en el frigorífico.*

***Añadir** unos cubitos de hielo.*

*No **pisar** el césped.*

*No **hablar** con el conductor.*

→6.5.3

Präpositionen bei Zeitangaben

a las + Uhrzeit: *a las siete y media,...*

en + Monat/Jahr: *en enero,...*

por/en + Tageszeit: por/en *la mañana; por/en la tarde; por/en la noche...*

! *a/al mediodía*

*Hemos quedado **a las** 8 en el restaurante.*

*Mi cumpleaños es **en** enero.*

*Ayer **por** la mañana vi a Sonsoles.* (Spanien)

*Ayer **en/a** la mañana vi a Gina.* (in einigen Ländern Lateinamerikas).

→8

ser + Ereignis

*La reunión **es** por la mañana.*

*La fiesta **es** en mi casa.*

→6.8

COMUNICACIÓN

jemanden einladen

- ¿Te apetece venir a mi fiesta?
  ¿Tienes ganas de venir a mi fiesta?
  Llamo para invitarte al cumpleaños de mi novio.
  Celebro mi despedida de soltero. ¿Vienes?
  Os quería invitar a una cena en mi casa.
  ¿Tenéis tiempo?

Einladungen annehmen

- Claro que sí. / ¡Por supuesto!
  Pues claro, gracias por la invitación.
  Con mucho gusto. / Encantado/-a.
  ¡Vale! / ¡Muy bien!

Einladungen ablehnen

- Lo siento mucho, pero es que hoy no tengo tiempo.
  ¡Vaya, qué pena!, pero es que me voy de vacaciones.
  Me encantaría, pero es que estoy muy cansado.

Glückwünsche formulieren

- ¡Felicidades! ¡Enhorabuena! ¡Feliz cumpleaños!
  ¡Feliz Navidad! ¡Feliz Año Nuevo!

die Reihenfolge eines Ablaufes angeben

Primero vamos a la ofrenda floral. **Antes** de comer, vamos a la muestra gastronómica y **después** damos un paseo. **Luego**, por la tarde, vamos al concurso de bailes folclóricos y **después de** cenar, al concierto. **Finalmente** nos vamos a casa, a dormir.

Anweisungen geben

Se disuelve el azúcar en un vaso de agua.
Disolver el azúcar en un vaso de agua.
Se exprime el limón y se mezcla con el vino.
Exprimir el limón y mezclarlo con el vino.

¡YA LO SABES!

Portfolio

Ya soy capaz de...

Ich kann …				Unidad 7
jemanden einladen	☐	☐	☐	A2, A3
eine Einladung annehmen oder absagen	☐	☐	☐	A2
Glückwünsche äußern	☐	☐	☐	A3
über traditionelle Feste sprechen	☐	☐	☐	B4
unpersönliche Aussagen machen	☐	☐	☐	B4
Abläufe zeitlich beschreiben	☐	☐	☐	B5
ein Rezept lesen und schreiben	☐	☐	☐	A toda página
eine Feier im Kurs organisieren	☐	☐	☐	A la tarea

Mi dossier

Envía un mensaje por correo electrónico a tus amigos donde describes la última fiesta en la que estuviste.

Aprender a aprender

Tipp 7

Lernen mit allen Sinnen – und mit Gefühl

Erinnern Sie sich noch, welcher Lerntyp Ihnen am meisten entspricht? Ob Sie ein Augenmensch sind oder auf Ihre Ohren vertrauen, wie wichtig die Kommunikation mit anderen für Sie ist, ob Sie das Lernen mit Körpereinsatz oder eher logisch angehen? Egal, welche Herangehensweise Sie am meisten anspricht – sorgen Sie dafür, dass Ihnen das Spanischlernen Spaß macht, dass Sie mit Kopf, Herz und Sinnen bei der Sache sind!

- Tango oder lieber Salsa? Nutzen Sie Ihre Lieblingsrhythmen zur Einstimmung oder als Hintergrundmusik beim Lernen. Vielleicht können Sie auch die spanischen Liedtexte verstehen und mitsingen?
- Manche Filme kann man nicht oft genug sehen – besonders auf Spanisch! Bilder, Handlung und möglicherweise auch deutsche Untertitel unterstützen dabei das Verständnis und garantieren gute Unterhaltung beim Fremdsprachenlernen.
- Daneben gibt es auch das ganz persönliche Kino: das eigene Video oder den Film im Kopf. Wecken Sie beim Lernen schöne Erinnerungen an Reisen in spanischsprachige Länder. Erinnern Sie sich an Räume, an Stimmungen, an Essen, an Gerüche und verbinden Sie damit Ausdrücke oder Gespräche auf Spanisch.
- Gibt es ein Thema, das Sie besonders interessiert? Neugier und Hintergrundwissen sind gute Voraussetzungen dafür, Ihre Spanischkenntnisse in einem bestimmten Bereich zu erweitern. Gleichzeitig schaffen Sie damit die Grundlagen, um sich auf Spanisch über Themen zu unterhalten, die Ihnen am Herzen liegen.
- Schon einmal auf Spanisch gelacht? Nicht nur seriöse Themen, sondern gerade auch Humor transportiert eine Fremdsprache. Cartoons und Comics sind also nicht nur legitime sondern auch effektive Lernbegleiter.
- Viel zu lachen gibt es normalerweise auch beim Spielen. Verabreden Sie sich doch mit anderen Kursteilnehmern zu einem gemeinsamen spanischen Spieleabend. Einsteigen können Sie mit den **eñe**-Spielen; Ihr/e Kursleiter/in kann Ihnen sicher noch weitere Tipps für Spiele geben.

Unidad 8

Mira la página web de la ciudad de Santiago de Compostela.
¿Dónde encuentras información…

~ si buscas los horarios de autobuses?
~ si buscas una biblioteca?
~ si quieres saber dónde hay una piscina pública?
~ si buscas el horario de un museo?
~ si quieres saber qué espectáculos puedes ver?
~ si buscas una comisaría de policía?
~ si quieres saber dónde hay una oficina de turismo?

¿Qué otra información se puede encontrar en la página web del ayuntamiento de una ciudad?

¿Cómo es tu ciudad?

IN DIESER UNIDAD LERNEN SIE:

- die zentralen Inhalte eines Textes bestimmen
- geografische Angaben machen
- Städte vergleichen
- eine Auswahl begründen
- wichtige Informationen zu einer Stadt zusammenstellen
- Vor- und Nachteile zum Thema Stadt sammeln
- eine kurze Diskussion führen
- sich über öffentliche Verkehrsmittel und -verbindungen informieren

8 A EN PRIMER LUGAR

1. Ciudades americanas

a ¿Qué sabes de estas ciudades? Habla con tus compañeros/-as.

Antigua en Guatemala 

México D.F. en México 

Lima en Perú 

b Lee uno de los textos sobre las ciudades y rellena la ficha.

ANTIGUA

Geografía y población: Antigua se ubica en las montañas centrales de Guatemala y está rodeada por tres volcanes: Agua, Fuego y Acatenango. La ciudad tiene actualmente alrededor de 50.000 habitantes.

Historia: Fue fundada el 10 de marzo de 1543 con el nombre original de Santiago de los Caballeros de Guatemala. Fue durante mucho tiempo la capital colonial española de Centroamérica.
En 1773 sufrió dos graves terremotos que destruyeron gran parte de la ciudad por lo que se ordenó la reconstrucción de la ciudad en un lugar más seguro, en lo que hoy es Ciudad de Guatemala, la capital actual de Guatemala, localizada a unos 45 kilómetros de Antigua.

Lugares, cultura y tradiciones: Antigua es una ciudad colonial que aún conserva muchas edificaciones barrocas del siglo XVI. La UNESCO la declaró Patrimonio de la Humanidad en 1979.
En la actualidad, Antigua es conocida por sus espectaculares celebraciones religiosas de la Semana Santa. También tiene una universidad de gran tradición: la Universidad de San Carlos Borromeo, fundada en 1676. En la ciudad hay también muchas escuelas de español.

Tipp 8 S. 94

CIUDAD de MÉXICO

Geografía y población: La Ciudad de México es la capital del país y del Distrito Federal. Está rodeada de volcanes y montañas y se construyó sobre el antiguo Lago de Texcoco. Con más de 20 millones de habitantes, México D.F. es la ciudad más poblada del país y la segunda ciudad más grande del mundo, después de Tokio.

Historia: Los aztecas fundaron en 1325 la ciudad de México-Technochtitlan sobre un islote artificial en el centro del lago de Texcoco. Ya en aquella época era una ciudad muy poblada, que llegó a tener 500.000 habitantes en su época de esplendor. Los conquistadores españoles al mando de Hernán Cortés destruyeron la ciudad en el año 1521. Más tarde la reconstruyeron para transformarla en la capital de la Nueva España.

Lugares, cultura y tradiciones: La ciudad cuenta con muchos lugares de interés, entre ellos, el Centro Histórico integrado por unos mil quinientos edificios catalogados con valor artístico o histórico que van del siglo XVI al siglo XX, el Parque Ecológico de Xochimilco pero también con importantes museos, parques, iglesias y plazas, como la del Zócalo. Ciudad de México posee además una amplia oferta cultural.

LIMA

Geografía y población: Lima es la ciudad capital del Perú y su ciudad más grande e importante. Está ubicada en la costa central del Perú, a orillas del Océano Pacífico, en los valles de los ríos Chillón, Rímac y Lurín. En la actualidad la ciudad cuenta con aproximadamente 8.500.000 habitantes.

Historia: Fue fundada por el conquistador español Francisco Pizarro el 18 de enero de 1535, como la Ciudad de los Reyes. Fue la capital del Virreinato del Perú durante el régimen español y después de la independencia pasó a ser la capital de la República del Perú. Antes de Lima, la ciudad más importante era Cusco (o Cuzco), la capital del imperio Inca y situada a unos 850 kms. de Lima.

Lugares, cultura y tradiciones: El centro histórico de Lima fue declarado Patrimonio de la Humanidad por la UNESCO en 1988 por la cantidad de edificios históricos de la época colonial española, algunos de ellos han sido restaurados hace poco tiempo. Son de destacar la monumental Plaza Mayor, la Catedral del Siglo XVI, el Palacio Presidencial (también llamada Casa de Pizarro) y las catacumbas del Convento de San Francisco. Lima cuenta, además, con una animada vida nocturna, así como con una amplia oferta cultural y gastronómica, lo que la ha convertido en la Capital Gastronómica de América Latina.

Ciudad: ....
Ubicación: ....
Número de habitantes: ....
Fundación de la ciudad: ....
Un acontecimiento histórico importante: ....
Un lugar de interés: ....
Algo que se puede hacer: ....

c **Pregunta a tus compañeros/-as sobre la información recogida en su ficha y anota tres informaciones importantes.**

48-50 **d** **Escucha a estas personas que dan más informaciones sobre México D.F., Antigua y Lima. Anota dos informaciones importantes sobre cada ciudad.**

geografische Angaben

La ciudad está **en el norte/sur/este/oeste/centro del** país.
La ciudad está **al norte/sur/este/oeste de** ...
Cusco **está a** 850 kms. **de** Lima.
Lima está **a orillas del** Océano Pacífico.

recursos

e **Encuentra tres similitudes y tres diferencias entre las ciudades.**

f **Ahora elige la ciudad que quieres visitar y explica por qué.**

vergleichen

Las dos ciudades son capitales.
Lima está en la costa **mientras que / en cambio** México D.F. no.
Lima tiene **menos habitantes que** México D.F.
Antigua es **la más pequeña de** las tres ciudades.

recursos

AB 1-3

2. ¿Qué es?

a **¿Cuáles de estos nombres geográficos son ciudades, ríos, lagos o regiones?**

Colonia	Berna	Salzburgo	Meclenburgo-Antepomerania
Aquisgrán	el Danubio	el Lago de Constanza	Ginebra
Fráncfort	el Elba	Baviera	Sajonia
Basilea	el Mar Báltico	Renania-Palatinado	la Cuenca del Ruhr
el Mar del Norte	el Meno	Carintia	Ratisbona
Viena	los Alpes	la Selva Negra	el Rin

b **Piensa en una ciudad, un río, un lago o una montaña de tu país o región. Tus compañeros/-as hacen preguntas hasta adivinar el nombre. Sólo puedes contestar sí o no.**

c **Elegid una ciudad de vuestro país o región y diseñad un mural informativo sobre ella con los siguientes contenidos: ubicación, número de habitantes, un acontecimiento histórico de interés, dos actividades que se pueden hacer, dos lugares que se pueden visitar.**

AB 4-6

3. Mi ciudad

a **¿Cuáles de estos pictogramas simbolizan aspectos positivos o negativos de una ciudad? ¿Por qué? Ponte de acuerdo con tu compañero/-a y elabora dos listas.**

las autopistas y carreteras

el aeropuerto

los aparcamientos

la oferta cultural

los parques y zonas verdes

la policía

la zona industrial

los monumentos

produce contaminación | hace ruido | hay demasiado tráfico | hay muchos atascos | es tranquila | es patrimonio artístico | produce suciedad | atrae al turismo | es seguro | hay poca/mucha delincuencia | es cara | no hay paro

51 **b** **Escucha el debate con Amalia Faneca, alcaldesa de Navalmoral y marca los temas de los que habla.**

- la contaminación y el trafico ☐
- los servicios sanitarios ☐
- la seguridad ciudadana ☐
- el patrimonio artístico cultural ☐
- el paro ☐
- los centros infantiles (guarderías y colegios) ☐
- la vivienda ☐

51 **c** **Escucha otra vez y marca qué problemas concretos hay en la ciudad.**

- Hay pocas guarderías privadas. ☐
- Para las mujeres es difícil trabajar y tener una familia al mismo tiempo. ☐
- La gente de la ciudad emigra a los pueblos. ☐
- Antes la ciudad era más segura que ahora. ☐
- Según la alcaldesa, las ciudades vecinas son menos seguras. ☐
- La ciudad tiene pocas zonas verdes y está muy contaminada. ☐
- El aeropuerto está muy cerca y por eso hay mucho ruido. ☐
- Hay una línea de tren que une el aeropuerto con la ciudad. ☐
- En el centro nadie quiere vivir porque las viviendas están en malas condiciones. ☐

d **Elabora pancartas con los aspectos positivos y negativos que tiene tu ciudad.**

eine Menge angeben

Hay **mucho** ruido.
Hay **pocos** colegios.
Hay **demasiada** delicuencia.
Hay **bastante** contaminación.
Hay **suficientes** parques.
No hay **ningún** polideportivo.

vocabulario

AB 7-9

4. ¿Qué piensas?

52 **a** **Escucha las opiniones sobre este artículo de periódico. ¿Con quién estás de acuerdo, con Martín o con Eva?**

Vivir hacinados es más verde

La ciudad vertical respeta más el medio ambiente. ¿Y si Benidorm no estaba tan mal?

ÁLVARO DE CÓZAR, 13/12/2007
Vive usted en una casa unifamiliar de dos plantas. Tiene un perro, una piscina, un jardín y una barbacoa para hacer chuletones los fines de semana. Allí, al aire libre y sobre el césped recién recortado, tiene la sensación de alejarse un poco del asfalto, de estar más en contacto con la naturaleza. Enhorabuena, ha alcanzado el sueño de muchas familias españolas. El problema de ese sueño es que es el mismo de millones de personas en todo el mundo, el mismo que tienen sus vecinos de la casa adosada y los de un poco más allá. Y no parece ser demasiado ecológico, según señalan los expertos.

52 **b** **Escucha otra vez y marca quién dice qué.**

	Martín	Eva
¿Tú crees? ¿Pero tú sabes la cantidad de basura que produce diariamente una ciudad así?	☐	☐
Yo creo que Benidorm produce mucha contaminación.	☐	☐
Para mí es peor una ciudad donde sólo hay casas con jardín y piscina.	☐	☐
Pues no sé… A mí me parece que vivir en una casa con jardín es más humano.	☐	☐
Claro, más bonito sí que es… pero yo creo que es peor para la naturaleza.	☐	☐

c **Elige un dibujo, tira una moneda y opina sobre el tema.**
Cara: estás a favor. Cruz: estás en contra. El resto del grupo reacciona a lo que has opinado.

Grund/Konsequenz ausdrücken

die Meinung äußern
Yo creo que…
Yo pienso que…
Para mí…

Zustimmung/Ablehnung äußern
Estoy de acuerdo con…
Sí, es verdad.
Vale. / Claro. / Pues sí.
Tienes razón, sin embargo…
No estoy de acuerdo con…
No, no es verdad.
Sí, pero…

Etwas bezweifeln
Quizás.
Puede ser.
No sé…
¿Tú crees?

Grund/Konsequenz ausdrücken
Hay mucha contaminación porque hay mucho tráfico.

Hay mucho tráfico. Por eso hay mucha contaminación.

recursos

AB 10-12

C A TODA PÁGINA

En metro por Santiago de Chile

a Mira el plano de metro y marca las respuestas correctas.

1. ¿Cuántas líneas tiene el metro de Santiago?
   - ☐ cuatro ☐ cinco ☐ siete
2. ¿Qué significa el símbolo Ⓑ?
   - ☐ transbordo a los autobuses
   - ☐ transbordo a otra línea de metro
   - ☐ transbordo a los trenes de largo recorrido
3. ¿Cuántos tipos de billetes existen?
   - ☐ dos: uno para adultos y otro para niños
   - ☐ tres: uno para adultos, otro para estudiantes y otro para jubilado
   - ☐ seis: tres tipo de billetes según edad y dos billetes según horario
4. ¿Cuánto le cuesta el billete a Manuel, 75 años, si quiere viajar a las 9 y media de la mañana?
   - ☐ 130 pesos ☐ 380 pesos ☐ 420 pesos

TARIFARIO

PUNTA / VALLE

Fin Venta de Boletos y Recarga de Tarjetas
lunes a viernes: 23:00 hrs. | sáb., dom. y festivos: 22:30 hrs.

Bloques Horarios	HORARIO VALLE 06:00 - 06:59⁵⁹ 09:00 - 17:59⁵⁹ 20:00 - 23:00	HORARIO PUNTA 07:00 - 08:59⁵⁹ 18:00 - 19:59⁵⁹
Metro Troncal + Metro Local + Metro	$ 380	$ 420
Estudiante	$ 130	$ 130
Adulto Mayor	$ 130	$ 420

Sábado, domingo y festivos se aplicará la tarifa correspondiente al Bloque "Horario Valle". Tarifa integrada opera en un lapso de 120 minutos desde el inicio del primer viaje, permitiendo un máximo de tres transbordos. Al realizar combinación Troncal+Metro o Local+Metro durante la hora punta hay un costo adicional de $40.

A partir del 01.01.07 opera en buses Transantiago y la red de Metro la Tarjeta bip! bajo las condiciones establecidas en www.tarjetabip.cl. A contar de esa fecha la Tarjeta Multivía sólo continúa operando según los términos y condiciones establecidas para la Tarjeta bip!.

El beneficio Adulto Mayor (TAMM) se mantendrá vigente sólo en la red de Metro, en Horario Valle y con un límite máximo de dos viajes diarios.

Informaciones en www.transantiago.cl.

Pase Escolar
Carga mínima: $300
• Cargas superiores en múltiplos de $500 a partir de $500 ($500, $1.000, $1.500, $2.000 y sucesivas)

Valor Tarjeta: $1.200
Carga mínima: $800
• Cargas superiores en múltiplos de $500 a partir de $1.000 ($1.000, $1.500, $2.000 y sucesivas)
• Tarjeta + carga mínima: $2.000

53 **b Escucha a estos turistas en el metro de Santiago y marca en el mapa dónde están, qué camino van a tomar y a qué estación van.**

c Estás en la estación San Pablo (L1). Piensa en una estación. Tus compañeros/-as te hacen preguntas para saber cómo llegar hasta allí.

AB 13

¿Tenemos que tomar la línea roja? ¿En qué dirección? ¿Cuántas estaciones son?

Ciudades en la prensa

a Lee los titulares de los periódicos. ¿Son noticias positivas o negativas? Discute con tus compañeros/-as.

El Gobierno establece medidas contra el ruido en las ciudades españolas

Chile va a construir el rascacielos más alto de Latinoamérica

El crimen agobia a Latinoamérica, revela un reporte de Naciones Unidas

Pamplona, Bilbao y Gijón, las ciudades españolas con mejor calidad de vida

EL SALVADOR REPITE COMO EL PAÍS CON MAYOR DENSIDAD DE POBLACIÓN EN CENTROAMÉRICA

La ONU reconoce esfuerzos medioambientales de México

La urbanización acelerada de Latinoamérica y del Caribe es una amenaza

b ¿Existen fenómenos similares en tu país? Nombra semejanzas y diferencias.

c Lee el ránking sobre la calidad de vida en las grandes ciudades del mundo. ¿Te sorprende algo? ¿En qué puesto situarías tu ciudad?

Ránking sobre calidad de vida en algunas ciudades (de la mejor a la peor)

Puesto	Ciudad	País
1	Zúrich	Suiza
2	Ginebra	Suiza
3	Vancouver	Canadá
4	Viena	Austria
5	Auckland	Nueva Zelanda
6	Düsseldorf	Alemania
7	Fráncfort	Alemania
8	Múnich	Alemania
9	Berna	Suiza
10	Copenhague	Dinamarca
44	Barcelona	España
45	Madrid	España
71	San Juan	Puerto Rico
76	Montevideo	Uruguay
78	Buenos Aires	Argentina
81	Santiago	Chile
90	Ciudad de Panamá	Panamá
94	Monterrey	México
105	San José	Costa Rica
111	Asunción	Paraguay
114	Quito	Ecuador
123	Lima	Perú
128	México D.F.	México
140	Caracas	Venezuela
143	Bogotá	Colombia
145	Medellín	Colombia
168	San Salvador	El Salvador
187	La Habana	Cuba

Fuente: Mercer Human Resource Consulting, 2007.

¿Sabías que…?

Las clases medias altas prefieren vivir en las afueras de las ciudades, en zonas residenciales privadas que se llaman *condominios*, y que están especialmente protegidos. En Argentina y en Chile estos barrios se llaman *barrios cerrados* o *countries*.

En las ciudades españolas las estaciones centrales no están en el centro de la ciudad. Madrid es una excepción, con la estación de Atocha.

La población de las grandes ciudades latinoamericanas sigue aumentando debido a la continua inmigración del campo a la ciudad. En muchas grandes ciudades españolas se da el fenómeno inverso: la gente, sobre todo si tiene niños, deja las grandes ciudades (Madrid o Barcelona), para volver a los pueblos o vivir en las afueras.

AB 14

8 ¡A LA TAREA! NUESTRAS CIUDADES FAVORITAS

Vamos a hacer un ránking de las ciudades europeas favoritas del curso.

1 Elegid cinco criterios para medir la calidad de vida en una ciudad.

2 Elaborad una lista común de criterios para toda la clase.

3 Elegid las cinco ciudades con mejor calidad de vida. Puntuadlas del 5 (la mejor) al 1 (la peor).

4 Nombrad las ciudades que habéis elegido, cuántos puntos les habéis dado y la razón.

5 El gran momento ha llegado: contad los puntos y haced el ranking final.
¿Cuáles son las cinco ciudades favoritas del curso?

Präpositionen zur geografischen Angabe

*Antigua está **a** 45 kms. **de** Guatemala.*
*Cusco está **al** este **de** Lima.*
*México D.F. está **en el** centro **del** país.*
*Antigua está **cerca de** Guatemala.*
*Mi ciudad está **lejos de** la capital del país.*
→8

Komparativ mit Substantiv

*Mallorca tiene **más** hoteles **que** Salamanca.*
*En Medellín hay **menos** líneas de metro **que** en Bogotá.*
*En Caracas hay **tantos** hospitales **como** en Lima.*

mit Adjektiv

*Sevilla es **más** bonita **que** Badajoz.*
*Berlín es **menos** cara **que** Múnich.* →4.6.1
*Madrid es **tan** limpia **como** Barcelona.* →4.6.2

Ausnahmen

más grande → mayor
más pequeño → menor
más bueno → mejor
más malo → peor
→4.6.2

Gegenüberstellung

mientras que *Lima está en la costa **mientras que** México D.F. no.*
en cambio *Antigua es un ciudad con pocos habitantes, **en cambio** México D.F. es una megalópolis.*
sin embargo *Un aeropuerto es muy importante para la economía de una ciudad, **sin embargo**, contamina demasiado.*
→10.6

Begründung

porque *Prefiero las ciudades junto al mar **porque** me gusta ir a la playa.*
como ***Como** me gusta ir a la playa, prefiero las ciudades junto al mar.*
por *Prefiero Barcelona **por** la playa.*
→10.6

Folgerung

por eso *Me gusta ir a la montaña. **Por eso** busco trabajo en ciudades que están en el sur de Alemania.*
→10.6

LENGUA

geografische Angaben machen

Múnich está en el sur de Alemania.
Lima está a orillas del Océano Pacífico.
Cusco está en los Andes.

die eigene Meinung ausdrücken

● Yo creo que en una ciudad tiene que haber muchas zonas verdes.
◆ Pues yo pienso que tiene que tener un buen sistema de transportes públicos.
▲ Para mí en una ciudad tiene que haber trabajo para todos.

Zustimmung und Ablehnung äußern

● Creo que Barcelona es una ciudad muy cara.
◆ Estoy de acuerdo contigo. / Sí, es verdad.
▲ Pues yo no estoy de acuerdo. / Tienes razón, sin embargo...

eine Wahrscheinlichkeit/Zweifel äußern

● En Miami viven tantos cubanos como estadounidenses.
◆ Quizás. / Es probable. / Puede ser. / A lo mejor. / Es posible. / No sé. / ¿Tú crees? / No estoy seguro.

COMUNICACIÓN

¡YA LO SABES!

Ich kann ...	😊	🙂	☹	→ Unidad 8
die zentralen Inhalte eines Textes bestimmen	☐	☐	☐	A1
geografische Angaben machen	☐	☐	☐	A1, A2
Städte vergleichen	☐	☐	☐	A1
eine Auswahl begründen	☐	☐	☐	A1
wichtige Informationen zu einer Stadt zusammenstellen	☐	☐	☐	A2
Vor- und Nachteile zum Thema Stadt sammeln	☐	☐	☐	B3
eine kurze Diskussion führen	☐	☐	☐	B4
mich über öffentliche Verkehrsmittel und -verbindungen informieren	☐	☐	☐	A toda página

Quieres elaborar una página web de tu ciudad. Escribe una lista con los diez datos más importantes.

Tipp 8

Sich Notizen machen

Je besser Ihre Spanischkenntnisse werden, desto umfangreicher wird auch das Sprachmaterial, das Sie aufnehmen können: Sie lesen anspruchsvolle Texte, hören längeren Ausführungen zu, beteiligen sich an Diskussionen oder begründen Ihre Meinung. Solche Aufgaben bewältigen die meisten von uns nicht einfach „im Kopf". Nehmen Sie Papier und Stift zur Hilfe: Notizen können dabei unterstützen, Gedanken zu strukturieren und das Wichtigste festzuhalten. Außerdem sind sie eine gute Grundlage, wenn man sich – mündlich oder schriftlich – in der Fremdsprache äußern möchte.

Einige Anregungen:

~ Lesen Sie mit Buntstiften. Verschiedene Farben helfen, um z.B. unbekannte Vokabeln von inhaltlichen Schlüsselwörtern zu unterscheiden.

~ Markieren Sie mit Maß und zwingen Sie sich also dazu auszuwählen, z.B. 5 neue Vokabeln und 3 Schlüsselwörter pro Seite.

~ Entwickeln Sie Ihre eigene Kurzschrift. Mit Pfeilen lassen sich beispielsweise logische Zusammenhänge gut verdeutlichen, außerdem kann man weitere Symbole erfinden: zum Beispiel für zentrale Informationen, für neuen Wortschatz oder für Grammatikthemen, die Sie noch einmal wiederholen möchten.

~ Arbeiten Sie mit kleinen Skizzen. Oft kann man den Aufbau eines Textes besser erfassen, wenn man sich die logischen Zusammenhänge in einer Zeichnung vor Augen führt: Was sind die Hauptthemen? Welche Unterpunkte hat ein Thema? Welche Aussage folgt logisch aus einer anderen? Wo gibt es Gegensätze?

~ Sich zu einem Thema mündlich zu äußern oder einen guten Text zu verfassen ist schon auf Deutsch nicht immer einfach. Insbesondere aber in einer Fremdsprache stellen Notizen hilfreiche Zwischenschritte dar, wenn man sich auf eine schriftlichen Text oder einen mündlichen Beitrag vorbereitet. Notizen erlauben Ihnen, zunächst alle möglichen Ideen – zum Teil vielleicht auch auf Deutsch – festzuhalten, die Stichpunkte dann zu sortieren und in eine sinnvolle Reihenfolge zu bringen, verknüpfende Redemittel zu sammeln und dann an der Formulierung zu feilen.

Salvador Dalí

Frida Kahlo

Don Quijote
y Sancho Panza

Sofía de Grecia,
Reina de España

¿Cómo son o cómo eran estas personas? Descríbelas.

tímido/-a
divertido/-a
extravagante
triste

abierto/-a
alegre
apasionado/-a
inteligente

sincero/-a
original
excéntrico/-a
discreto/-a

arrogante
sociable
sencillo/-a
bromista

¿Qué cualidades tienen que tener, en tu opinión, las siguientes personas?

un/a compañero/-a de viaje
la pareja

el jefe / la jefa
el/la vecino/-a

En buena compañía

IN DIESER UNIDAD LERNEN SIE:

- den Charakter von Personen beschreiben
- Ratschläge geben
- ein Gespräch beginnen und angemessen führen
- Komplimente machen und darauf reagieren
- Merkmale gesprochener Sprache erkennen

A EN PRIMER LUGAR

1. ¿Eres un ser sociable?

a Haz este test sobre los tipos de personalidad.

¿Eres un ser sociable?

1. Si alguien te quiere visitar, ¿qué prefieres?
A La gente me puede visitar en cualquier momento. Las visitas sorpresa me gustan mucho.
B La gente me tiene que avisar antes de presentarse en mi casa.
C Primero tengo que invitar yo, y después pueden venir a mi casa.
D No me gustan las visitas.

2. ¿Cuándo consideras que alguien es amig@ tuy@?
A Después de un par de encuentros, cuando veo que nos llevamos bien.
B Cuando puedo llamarl@ a cualquier hora para cualquier cosa.
C Con el tiempo y después de ver cómo se comporta en diferentes situaciones.
D Después de mucho tiempo y de demostrármelo con hechos.

3. Vas a hacer un viaje exótico sol@ con un grupo que no conoces, ¿cómo te comportas?
A Hablo y converso con el resto del grupo.
B Hablo con la gente porque viajo para ligar.
C Solo hablo si ellos hablan primero conmigo.
D Solamente saludo al principio y al final del viaje.

4. ¿Cómo te comportas en la sala de espera del dentista?
A Charlo con la gente que está esperando.
B A veces me pongo a charlar con la gente que también está esperando.
C Leo una revista o pienso en mis cosas.
D Simplemente espero.

5. Un colega te invita a su casa y te dice quiénes van a ir. Pero cuando llegas hay gente que no conoces, ¿cómo te sientes?
A Genial, porque así puedo conocer a gente nueva y a lo mejor ligo.
B Necesito diez minutos para adaptarme y después hablo sin parar.
C Bien, aunque me cuesta abrirme a los nuevos.
D Me siento incómodo.

6. Vas por la calle muy rápido porque llegas tarde al cine. Por el camino te encuentras a alguien conocido, ¿qué haces?
A Me pongo a charlar un momento con él.
B Saludo al mismo tiempo que ando y le indico con gestos que llevo prisa.
C Hago como que no lo veo, aunque sé que esa persona me ha visto.
D Cruzo la calle porque así no me ve.

b Lee los resultados, subraya los verbos en imperativo negativo y completa la tabla.

Mayoría de respuestas A:
Eres una persona muy comunicativa y no tienes problemas en encontrar amigos. Pero no hables tanto porque puedes llegar a caer mal. Tienes un problema: no sabes diferenciar el momento en el que puedes ser sociable y no, porque no puedes evitar mantener una conversación con la gente. No te comportes así siempre. Haz un análisis de la situación en la que estás y habla solo si ves que a la gente le apetece hablar. Pero no te asustes, eres una persona muy optimista.

Mayoría de respuestas B:
Personas como tú son las que quiere todo el mundo como amigos. No cambies porque tu personalidad es bastante optimista y tienes carisma. Sabes cómo comportarte en sociedad, hablas cuando tienes que hablar y escuchas cuando tienes que escuchar. Seguro que no tienes problemas con nadie y eres un buen amigo. Sigue así, porque tu forma de ser es un ejemplo para la sociedad.

Mayoría de respuestas C:
Reconócelo, te gustaría hablar más con la gente, pero hay algo que no te deja. Prefieres la soledad a estar con mucha gente que no conoces. A veces no sabes de qué hablar. No seas tan tímido y no te calles. Sabes que te gustaría tener más vida social, por eso intentas hablar y comunicarte con la gente, pero no siempre lo consigues. No te preocupes, hay más gente como tú, pero si eres más sociable puedes ser más feliz. No te duermas, si quieres, siempre puedes cambiar.

Mayoría de respuestas D:
Reconócelo, te gusta estar solo y prefieres estar en casa que estar con gente. No leas tanto, no navegues tanto por internet ni veas tanto la tele y sal más. No tengas miedo de charlar con la gente. La conversación es la mejor característica del ser humano y no la dejes de lado. Si cambias un poco, seguro que puedes conocer a gente interesante.

→ Si te gusta el resultado del test, tenlo en cuenta. Si no, repítelo y haz trampa. ☺

Der verneinte Imperativ

	regelmäßig			unregelmäßig	
	hablar	leer	escribir	ir	ser
tú	no habl___	no le___	no escribas	no vayas	no ___
vosotros	no habléis	no leáis	no escribáis	no vayáis	no seáis

Der verneinte Imperativ für *usted* und *ustedes* ist identisch mit dem bejahten:
***Hable** más alto. **No hable** tan alto, por favor.*
Der verneinte Imperativ wird meistens ausgehend von der 1. Person Singular Präsens gebildet:
hablar → yo habl**o** → no habl**es**, hacer → yo hag**o** → no hag**as**, seguir → yo sig**o** → no sig**as**

recursos

c **Estás en esta fiesta con amigos. ¿Qué problemas tienen? Ponles nombre y dales consejos para ser sociables.**

.... Juan ....

....

~ *Juan, intenta hablar más con la gente, no estés tan calladito…*
~ *Pero chico, no seas…*

Verwendung des Imperativs bei Ratschlägen

Das Imperativ wird bei Ratschlägen verwendet, wenn es eine enge Beziehung zwischen den Personen gibt. Um den Befehlston abzumildern, verwendet man Wörter wie *anda, chico/-a, por favor, venga, etc.*

¡Fíjate!

tan, tanto

tan + Adjektiv
No seas **tan** tímido.

Verb + tanto
No leas **tanto**.

recursos

2. ¡Así hablas, así eres!

a **¿Quién te resulta más simpático y quién menos? Enumera del 1 (más simpático) al 5 (menos simpático).**

el/la tímido ☐ el/la hablador ☐ el/la fanfarrón ☐ el/la bromista ☐ el/la sabelotodo ☐

4-58 **b** **¿Quien habla? Relaciona las conversaciones con las personas de 2a.**

☐ el/la tímido ☐ el/la fanfarrón ☐ el/la sabelotodo
☐ el/la hablador ☐ el/labromista

c **Reglas para comunicar bien. Escribe una lista con siete consejos.**

1. Escucha a la otra persona.
2. No hables siempre de ti mismo.
3. ....

Ratschläge geben

¿Por qué no...?
¿Qué tal si...?
Es bueno..., es conveniente...,
Es necesario...
Tienes que...
Puedes...
Hay que...

recursos

AB 1-9

3. ¡Cuánto tiempo sin verte!

a ¿Qué crees que están haciendo estas personas? ¿De qué hablan?

A

B

C

D

E

F

59-64 **b** Escucha los diálogos y relaciónalos con las situaciones de 3a.

c Subraya en los diálogos las expresiones que se utilizan para...

1 indicar en un bar que esta vez quieres pagar tú.
2 reaccionar cuando el invitado te entrega un regalo.
3 rechazar amablemente más comida en una invitación.
4 reaccionar cuando un conocido te habla de sus problemas de salud.
5 reaccionar cuando ves a un/a amigo/-a que no has visto desde hace mucho tiempo.
6 reaccionar a la pregunta ¿cómo estás? sin dar mucha información.
7 responder cuando el anfitrión te da las gracias por el regalo que le has traído.
8 hacer un cumplido.
9 reaccionar frente a un cumplido.

1

- ● ¡Hombre Paco! ¡Cuánto tiempo sin verte!
- ■ ¡Jorge! ¿Qué tal, cómo estamos?
- ● Pues bien, ¡vamos tirando, chico! ¿Y tú? Estás más gordo, ¿eh?
- ■ Sí... la buena vida... es que me casé, ¿sabes?
- ● ¡No me digas! ¿Cuándo?
- ■ Pues... hace dos años...y tenemos un niño...
- ● ¡No me lo puedo creer! ¿Pero no decías que no te ibas a casar nunca?

2

- ■ ¿Quieres un poquito más?
- ● ¡Uf! Muchas gracias, estoy llenísimo, ¡no puedo más!
- ■ Venga, hombre, un poquito más, ¡que has comido muy poco!
- ● No, de verdad... Estaba buenísimo, pero he comido muchísimo ya.
- ■ Bueno...

3

- ● ¡Hola Nuria!
- ■ ¡Hola! Oye... ¡Qué vestido más bonito!
- ● ¿Te gusta?
- ■ Me encanta, chica. ¿Dónde te lo compraste?
- ● No te lo vas a creer, en las rebajas.
- ■ ¿Ah sí? Pues es precioso, de verdad. Además ese color te sienta muy bien.
- ● Gracias... ¿No te parece un poco atrevido?
- ■ ¡Para nada! Te sienta de maravilla, de verdad.

4

- ● ¡Ay, este dolor me va a matar!
- ■ ¿Qué te duele, mujer?
- ● La espalda... ¡Es horrible, ya no sé qué hacer!
- ■ Claro, como estás todo el día sentada al ordenador... Yo acabo siempre con dolor de cuello, el otro día me tuve que tomar una pastilla y todo. ¿Has ido ya al médico?
- ● ¡Qué va, chico! Si no tengo tiempo... Tengo a mi madre enferma y estoy todos los días en su casa para hacerle la comida y estar un poco con ella.
- ■ ¡Vaya!

5

- ● ¡Oiga! ¿Cuánto es?
- ■ No no no... ¡Ni hablar! Hoy pago yo.
- ● ¡Que no, chico!
- ■ ¡Que sí, que ayer pagaste tú y hoy me toca a mí!
- ● Bueno, si insistes... Gracias.

6

- ■ ¡Hola! ¡Hola!...
- ● ¡Hola! ¿Qué tal?
- ■ Perdonad el retraso, pero es que no encontrábamos aparcamiento...
- ▲ ¡No pasa nada! ¡Hola Pedro! ¡Pasad, pasad!
- ✳ Toma, Olga, esto es para ti.
- ● ¡Si no era necesario! ¡Muchas gracias! ¡No teníais que haberos molestado, de verdad!
- ■ Si no es nada, chica, una tontería.
- ● ¡Vamos al salón!

d ¿Qué se dice en estas situaciones en tu lengua?

e Representad con mímica una de las escenas. Otros compañeros le ponen texto y la sincronizan. AB 10-12

4. ¿Qué ha sido de tu vida?

65 **a** Escucha de nuevo uno de los diálogos de la actividad 3.

¿Qué cosas...

... han dejado de hacer? ....

... siguen haciendo? ....

... han empezado a hacer? ....

verbale Umschreibungen

dejar de + *Infinitiv*
He **dejado de fumar**.
empezar a + *Infinitiv*
Empecé a jugar al golf.
seguir + *Gerundio*
Sigo trabajando
en la misma empresa.

recursos

b Completa las frases con cinco actividades.

He dejado de ....

....

He empezado a ....

....

Sigo ....

....

Zeitangabe

ya no
Ya no fumo.
todavía, aún
Aún/todavía trabajo en la misma empresa.

vocabulario

fumar | hacer deporte | ir a bailar | beber... | salir por la noche | comer... | ....

c Compara con tu compañero/-a y explícale por qué has cambiado tus costumbres. ¿En qué coincidís? AB 13, 14

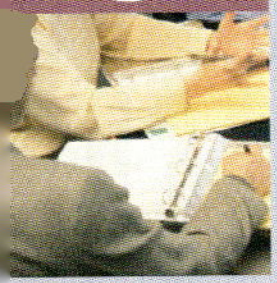

C A TODA PAGINA

¿De qué signo eres?

a ¿En qué tipo de publicaciones suelen aparecer los horóscopos? Marca.

- ☐ revistas del corazón
- ☐ revistas de economía
- ☐ periódicos
- ☐ revistas de actualidad
- ☐ revistas de moda
- ☐ suplementos semanales

b Lee tu horóscopo. ¿Qué aspecto es el más positivo? Después compara con tu compañero/-a.

TU SEMANA EN LAS ESTRELLAS

EL SIGNO DE LA SEMANA

Aries (21 marzo - 20 abril)
Los Aries están en armonía con la creación. El placer y el deber viven en perfecta armonía. ¿Cómo son? Los Aries son optimistas, seguros de sí mismos, entusiastas. Les gusta ser extravagantes y son muy creativos. Cautivan a todos con su personalidad.
Amor: Vas a conocer a una persona muy especial. ¡No la dejes escapar!
Trabajo: No seas impaciente: tus proyectos se van a realizar.
Salud: Vives con plena energía y estás en un perfecto estado físico.

Cáncer (23 junio - 22 julio)
Amor: Tus ganas de vivir y de sentir placer contagian a los que están a tu alrededor. No descuides tus relaciones familiares.
Trabajo: Tienes que tomar una decisión rápida y eficaz. No pierdas el tiempo dudando.
Salud: No es el mejor momento para hacer una dieta: no la hagas, no va a funcionar.

Libra (24 septiembre - 23 octubre)
Amor: Una relación platónica empieza a ser algo más. Inténtalo: la relación puede funcionar.
Trabajo: No cometas el error de ser impaciente. Puedes estropear un buen negocio.
Salud: Cuida tu cuerpo. Un buen masaje puede devolverte la energía que has perdido.

Capricornio (23 diciembre - 20 enero)
Amor: La tranquilidad vuelve a tu corazón. Habla de tus sentimientos, no sigas escondiéndolos. Es un buen momento.
Trabajo: No olvides las relaciones personales, son importantes también en tu trabajo.
Salud: Tu estado físico mejora. Vas a estar de nuevo en forma. Empieza otra vez a hacer deporte.

Tauro (21 abril - 21 mayo)
Amor: Con una actitud positiva todo es posible, pero no te quedes en la superficie del problema: busca la solución.
Trabajo: Alguien en tu trabajo te critica sistemáticamente. ¡Ten cuidado!
Salud: Tus problemas físicos van a desaparecer, pero debes hacer algo para que dejen de molestarte definitivamente.

Leo (23 julio - 23 agosto)
Amor: Tu pareja te va a dar una sorpresa agradable.
Trabajo: Un proyecto importante puede hacerte olvidar tus compromisos. No olvides tus otras tareas.
Salud: No comas ni bebas demasiado. Los abusos no son buenos para tu salud. A veces es bueno no disfrutar tanto de los placeres de la vida.

Escorpio (24 octubre - 22 noviembre)
Amor: Tus relaciones personales llegan a su madurez. Deja de tener miedo. No sigas torturando a tu pareja con celos inútiles.
Trabajo: Cuidado, puedes perder mucho dinero. No escuches a personas que no son de tu absoluta confianza.
Salud: Vas a tener mucha energía, ganas de hacer cosas, vitalidad. ¡Aprovéchalas!

Acuario (21 enero - 19 febrero)
Amor: Una relación del pasado quiere volver a tu vida. No se lo permitas, puede traer inestabilidad.
Trabajo: Los últimos resultados profesionales son positivos, pero no dejes crecer demasiado tu ambición. Puede ser negativo.
Salud: Una semana un poco extraña. Te vas a sentir bien físicamente, pero sin ganas de salir y ver a gente.

Géminis (22 mayo - 22 junio)
Amor: No esperes siempre una demostración de lo mucho que te quieren: no condiciones el amor.
Trabajo: Una situación imprevista puede alterar tus planes, pero no impedirlos. Sigue intentando obtener un aumento de sueldo. ¡Al final lo vas a conseguir!
Salud: Ten cuidado: hay peligro de tener algún pequeño accidente. Intenta no utilizar mucho el coche.

Virgo (24 agosto - 23 septiembre)
Amor: Tu relación necesita una terapia de urgencia. No dejes que las cosas empeoren.
Trabajo: Vas a enfrentarte a una derrota, pero sé fuerte y vuelve a empezar.
Salud: Deja de quejarte y afronta realmente tus problemas de salud. Lo mejor que puedes hacer es visitar al médico.

Sagitario (23 noviembre - 22 diciembre)
Amor: Estás de mal humor, pero un ángel te va a hacer sonreír. Ábrele tu corazón.
Trabajo: No busques problemas inútiles. Intenta no discutir con tu jefe ni con tus compañeros.
Salud: Va a haber un problema de salud en tu familia. Alguien te va a necesitar. Pero no te preocupes, todo va a salir bien.

Piscis (20 febrero - 20 de marzo)
Amor: Vas a vivir momentos de mucho romanticismo, pero no juegues, sé auténtico.
Trabajo: No te compliques la vida inútilmente. Las cosas se van a solucionar por sí mismas.
Salud: Una dieta te va a ayudar a sentirte mejor, pero sigue comiendo regularmente para no perder la vitalidad.

c ¿Lees horóscopos? ¿En qué ocasiones?

d Busca en el curso a otras personas con tu mismo signo. Elabora una lista con las características principales del signo.

¿Charlamos un ratito?

a ¿Con quién hablas de estos temas? ¿Hay algún tema del que nunca hablas?

	buenos amigos	vecinos	compañeros de trabajo	el jefe
las vacaciones	☐	☐	☐	☐
el trabajo	☐	☐	☐	☐
la familia	☐	☐	☐	☐
la religión	☐	☐	☐	☐
la política	☐	☐	☐	☐
los problemas privados	☐	☐	☐	☐
los planes de futuro	☐	☐	☐	☐
la literatura	☐	☐	☐	☐
el pasado	☐	☐	☐	☐
el tiempo meteorológico	☐	☐	☐	☐

66 **b Escucha y lee la conversación entre tres amigos, Pedro, Alberto y Jordi. ¿De qué temas hablan?**

- ● Bueno, ¿y tú qué te cuentas?
- ■ Nada, hijo, trabajando como un burro... Menos mal que ahora viene abril, tengo dos fines de semana de viernes, sábado y domingo.
- ▲ ¡Hale!
- ● ¡Qué bien!
- ▲ Eso ya es demasiado, ¿eh?
- ■ ...sí.
- ● ¿Y qué vas a hacer?
- ■ Pues estoy pensando que a lo mejor... ir a Madrid.
- ● ¡¿A Madrid?! ¡Toma ya!
- ■ Sí, porque... yo tengo un problema, y es que yo, en los últimos años... yo no sé, chico, yo tengo que hacer algo, porque yo he dejado mucho... de lado a mucha gente. Prácticamente, prácticamente no tengo contacto con...
- ● Pero, escúchame, eso suele pasar, ¿eh?
- ■ Pero fíjate en ti. Conoces a cuatrocientas mil personas. Y cuando no quedas con uno, quedas con otro.
- ● Pero....
- ■ Los del trabajo, los del estudio, los de la oficina. Qué se yo.
- ● Ya.
- ▲ Hmh...

¿Sabías que...?

- En las conversaciones coloquiales españolas hay exageraciones y repeticiones de palabras.
- Son normales las interrupciones en el turno de palabra. Muchas veces las frases no se acaban.
- En las conversaciones coloquiales se suele pasar de un tema a otro bastante rápido. La aceptación por un tema u otro puede variar según la cultura, grupo social, la edad...
- Hay muchas expresiones y gestos que se usan para demostrar interés sobre lo que dice la persona con la que se conversa.
- Generalmente el silencio está mal visto. Se prefiere hablar de asuntos triviales a estar callados.
- Cuando no se quiere compartir un tema que compromete, se recurre a temas de poca importancia o frívolos.

c Lee la información de ¿Sabías que...? y busca ejemplos en la conversación anterior.

d Elabora una lista con recomendaciones para conversar adecuadamente en tu lengua.

AB 15

9

¡A LA TAREA! NOS VAMOS AL TEATRO

Vamos a escribir el guión de una pequeña escena de teatro y representarla.

1 **Elegid una de estas situaciones y pensad cuántos personajes intervienen y cómo se desarrolla la escena.**

A
Unos/-as amigos/-as se encuentran por la calle. No se han visto desde hace mucho tiempo.

B
Estás haciendo un curso de español en España o Latinoamérica y vives en casa de una familia de allí. Es el primer día y la familia te ha invitado a cenar.

C
Estás haciendo un curso de español en España o Latinoamérica y vives en casa de una familia de allí. Has conocido a un/-a nativo/-a y estás tomando algo en un bar con él/ella.

2 **Escribid el guión de la escena teniendo en cuenta estos aspectos: pronunciación y entonación, gestos, diálogos adecuados a la situación, etc.**

3 **Practicad el diálogo en el grupo.**

4 **Representad la escena en el curso.**

5 **Valorad la representación de vuestros/-as compañeros/-as, puntuando del 1 (-) al 3 (+). ¿Qué grupo ha actuado mejor?**

	Grupo 1	Grupo 2	Grupo 3
¿Se entienden bien los diálogos?	☐	☐	☐
¿Los diálogos son realistas?	☐	☐	☐
¿La situación es clara?	☐	☐	☐
¿Se utilizan las expresiones adecuadas?	☐	☐	☐
¿Se utilizan gestos adecuados?	☐	☐	☐
¿Es divertida la representación?	☐	☐	☐
Puntuación total	☐	☐	☐

Tipp 9 S. 104

der bejahte Imperativ

regelmäßig / mit Vokalwechsel

	trabajar	comer	escribir	seguir (e → i)	empezar (e → ie)	acostarse (o → ue)
tú	trabaja	come	escribe	sigue	empieza	acuéstate
usted	trabaje	coma	escriba	siga	empiece	acuéstese
vosotros/-as	trabajad	comed	escribid	seguid	empezad	acostaos
ustedes	trabajen	coman	escriban	sigan	empiecen	acuéstense

→6.5.1

unregelmäßig

	ir	ser	ver	hacer	salir	tener
tú	ve	sé	ve	haz	sal	ten
usted	vaya	sea	vea	haga	salga	tenga
vosotros/-as	id	sed	ved	haced	salid	tened
ustedes	vayan	sean	vean	hagan	salgan	tengan

→6.5.1

der verneinte Imperativ

regelmäßig / mit Vokalwechsel

	trabajar	comer	escribir	seguir (e → i)	empezar (e → ie)	acostarse (o → ue)
tú	no trabajes	no comas	no escribas	no sigas	no empieces	no te acuestes
usted	no trabaje	no coma	no escriba	no siga	no empiece	no se acueste
vosotros/-as	no trabajéis	no comáis	no escribáis	no sigáis	no empecéis	no os acostéis
ustedes	no trabajen	no coman	no escriban	no sigan	no empiecen	no se acuesten

→6.5.2

unregelmäßig

	ir	ser	ver	hacer	salir	tener
tú	no vaya	no sea	no veas	no hagas	no salgas	no tengas
usted	no vaya	no sea	no vea	no haga	no salga	no tenga
vosotros/-as	no vayáis	no seáis	no veáis	no hagáis	no salgáis	no tengáis
ustedes	no vayan	no sean	no vean	no hagan	no salgan	no tengan

→6.5.2

verbale Umschreibungen mit Infinitiv

dejar de hacer (aufhören zu tun)	*He **dejado de hacer** dietas.*
empezar a hacer (anfangen zu tun)	*Hemos **empezado a estudiar** chino.*

→6.11

verbale Umschreibungen mit *Gerundio*

seguir haciendo (weiterhin tun)	***Sigo viviendo** en el mismo barrio.*
estar haciendo (gerade tun)	*Este año **estamos viajando** mucho.*

→6.11

LENGUA

Ratschläge geben

¡Por favor, escucha a los demás!
¡Chico, no seas tan introvertido!
¡Manuel, anda, no hables tanto de ti mismo!

ein Gespräch beginnen und führen

¡Cuánto tiempo sin verte!
¿Qué tal? ¿Cómo estamos?
Vamos tirando.
¡No me digas!
¡No me lo puedo creer!

ein Kompliment machen und darauf reagieren

● ¡Qué vestido más bonito!
▲ ¿Te gusta? Lo compré en las rebajas.

● ¡Qué corte de pelo tan bonito!
▲ ¿Te parece? Oh, gracias.

auf eine Aufforderung reagieren

● Come un poquito más!
◆ No gracias. Estaba buenísimo, pero no puedo más.

▲ Hoy pago yo.
◆ Ni hablar, hoy me toca a mí.

Veränderungen ausdrücken

He dejado de fumar. Ya no fumo.
He empezado a hacer una dieta.
Sigo viviendo en la misma casa.
Todavía vivo en la misma casa.

COMUNICACIÓN

¡YA LO SABES!

Ich kann ...	☺	☺	☹	→ Unidad 9
den Charakter von Personen beschreiben	☐	☐	☐	Auftaktseite, A1
Ratschläge geben	☐	☐	☐	A1, A2
ein Gespräch beginnen und angemessen führen	☐	☐	☐	B3
ein Kompliment machen und annehmen	☐	☐	☐	B3
Veränderungen beschreiben	☐	☐	☐	B4
ein Horoskop lesen	☐	☐	☐	A toda página
Merkmale der gesprochenen Sprache erkennen	☐	☐	☐	Entre culturas

Un/a compañero/-a del curso te pide consejos para mejorar su español.
Haz una lista con cinco cosas que puede hacer y cinco que no debe hacer.

Tipp 9

Spanisch außerhalb des Sprachkurses
Schon sind Sie am Ende von **eñe A2** angelangt. Vielleicht stellen Sie sich nun die Frage, wie Sie die Zeit bis zum Beginn des nächsten Kurses überbrücken sollen. Oder wie Sie auch parallel zum nächsten Sprachkurs Ihre Spanischkenntnisse noch intensivieren können. Wie bleibt man nun am besten „in Eigenregie" am Ball? Dazu müssen Sie nicht gleich in ein spanischsprachiges Land reisen, auch vor Ort bieten sich viele Gelegenheiten:

~ Das Internet ist eine schier unerschöpfliche Quelle, um Spanisch „zu tanken": seien es die aktuellen Nachrichten von Tageszeitungen und Magazinen, Internetradio und -fernsehen oder Musikvideos – hier gibt es eine Fülle von Texten, Bildern und Musik zum Eintauchen in die spanische Sprache.
  Eine Liste mit geeigneten Links ist im **eñe**-Lehrwerkservice (www.hueber.de/ene) zu finden. Dort stehen auch genau auf **eñe** abgestimmte Online-Übungen, mit denen Sie die Inhalte Ihres Sprachkurses wiederholen und vertiefen können.
~ Wenn Sie Spanisch nicht nur hören und lesen wollen, sondern selbst (inter-)aktiv werden möchten, hat das Internet ebenfalls die richtige Adresse: in den zahlreichen *Chats* und Foren können Sie sich z.B. kurzfristig mit gleichgesinnten Spanischsprechern austauschen – oder Sie lassen sich eine E-Mail-Brieffpartnerschaft *(eTandem)* vermitteln.
~ Erkunden Sie, ob es in Ihrer Stadt auch Kulturangebote in spanischer Sprache gibt: Ob Kinofilme in der Originalversion oder ein spanischsprachiger Verein, ob eine Flamenco-Tanzgruppe oder das kubanische Restaurant um die Ecke – vielleicht entdecken Sie in Ihrer direkten Umgebung mehr Spanisch, als Sie gedacht haben.
~ Besonders persönlich und gezielt können Sie Ihre Kenntnisse vertiefen, wenn Sie den direkten Kontakt mit spanischen Muttersprachlern vor Ort suchen: Das können sowohl Arbeitskollegen oder Nachbarn als auch Touristen oder Austauschstudenten sein. Vielleicht finden Sie ja auf diesem Weg auch ein sogenanntes „Tandem", d.h. einen spanischen Muttersprachler, mit der oder dem Sie sich regelmäßig treffen und selbständig einen Sprachaustausch organisieren: Dabei sind Sie der Spezialist für Deutsch und erhalten im Gegenzug Konversation auf Spanisch.

Un año en una ciudad de América Latina

1 Lee los textos de las ciudades de Latinoamérica y elige una para vivir un año. No digas el nombre.

Colombia

Cartagena de Indias
Habitantes: unos 1.100.000 habitantes.
Economía: turismo y negocios. Dispone también de zona industrial.
Turismo y ocio: playas y bellos paisajes: islas y lagunas. De la cultura afrocolombiana destaca la champeta, un tipo de música con alto contenido erótico.
Datos de interés: fue uno de los puertos más importantes durante la época colonial española y el mayor punto de comercio de negros esclavos traídos de África. Es también conocida como "La Ciudad Heroica" debido a la resistencia para la independencia de España. Su ciudad amurallada es Patrimonio Histórico y Cultural de la Humanidad por la UNESCO desde 1984.

Puerto Rico

San Juan
Habitantes: unos 440.000 habitantes.
Economía: turismo, centro de negocios más grande del Caribe y sede de bancos prestigiosos.
Turismo y ocio: playas (práctica de natación y surfing), visitas a antiguos barrios (casas, iglesias y plazas). Cafés, galerías de arte, museos, tiendas, eventos culturales.
Datos de interés: conocida como "La Ciudad Amurallada". Fue un emplazamiento militar de las fuerzas navales españolas. Es la ciudad más antigua de toda América que sigue habitada.

Uruguay

Montevideo
Habitantes: unos 1.330.000 habitantes.
Economía: sede administrativa del Mercosur. Exportaciones de carne y grano.
Turismo y ocio: diversidad cultural y deportiva. En Montevideo está el Estadio Centenario, donde se realizó el primer mundial de fútbol de la historia. Numerosos paseos verdes, lugares de entretenimiento y "los shoppings", grandes centros comerciales. Variada arquitectura, que va de lo neoclásico a lo postmoderno. Bailes típicos: el tango, el candombe y la murga uruguaya.
Datos de interés: ha sido elegida la ciudad con mayor calidad de vida de Latinoamérica y una de las 30 ciudades más seguras del mundo.

Argentina

Mendoza
Habitantes: unos 110.000 habitantes.
Economía: gran centro de oficinas y negocios.
Turismo y ocio: bares al aire libre, modernos cibercafés, restaurantes de cocina internacional y teatros. Otro atractivo turístico es el "Tranvía de compras".
Datos de interés: históricamente ha sido un lugar de descanso de la importante vía de ferrocarriles que empieza en Chile, en la Cordillera de los Andes, y termina en el Río de la Plata. Ha llegado a ser la ciudad más limpia y verde de Argentina. Está situada al lado de la montaña más alta de los Andes. En 2005 fue nombrada la ciudad más digital de América Latina.

2 Elabora un cuestionario para adivinar la ciudad que han elegido vuestros/-as compañeros/-as de grupo.

tiempo libre | deportes | cultura | historia | paisajes | compras

¿Quién… / ¿A quién…	Nombre
le gusta ir de compras?	....
prefiere las ciudades de interior?	....
....	....

3 Pregunta a tus compañeros/-as y escribe el nombre. ¿Qué ciudad creéis que han elegido?

4 Agrupaos según preferencias. Imaginaos que estáis en la ciudad y escribís una invitación a los otros compañeros/-as del curso.

El juego de los juegos

Ziel
Ziel des Spieles ist es, paarweise die auf den Feldern gestellten Aufgaben (siehe Seite 110) zu lösen und als erstes Paar das Zielfeld (*Meta*) zu erreichen.

Teilnehmerzahl
In Gruppen von vier Personen = 2 Paaren.

Material
Pro Gruppe zwei Spielfiguren und ein Würfel.

Spielanweisung

Beide Paare setzen ihre Spielfigur auf das Startfeld *Salida*. Ein Paar beginnt, würfelt und rückt die Zahl der gewürfelten Augen vor. Dann wird von einem Mitspieler die Aufgabe, die auf dem erreichten Feld gestellt ist, gelöst, z.B. ein Wort umschrieben oder etwas mimisch dargestellt. Der/die Partner/in des Paares gibt dazu die passende Antwort. Das gegnerische Spielerpaar entscheidet, ob die Aufgabe richtig gelöst wurde. Ist die Antwort richtig, bleibt die Spielfigur auf dem Feld stehen. Ist die Antwort nicht korrekt, kehrt die Spielfigur auf das Ausgangsfeld zurück.

La vida es un carnaval

1 ¿Qué dicen Tristán y Félix? Escoge las frases que mejor describen sus estados de ánimo.

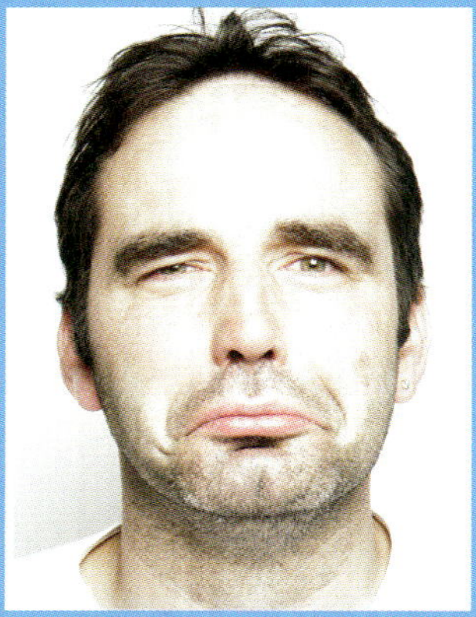

Tristán

Felix

La vida es...
Nadie...
Las penas...
Siempre...
Los momentos malos en la vida...
Estoy...

...injusta y desigual.
...una hermosura.
...un carnaval.
...me quiere.
...nunca terminan.
...se van cantando.
...hay alguien.
...siempre pasan.
...solo en el mundo.
...fea y cruel.
...un valle de lágrimas.

67

2 Escucha la canción y completa el texto con las expresiones positivas (+) o negativas (-) que aparecen en la actividad 1.

Todo aquel que piensa que la vida es (-) ....
tiene que saber que no es así,
que la vida es una (+) ...., hay que vivirla.
Todo aquel que piensa que está (-) .... y que está mal
tiene que saber que no es así, que en la vida no hay nadie solo, (+) ....

Ay, no hay que llorar, que la vida es un carnaval,
es más bello vivir (+) ....
Oh, oh, oh, ay, no hay que llorar,
que la vida es un carnaval y las (-)...................... se van cantando.

Todo aquel que piensa que la vida siempre es (-) ....,
tiene que saber que no es así,
que tan solo hay (-) ...., y todo pasa.
Todo aquel que piensa que esto (-) ....,
tiene que saber que no es así, que al mal tiempo buena cara, y todo cambia.

3 Ahora juega con un compañero/-a. Una persona es Tristán y la otra Félix. Félix intenta animar a Tristán dándole consejos.

Vorbereitung zum Spiel "El sabelotodo" von S. 38–39

Es gibt vier Themen-Gruppen von Karten:
Geschichte/Historia, Sport/Deporte, Kultur/Cultura, Biographien/Biografías. Auf die Vorderseite der Karten wird zu einem Ereignis eine Frage (im *Indefinido*) geschrieben. Auf der Rückseite werden drei mögliche Antworten notiert, von denen nur eine Antwort zutrifft. Schreiben Sie - falls notwendig - die Farbe oder das entsprechende Thema auf die Karte.

Historia

~ La democracia nace en Atenas en el siglo V a. C. (antes de Cristo).
~ Los árabes entran en la Península Ibérica en el año 711. Se quedan ocho siglos.
~ En 1492 Cristóbal Colón cruza el Océano Atlántico buscando las Indias occidentales.
~ Los Reyes Católicos conquistan Granada el mismo año que Cristóbal Colón llega a América.
~ Martín Lutero lleva a cabo la reforma del Catolicismo y se crea el Protestatismo.
~ En 1893 las mujeres votan por primera vez.
~ Cuba, Puerto Rico y Filipinas siguen bajo el dominio de España hasta 1898.
~ En 1945 Estados Unidos lanza la bomba atómica en Japón y se termina la Segunda Guerra Mundial.
~ Francisco Franco nombra al actual rey de España, Juan Carlos I, Jefe del Estado Español.
~ Alemania se reunifica en 1990 después de la caída del muro de Berlín en 1989.

Cultura

~ Miguel de Cervantes inventa el personaje de Don Quijote de la Mancha.
~ El arquitecto Antonio Gaudí empieza a construir la iglesia de la Sagrada Familia de Barcelona en 1882.
~ El escritor colombiano Gabriel García Márquez recibe el Premio Nobel de Literatura en 1982.
~ En 1929 se casan los pintores mexicanos Frida Kahlo y Diego Rivera.
~ La Guerra Civil Española empieza en 1936 y termina en 1939.
~ Johann Wolfgang von Goethe nace en 1749 en Francfort del Meno.
~ Francisco de Goya pinta el cuadro de la Maja desnuda en 1803.
~ El arquitecto Frank Gehry construye el museo Guggenheim de Bilbao en 1997.
~ Miguel Ángel pinta la Capilla Sixtina para el Papa Julio II.
~ Salvador Dalí es uno de los creadores del surrealismo.

Deporte

~ Los primeros Juegos Olímpicos de la edad moderna se celebran en Atenas.
~ El baloncesto se inventa en los Estados Unidos.
~ En el año 1893 el baloncesto se traslada a Europa desde Norteamérica.
~ El Primer Campeonato Mundial de rugby se celebra en 1987 en Australia y Nueva Zelanda. Gana Nueva Zelanda.
~ España gana por primera vez la Eurocopa de Fútbol en 1964 frente a la Unión Soviética.
~ En 1900 se realiza en Lyon (Francia) el Primer Campeonato Internacional de Automovilismo, en el que participan cinco pilotos de cuatro países distintos.
~ El británico Walter Clopton Wingfeld inventa el tenis en 1873.
~ El 7 de julio de 1985 Boris Becker se convierte en el ganador más joven del mundo en el torneo de tenis de Wimbledon.
~ El primer partido de golf del que se tienen datos lo juegan el Príncipe de Gales con John Paterson en 1682.
~ Los primeros Juegos Panamericanos de Atletismo tienen lugar en Buenos Aires en 1951.

Biografías

~ La actriz estadounidense Marilyn Monroe muere en 1962.
~ El director de cine español Pedro Almodóvar gana el Óscar a la mejor película extranjera en el año 2000.
~ En 1975 muere el dictador español Francisco Franco.
~ Moctezuma II es el último rey del imperio azteca.
~ Simón Bolívar lucha contra los españoles por la independencia de Sudamérica.
~ El actor español Javier Bardem gana un Óscar en 2008.
~ Pierre y Marie Curie ganan el Premio Nobel de Física en 1903.
~ Wolfgang Amadeus Mozart actúa por primera vez en público con 6 años.
~ La escritora chilena Isabel Allende publica su libro Cuentos de Eva Luna en 1989.
~ Mahatma Gandhi es nominado dos veces para el Premio Nobel de la Paz, pero nunca lo obtiene.

Hinweise zum Spiel "El juego de los juegos" von S. 106–107

Tabú
Ein Wort wird umschrieben. Dieses „Tabu"-Wort darf dabei nicht erwähnt werden. Der Partner muss das Wort erraten.

Dibujo
Ein Begriff wird so lange aufgezeichnet, bis der Partner das Wort nennt. Dabei darf weder geschrieben noch gesprochen werden.

Mímica
Ein Begriff wird mimisch dargestellt, bis der Partner den richtigen Begriff erkennt und nennt. Es darf nicht gesprochen werden.

Pregunta
Eine beliebige Frage wird gestellt, der Partner muss die richtige Anwort geben.

Comunicación
Das fehlende Wort bzw. der fehlende Ausdruck muss ergänzt werden. Beide Mitspieler eines Paares dürfen antworten.

Aufgaben zum Spiel "El juego de los juegos"

1. Cumpleaños: fiesta, amigos, tarta
2. Nochevieja
3. ¡Qué aproveche!
4. Di tres instrumentos musicales típicos de España y/o Latinoamérica.
5. México D.F.: capital, México, América
6. meter en el horno
7. ¿Tú con que frecuencia vas a la playa? + **Suelo** ir una vez al año.
8. Di tres aspectos negativos de una ciudad.
9. Policía: Profesión, seguridad, ciudad
10. pelar una fruta
11. sartén
12. Invita a tus compañeros/-as a tu despedida de soltero/-a.
13. Paro: trabajo, dinero, problema
14. montaña
15. norte – sur – este – oeste
16. Hola, ¿por qué no vienes a mi casa mañana a comer? Besos.
17. tímido
18. Ordena de más a menos: pocos – demasiados – suficientes - muchos
19. Ayer **por/en** la mañana **a** las 10 fuimos **a** casa **de** Javi.
20. Bromista: chiste, divertido, reír
21. aparcamiento
22. Di cuatro signos del horóscopo.
23. arrogante
24. Hablador: hablar, mucho, siempre
25. En las fiestas de mi pueblo **se** come y **se** baila mucho.
26. Fiesta de los muertos
27. fiesta
28. ¿Quieres un cigarrillo? + No, gracias. He **dejado** de fumar.
29. Compara la población y superficie de tu ciudad con Madrid.
30. ¿Estás **de** acuerdo **con** Matías? + La verdad es que no.
31. atasco
32. todo ⟷ nada, mucho ⟷ **poco**
33. contaminación
34. Tráfico: coche, calle, autopista
35. ¡Eres un pesado! ¡No **cuentes** chistes ni **hables** tanto! + ¿Y por qué no?
36. sociable
37. Te han dado un regalo, ¿qué dices?
38. sucio

Unidad 1

A

1 **Ergänzen Sie die Dialoge mit den folgenden Wörtern.**

bienvenidos | este | quién | me | te | encantado

2 **Welche Satzteile gehören zusammen?**

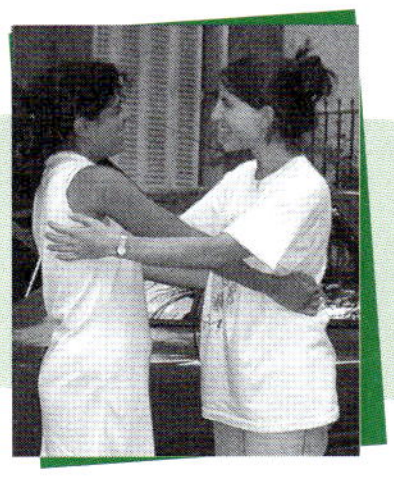
a Estudio español...

b Estudio francés...

c Hablo portugués...

d Estoy en Argentina...

...... por mi trabajo.
...... para hacer un curso de español.
...... porque recibo visita de España.
...... porque mi madre es brasileña.

3 *¿Por, porque* oder *para*?

a Ergänzen Sie mit *por, porque* oder *para*.

Me llamo Franklin y soy colombiano. Vivo en un pueblito muy pequeño a unos 60 kilómetros de Bogotá. Quiero aprender inglés .... quiero ir un día a Nueva York, donde vive mi hermano con su mujer y están encantados. Yo quiero aprender muy bien inglés .... tener allá un buen trabajo. Quiero tener un poco de experiencia en el extranjero. Pero .... ir a los Estados Unidos también necesito plata. Aquí vivo con mi hermana, mi mamá y mi abuelita. A mi mamá no le gusta mucho la idea.

b Verbinden Sie die Sätze mit *por, porque* oder *para*. Es gibt mehrere Möglichkeiten.

1. Sé hablar muy bien italiano. (Mi padre es italiano).
   Sé hablar muy bien italiano porque mi padre es italiano.
2. He venido a la piscina. (Nadar).
   ....
3. Estoy haciendo un curso de informática. (El curso de informática es importante para mi trabajo).
   ....
4. He ido a casa de mi hermana. (Hablar con ella).
   ....
5. Hacer gimnasia es bueno. (Hay que estar en forma).
   ....

4 Warum lernen die Personen Spanisch?

a

b

c

d

a ....
b ....
c ....
d ....

5 Wie lauten die Fragen?

a ■ ....
● María del Carmen.

b ■ ....
● 46 años.

c ■ ....
● De Medellín.

d ■ ....
● En Bogotá.

e ■ ....
● Porque quiero viajar a Austria.

6 Ergänzen Sie mit *me, te, le, nos, os* oder *les.*

a A mis hijos .... gusta hacer deporte.
b A mí no .... interesa mucho aprender lenguas extranjeras.
c ■ María, ¿.......... apetece ir al cine esta tarde?
● No, no .... gusta mucho la película que ponen.
d A Nuria .... encantan las playas desiertas, pero a mí .... aburren un poco.
e ■ ¿A ti .... gusta Cuba?
¿Cuba? .... encanta.
f ■ (A usted) .... ha gustado la sopa, ¿no?
● Uy, sí, mucho.
g ■ ¿De verdad que (a vosotros) .... interesa conocer a nuestros vecinos?
● Pues, claro.

1 **7 Hören Sie und markieren Sie, worüber gesprochen wird.**

a	la música	☐	las canciones	☐
b	las fresas	☐	el coche	☐
c	los libros	☐	la literatura	☐
d	el cine	☐	los pantalones	☐

8 *Desde* oder *desde hace*?

a Estudio holandés .... tres meses.
b Mi hermana vive en Berlín .... el 2002.
c ¿.................... cuándo trabajas aquí?
d Vivo en Santander .... tres años.
e Juan Manuel tiene el coche .... el año pasado.

9 Busco amigos

a Was haben die Personen gemeinsam?

Jesús Latorre Conejos

Edad: 46
Ciudad: Monterrey, México
Estado civil: casado
Aficiones: jugar al fútbol, hacer excursiones, ver la tele
Idiomas: español, inglés

Rosa Rojas Aguirre

Edad: 27
Ciudad: Santiago, Chile
Estado civil: soltera
Aficiciones: estar con amigos, hacer excursiones, ir al cine
Idiomas: español, alemán

Manuel Aguirre López

Edad: 27
Ciudad: Monterrey, México
Estado civil: soltero
Aficiones: ir al cine, estar con amigos
Idiomas: español, nahuatl, inglés

Rosa Castro Pichardo

Edad: 54
Ciudad: Curicó, Chile
Estado civil: divorciada
Aficiones: ver la tele, aprender idiomas
Idiomas: español, alemán, inglés, italiano

Jesús y Manuel viven en la misma ciudad. Los dos

b Was haben die Personen von 9a mit Ihnen gemeinsam?

10 **Wie gefallen Ihnen die abgebildeten Gegenstände bzw. Aktivitäten? Ergänzen Sie mit *encantar, gustar mucho, gustar, aburrir, no gustar mucho* oder *no gustar nada*.**

a

b

c

d

e

a ....

b ....

c ....

d ....

e ....

11 **Johannes hat sein Lerntagebuch geschrieben, aber der Eintrag enthält einige Fehler. Suchen Sie die Fehler und korrigieren Sie sie (pro Zeile gibt es einen Fehler).**

Salzburgo, 16 de septiembre

Hoy hemos empezado el nuevo curso de espagnol y ha sido muy
interessante. Tengo una profesora nueva que se llama Jimena y es
mexicano. Es muy simpática.
En el curso también son gente nueva que no conozco. Somos doce
persones en total.
En clase hemos hablado un poco de nuestras vidas por conocernos.
En este curso también tenemos uno libro nuevo.
Jimena dice que es importante escribir un pequeño diario sobre
las cosas que aprenden en español y sobre lo que nos gusta o no.
A mí me gusta mucho practicar la gramática, pero he problemas con
el vocabulario nueva. Por eso en este curso quiero hacer más
ejercicios por practicar el vocabulario nuevo.
Estudio español porque quiero ir en vacaciones a Perú. Es un país
que me intereso mucho. En el curso de español quiero hablar más
con mis compañeros y escuchar también las audiciones a casa.

12 ***Sopa de letras.* Suchen Sie die sieben in der Buchstabensuppe versteckten Gegenstände, die sich auch in Ihrem Kursraum befinden können.**

C	E	D	E	M	P	A	Q	R	P
J	U	E	G	O	R	Z	C	B	R
S	L	M	O	R	P	E	Ñ	O	O
A	N	A	A	T	R	K	E	L	Y
G	H	Z	I	Z	J	Q	O	Z	E
Q	I	C	O	P	A	T	Ñ	M	C
P	J	A	Y	Z	W	I	L	P	T
V	Z	D	O	Ñ	T	Z	A	V	O
U	O	R	D	E	N	A	D	O	R
M	A	R	C	A	D	O	R	K	Ñ

13 **Finden Sie fünf Unterschiede zwischen den beiden Zeichnungen.**

a

b

a ....

b ....

c ....

d ....

e ....

14 **Was sagen Sie im Kurs, wenn Sie sich in den Situationen a – k befinden? Verbinden Sie. Es kann auch mehrere Möglichkeiten geben.**

a	No he entendido las audiciones del cedé.	[ ]	*¿Puedes repetir?*
b	No recuerdo la pronunciación de una palabra.	[ ]	*¿Qué significa?*
c	No sé el nombre de una palabra en español.	[ ]	*¿Cómo se escribe?*
d	No he entendido al/a la profesor/-a.	[ ]	*¿Qué tenemos que hacer?*
e	Un nativo habla demasiado rápido conmigo.	[ ]	*¿Cómo se pronuncia?*
f	No sé contestar a una pregunta.	[ ]	*No lo sé.*
g	Necesito un poco de tiempo para pensar la respuesta.	[ ]	*Más despacio, por favor.*
h	No entiendo muy bien las instrucciones del ejercicio.	[ ]	*No lo he entendido.*
i	Quiero saber cómo se escribe una palabra.	[ ]	*Un momento, por favor.*
j	No conozco una palabra en español.	[a]	*Otra vez, por favor.*
k	Un/-a compañero/-a hace el ejercicio muy rápido.	[ ]	*¿Cómo se dice... en español?*

15 **Was kann diesen Lernertypen helfen, besser Spanisch zu lernen? Verbinden Sie.**

	un libro de gramática
El alumno visual	un proyector
	un marcador de color
	un ordenador
El alumno lógico	un diccionario
	un mapa
	un cedé
El alumno musical	un cuaderno
	un reproductor

2 **16** **Tipos de inteligencia. Hören Sie die Aussagen von acht Lernern und bestimmen Sie den Lerntyp.**

alumno	visual	lógico	musical	social/grupal
1	☐	☐	☐	☐
2	☐	☐	☐	☐
3	☐	☐	☐	☐
4	☐	☐	☐	☐
5	☐	☐	☐	☐
6	☐	☐	☐	☐
7	☐	☐	☐	☐
8	☐	☐	☐	☐

17 **Mit welchen Kursaktivitäten und Hilfsmitteln lernen Sie am besten? Welche anderen Aktivitäten außerhalb des Kurses helfen Ihnen beim Spanischlernen?**

....

....

....

....

....

18 **Was bedeuten die Symbole und Piktogramme von eñe A2? Ordnen Sie zu.**

expresión escrita

estrategia de aprendizaje

expresión oral con el/la compañero/-a

trabajo en grupos pequeños

comprensión auditiva

19 **Lesen Sie den Text und entscheiden Sie danach, zu welcher Sprache diese Dialoge gehören.**

Las lenguas de España

En España, además del castellano o español, existen otras tres lenguas vernáculas, que junto al castellano, son lenguas oficiales en las comunidades autónomas en las que se hablan:

El **catalán** (o **català**) es la lengua románica que se habla en tres comunidades autónomas de España (Cataluña, Comunidad Valenciana, Islas Baleares), en Andorra y en algunos territorios del sudeste francés.

El **gallego** (o **galego**) es también una lengua románica que se habla en Galicia, comunidad autónoma en el noroeste de España. Está estrechamente emparentada con el portugués, con el que formó unidad lingüística (galaicoportugués) durante la Edad Media.

El **vasco** (o **euskara**) es una lengua no indoeuropea y por tanto no está emparentada con el latín. El euskera se habla en el País Vasco y en algunas zonas de Navarra, así como en el extremo suroeste francés (País Vasco-Francés, en el departamento de Pirineos Atlánticos).

a ....

- ■ Ola, chámome Susana, e ti?
- ● Eu son Miguel. Que tal?
- ■ Ben, grazas.

b ....

- ■ Hola, parles català?
- ● Sí, un poc.

c ....

- ■ Kaixo, ni Itziar naiz, eta zu?
- ● Ni (nombre) naiz, zer moduz?
- ■ Oso ongi ni ere.

d ....

- ■ Ola, falas galego?
- ● Si, un pouco.

e ....

- ■ Hola, jo sóc Neus, i tu?
- ● Jo sóc Miquel, Com va ?
- ■ Bé, gràcies.

f ....

- ■ Euskaraz, badakizu?
- ● Bai, pixka bat badakit.

3-8 **20 a Hören Sie die Vorstellungen und tragen Sie in die Karte die Sprechernamen bei ihrem Herkunftsland ein.**

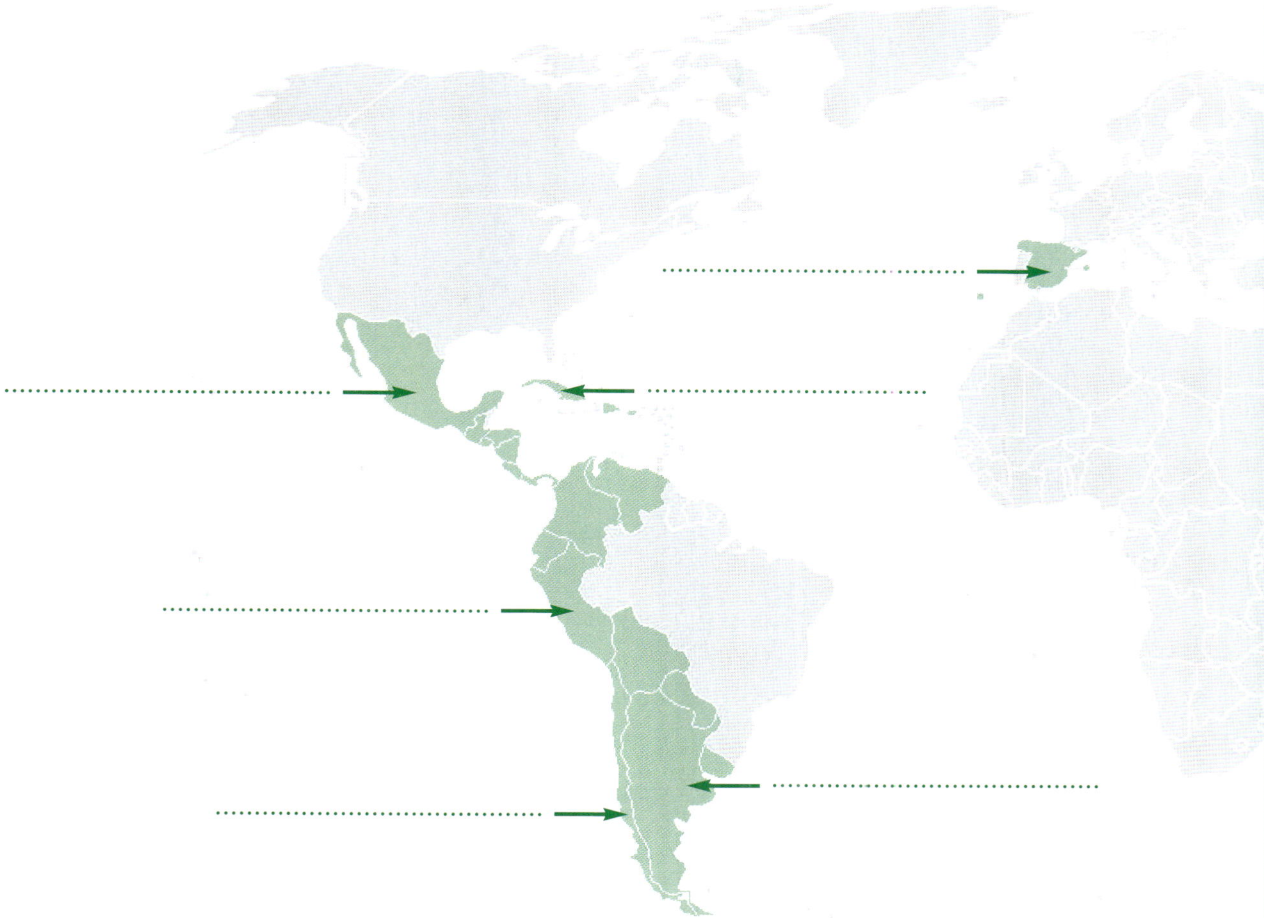

3-8 **b Hören Sie noch einmal: Was fällt Ihnen bei den Sprechern besonders auf (Aussprache, Intonation, Geschwindigkeit, Klarheit)?**

Julia Zamora: ....

Gabriela Campusano: ....

Gina García: ....

Martín Crespo: ....

Sandra Gutiérrez: ....

Orlando Orozco: ....

¿Y en Latinoamérica...?

Das amerikanische Spanisch wird geographisch nach Aussprache und Wortschatz in fünf Sprachvarianten eingeteilt:

- die mittelamerikanische Variante: Südwesten der USA, ..., Guatemala, El Salvador, ..., Belize, Honduras, Costa Rica y Panamá.
- die karibische Variante: Kolumbien,Venezuela (Norden), Cuba, ... und Puerto Rico.
- die Anden-Variante: Kolumbien (Süden), Venezuela (Süden), Peru, ... und ....
- die Variante in den Rio-de-la-Plata-Staaten: Argentinien, Paraguay und ....
- die chilenische Variante: Chile.

Unidad 2

1 Fui, estuve, hice... Verbinden Sie die Formen des *Indefinido* mit den Infinitiven.

hizo	venir
estuviste	hacer
vinieron	casarse
fue	estar
tuve	tener
llegaron	llegar
se casaron	ir

2 Ergänzen Sie das Domino-Spiel mit der passenden Form des Verbes im *Indefinido*.

nosotros	(hacer) hiciste
tú	(estar) ....
yo	(volver) ....
vosotros	(ser) ....
ustedes	(ir) ....
(empezar)	usted
(llegar)	nosotros
(venir)	yo
ella	(casarse) ....
él	(morir) ....
él	(terminar) ....
ustedes	(estar) ....

3 a Sind die Verben in der ersten (*yo*) oder dritten Person Singular (*ella*)? Ordnen Sie zu.

		yo	ella
a	Nació el 3 de julio de 1948 en San Sebastián.	☐	☐
b	Estudió medicina en la Universidad de Santiago de Compostela.	☐	☐
c	De 1969 a 1975 viví en Las Palmas de Gran Canarias.	☐	☐
d	En 1977 me fui a vivir al Cairo, donde trabajé para "Médicos sin fronteras".	☐	☐
e	En 1978 se casó con Mario, a quien conoció en Egipto.	☐	☐
f	Dos años más tarde volví a España y empecé a trabajar en un hospital.	☐	☐
g	Entre 1982 y 1985 tuve dos hijos: Aitana y Odon.	☐	☐
h	En 1990 se divorció.	☐	☐
i	En 1992 conoció a su segundo marido.	☐	☐

b **Und Sie? Schreiben Sie (auf einem gesonderten Blatt) über 5 Ereignisse Ihres Lebens.**

4 Tuve, hice, fui...

a **Füllen Sie das Kreuzworträtsel mit den Formen des *Indefinido* aus.**

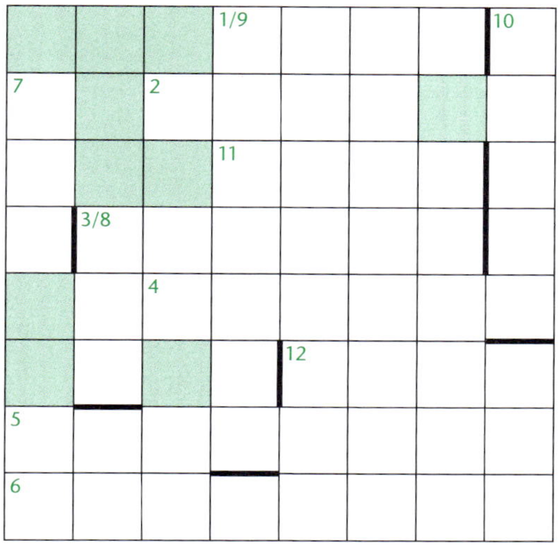

Horizontales:
1 tener (yo)
2 tener (él, ella, usted)
3 ser/ir (él, ella, usted)
4 empezar (él, ella, usted)
5 ser/ir (vosotros/-as)
6 hacer (ellos, ellas, ustedes)
11 vivir (yo)
12 hacer (él, ella, usted)

Verticales:
7 ser/ir (yo)
8 ser/ir (tú)
9 tener (yo)
10 nacer (él, ella, usted)

b **Schreiben Sie Sätze mit den Verbformen von 4a.**

1. ....
2. ....
3. ....
4. ....
5. ....
6. ....
7. ....
8. ....
9. ....
10. ....
11. ....
12. ....

9 **5** **Hören Sie die Sätze und markieren Sie, ob das angegebene Verb in der ich-Form (*yo*) des Präsens oder in der *él, ella, usted*-Form des *Indefinido* gesprochen wird. Achten Sie besonders auf die Betonung.**

	Präsens (yo)	*Indefinido* (él, ella, usted)
a llamar por teléfono	☐	☐
b llamar por teléfono	☐	☐
c llegar	☐	☐
d llegar	☐	☐
e terminar	☐	☐
f terminar	☐	☐
g estudiar	☐	☐
h estudiar	☐	☐
i trabajar	☐	☐
j trabajar	☐	☐

6 **Lesen Sie die Aussagen über das Leben einer bekannten Schriftstellerin und nummerieren Sie sie in der richtigen Reihenfolge. Um wen handelt es sich? Schreiben Sie dann die Biografie dieser Person.**

- ☐ Nuestro personaje misterioso trabaja para medios de información de Chile y publica algunos cuentos para niños.
- ☐ En 1962 se casa con Miguel Frías y al año siguiente nace su hija Paula.
- ☐ En 1987 se divorcia de Miguel Frías y conoce a su segundo marido, Willie Gordon. En 1988 se casa con él y se traslada a California.
- ☐ Hasta 1966 vive y trabaja en Europa. Entonces regresa a Chile y nace su hijo Nicolás.
- [1] Nace el 2 de agosto de 1942 en Lima, Perú.
- [9] Actualmente sigue viviendo y escribiendo en California.
- ☐ En 1973 tiene lugar el golpe de estado de Pinochet en el que muere el Presidente del Gobierno, familiar de nuestro personaje misterioso.
- ☐ Dos años más tarde, la familia se traslada a Caracas, Venezuela, para huir de la dictadura de Pinochet.
- ☐ En 1982 publica su primera novela, "La casa de los espíritus".
- ☐ El 6 de diciembre de 1992 muere su hija Paula en su casa de San Rafael.

1. Nació ....
2. ....
3. ....
4. ....
5. ....
6. ....
7. ....
8. ....

7 **María erinnert sich. Was ist wann passiert? Ordnen Sie den Ablauf der Ereignisse und schreiben Sie dazu jeweils einen Satz.**

a ....

b ....

c ....

d ....

8 El fin de semana pasado

a Was haben die Personen letztes Wochenende gemacht? Schreiben Sie.

1

2

3

4

1 Juan ....

2 Marta ....

3 Juanjo ....

4 Luisa ....

10–13

b Hören Sie die Gespräche der Personen von a. Wer erzählt eine andere Version? Kreuzen Sie an.

	v	f
1	☐	☐
2	☐	☐
3	☐	☐
4	☐	☐

c Hören Sie noch einmal und schreiben Sie, was die Personen wirklich gemacht haben.

....

....

d Und was haben Sie letztes Wochenende gemacht?

El viernes ....

El sábado ....

El domingo ....

9 **¿Was haben die Personen am Samstag gemacht? Verwenden Sie dafür *estar + gerundio*.**

a  ....
....

b  ....
....

c  ....
....

d  ....
....

e  ....
....

10 **¿Pretérito perfecto o indefinido?**

a Lesen Sie die Dialoge und unterstreichen Sie die Verben im Perfekt und *Indefinido*. Warum werden verschiedene Zeiten verwendet?

En casa, por la noche, con su pareja:
■ ¡Hola, Pedro! ¡Qué bien que estás aquí! ¿Qué tal el día?
● Bien… Estoy un poco cansado, es que ha sido un día muy largo. En el trabajo han pasado muchas cosas.
■ ¿Sí? Vaya… Oye, ¿sabes quién ha venido hoy?
● ¿Quién?
■ José María. ¡Ha sido toda una sorpresa! Ha estado aquí toda la tarde, pero se queda hasta el viernes y mañana vuelve. Está aquí en Madrid por trabajo.
● Uy, ¡qué bien!

Al día siguiente, en el trabajo, con una compañera:
▼ ¡Buenos días, Pedro! ¿Qué tal estás?
◆ Bien, mejor que ayer. Ayer fue un día bastante largo. ¡Pasaron tantas cosas aquí!
▼ Sí, es verdad.
◆ Sí, pero por suerte en casa me dieron una buena noticia. Mi amigo José María estuvo ayer en mi casa. No lo vi porque llegué tarde.
▼ ¿José María?
◆ Sí, si lo conoces. Estuvo en mi boda, ¿te acuerdas? Mi amigo que vive en Sevilla.
▼ Ah, ya sé.

b Ergänzen Sie mit den Formen von Perfekt oder *Indefinido*.

1. El año pasado (estar, yo) .... en Formentera. Me (encantar) ....
2. ● ¿Tú (ver) .... ya la última película de Gabriel Figueroa?
   ◆ No, todavía no la (ver, yo) ....
3. ● ¿Cuándo (ser) .... cuando (ir, tú) .... a Antofagasta?
   ◆ Hace dos años.
4. ● Nosotros no (comer) .... nunca en un restaurante peruano, ¿y vosotros?
   ◆ Bueno, nosotros (estar) .... en Perú.
   ● ¿Sí? ¿Cuándo?
   ◆ Pues (estar, nosotros) .... hace ya tres años, creo.
5. ¡Qué bien que hoy es sábado! (yo, levantarse) .... a las diez y media, no como ayer, que (yo, levantarse) .... a las siete de la mañana.

c **Haben Sie die Aktivitäten schon einmal ausgeübt? Wenn ja, wann? Bzw. wann war das letzte Mal? Schreiben Sie Sätze im Perfekt oder *Indefinido*.**

1. Comer en un restaurante marroquí: ....
2. Entrar en un castillo: ....
3. Leer un libro en español: ....
4. Ir a un partido de fútbol: ....
5. Montar a caballo: ....
6. Ir a una actuación de flamenco: ....
7. Cantar en un coro: ....

11 **Orden Sie die Zeitangaben in chronologischer Reihenfolge von 1 (vor kurzem) bis 8 (am längsten vergangen).**

- ☐ en los años 60
- ☐ el fin de semana pasado
- ☐ en 1929
- ☐ ayer
- ☐ en la segunda mitad del siglo XIX
- ☐ en el año 2004
- ☐ el año pasado
- ☐ a finales del siglo pasado

12 **Von wem ist die Rede? Ordnen Sie zu.**

Manuel Vázquez Montalbán
Joan Miró
Antoni Gaudí
Montserrat Caballé

Nació el 25 de Junio de 1852 en Reus (Tarragona). Estudió Arquitectura en Barcelona. Sus obras más conocidas internacionalmente son la Casa Milà, el Parque Guell y el templo de la Sagrada Familia, en el que trabajó toda su vida pero que nunca pudo terminar. El 7 de junio de 1926 murió atropellado por un tranvía.

14 **13** **¡Saber y ganar!**

a **Hören Sie die Fernsehshow und markieren Sie, ob die Sätze richtig (v) oder falsch (f) sind.**

		v	f
1	El concursante Santiago Fuensanta eligió en primer lugar la pregunta con el tema "política".	☐	☐
2	Juan Pablo Montoya nació en Colombia en 1975.	☐	☐
3	Juan Pablo Montoya participó en el Campeonato FIA de Fórmula 2000 Internacional.	☐	☐
4	Ricardo Arjona fue primero profesor y después grabó su primer disco como cantante.	☐	☐
5	Ricardo Arjona tuvo mucho éxito en México como actor de telenovelas.	☐	☐

b **Korrigieren Sie die falschen Aussagen von a.**

....
....
....
....

14 Noticias del pasado

Lesen Sie die Zeitungsnachrichten und schreiben Sie die Sätze mit Formen des *Indefinido*.

31/05/2007

Telefónica, Vodafone, Orange y Ono crean una asociación de operadores de telecomunicaciones

1. ....

09/07/2006

Italia gana el Mundial de Fútbol de Alemania 2006

2. ....

21/10/1971

El poeta chileno Pablo Neruda recibe el Premio *Nobel de Literatura*

3. ....

26/07/1949

Nace el Partido Peronista Femenino en el Teatro Nacional Cervantes de Buenos Aires

4. ....

21/01/1998

Fidel Castro recibe en La Habana al Papa Juan Pablo II

5. ....

15/04/2007

Los presidentes de Cuba y Venezuela, Fidel Castro y Hugo Chávez, visitan Ecuador

6. ....

15 **15** **Pedro und Laura schreiben einen Test über Geschichte Lateinamerikas. Ergänzen Sie die Verben im Text. Danach hören und vergleichen Sie.**

EXAMEN DE HISTORIA GENERAL DE LATINOAMÉRICA

Alumno/-a: Pedro Vázquez Espinosa

Contesta las siguientes preguntas:

1. ¿En qué año .... el golpe de estado de Augusto Pinochet en Chile?
   En 1973
2. En qué año se .... Machu Picchu?
   En 1911
3. ¿Qué pasó en 1959 en Cuba?
   Fidel Castro .... con sus tropas revolucionarias en La Havana.
4. ¿Qué pasó en el año 1492?
   Cristóbal Colón .... a América.
5. ¿En qué año .... los aztecas Tenochtitlán?
   En 1325

16 Una biografía

a Lesen Sie die Biografie des Sängers Alejandro Sanz und ergänzen Sie die Verben in der passenden Form.

Alejandro Sanz (nacer) .... en el barrio madrileño de Moratalaz. Su padre (ser) .... una gran influencia musical para él. En su juventud (cantar) .... en varios grupos musicales.

Su carrera comienza a finales de los 80 grabando un disco que no tiene mucho éxito. En 1991 (grabar) .... el disco "Viviendo deprisa", con 10 canciones escritas por él. Su álbum *Más* y especialmente su canción *Corazón partío* (tener) .... un gran éxito. En sus últimos discos su música tiene muchas influencias del flamenco y de otros sonidos mediterráneos.

En 2003 grabó el álbum *No es lo mismo*. En el año 2005 (hacer) .... un tema con Shakira, *La Tortura*, que tuvo un gran éxito en países como España, México y Estados Unidos; cantando esta canción con la colombiana se convirtió en el primer artista español que abrió una gala de los *MTV Music Awards*.

Alejandro Sanz (casarse) .... en 1999 con la modelo mexicana Jaydy Mitchel en la isla indonesa de Bali por el rito balinés, pero (divorciarse) .... en diciembre de 2004. El 28 de julio del 2001 (nacer) .... la hija de ambos, Manuela.

b Schreiben Sie Ihre eigene Kurzbiografie. Verwenden Sie dabei auch Zeitangaben wie *luego, después, más tarde* usw.

....
....
....
....
....
....
....
....

17 Ihr Besuch aus Chile interessiert sich für die Geschichte Ihres Heimatlandes. Was erzählen Sie?

....
....
....
....
....
....
....

18 a Wie viele Silben haben diese Wörter? Trennen Sie sie.

a participó par-ti-ci-pó
b época ....
c demográfico ....
d comenzó ....
e aventurero ....
f película ....
g innovación ....
h entrevistó ....
i estuvieron ....
j sección ....
k importante ....
l desarrolló ....
m internacional ....
n primavera ....

b Erinnern Sie sich noch daran? Ergänzen Sie die Aussagen.

! Die Doppelkonsonanten *rr* und *ll* entsprechen jeweils einem Laut und gehören deswegen zur gleichen Silbe. Die Konsonanten *cc* und *nn* können auch hintereinander auftreten wie z.B. in .... und .... Sie gehören dann aber zu verschiedenen Silben.

¡Fíjate!

16 **19 a Hören Sie die Wörter von 18a und markieren Sie die betonte Silbe.**

b Erinnern Sie sich noch daran? Ergänzen Sie die Regeln zur Wortbetonung.

- Wörter, die auf **Vokal**, **n** oder **s** enden, werden auf der .... Silbe betont, wie z.B. ....
- Wörter, die auf **Konsonanten** (außer **-n** oder **-s**) enden, werden auf der .... Silbe betont, wie z. B. ....
- Bei allen Abweichungen von dieser Regel wird die betonte Silbe mit einem .... markiert.

¡Fíjate!

20 a Lesen Sie den Text und setzen Sie die noch fehlenden Akzente.

Felix López es de Paraguay. El es el menor de tres hermanos. Estudio Ecología en Asunción y ahora trabaja en la conservación del área rural del parque nacional Ybycui. Al i conocio a su esposa María Cortés. Una biologa, que nacio y crecio en Bogotá. Ella habla frances, aleman e ingles. Juntos organizan viajes guiados para turistas con ganas de aventura.

b Setzen Sie bei den Verbformen *(Indefinido)* einen Akzent, falls nötig.

a hice
b estuvo
c fue
d empece
e se caso
f conoci
g ganaron
h tuvo
i nacio

17 **21 Hören Sie und markieren Sie, welches Wort genannt wird.**

a caso (Fall) – se casó
b escucho (ich höre) – escuchó
c peso (Gewicht) – pesó
d tomo (Band) – tomó
e busco (ich suche) – buscó
f público (Publikum) – publicó
g hable (Sprechen Sie!) – hablé
h deseo (Wunsch) – deseó

Es gibt im Spanischen einige Wörter, die je nach Betonung unterschiedliche Bedeutung haben oder verschiedene Zeiten ausdrücken, z.B. compro (ich kaufe) ⇔ compró (er kaufte) oder .... ⇔ ....

¡Fíjate!

Unidad 3

A

1 Caos en el escaparate

a Verbinden Sie die Etiketten mit den Objekten.

b Schreiben Sie die fehlenden Etiketten und finden Sie einen angemessenen Preis.

2 Was assoziieren Sie mit den folgenden Begriffen?

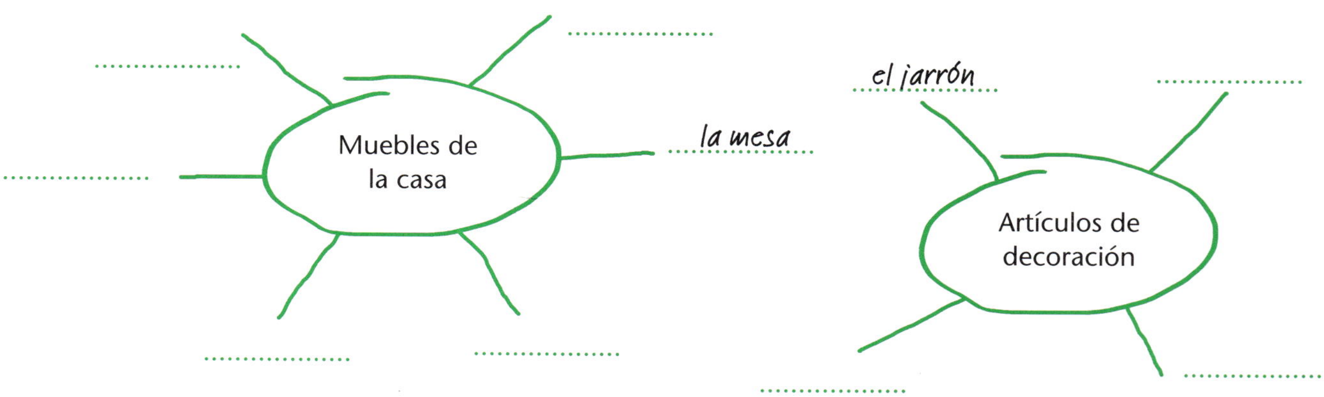

3 **Hier sind sieben Begriffe versteckt, die man in einem Kaufhaus finden kann (Abteilungen und Objekte). Suchen Sie sie.**

A	S	U	G	O	C	E	M	P	Z	H
I	D	P	A	P	O	T	S	B	A	D
R	H	S	E	M	R	Z	U	C	P	H
E	I	P	T	L	T	U	N	V	A	S
U	Z	K	O	Q	I	O	Q	I	T	E
Q	U	Ñ	A	T	N	C	D	P	E	F
U	L	N	L	M	A	L	U	Z	R	U
L	E	P	L	P	S	N	F	L	I	J
E	S	T	A	N	T	E	R	I	A	F
P	E	G	Z	K	D	X	F	U	O	D
R	O	U	V	A	J	I	L	L	A	S

4 **Sie möchten eine Austellung mit Ihren Lieblingsgegeständen (Möbel, Kleidung, Dekorationsartikel) machen. Was wählen Sie dafür aus?**

De mi salón:

....

....

De mi dormitorio:

....

....

De la cocina:

....

....

5 **Negocios**

a. Wo kann man die auf den Fotos abgebildeten Gegenstände kaufen?

zapatería | joyería | perfumería | agencia de viajes | cafetería | tienda de ropa

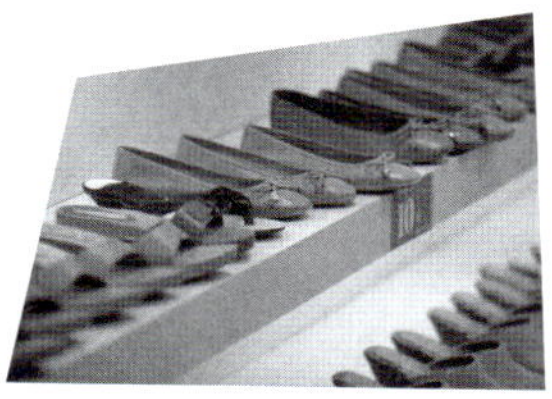

1. *en una zapatería*

3. ....

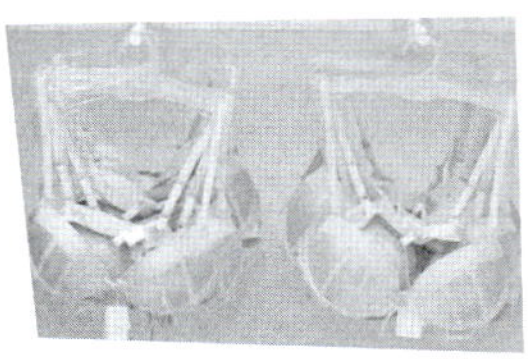

2. ....

4. ....

Viajes a precios insólitos

MÉXICO 735 €
Riviera Maya, Cancún, D.F.

CUBA 570 €
Ocasión 8 días, antes 711 €

EGIPTO 2x1 299 €
con crucero, antes 620 €

5. ....

6. ....

b **Was für Geschäfte gibt es in Ihrer Nähe?**

....

....

18–22

6 Welche Geschäfte sind in den Hörtexten gemeint? Ergänzen Sie die Dialognummern.

7 Ergänzen Sie mit *qué*, *cuál* oder *cuáles*.

a ■ ¿.............. le compramos a Yolanda?
● No tengo ni idea. ¿Algo de ropa?

b ■ ¿.............. prefieres tú, un jersey o unos pantalones?
● Jerseys tengo muchos, prefiero los pantalones.

c ■ ¿.............. prefieres, los blancos o los azules?
● Me gustan más los blancos.

d ■ ¿.............. película te apetece ver?
● ¿Vamos a ver *Azul Oscuro Casi Negro*, la de Daniel Sánchez Arévalo?

e ■ ¿.............. llevamos? ¿El grande o el pequeño?
● El grande parece mejor, ¿no?

f ■ ¿.............. es tu número de teléfono?
● Es el 1546786.

g ■ ¿.............. número de teléfono tienes?
● El 32241548.

23 **8 Hören Sie den Dialog zwischen Raúl und Mireia. Lesen Sie dann die Behauptungen und hören Sie noch einmal. Sind diese Behauptungen richtig (v) oder falsch (f)?**

		v	f
a	Raúl y Mireia ya le han comprado algo a su hija.	☐	☐
b	La hija de Raúl y Mireia quiere un móvil.	☐	☐
c	Al final le van a comprar algo de ropa.	☐	☐
d	A Mireia no le gusta la idea de comprar juguetes.	☐	☐
e	La hija quiere un ordenador para el colegio.	☐	☐

9 Ersetzen Sie die kursiv geschriebenen Substantive durch *lo, la, los* oder *las*.

a ■ ¡Mira qué *zapatos* tan lindos!
● ¿Vas a comprar ....?
■ Sí, y también me .... pongo ahora.

b ■ ¿Sabes dónde están *mis joyas*?
● Creo que .... tienes en el cuarto de baño.

c ■ ¿Y este *jarrón*?
● Me .... ha traído Verónica de Grecia.
● ¡Qué bonito es!

d ■ ¿Dónde dejo *tu ropa*?
● .... puedes dejar en mi habitación.

e ■ ¿Qué *libro* estás leyendo?
● El Confabulario.
■ ¡Ah! Yo ...... leí el verano pasado.

10 Denken Sie an Leute, die diese Eigenschaften aufweisen. Begründen Sie Ihre Wahl.

B

sibarita	*Mi amigo Michael. Le encanta ir a comer a buenos restaurantes.* ....
creativo/-a	....
activo/-a	....
estresado/-a	....
aventurero/-a	....

11 Wie lauten die Sätze in der richtigen Reihenfolge.

a Pedro / podemos / A / le / regalar / libro / un

....

b una / comprarles / podemos / A Marta y a Jaime / planta

....

c tu / le / a / regalamos / ¿Qué / padre?

....

d un / han regalado / Me / en / spa / fin de semana / un hotel

....

e te / ¿Qué / cumpleaños? / han regalado / tu / por

....

24-26

12 Hören Sie und wählen Sie für jede Person eine Reise aus.

un viaje a la Patagonia | un viaje en globo | un safari en Kenia | *un fin de semana de relax en un hotel* | un crucero por la costa Maya | un fin de semana en Nueva York

1. *A Marga le gustaría* ....
2. ....
3. ....

13 Ergänzen Sie die Dialoge mit den passenden Pronomen.

a ■ ¡Qué jarrón más feo! (A ti) .... has comprado tú?
● No, (a mí) .... ha regalado mi novio.

b ■ ¡Papá, papá! ¡Mira qué oso de peluche más bonito! ¿............ .... compras?
● No, Alejandro, no .... voy a comprar. Mamá ya .... compró uno la semana pasada.

c ■ ¡Mira qué zapatos más elegantes! Te gustaría probár ....?
● ¡Ay no! ¡No .... gustan nada!

d ■ ¡Qué reloj tan bonito! ¿Quién (a usted) .... ha regalado?
● Pues .... ha regalado mi hermana.

14 **Beantworten Sie die Fragen.**

a ■ ¿Quién le compra las flores a Ágata?
● (yo) *Se las puedo comprar yo.* / *Puedo comprárselas yo.*

b ■ Pedro necesita el diccionario de alemán: ¿quién se lo puede llevar?
● (yo) .... / ....

c ■ ¿Quién puede traer las bebidas para la fiesta?
● (Sandra) .... / ....

d ■ Ayer Juan no pudo venir a clase: ¿quién puede decirle los deberes?
● (yo) .... / ....

e ■ Marta está enferma. ¿Quién puede llevarle la comida a casa?
● (Manu) .... / ....

15 **Schreiben Sie den Text ohne die unterstrichenen Substantive zu wiederholen und achten Sie dabei auf die Stellung der Pronomen.**

Pilar:

Mañana es el cumpleaños de Beatriz y tenemos que comprar a Beatriz un regalo pero yo no tengo tiempo para comprar un regalo. ¿Puedes comprar a Beatriz el regalo tú? También tenemos que llevar a Beatriz una tarta de chocolate. Por favor, Pilar. ¿puedes hacer la tarta de chocolate tú? Es que creo que es más personal hacer la tarta de chocolate nosotros mismos que comprar la tarta de chocolate en el supermercado, ¿no? ¡Y tú haces las tartas de chocolate buenísimas!

¡Muchas gracias y nos vemos esta tarde!
Pablo

16 **Hören Sie die Aussagen über Adrián, Ágata und Silvia.**
Welches Geschenk könnte den Personen gefallen? Notieren Sie pro Person zwei Geschenke.

Creo que a

Adrián

Ágata

Silvia

le gustaría ....

17 **Welche Aussagen treffen für Sie zu? Kreuzen Sie an.**

a Te invitan a cenar en casa de una amiga española. ¿Qué les llevas?
1. Un aperitivo ☐
2. Unos dulces ☐
3. Un par de botellas de cerveza ☐

b Un amigo español te regala algo por tu cumpleaños. ¿Qué haces?
1. Le das las gracias y lo pones encima de la mesa. ☐
2. Le das las gracias y lo abres delante de él. ☐
3. Le das las gracias y lo abres más tarde delante del resto de los invitados. ☐

c Le entregas un regalo a un amigo hispanohablante. Él te lo agradece y tú…
1. Le dices que es un regalo muy especial que te costó mucho. ☐
2. Le dices que a ti también te gusta mucho. ☐
3. Le quitas importancia al regalo. ☐

18 **Denken Sie an einige Geschenke, die Sie in letzter Zeit erhalten haben. Wann haben Sie sie bekommen? Zu welchem Anlass? Wer hat sie Ihnen geschenkt?**

....
....
....
....
....
....
....
....
....
....
....
....

19 a **Lesen Sie die Sätze: Wie unterscheiden sich die markierten Wörter?**

a ¡Pero **qué** tímido **que** es este chico!
b Quiero saber **qué** pasó.

c **Cuando** salí no vi a nadie.
d ¿**Cuándo** llega el tren?
e Dime **cuándo** vas a venir.

d ¿**Cómo** te ha ido en el trabajo?
f Es tan bonito **como** el de Juan.
g Cuéntame **cómo** lo has hecho.

¿Y en Latinoamérica...?

In Zentralamerika und in der Karibik ist es üblich, zwischen Fragepronomen und Verb das Personalpronomen einzufügen. Besonders häufig passiert das bei der 2. Person Singular (tú).

¿Qué tú quieres?
¿Cómo tú te llamas?

b **Ergänzen Sie die Aussagen.**

Fragewörter und Ausrufewörter werden mit .... geschrieben: ¿**Cómo** estás?, ¡**Qué** bien!, ¡**Cuánto** tiempo sin verte!
Auch bei Sätzen, in denen es keine Frage- oder Ausrufezeichen gibt, in denen aber indirekt gefragt oder „ausgerufen" wird, werden die Akzente gesetzt. So z. B. in den Sätzen ...., ... und ....

¡Fíjate!

30 **20** a **Hören Sie und unterstreichen Sie die betonten Silben der markierten Wörter. Danach setzen Sie einen Akzent, wo es nötig ist.**

a Puedo **comprarselo** yo.
b Estoy **haciendolo**.
c ¡**Damelo**!
d ¿Puedes **comprarla** tu?
e ¡**Escribeme**!
f Quiero **regalarle** un libro.
g Estoy **escribiendole** una carta.
h El libro azul, ¿puedes **darmelo**?

b **Ergänzen Sie die Aussage.**

Wenn das Objektpronomen an den Infinitiv, ... oder Gerundium angehängt wird, dann behalten diese Verbformen ihre ursprüngliche Betonung. Dadurch kann es erforderlich werden, eine Akzent zu setzen (vgl. die Betonungsregeln S. 129).

(Tengo que) decir + se + lo: *Tengo que decírselo.*
Di + se + lo: ....
(Estoy) haciendo + la: ....

¡Fíjate!

I OTRA VUELTA

(Test Unidades 1–3)

Was ist richtig? Bitte markieren Sie.

1. ■ ¿Por qué estás estudiando español?
   ● ....
   - [ ] a Por ir a Chile.
   - [ ] b Porque no voy a Chile.
   - [ ] c Para ir a Chile.
   - [ ] d Pues voy a Chile.

2. ■ A mí me gusta aprender español con canciones.
   ● ....
   - [ ] a A mí sí.
   - [ ] b A mí tampoco.
   - [ ] c A mí también.
   - [ ] d Yo también.

3. ■ ¿ .... estudias español?
   ● Desde el año pasado.
   - [ ] a Desde cuándo
   - [ ] b Cuándo
   - [ ] c Cuánto
   - [ ] d Por qué

4. ■ ¿ .... gusta ir al teatro?
   ● ¿Al teatro? ¡Nos encanta!
   - [ ] a A ti te
   - [ ] b María le
   - [ ] c A mí me
   - [ ] d A ustedes les

5. ■ Luis, ... a mi novio. Luis, Miguel; Miguel, Luis.
   ● Encantado.
   - [ ] a te presento
   - [ ] b presentar
   - [ ] c presento a ti
   - [ ] d presentamos

6. ■ ¿Qué hiciste ayer?
   ● ¿Ayer? .... en un concierto de jazz.
   - [ ] a Estuve
   - [ ] b He estado
   - [ ] c He ido
   - [ ] d Fui

7. ■ Mi hijo acabó sus estudios .... 2007.
   ● Pues el mío todavía está estudiando.
   - [ ] a al
   - [ ] b un
   - [ ] c a
   - [ ] d en el

8. ■ ¿Has hecho ya la compra de la semana?
   ● Sí, la .... ayer.
   - [ ] a hago
   - [ ] b hizo
   - [ ] c hice
   - [ ] d he hecho

9. ■ Mi hermano llegó de Filipinas .... tres días.
   ● ¿Sí? ¿Y cómo está?
   - [ ] a fue
   - [ ] b desde hace
   - [ ] c hace
   - [ ] d hizo

10. ■ ¿Qué tal el fin de semana?
    ● Pues nada especial. El sábado .... la mañana estuve limpiando el piso…
    - [ ] a por
    - [ ] b de
    - [ ] c para
    - [ ] d desde

11. ■ ¿ .... cámara vas a comprar?
    ● No lo sé, no estoy seguro todavía.
    - [ ] a Cuáles
    - [ ] b A qué
    - [ ] c Qué
    - [ ] d Quién

12. ■ ¿A ti .... venirte de vacaciones conmigo?
    ● ¡Qué buena idea!
    - [ ] a gustaría
    - [ ] b gustarías
    - [ ] c le gustaría
    - [ ] d te gustaría

13. ■ ¿Le puedes llevar esta chaqueta a Nuria?
    ● Sí, claro .... llevo.
    - [ ] a e la
    - [ ] b se la
    - [ ] c se lo
    - [ ] d la se

14. ■ .... puedo comprar yo.
    ● Vale.
    - [ ] a El regalo lo
    - [ ] b El regalo
    - [ ] c Lo el regalo
    - [ ] d Lo se

15. ■ A Juan .... podemos regalar un vale para comprar muebles.
    ● Muy bien. ¿Lo buscas tú o yo?
    - [ ] a lo
    - [ ] b los
    - [ ] c se lo
    - [ ] d le

(Checkliste 1)

Diese Checkliste hilft Ihnen, Ihre sprachlichen Fähigkeiten besser einzuschätzen.
Verwenden Sie dazu die folgenden Symbole, die Sie in der Spalte „Kann ich …" eintragen können:
++ Ich kann das sehr gut. + Ich kann das gut. ! Das fällt mir noch schwer.
Falls notwendig, können Sie die betreffenden Inhalte der Unidades wiederholen, z.B. indem Sie im Kurs- und Arbeitsbuch noch einmal nachschlagen oder weitere Übungen in unserem eñe-Lehrwerkservice im Internet machen. (www.hueber.de/ene).

	Kann ich	Unidad
Hören		
Ich kann Fragen zu meiner Person verstehen, wenn es um Dinge von unmittelbarer Bedeutung geht, z. B. grundlegende Informationen zu meiner Person wie Alter, Beruf, Freizeit, Vorlieben, Interessen, usw.		1
Ich kann Sätze, Ausdrücke und Wörter verstehen, wenn es um vorhersehbare Dinge geht, z. B. wenn im Unterricht über Lerngewohnheiten gesprochen wird.		1
Ich kann die Hauptinformationen aus einem Gespräch verstehen, z. B. wenn jemand über biografische Ereignisse der Vergangenheit berichtet.		2
Ich kann verstehen, was man in einfachen Alltagsgesprächen zu mir sagt, z. B. beim Einkaufen oder anderen einfachen Situationen des öffentlichen Lebens.		3
Lesen		
Ich kann einen einfachen persönlichen Brief verstehen, in dem jemand einen Aspekt seines täglichen Lebens beschreibt, z. B. die Seite des Lerntagebuchs eines/einer Kursteilnehmer/in.		1
Ich kann einfache Anweisungen verstehen, z. B. in einem Sprachtest.		1
Ich kann kurze Erzählungen verstehen, in denen es um Themen geht, die mir vertraut sind, z.B. kurze, einfache biografische Angaben einer Person in einer Zeitschrift oder einem Buch.		2
Ich kann wichtige Informationen aus einem einfachen informativen Text, in dem Zahlen und Namen eine große Rolle spielen und Bilder enthalten sind, entnehmen und verstehen, z. B. die Darstellung der Stadtgeschichte in einem Reiseführer.		2
Ich kann einfache literarische Texte verstehen, wie z. B. ein Gedicht.		2
Ich kann einfache Schilder im öffentlichen Bereich verstehen, z. B. einen Wegweiser in einem Kaufhaus.		3
Ich kann Inserate oder Informationsmaterial überfliegend lesen und die wichtigsten Informationen herausfiltern, z. B. auf einer Internet-Seite oder auf einem Kassenzettel.		3
Sprechen		
An Gesprächen teilnehmen		
Ich kann Fragen zur Person stellen und beantworten, z. B. über Interesse oder Vorlieben.		1
Ich kann über meine Vorlieben und Abneigungen sprechen, z. B. beim Sprachenlernen.		1
Ich kann kurze, einfache Fragen stellen nach vergangenen Ereignissen oder Aktivitäten und darauf antworten, z. B. nach den Aktivitäten des vergangenen Wochenendes.		2
Ich kann mit anderen Personen etwas planen, z. B. den gemeinsamen Einkauf von Geschenken.		3
Zusammenhängendes Sprechen		
Ich kann in einfacher Form über meine Hobbys und Interessen berichten, z. B. über Vorlieben, Interessen und Erfahrungen beim Sprachenlernen, besondere Wünsche usw.		1/3
Ich kann über vergangene Aktivitäten und persönliche Erfahrungen berichten, z. B. über das letzte Wochenende.		2
Schreiben		
Ich kann in einfachen Sätzen und Ausdrücken über Dinge oder Aspekte meines alltäglichen Lebens schreiben, z. B. ein einfaches Lerntagebuch führen.		1
Ich kann in einfachen Sätzen über ein Ereignis berichten und sagen, was wo und wann stattgefunden hat, z. B. in einer E-Mail berichten, was ich letztes Wochenende gemacht habe.		2
Ich kann kurze und einfache Notizen schreiben, z.B. die Einkaufsmöglichkeiten in meiner Stadt auflisten und beschreiben.		3

Unidad 4

1 Completa con las formas de imperfecto.

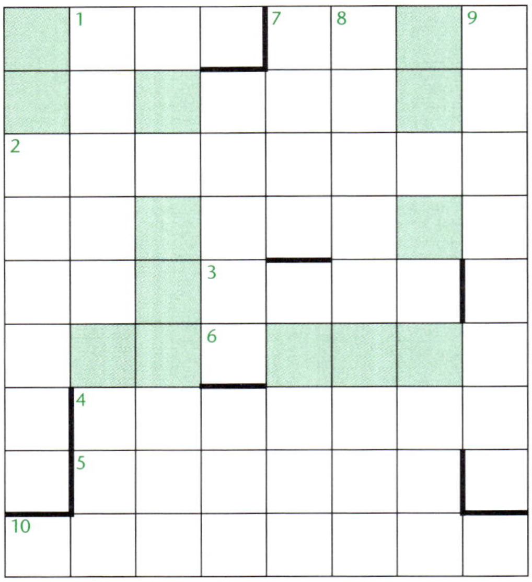

Horizontales:

1 ser (yo, él, ella, usted)
2 hacer (nosotros/-as)
3 ser (tú)
4 bailar (yo, él, ella, usted)
5 vivir (tú)
10 querer (vosotros/-as)

Verticales:

2 hacer (ellos, ellas, ustedes)
1 ser (vosotros/-as)
6 tener (yo, él, ella, usted)
7 ir (tú)
8 comer (yo, él, ella, usted)
9 gustar (nosotros/-as, ellos, ellas, ustedes)

2 Completa las frases con el verbo adecuado en imperfecto.

ser | pintar | ser | tener | llevar | ir | ser | gustar | hacer | vivir | gustar

a En los años 50 a mi novia y a mí nos .... mucho bailar.
b En aquella época me .... mucho los ojos y los labios.
c Antes (yo) .... con mi familia en un pueblo muy pequeño.
d Cuando yo .... más joven, ... ropa muy extravagante.
e Antes (nosotros) .... muchas excursiones, pero con el bebé ya no salimos, estamos siempre en casa.
f Cuando .... pequeño, no me .... comer verdura.
g Cuando .... a la escuela, yo .... muy tímido y .... pocos amigos.

3 Antes y ahora

31

a Alfonso Carcamales unterhält sich mit seiner Tochter Amparo über das Leben früher und heute. Worüber spricht er? Sie hören das Gespräch zweimal. Beim ersten Mal notieren Sie die Themen (A), beim zweiten Mal notieren Sie die Unterschiede zwischen früher und heute (B und C).

A ¿De qué hablan?	B ¿Cómo era antes?	C ¿Cómo es ahora?

b Im Dialog zwischen Don Alfonso und Amparo werden folgende Verbformen genannt. Tragen Sie die restlichen Formen in die Tabelle ein.

	querer	tener	ser	ir	hacer
yo		tenía	era		
tú	querías				
él / ella / usted					
nosotros / -as					
vosotros / -as				íbamos	hacíamos
ellos / -as / ustedes					

4 ¿Qué se podía y qué no se podía hacer durante estos años en tu país? ¿Qué había y qué no había? Escribe frases donde describes las diferentes épocas.

en los años 40 en los años 60 en los años 90	fumar en locales públicos existir Internet besarse en público existir la televisión en color existir los ordenadores personales llevar minifalda llevar bebidas en el avión hablar por teléfono en el coche llevar pantalones vaqueros en la universidad

En los años 40 no se podía llevar vaqueros en la universidad.
En los años 60 no existían los ordenadores personales.

5 Escribe un (breve) texto similar al de 2b (pág. 43) y describe cómo era la vida en tu país en una década determinada.

6 ¿Qué es?

a Describe cómo eran estos objetos. Utiliza para ello el imperfecto.

redondo/-a | cuadrado/-a | grande | pequeño/-a | de madera | de plástico | de metal | de cristal | de cuero | era... | tenía... | pesaba...

1. ....
2. ....
3. ....

32–34

b **¿Sobre qué objetos hablan estas personas? Escucha y completa.**

1. ....
2. ....
3. ....

7 Mira las fotos. ¿Cómo han cambiado estos objetos? Ergänzen Sie die Sätze.

a

Antes los juguetes ....
ahora, en cambio, ...

b

Antes las camas ....
ahora, en cambio, ...

8 ¿Cómo eran estos objetos? Descríbelos.

a Mi primer teléfono móvil: ....

b Mi primer ordenador: ....

c Mi juguete preferido: ....

d Mi primer libro de español: ....

9 Was hat sich im Leben dieser Menschen geändert? Stellen Sie Vermutungen an (Arbeit, Aussehen, Lebensumstände in der Vergangenheit...).

A

Antes ....

....

....

B

Ahora..

....

....

10 **Se busca**

a **Die Polizei sucht! Ordnen Sie die Beschreibungen der Täter den Abbildungen zu.**

SE BUSCA

Hombre de unos 40 años de edad, alto y fuerte (1,83 de altura aprox. y 75 kilos aprox.). Tiene el pelo moreno y rizado. Además lleva un piercing en una oreja y tiene una cicatriz en una ceja. El día del robo llevaba barba de unos tres días. Llevaba puesto unos pantalones vaqueros azules, una camiseta oscura y una chaqueta de cuero negra.
Si lo ve o lo conoce, diríjase a la Jefatura de Policía.
¡Gracias por su colaboración!

1

SE BUSCA

Hombre de unos 30 años. Tiene el pelo castaño, liso y corto. Es bajo (1,62 aprox.) y delgado (61 kilos aprox.) El día del robo llevaba unos pantalones negros y un jersey. Llevaba un piercing en la oreja y en una de las cejas. Lleva una pequeña barba.
Diríjase a la Jefatura de Policía o llame al 95487455
La Jefatura de Policía le agradece su colaboración.

2

SE BUSCA

Hombre de unos 40 años.
Visto por última vez el 3 de septiembre de 2008 en Guadalajara.
Es alto (1,89 aprox.) y delgado. Lleva el cabello rapado. El 3 de septiembre llevaba ropa deportiva, una gorra y gafas. Tiene un tatuaje en un brazo.
Agradecemos su colaboración.
Jefatura de Policía

3

Ⓐ

Ⓑ

Ⓒ

35

b Hören Sie, wie ein Augenzeuge eine der Personen beschreibt. Um welche Person handelt es sich?

......

c Completa la ficha policial.

SE BUSCA

Mujer de ....

....

El día del robo ....

....

....

....

La Jefatura de Policía le agradece su colaboración.

11 ***¿Llevar* oder *tener*? Completa las frases utilizando el presente de indicativo.**

a Mi hermana .... el pelo liso, pero ahora lo .... rizado.

b ■ Nacho, ¿...................... alguna camiseta roja para dejarme?
● Lo siento, solo .... esta que .... puesta.

c ■ .... unos ojos preciosos.
● ¡Gracias!

d ■ ¿De qué color .... tus hijos los ojos?
● Jesús los .... marrones y Mari Carmen verdes.

12 **¡Qué cambio!**

36 **a Hören Sie und ordnen Sie die Namen der beschriebenen Personen den Abbildungen zu.**

Noelia | José Carlos | Ana

1 

2 

3 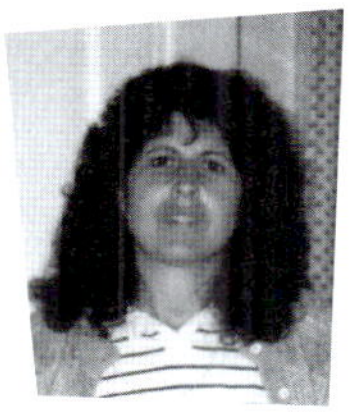

4 

....

b Vergleichen Sie nun die Fotos von Noelia, José Carlos und Ana. Wie sahen sie früher aus und wie sehen sie heute aus? Wie haben sie sich geändert?

Noelia

Ana

José Carlos

Noelia:
....
....
....

Ana:
....
....
....

José Carlos:
....
....
....

13 **Reacciona a las afirmaciones utilizando *el mío, la mía, los míos* o *las mías*.**

a Mi casa está en un pueblo muy pequeño.
La mía ....

b Mis padres son portugueses.
....

c Mis zapatos son azules.
....

d Nuestra profesora se llama Matilde.
....

e Mi ciudad está cerca de la playa.
....

14 **Completa las frases con *mío/-a/-os/-as, tuyo/-a/-os/-as*, etc.**

a ■ ¿Este libro es el .... (de ti)?
● Sí, es el ....

b ● Mi maleta está ya aquí, ¿ya tenéis las ....?
■ No, las .... todavía no han llegado.

c ■ ¿Es esta tu bicicleta?
● No, es la .... (de ella); la .... (de mí) está allí.

d ■ ¿De quién es este cedé de Alaska?
● Es el .... (de Paco).

e ■ Las gafas de sol de Patricia son un poco antiguas, ¿no?
● Pues las .... (de ti) no son tampoco muy modernas...

C

15 **Marca los adjetivos que en tu opinión, caracterizaban al movimiento cultural *La Movida*. Completa con otros adjetivos.**

☐ loca	☐ triste	....
☐ aburrida	☐ pasiva	....
☐ convencional	☐ especial	....
☐ creativa	☐ anticuada	....
☐ escandalosa	☐ original	....

16 **Ergänzen Sie diesen Umschlagtext eines Buches über die spanische *Movida* mit dem passenden Verben im *Imperfecto*.**

ser | haber | querer | salir | hacer | salir

LOS AÑOS DE LA MOVIDA

Los años 80 eran los primeros años de transición a la democracia. España .... de un sistema político anticuado. Los jóvenes .... vivir de una forma diferente y .... mucho por las noches. La Movida .... una época de experimentación y .... muchas ideas, amores, canciones... En aquella época nacía en Madrid una gran concentración de artistas que .... obras nuevas y diferentes. Un libro fascinante sobre una época excepcional en la historia cultural de la España moderna.

17 **¿Wie war das Leben in West- und Ostdeutschland vor dem Fall der Mauer? Schreiben Sie Sätze zu den folgenden Themen.**

la libertad de expresión | la situación económica | la gente | los alimentos | los coches | la vida familiar | las viviendas | Berlín

En la Alemania del Oeste ....

....

....

En la Alemania del Este ....

....

....

....

18 **Compara las fotos del director de cine, Pedro Almodóvar. ¿Qué aspecto tenía antes? ¿Y cómo es ahora?**

A principios de los 80 la vanguardia del arte en la península era *La Movida Madrileña*. Un ejemplo es la música de Almodóvar junto a McNamara con uno de sus grandes éxitos, „Gran Ganga". Tanto el mundo del cine como el de la música ganaron cuando Almodóvar decidió cambiar y dejar definitivamente la canción. De la época de este video son *Pepi, Luci, Bom* o *Laberinto de Pasiones*, donde el estilo era más cercano a su música que a sus últimas películas, como *Volver*.

Antes ....

....

Ahora ....

....

19 Diese Gegenstände sind für eine(n) spanischen Muttersprachler/in ungewöhnlich. Erklären Sie, wofür sie verwendet werden.

1
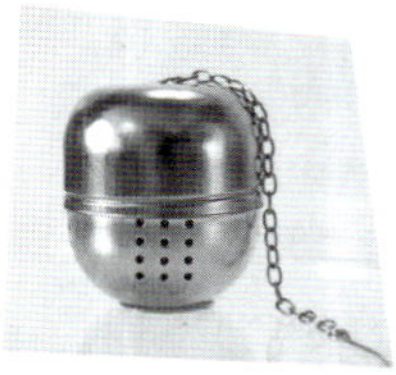

2

3

4

5

6

1. ....

....

2. ....

....

3. ....

....

4. ....

....

5. ....

....

6. ....

....

37 **20 a Escucha y presta atención a la pronunciación de las vocales y consonantes marcadas.**

a El regal**o** **e**s par**a** **O**lga.
b Camilo n**o** **ha** llegado.
c Dam**e** **e**l bolígrafo.
d Carlo**s** **está** **e**nfermo.
e M**e** **a**legro mucho.

b Completa.

- Im gesprochenen Spanisch es ist üblich, dass Buchstaben von endenden und beginnenden Wörter zusammengezogen werden. Die häufigsten Phänomene lassen sich zusammenfassen in:
- Wenn zwei verschiedene Vokale zusammentreffen, dann werden sie wie eine Silbe ausgesprochen, wie z. B. El-re-ga-**loes**-pa-ra**Ol**-ga oder ....
- Wenn zwei gleiche Vokale zusammentreffen, dann werden beide wie ein einziger Vokal ausgesprochen, wie z. B. Fe-li-**pes**-táen-fer-mo oder ....
- Wenn ein Konsonant (am Ende eines Wortes) und ein Vokal (am Anfang eines Wortes) zusammentreffen, dann werden beide wie eine Silbe ausgesprochen, wie z. B. Lo-**so**-jos-dea-na-son-ma-rro-nes und ....
- Wenn zwei gleiche Konsonanten zusammentreffen, dann werden sie wie ein einziger Konsonant ausgesprochen, wie z. B. e-**l**i-bro-de-Ja-vie-res-táen-mi-bol-so.

¡Fíjate!

38 **c Marca las letras que se unen. Después escucha y comprueba.**

1 Vivo en Málaga.
2 ¿Vienes a mi casa?
3 He vivido tres años en España.
4 En abril cumple ochenta años.
5 En los sesenta teníamos un coche pequeño.
6 A mí mujer y a mí nos encantaba el rock.
7 El SEAT era un coche muy popular.
8 De jóvenes nos gustaba jugar al ajedrez.

21 ¿Qué frases pronunciaron estas personas? Escríbelas.

a [¿Va-mo-sa-ca-sa?]: ....
b [¿Qué-ses-to?]: ....
c [¿Dón-des-tá-nues-tro-sa-mi-gos?]: ....
d [Lo-ses-tu-dian-te-ses-tá-na-llí]: ....
e [Men-can-ta-buen-no-sai-res]: ....
f [¿Po-de-mo-ses-cu-cha-ro-tra-vez?]: ....

39 **22 Lee este poema en voz alta y marca las palabras que se unen. Después escucha.**

Mar distante

Si no es el mar, sí es su imagen,
su estampa, vuelta en el cielo.
Si no es el mar, sí es su voz delgada,
a través del ancho mundo,
en altavoz, por los aires.
Si no es el mar, sí es su nombre
En un idioma sin labios,
sin pueblo,
sin más palabra que ésta: mar.
Si no es el mar, sí es su idea
De fuego, insondable, limpia;
y yo, ardiendo, ahogándome en ella.

Pedro Salinas

Unidad 5

A

1 Completa con las formas de imperfecto.

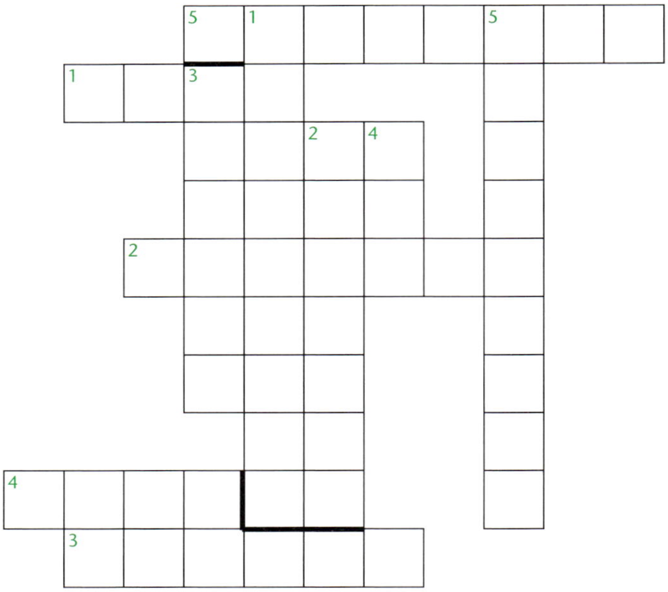

Horizontales:
1 ser – tú
2 hacer – ustedes
3 jugar – usted
4 ir – ellas
5 regalar – Ignacio

Verticales:
1 escuchar – yo
2 ver – Alfredo y yo
3 andar – él
4 ser – ella
5 ayudar – vosotros

2 Completa con el verbo adecuado utilizando la forma de imperfecto.

llegar | traer | ver | levantarse | pasar | encantar | tener | venir | ponerse | tomar

a Cuando .... la Navidad, todos (nosotros) .... mucho tiempo juntos.
b Siempre que mis abuelos .... a visitarnos a casa, nos .... muchos juguetes.
c Cuando (yo) .... 9 años, me .... estar con mis primos.
d Por la mañana, siempre que .... de la cama, ... unas zapatillas de color azul.
e Por las tardes (yo) .... pan con chocolate y (yo) .... una serie en la tele.

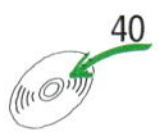

3 Una entrevista

a Escucha la entrevista a Almudena, una estudiante, y toma notas.

ENCUESTA

1 ¿A qué hora se levanta Almudena? ....
2 ¿Qué empieza a las ocho y media? ....
3 ¿Cómo va al colegio? ....
4 ¿A qué hora sale del colegio? ....
5 ¿Qué hace Almudena después de comer? ....
6 ¿Qué hace por la tarde? ....
7 ¿Va a algún curso por la tarde? ¿A cuál? ....
8 ¿Qué hace después de cenar? ....

b **Diez años más tarde, Almudena describe sus rutinas diarias de entonces. Completa el texto con las informaciones de 1a.**

Hace diez años mi vida era muy diferente a la de ahora. Cuando iba al colegio, por ejemplo, me levantaba a las ....

....

....

....

....

....

....

c **Describe ahora cómo eran tus rutinas diarias cuando tenías 10 años.**

....

....

....

....

....

4 Cosas de antes

a **Markieren Sie die für Sie zutreffenden Aussagen.**

	Lo hacía y lo hago todavía	No lo he hecho nunca	Lo hacía, pero lo he dejado de hacer.
ir en moto	☐	☐	☐
ir a discotecas	☐	☐	☐
fumar	☐	☐	☐
esquiar	☐	☐	☐
dormir mucho	☐	☐	☐
viajar	☐	☐	☐
chatear en Internet	☐	☐	☐
leer novelas	☐	☐	☐
hacer senderismo	☐	☐	☐
ir a casa a pie	☐	☐	☐

b **Anota cuatro actividades o rutinas, que hacías antes y que ahora ya no haces.**

1 ....

2 ....

3 ....

4 ....

5 Describe cómo era la vida de estas personas antes y cuenta qué les ha ocurrido.

a

antes

después

Primer premio de la lotería:

535.0000 euros

Hace tres días vivía debajo de un puente y ahora es millonario. Gumersindo López, natural de la localidad de Villafranca ha ganado el premio gordo de la lotería.

Antes ....

....

Pero un día ....

Y ahora ....

....

b

antes

después

Cuidar tu aspecto, tu cuerpo, tu imagen..., quererte a ti mismo es el primer paso para seducir a los demás.
Porque si te sientes feliz con tu imagen, tu vida lo va a notar.

CENTRO DE CIRUGÍA ESTÉTICA ADONIS

Antes ....

....

Pero entonces ....

Y ahora ....

....

c

antes

después

Licenciada en Economía

Antes ....

....

En el año 2004 ....

Ahora ....

....

6 Recuerdos

a ¿Qué momentos de su vida está recordando Juan Carlos?

1 Una vez ...
2 Todos los años ...
3 De niño ...
4 En el 2006 ...

b Escribe sobre cuatro recuerdos de tu pasado. Utiliza para ello el imperfecto o el indefinido.

1 Siempre ...
2 Una vez ...
3 En el año ...
4 Normalmente ...

7 Noticias del corazón

a Completa la entrevista con las preguntas. Utiliza la forma de "usted".

1 ● ...
Nací en Monterrey.

2 ■ ...
Bueno, no sé si contestar a esta pregunta, eh? ... En el 73.

3 ● ...
Pues vivía con mis padres y mis hermanos (somos cinco, dos chicas y tres chicos) en una casa muy grande. Con nosotros también vivía mi abuela Engracia, la madre de mi padre. Mi infancia fue muy feliz.

4 ■ ...
Sí. Viví en Monterrey hasta que me fui a estudiar al Distrito.

5 ● ...
Pues empecé a estudiar Arquitectura, en realidad cursé solo los dos primeros años, porque a mí lo que me gustaba... era la escena, quería ser actriz, y por eso estaba también en el grupo de teatro de la universidad.

6 ■ ...
En mi tiempo libre hacía también otras cosas, pero lo que más me gustaba era hacer teatro. Pero también salía con amigos, aunque a veces también me gustaba estar sola, leyendo o simplemente viendo una buena película. Fueron unos años muy felices.

7 ● ...
Mi primera gran actuación fue en el Teatro de la Ciudad en 1995. Fue una experiencia increíble.

8 ■ ...
Lo conocí cuando estábamos haciendo la película „Amores divinos" con Diego Antonio Urarte. Pero, bueno ya le dije que no voy a hablar de mi vida privada.

9 ● ...
Lo siento, dije que no quiero hablar de mi vida privada, estoy aquí para hablar de mi vida profesional.

41

b Escucha la entrevista y comprueba.

c Escribe para un periódico un artículo breve sobre la vida de Sofía.

El nuevo amor de Sofía

Con mucho amor y cogidos de la mano, encontramos a la actriz mexicana Sofía Delmonte con Diego Antonio Urarte en Miami. Después de su éxito en Hollywood parece que Sofía también tiene éxitos en el amor. Sofía nació en la ciudad de Monterrey en 1973. Durante su infancia...

....

....

....

....

....

B

8 **¿Recuerdas cómo se conocieron Chema y Lola? Aquí tienes otra versión. Completa con los verbos en imperfecto o indefinido.**

a Era un día muy bonito de verano. Lola .... (estar) sentada en un banco del parque con su perro Tomi. El perrito .... (dormir) a su lado encima del banco. Entonces .... (llegar) Chema y .... (sentarse) también en el banco.

b Chema .... (empezar) a leer un periódico. .... (ser) muy atractivo. A Lola le .... (gustar) mucho, pero Tomi .... (mirar) al chico, enfadado.

c De repente, Tomi .... (empezar) a ladrarle a Chema y él, del susto, ... (caerse) al suelo.

d Lola le .... (ayudar) a levantarse y le .... (pedir) perdón. .... (estar) muy nerviosa.

e Lola lo .... (invitar) a tomar algo en la terraza de un bar y los dos .... (hablar) amistosamente toda la tarde. Tomi .... (estar) ahora más tranquilo. Al final, ... (quedar) para ir al cine el próximo fin de semana.

42 **9** **Hören Sie wie Marisa ihren Mann kennen gelernt hat. In welcher Zeit verwendet sie die Verben der Tabelle? Markieren Sie.**

	conocer	ser	querer	saber	querer	decir	decir	enseñar
Indefinido	☐	☐	☐	☐	☐	☐	☐	☐
Imperfecto	☐	☐	☐	☐	☐	☐	☐	☐

10 **Erklären Sie, warum Sie die aufgeführten Tätigkeiten getan bzw. nicht getan haben. Beachten Sie dabei, ob die Erklärung (rechts) ein Ereignis oder ein Umstand ist.**

Ayer, la semana pasada, el fin de semana pasado, anoche, el miércoles...	quedarse en casa no salir no llamar ir al médico llegar tarde a casa no ir al trabajo no visitar	porque...	dolerme mucho la cabeza no tener ganas no tener tiempo tener que trabajar estar muy cansado/-a ir a casa de mis padres tener un pequeño accidente doméstico visitarme un amigo ....

a *Ayer me quedé en casa porque me dolía mucho la cabeza.*
b ....
c ....
d ....
e ....
f ....

11 **Notieren Sie Aussagen über Ihr Leben oder das Ihrer Bekannten (Berufsleben, Beziehungen, Gewohnheiten...), nach dem folgenden Muster.**

Wie war es früher? Was pflegten Sie/sie zu tun?	*Was geschah dann? Was ist passiert?*	*Wie ist es jetzt?*
(Berufsleben, Freunde, Lebensgewohnheiten, Umstände...)	(Einschneidende Ereignisse)	
Antes vivía en Münster,	*→ pero en 2006 me mudé*	*→ y ahora vivo en Múnich.*
Antes tenía un jefe muy difícil	*→ pero cambié de trabajo*	*→ y ahora tengo uno muy agradable.*
....	....	....
....	....	....
....	....	....

12 **Completa las frases con la expresión de tiempo correspondiente (a veces existen varias posibilidades).**

siempre | nunca | un día | entonces | de repente | cuando

a .... nos veíamos en la biblioteca de la universidad pero .... nos hablábamos. Y .... fui a donde estaba él, me presenté y le invité a tomar un café.

b Chema estaba jugando con el perro y, ..., el perro mordió la colchoneta y Chema cayó al agua. .... empezó a gritar ¡Socorro!

c ...., Laura y Miguel estaban paseando por el parque .... Miguel oyó un ruido extraño.

d En mi antiguo trabajo hacía muchas horas extras pero .... me cansé y cambié de empresa.

e .... lo veía en las fiestas del pueblo. Era el chico más guapo del pueblo y yo era muy tímida. A él le gustaba mucho bailar. ...., en las fiestas del pueblo, me sacó a bailar y así nos conocimos.

13 **Peter, un estudiante de español, le cuenta a otra persona lo que le ha ocurrido. Completa con los verbos en el tiempo adecuado (imperfecto o indefinido).**

"Ayer (ir) .... a una tienda de alimentación que está cerca de mi apartamento porque no (tener) .... nada en casa para comer. Pero al pagar, (ver) .... que no (tener) .... dinero. Le (preguntar) .... a la cajera si aceptaban tarjetas de crédito, pero ella me (decir) .... que no. Entonces, una señora muy amable que (estar) .... detrás de mí me (prestar) .... el dinero. Después (ir) .... a su casa para devolverle el dinero y ella (invitarme) .... a tomar un café. ¡Qué amable! ¿verdad?"

14 **Elige a dos personas y escribe una breve historia sobre ellas.**

¿Cómo eran antes de conocerse? (Vida, rutina diaria, etc.)
¿Qué aspecto físico tenían?
¿Cómo se conocieron?
¿Qué tiempo hacía?
¿En qué circunstancias se conocieron?
¿Pasó algo especial?
¿Ha cambiado en algo sus vidas?

Alicia | Federico | Marta | Antonio | Rosa

15 La Cenicienta

a Welche Erzählabsichten (A oder B) beinhalten folgende Sätze?

Erzählabsicht A: Was ist passiert?
Ereignisse, die die Handlung weiterbringen. Handlungen, deren Dauer ausdrücklich erwähnt wird.

Erzählabsicht B: Was war?
Beschreibungen der Umstände oder der Situation. Gewohnte Handlungen in der Vergangenheit.

1 ☐

Cenicienta era una muchacha joven y bella que vivía con su madrastra, la segunda mujer de su padre. Su madrastra la usaba como criada.

2 ☐

La madrastra tenía dos hijas perezosas y orgullosas que odiaban a Cenicienta.

3 ☐

Un día llegó un emisario del rey con una invitación al baile de palacio.

4 ☐

La madrastra y sus hijas fueron al baile, pero Cenicienta se quedó en casa limpiando.

5 ☐

De repente, apareció un hada madrina con un vestido precioso.

6 ☐

El vestido era de una tela muy rica y estaba adornado con piedras preciosas.

7 ☐

Cuando el reloj dio las doce de la noche, Cenicienta salió corriendo del palacio y perdió uno de sus zapatos de cristal.

8 ☐

El zapato era demasiado pequeño para la hermanastra y le hacía mucho daño.

b Lesen Sie weitere Sätze des Märchens. Entscheiden Sie zuerst, welche Erzählabsicht (A oder B) sie beinhalten und setzen Sie dann die Verben in die richtige Form (*indefinido* oder *imperfecto*).

a El rey (buscar) ☐ .... una novia para el príncipe y por eso (invitar) ☐ .... a todas las chicas solteras de su reino a un baile en su palacio.

b El hada le (decir) ☐ .... a Cenicienta: "Tienes que volver a casa antes de la medianoche".

c Entonces Cenicienta (probarse) ☐ .... el zapato, y ¡el pie (entrar) ☐ .... perfectamente! Finalmente el Príncipe (casarse) ☐ .... con Cenicienta y... ¡colorín colorado, este cuento se ha acabado!

d Cenicienta (estar) ☐ .... muy triste porque (querer) ☐ .... ir también al baile con sus hermanastras.

e Entonces el príncipe (viajar) ☐ .... por todo el reino para encontrar a la chica del zapatito de cristal. El príncipe también (llegar) ☐ .... a la casa de Cenicienta y las hermanastras (probarse) ☐ .... el zapato.

f Cenicienta (ir) ☐ .... al baile y (conocer) ☐ .... al príncipe, que (enamorarse) ☐ .... perdidamente de ella. Los dos (bailar) ☐ .... juntos toda la noche.

c Wie ist die Reihenfolge des Märchens? Ergänzen Sie die Reihenfolge der Geschichte mit den Sätzen von 15b.

1 	2 	3 	.....	4 
.....	5 	6 	.....	.....
7 	.....	8 	.....	Y colorín colorado, este cuento se ha acabado.

43 **16 a Escucha. ¿Dónde se hacen pausas en estas frases personas? Marca con "//".**

a Cuando el río suena, // agua lleva.
b Viene a menudo sin decir nada.
c ¿Vamos al cine o a cenar?
d Estoy muy cansada, así que no voy a salir.
e Tenía una cita, por eso no vino.
f La película trata de tres chicos que se van a vivir a Londres.
g Ayer vino tarde porque tenía mucho trabajo en la oficina.

> Längere Sätze spricht man im Spanischen nicht gleichmäßig und ohne Pausen, sondern in Wortgruppen, die nach Sinneinheiten (bis zu ca. 10 Silben) gegliedert werden. Dadurch kann man die Bedeutung der Aussagen besser verstehen.
>
> ¡Fíjate!

b Lee las frases y marca las pausas.

a Ha venido Johannes, el amigo alemán de Marta que vive en Barcelona.
b Quería concertar una cita para hacerme un masaje.
c Nos vemos para cenar a las nueve con Jaime y Rosa.
d A los 16 años me regalaron una Vespino negra.
e Yo no estaba allí cuando Jaime tuvo el accidente.

44 **c Escucha y comprueba.**

45 **17 Escucha las frases. ¿Qué frases se pronuncian?**

a No tenemos que continuar. ☐
b No, tenemos que continuar. ☐

c No lo supe. ☐
d No, lo supe ☐

e Si lo sé, te digo. ☐
f Sí, lo sé, te digo. ☐

g Si vamos mañana, podemos dar un paseo. ☐
h Sí, vamos mañana. Podemos dar un paseo. ☐

> Durch die Pausen kann man leicht die Bedeutung der Aussagen ändern!
>
> ¡Fíjate!

Unidad 6

A

1 **Relaciona las expresiones con los verbos de los asociogramas. Añade otras expresiones.**

en equipo | muy organizado | conocimientos de informática | en el extranjero | en una oficina | con mucho estrés | un título universitario | idiomas | carné de conducir | escribir a máquina | experiencia | buena presencia | recepcionista | buen horario | empresario

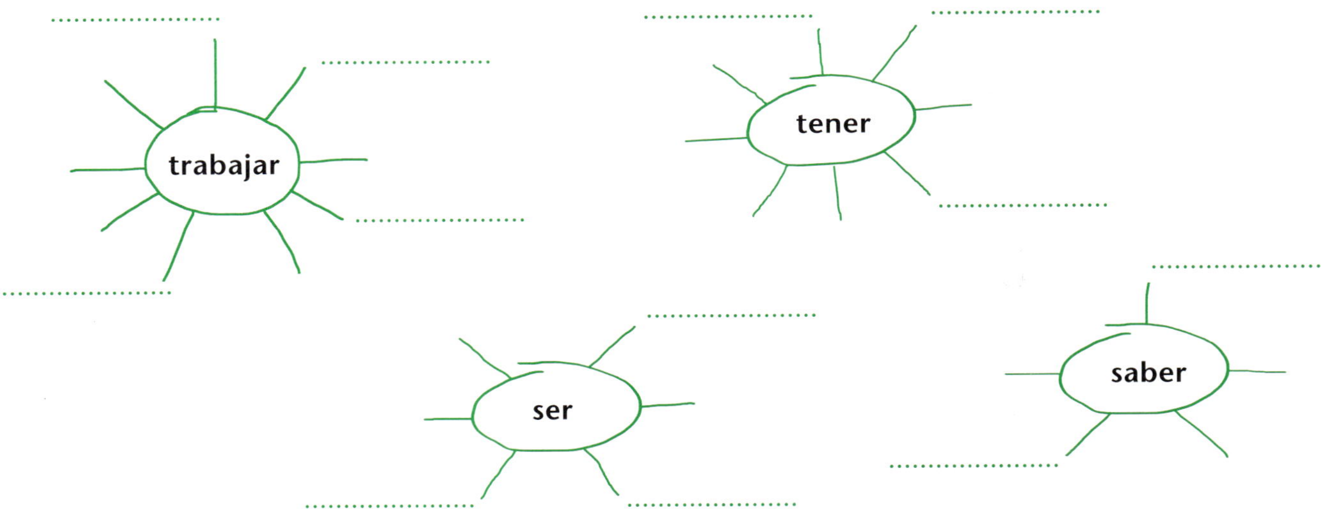

2 **Completa los anuncios de trabajo con la palabra adecuada.**

título | presencia | contrato | conocimientos | sueldo | puesto | experiencia | jornada laboral

INFOEMPLEO.NET

..................:	Gerente Comercial
Lugar:	Málaga
Empresa:	de exportación de productos alimenticios
Requisitos:	.... universitario. Mínimo 2 años de .... en el sector.
Se ofrece:	.... indefinido. Vehículo de la empresa.

Importante cadena hotelera internacional busca para su hotel en Barcelona

RECEPCIONISTA

Se requiere:
- Buena .... y don de gentes.
- Experiencia en un trabajo similar.
- Buenos .... de inglés.

Ofrecemos:
- Un ambiente agradable de trabajo.
- .... de 8 a 17 horas, domingo libre.
- ....: 1180 Euros.

Interesados enviar curriculum vitae a Summertime Hotels, Personal Management, EC4A 5 London (Fleet Street).

3 Una solicitud de trabajo

a Lee este correo electrónico de presentación que acompaña al currículum. Busca en la carta los siguientes contenidos y escribe el número en el recuadro correspondiente.

1. Despedida formal
2. Referencia al anuncio de trabajo
3. Presentación del currículum vitae
4. Saludo formal

Para: personal@logitec.es — Normal

Estimados señores: ☐

En referencia a su anuncio publicado en „El País" la pasada semana ☐, adjunto les envío mi currículum vitae para solicitar el puesto que ofrecen ☐.

Estoy a su disposición para cualquier información adicional. Esperando recibir pronto noticias suyas, se despide atentamente, ☐

Gabriel Fernández

b Lee el currículum vitae y escribe los epígrafes en el lugar correspondiente.

Idiomas | Experiencia profesional | Estudios y formación | Otros | Datos personales

....	**Nombre:**	Gabriel
	Apellidos:	Fernández Cobos
	D.N.I.:	18.674.372
	Dirección:	c/ Sta. Teresa 26, 1° Dcha. 50006 - Zaragoza
	Teléfono:	9734562891
	Correo electrónico:	gfernandez@gmx.es
....	1997 – 1999	Bachillerato en el Instituto Goya de Zaragoza
	1999	Selectividad
	1999 – 2004	Estudios de Ingeniería en la Universidad de Zaragoza
	2004	Licenciatura en Ingeniería
....	2004 – 2006	Máster en Dirección de Empresas en ESADE (Barcelona)
....	2006 – 2008	Supervisor Técnico en TECNICS.SA
....	Inglés	Dominio hablado y escrito (ver portafolio)
	Francés	Dominio hablado aceptable (ver portafolio)
....	Informática	Dominio de los programas de Windows Office
	2002	Estancia de 6 meses en la Universidad de Liverpool con el programa ERASMUS

4 Una entrevista de trabajo

46

a Lee este currículum vitae. Escucha después la entrevista de trabajo y completa el currículum con los datos que faltan.

Datos personales:
Nombre: ....
Apellidos: ....
Dirección: Pza. Alberto Miralles, 4, 3° B, 50014 Zaragoza
Teléfono: ....
Correo electrónico: amiralles@terra.es

Estudios y formación:
2002 - 2004 Bachillerato en el Instituto Miguel Servet de Zaragoza
2004 - 2007 ....
2007 - 2008 ....

Experiencia profesional:
2006 - 2007 Recepcionista en el hotel Axel de Barcelona
2007 - 2008 durante 6 meses ....

Idiomas:
....

Conocimientos de informática:
Office, Excel y Access, más dos aplicaciones informáticas para recepcionistas.

Otros:
....

b ¿Cuál de los puestos de trabajo de la actividad 1a, pág. 62, puede solicitar esta persona? Completa.

Puede solicitar el puesto de .... *porque* ....
....

5 Escribe tu propio currículum vitae.

6 Completa los diálogos con la forma adecuada de los verbos *saber* o *poder*.

a ■ ¿Cuántos idiomas habla usted?
● Pues .... inglés bastante bien y un poquito de francés: bueno, ... leer textos, pero no lo hablo muy bien.

b ■ ¡Jaime! ¿...................... hacerme unas fotocopias? Es que yo ahora no tengo tiempo.
● Lo siento, pero no .... cómo funciona la nueva fotocopiadora.

c ■ ¿Sabes? ¡En mi nuevo trabajo me ofrecen un coche de la empresa y también .... hacer excursiones con él!
● ¡Pero si tú no .... conducir!

d ■ ¡Petra es fantástica! .... hacer varias cosas al mismo tiempo y nunca está estresada.
● Sí, es verdad, ... organizarse bien.

7 **Berufe raten.**

7-49 **a** **Sie hören einige Personen, die Beruferaten spielen und drei Berufebeschreiben. Welche der folgenden Berufe sind gemeint?**

taxista	empresario/-a	guía turístico/-a
dependiente/-a	representante comercial	auxiliar de vuelo
administrativo/-a	profesor/-a	empleado/-a de banco.

0-52 **b** **Escucha el final de los tres diálogos y comprueba.**

8 **Nada es perfecto.**

a **Beenden Sie die Sätze mit einer passenden Aussage. Es gibt mehrere Möglichkeiten.**

... los horarios son muy irregulares. | ... tengo muchas vacaciones. | ... es muy estresante. | ... el jefe es bastante difícil. | ... tengo mucha responsabilidad.

1. Es un trabajo muy interesante, pero ....
2. Hago muchas horas extras, pero también ....
3. En mi nuevo puesto el sueldo es muy bueno, pero ....
4. Los compañeros son muy amables, pero ....
5. Tengo poco tiempo libre, pero me gusta porque ....

b **Schreiben Sie einen Text über die positiven und weniger positiven Eigenschaften Ihres Berufes oder einer anderen Tätigkeit, die Sie ausüben.**

9 **Completa las tarjetas según el modelo.**

B

archivar
Palabra de la familia: el archivador
En mi lengua: ablegen, im Archiv aufbewahren
Ejemplo: Tengo que archivar los documentos.

enviar
Palabra de la familia: el envío
En mi lengua: ....
Ejemplo: los documentos

el pedido
Palabra de la familia: ....
En mi lengua: die Bestellung
Ejemplo: ....

la factura
Palabra de la familia: facturar (por ejemplo, las maletas).
En mi lengua: ....
Ejemplo: ....

la fotocopia
Palabra de la familia: ....
En mi lengua: ....
Ejemplo: ....

la reunión
Palabra de la familia: reunirse
En mi lengua: ....
Ejemplo: ....

contestar
Palabra de la familia: la contestación
En mi lengua: ....
Ejemplo: ....

el informe
Palabra de la familia: informar
En mi lengua: ....
Ejemplo: ....

revisar
Palabra de la familia: la revisión
En mi lengua: ....
Ejemplo: ....

10 **¿Qué actividades puedes hacer con estos aparatos?**

fotocopiadora: ....
fax: ....
teléfono: ....
escáner: ....
impresora: ....

11 **¿Qué objetos del escritorio no están en la lista de pedido? Toma nota.**

PARA EL PEDIDO:
tinta impresora
pegamento
sobres
perforadora
lápices
bolígrafos
....
....
....
....
....
....

12 **¿Tú o usted?**

a **¿Cómo es en tu lengua? ¿Tuteas o tratas de usted a estas personas?**

	Tú	Usted
A mi compañero/-a de trabajo	☐	☐
A mis vecinos	☐	☐
A mi jefe	☐	☐
A un profesor/-a	☐	☐
Al amigo / a la amiga de mi nieto/-a	☐	☐

53-58

b **Escucha los diálogos y marca si se usa el tuteo o, por el contrario, las personas se tratan de usted. Compara las respuestas con las tuyas en a.**

	Tú	Usted	Es como en mi lengua.
1 Dos compañeros de trabajo en España	☐	☐	☐
2 Vecinos en España	☐	☐	☐
3 Vecinos en Colombia	☐	☐	☐
4 Empleado y jefa de una empresa en Madrid	☐	☐	☐
5 Estudiante y profesor en Buenos Aires	☐	☐	☐
6 Señor (73 años) al amigo de su nieto	☐	☐	☐

13 ¿Cómo puedes pedir estas cosas? Escribe una o dos posibilidades para cada petición.

a En la oficina (usted): pídele a tu secretaria que envíe unas cartas.
¿Me puede enviar estas cartas, por favor? ¿Me envía estas cartas, por favor?

b En el curso de español (tú): pides un bolígrafo rojo a un/a compañero/-a.
....

c En casa, a un familiar (tú): pides ayuda para abrir un fichero de tu ordenador.
....

d Entre amigos, después de una fiesta (vosotros): unos amigos tuyos que viven cerca de tu casa han venido en coche. Pregúntales si puedes ir con ellos.
....

e Por teléfono, a tu abogado (tú): tiene que volver a llamarte a las doce y media porque ahora estás ocupado.
....

14 Formulieren Sie die Bitten im Imperativ in eine höflichere Form um. Dafür können Sie auch die Bitte indirekt formulieren, z. B. indem Sie den Zusammenhang nennen.

a ¡Tráeme un vaso de agua!: *Toni, vas a la cocina, ¿verdad? ¿Me traes un vaso de agua, por favor?*
b ¡Ayúdame a mandar este fax!: ....
c ¡Corríjame este texto!: ....
d ¡Dale este libro a Jordi!: ....
e ¡Recoja el pedido!: ....
f ¡Pásame ese libro!: ....

15 Estas personas ya saben de qué personas y objetos están hablando, por eso no necesitan volver a mencionarlos. Sustituye los objetos por los pronombres.

a Dales este informe a Juan y a Francisca: *Dáselo.*
b Llévale a Alberto este paquete: ....
c Corrígele a Andrés sus errores: ....
d Tráeme la camisa rosa: ....
e Ábreme la puerta del coche: ....
f Escríbame una postal desde Tenerife: ....

16 Ersetzen Sie die Aufforderungen von 15 durch eine andere Struktur, die eine Bitte ausdrückt.

a *Patricia, perdona, ¿les podrías dar a Juan y a Francisca este informe?*
b ....
c ....
d ....
e ....
f ....

17 **Schreiben Sie für jede Situation einen Dialog in dem Sie *este/-a/-os/-as, ese/-a/-os/-as* oder *aquel/aquella/-os/-as* verwenden. Achten Sie darauf, wie weit die Gegenstände entfernt sind.**

a ■ ¿Te gustan esas gafas (1)?
● ¿Estas (2)?
■ No, aquellas (3).

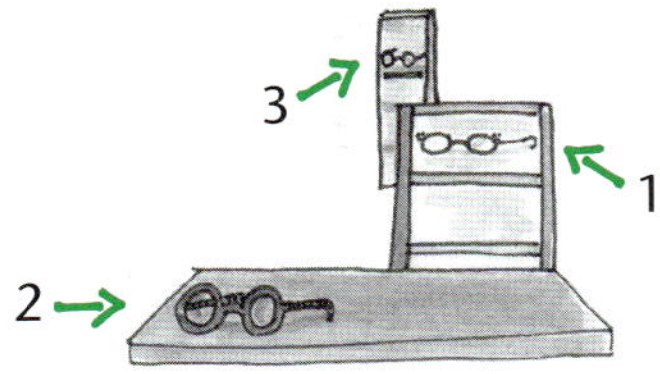

b ■ ¿Te llevas .... sobre (1), por favor?
● ¿.................. (2)?
■ No, ... (3)

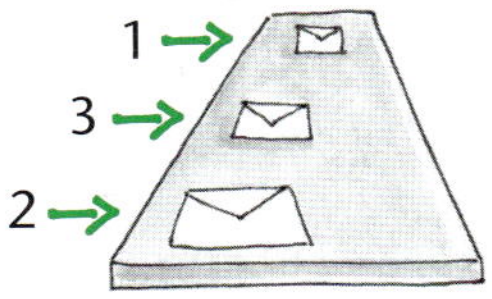

c ■ ¿Qué te parece .... maleta (1)?
● Me gusta más .... (2)
■ ¿ .... (3)?

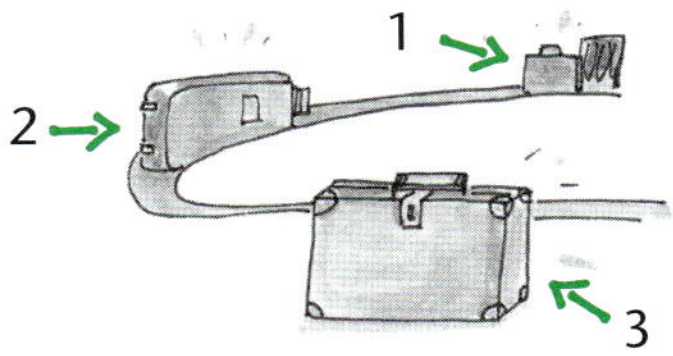

d ■ ¿Me pone un kilo de .... pimientos (1)?
● ¿De .... (2)?
■ No, de .... (3)

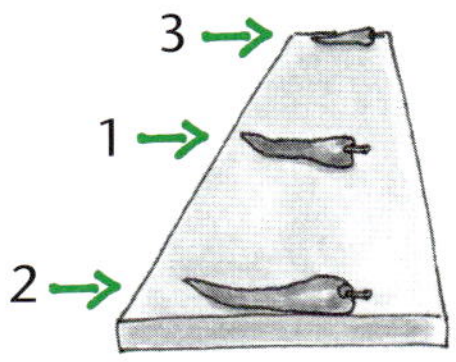

18 **A veces estás de buen humor y a veces de mal humor. Reacciona a las peticiones dependiendo de tu estado de ánimo.**

a ¿Puedes preparar la comida tú hoy?
☺ ....

b ¿Me llevas estos pantalones a la habitación, por favor?
☺ ....

c Cómprame un paquete de caramelos en la tienda.
☹ ....

d ¿Podrías llamar a la estación de autobuses para preguntar por los horarios?
☹ ....

e ¡Qué frío hace! ¡Y la ventana está abierta!
☺ ....

19 **Completa las notas de Natalia con las palabras que faltan.**

apagar | guardar | enviar | imprimir | bajar

- ______ documento y dejárselo al jefe encima escritorio.
- Corregir informe y ______ en: C: Dirección/Reuniones/Informes
- ______ el informe a Pedro (por Fax)
- ______ de Internet la nueva versión de Internet Explorer.
- ¡¡¡ ______ el ordenador al final de la jornada!!!

20 **Relaciona las palabras de las tres columnas. Puede haber varias posibilidades.**

abrir/cerrar	un	"imprimir"
encender/apagar	en	ordenador
navegar	en el	archivo
hacer clic	el	Internet
guardar	por	el menú "Archivo"
seleccionar	el	documento
		"enviar a"

21 **Prácticas en Lima.**

Lee el correo electrónico de Helmut a los compañeros de su curso de español y marca si las afirmaciones son verdaderas (V) o falsas (F).

Mensaje nuevo

Enviar Adjuntar Agenda Tipo de letra Colores Borrador

Para: helmut.dirgl@gmx.de

Cc: Alex_bravo@enemail.net

Asunto: Mis prácticas en Lima

Firma: Signatur 1

Querido Alex:

¿Cómo estás? Te escribo desde Perú. ¿Puedes pasárselo también a la gente del curso de español? Ya hace casi dos semanas que estoy haciendo mis prácticas aquí. ¿Me echáis de menos?

Os escribo para contaros cómo me va la vida. En la empresa estoy muy contento, pero aquí muchas cosas son distintas. Siempre hay mucho trabajo y a veces pienso que no hay orden. Mis compañeros pueden hacer muchas cosas al mismo tiempo, no sé cómo lo hacen. Ayer tuvimos una reunión en la que todos los compañeros hablaban de varios temas al mismo tiempo y yo no me enteraba de nada. ¡Es muy difícil poder hablar cuando todos hablan al mismo tiempo!. Eso sí, aquí se trabaja mucho, creo que más que en Alemania, pero la gente aún tiene tiempo de salir y disfrutar del tiempo libre. ¡Mis compañeros son muy simpáticos! Casi siempre quedamos para ir a tomar algo, por eso estoy aprendiendo tan rápido a hablar español.

Muchos saludos a todos,
Helmut

	V	F
1. Helmut está haciendo unas prácticas en Perú.	☐	☐
2. Helmut tiene mucho trabajo en sus prácticas.	☐	☐
3. Para Helmut el trabajo en la empresa es un poco caótico.	☐	☐
4. En una reunión Helmut no comprendía mucho porque todos hablaban al mismo tiempo.	☐	☐
5. Los compañeros de trabajo de Helmut no trabajan mucho. Prefieren quedar y salir de copas.	☐	☐
6. Helmut está aprendiendo muy rápido español.	☐	☐

22 **Luis, un joven español, está haciendo un periodo de prácticas en una empresa alemana y escribe a su novia un correo. Imagina qué puede contarle sobre los siguientes temas y completa el correo.**

Relación con los/las compañeros/-as | Horarios | Temas de conversación en el trabajo | Importancia del tiempo | Forma de trabajar | Tiempo libre

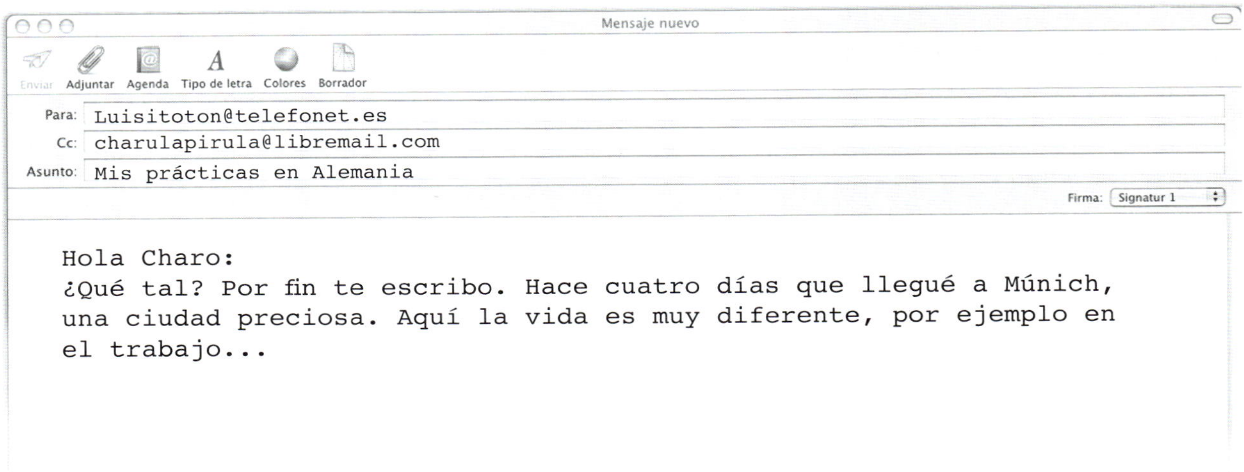
Mensaje nuevo

Enviar · Adjuntar · Agenda · Tipo de letra · Colores · Borrador

Para: Luisitoton@telefonet.es

Cc: charulapirula@libremail.com

Asunto: Mis prácticas en Alemania

Firma: Signatur 1

Hola Charo:
¿Qué tal? Por fin te escribo. Hace cuatro días que llegué a Múnich, una ciudad preciosa. Aquí la vida es muy diferente, por ejemplo en el trabajo...

59 **23 a Escucha y fíjate en la entonación de estas frases.**

Frage

¿Cómo te fue la entrevista?
¿Por qué no estás de acuerdo?
¿Cómo puedo cerrar la ventana?
¿Cómo te llamas?

Aufforderung

¿Me puedes pasar el archivador?
¿Cerramos la puerta? Es que hace frío.
¿Me envías el informe?
¿Me dice su nombre, por favor ?

Im Spanischen werden höfliche Aufforderungen oft durch Fragen ausgedrückt und mit einer ausgeprägteren Satzmelodie (die Betonungen werden besonders hervorgehoben) ausgesprochen. Dadurch können Bitten besonders höflich formuliert werden.

¡Fíjate!

60 **b Escucha las peticiones y marca las frases que te parecen especialmente corteses.**

a Cierra la ventana, por favor. ☐
b Quería hablar con el señor Herrero. ☐
c ¿Sería tan amable de darme ese libro? ☐
d No fumes aquí. ☐
e ¿Podría decirme dónde está la estación? ☐
f ¿Me compras el periódico? ☐

¿Y en Latinoamérica...?

In Lateinamerika werden Aufforderungen besonders höflich formuliert. Dafür werden oft verwendt: das *Imperfecto (Quería hablar con el señor Herrero)*, Formeln wie *Podría decirme*, *Sería tan amable*, usw. oder Verkleinerungsformen (Diminutive), wie z.B. *Habla más bajito.*

24 a Lee las frases y presta atención a las comas. Completa después la regla.

a Yo desayuno siempre café, galletas, un bizcocho y algo de fruta.

b Hoy no tengo tiempo, pero mañana sí.

c Si quieres, podemos ir al cine.

d Me voy de vacaciones en agosto, es decir, dentro de dos meses.

e Luisa, la hermana de Javier, también vive en Málaga.

Im Spanischen wird ein Komma verwendet,
- um Elemente einer Aufzählung zu trennen wie z. B. im Satz ......
- vor Teilsätzen, die einen Gegengrund (*sin embargo*, ... usw.), eine Folge *(así que)* oder einen Grund *(porque)* ausdrücken.
- vor und nach einigen Verbindungswörter wie *además*, *o sea*, *en fin*, ... usw.
- bei vorgezogenen Nebensätzen, wie z.B. im Satz .....
- vor und nach Erklärungen innerhalb eines Satzes, wie z.B. in .....

¡Fíjate!

b Pon las comas que faltan.

a En verano me encanta salir a dar paseos hacer barbacoas nadar y tomar el sol.
b Ya casi no utilizo el fax además cada vez menos gente lo tiene en su oficina.
c Carmen estaba muy cansada sin embargo vino.

(Test Unidades 4–6)

Was ist richtig? Bitte markieren Sie.

1. ■ ¿Cuál .... tu grupo de música favorito cuando tenías 16 años?
● ¡Uy!, no sé, me gustaban muchos.
☐ a estaba ☐ b iba
☐ c era ☐ d es

2. ■ Mi primer coche era de segunda mano.
● ....
☐ a Mío también.
☐ b Mi también.
☐ c Yo también.
☐ d El mío también.

3. ■ ¿Qué ropa .... cuando ibas al colegio?
● ¡Un uniforme feísimo!
☐ a preferías ☐ b te gustaba
☐ c llevabas ☐ d eras

4. ■ .... llevaba casi siempre pantalones cortos.
● Claro, estaba de moda.
☐ a De niño ☐ b Hoy
☐ c Ayer ☐ d Pasado mañana

5. ■ Puede ser .... metal o .... plástico. Sirve para saber la hora.
● ¡Un reloj!
☐ a con ☐ b desde
☐ c en ☐ d de

6. ■ ¿A qué hora .... tú para ir al colegio?
● A las 7 y media.
☐ a se levantó
☐ b te levantabas
☐ c levántate
☐ d levantándose

7. ■ .... en el cine cuando me llamó Jorge para contármerlo.
● ¿Y qué te te dijo?
☐ a Había ☐ b Estuve
☐ c Estaba ☐ d Era

8. ■ No me sentía muy bien. Por eso .... al médico.
● ¿Y ya estás mejor?
☐ a estuve ☐ b estaba
☐ c iba ☐ d fui

9. ■ ¿Cómo os conocisteis?
● Pues .... en un avión . Marta .... mi vecina de asiento.
☐ a nos conocíamos – fue
☐ b nos conocimos – era

10. ■ ¿Tú .... del primer día de colegio?
● ¡Claro que sí!
☐ a recuerdas ☐ b te acuerdas
☐ c acuerdas ☐ d te acordaste

11. ■ ¿Dónde has comprado esa camisa que llevas puesta?
● ¿................? Me la compré en mis últimas vacaciones.
☐ a Esta ☐ b Esa
☐ c Aquella ☐ d Cuáles

12. ■ ...., por favor.
● Toma, aquí tienes.
☐ a Me lo diste
☐ b A mí me lo has dado
☐ c Dámelo
☐ d Darlo

13. ■ Tengo una pregunta.
● .... más tarde. Es que ahora tengo que llamar por teléfono.
☐ a Házmelo
☐ b Házsela
☐ c Hazlo
☐ d Házmela

14. ■ ....
● Claro, aquí tienes.
☐ a ¿Me dejas tu móvil un momento?
☐ b ¿Está el móvil, por favor?
☐ c Quería hablar con el señor Gutiérrez.
☐ d ¿Por qué no abres la ventana?

15. ■ Hoy en mi oficina no ha funcionado casi nada: no he encontrado ni las tijeras, ni el ...., y la .... y la .... no funcionaban.
● Chico, tranquilízate…
☐ a ordenador – flor – el centro comercial
☐ b camino – bufanda – el lobo
☐ c pegamento – impresora – fotocopiadora
☐ d lápiz – mano – cabeza

(Checkliste 2)

Diese Checkliste hilft Ihnen, Ihre sprachlichen Fähigkeiten besser einzuschätzen.
Verwenden Sie dazu die folgenden Symbole, die Sie in der Spalte „Kann ich ...“ eintragen können:
++ Ich kann das sehr gut. + Ich kann das gut. ! Das fällt mir noch schwer.
Falls notwendig, können Sie die betreffenden Inhalte der Unidades wiederholen, z.B. indem Sie im Kurs- und Arbeitsbuch noch einmal nachschlagen oder weitere Übungen in unserem eñe-Lehrwerkservice im Internet machen. (www.hueber.de/ene).

	Kann ich	Unidad
Hören		
Ich kann die Hauptinformationen kurzer Radiosendungen oder Fernsehmeldungen verstehen, wenn es um vorhersehbare Themen (evtl. durch Bilder unterstützt) geht, wie z.B. Lebensumstände oder Verhaltensweisen in der Vergangenheit.		4
Ich kann die wichtigsten Informationen aus kurzen Gesprächen verstehen, z.B. wenn jemand über persönliche Erlebnisse berichtet.		5
Ich kann Sätze, Ausdrücke und Wörter verstehen, wenn es um Dinge von unmittelbarer Bedeutung geht, z.B. wenn über meine Arbeit gesprochen wird.		6
Ich kann Redewendungen und Ausdrücken verstehen, die unmittelbare Bedürfnisse betreffen, z.B. wenn man um etwas gebeten wird.		6
Lesen		
Ich kann kurze, einfache, in der Alltagssprache verfasste Texte verstehen, z.B. kleine persönliche Texte in einem Internet-Forum, wo es um Interessen oder Vorlieben geht.		4
Ich kann in Informationstexten die wichtigsten Informationen finden, z.B. in einer kurzen, einfachen Buchrezension oder in einem informativen Text über eine Fernsehsendung.		4
Ich kann kurze Erzählungen verstehen, die von alltäglichen Dingen handeln oder in denen es um Themen geht, die mir vertraut sind, wenn der Text in einfacher Sprache geschrieben sind, z.B. ein Urlaubsereignis, ein einfacher Comic oder ein kurzes Märchen.		5
Ich kann kurze, einfache Texte, die sich auf meine Arbeit beziehen, verstehen, z.B. Stellenanzeigen, Rechnungen, kleine Notizen usw.		6
Ich kann einfache Gebrauchsanleitungen für Gegenstände des alltäglichen Lebens verstehen, wie z.B. wichtige Anweisungen im Menü eines Computers.		6
Sprechen		
An Gesprächen teilnehmen		
Ich kann mit anderen Personen gemeinsame Erfahrungen besprechen, z.B. Lebensumstände vergleichen oder Vorlieben und Abneigungen in der Vergangenheit schildern.		4
Ich kann kurze und einfache Fragen über besondere Ereignisse oder Anekdoten stellen und beantworten, z.B. über eine persönliche Anekdote in der Kindheit oder zu einem anderen Zeitpunkt meines Lebens.		5
Ich kann andere um Gegenstände oder um einen Gefallen bitten und darauf reagieren.		6
Zusammenhängendes Sprechen		
Ich kann über vergangene und persönliche Erfahrungen berichten, z.B. über Menschen, Epochen oder Gegenstände, die mein Leben in der Vergangenheit geprägt haben.		4
Ich kann kurz und einfach über ein Ereignis berichten, z.B. über einen besonderen Urlaub, eine Bekanntmachung, einen Unfall.		5
Ich kann meine Ausbildung und/oder meine gegenwärtige oder letzte berufliche Tätigkeit beschreiben.		6
Schreiben		
Ich kann in einfachen Sätzen und Ausdrücken über Dinge meines alltäglichen Lebens in der Vergangenheit schreiben (Leute, Orte, Schule, Familie, Urlaub, Gegenstände usw.).		4
Ich kann in einfachen Sätzen ein Ereignis beschreiben, z.B. eine Anekdote auf einer Reise.		5
Ich kann wichtige Verbindungswörter verwenden, um die Abfolge eines Ereignisses darzustellen, z.B. *y entonces, pero de repente, luego, más tarde, hasta que* usw.		5
Ich kann in Fragebögen über meine Ausbildung, meine Arbeit und meine Interessen Auskunft geben.		6

Unidad 7

A

1 **Quieres organizar tres fiestas diferentes. Escribe una lista de la compra con cinco cosas que necesitas para cada fiesta.**

Carnaval	Cumpleaños	Nochevieja
....	....	....
....	....	....
....	....	....
....	....	....
....	....	....

2 **¿Recuerdas una fiesta especial de tu infancia? Descríbela.**

¿qué? ¿dónde? ¿con quién? ¿qué había? ¿qué se hacía?

Cuando era niño solía celebrar ....

....

....

3 **Forma frases a partir de las siguientes palabras. Para ello puedes utilizar cualquier tiempo verbal. Presta atención a la preposición *a*.**

a (Yo) – invitar – María y Juan Antonio – fiesta de cumpleaños.
Voy a invitar a María y a Juan Antonio a mi fiesta de cumpleaños.

b Luis – llevar – Miguel – a casa.
....

c (Nosotros) – necesitar – tu padre – porque ir a ayudar en la nueva casa.
....

d Un programa de televisión – invitar – el profesor – hablar sobre su especialidad.
....

e Mi marido – llamar – Carmen – para preguntar una cosa.
....

f Mi empresa – ayudar – los empleados – mucho.
....

4 **Completa con las preposiciones *a, en, de* o *por*. ¡Cuidado! No siempre son necesarias.**

Querida Amalia:

Hace mucho tiempo que no sé nada de ti y he aprovechado que tengo un ratito libre para escribirte un poco. Me sorprendió no verte (1) .... el sábado pasado en la fiesta de Blas. ¿Por qué no viniste? Blas me dijo que te invitó (2) .... ti y (3) .... Pepe y que no sabía por qué no estabas allí. Bueno, en realidad no te perdiste nada, la fiesta fue un poco aburrida. Pero he estado pensando y ahora me toca a mí. Quiero organizar una cenita (4) .... diciembre, es decir, (5) .... el mes que viene. Sé que es pronto, pero mejor decirlo ahora que más tarde, porque al final nadie puede venir. ¿Qué te parece si quedamos (6) .... el jueves 5? He pensado (7) .... las 9:30 de la noche en el restaurante "El Chuletón"? ¿Lo conoces? ¿O prefieres mejor (8) .... el sábado? ¿(9) .... qué hora te viene bien? ¿Prefieres quedar mejor (10) .... la tarde? Lo importante es verte, que tengo ganas de hablar contigo. El tiempo pasa ;-)

Muchos besos,

Carmen

5 **¿Qué planes tiene Alberto para las próximas semanas? Escríbelos.**

Abril				**Mayo**			
Lu	19		Lu 26 *Maribel llega a aeropuerto 13:00*	Lu	26		Lu 3 *formación Valencia*
Ma	20		Ma 27	Ma	27		Ma 4
Mi	21	*llevar coche al taller 7:30*	Mi 28 *Cumple Juani*	Mi	28		Mi 5
Ju	22		Ju 29	Ju	29		Ju 6 *hacer examen de francés*
Vi	23		Vi 30	Vi	30		Vi 7
Sá	24	*Visita prima Toñi*	Sá 1	Sá	1	*Maribel a aeropuerto.*	Sá 8
Do	25		Do 2	Do	2	*tren a Valencia: 12:48*	Do 9

a *El miércoles, 21 de abril, tiene que llevar el coche al taller a las siete y media de la mañana.*

b ....

c ....

d ....

e ....

f ....

6 Vns?

a Escribe el texto completo de los mensajes.

1

2

3
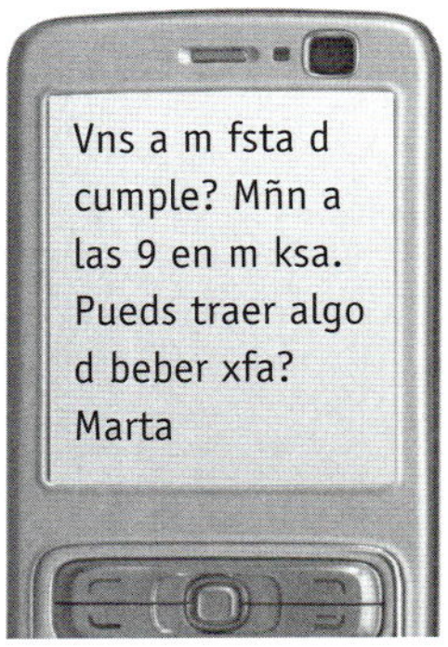

4

1 ....
2 ....
3 ....
4 ....

61–62

b Escucha los diálogos. ¿A cuáles de los sms contestan estas llamadas?

Diálogo 1: sms ....
Diálogo 2: sms ....

c Contesta a una de las otras dos invitaciones con "tu" teléfono móvil.

....
....
....

7 Lee las invitaciones. ¿Cuál te parece más formal y cuál más informal? Subraya las expresiones que hacen referencia al grado de formalidad.

a

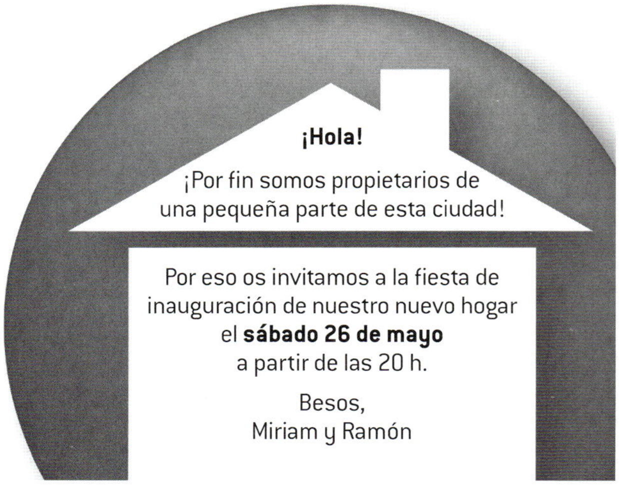

b

8 Invitaciones por correo electrónico.

a Invita a tu amigo Antonio a tomar un café.

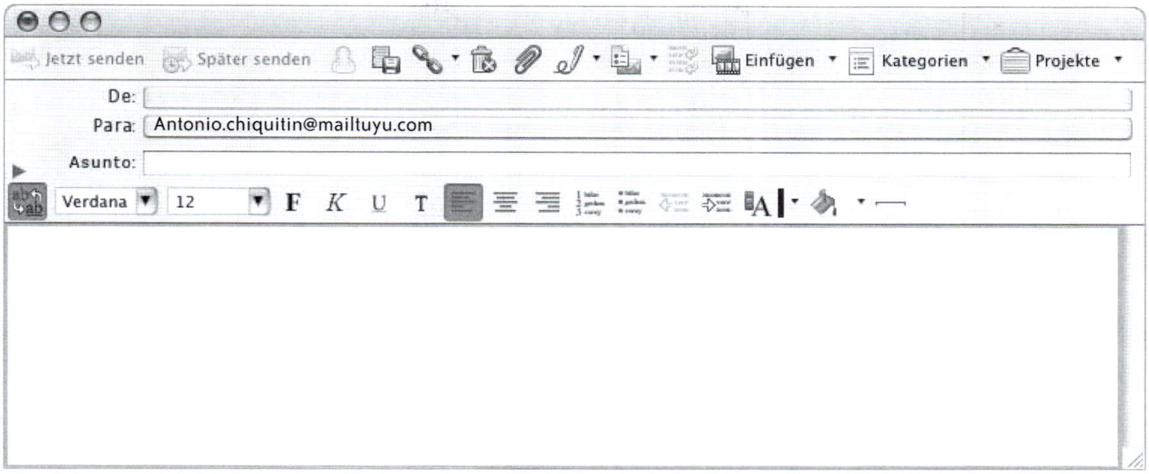

b Invita a tu hermana a tu casa a comer el domingo.

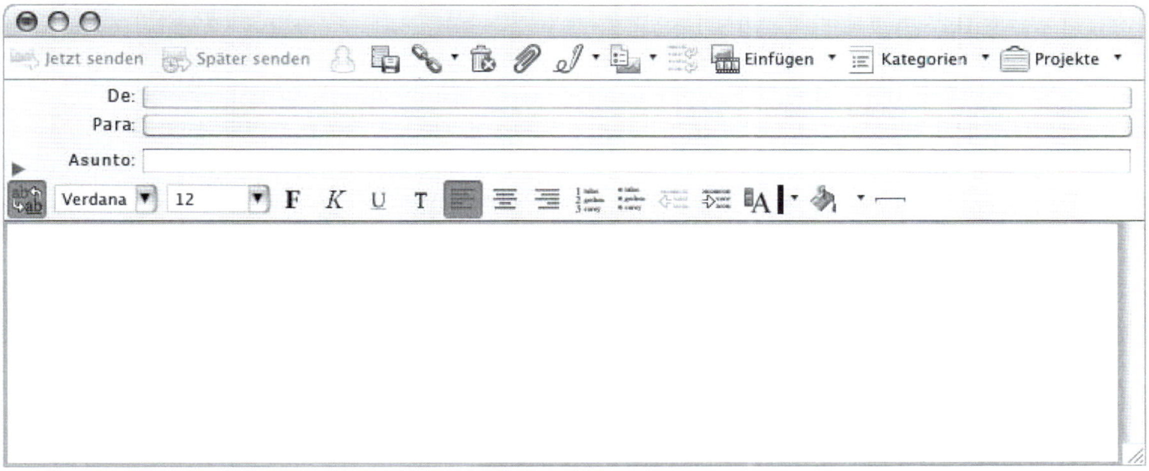

c Invita a tu jefe o jefa a comer a tu casa.

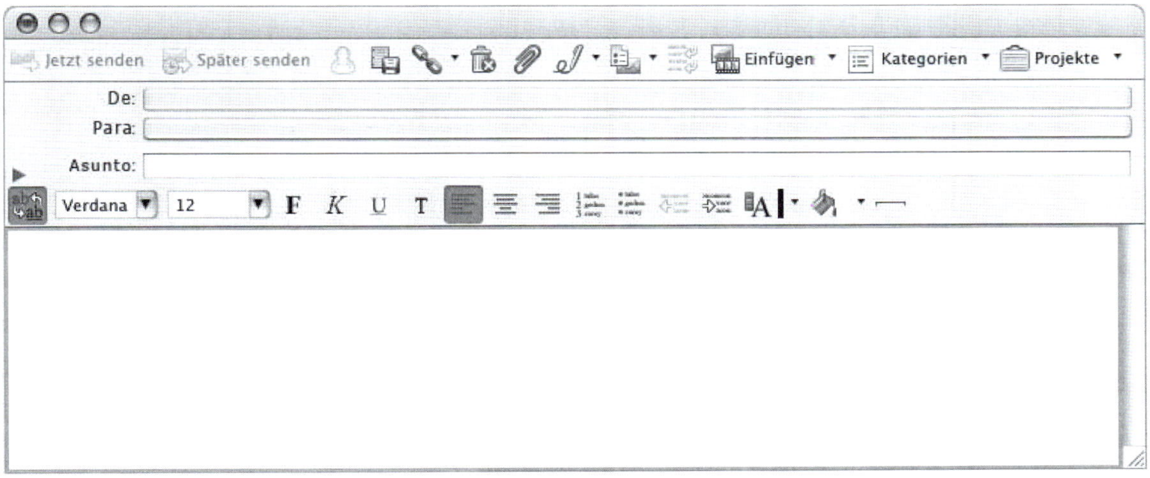

63–67

9 Te invito.

a Escucha los diálogos 1 a 5 y relaciónalos con las siguientes situaciones.

- ☐ Una persona invita a otra a ir al teatro.
- ☐ Dos personas discuten sobre quién paga.
- ☐ Una persona organiza una fiesta porque tiene visita de un familiar.
- ☐ Una madre llama a su hija para invitarla a comer.
- ☐ Dos personas se van a tomar algo para celebrar una buena noticia.

b Escucha otra vez y decide si las afirmaciones son verdaderas (V) o falsas (F).

		V	F
1	La fiesta va a ser en un restaurante.	☐	☐
2	Inés no acepta la invitación de su madre porque ya ha quedado con los padres de su novio para comer.	☐	☐
3	La persona sólo tiene una entrada y por eso tienen que comprar otra.	☐	☐
4	La persona está muy contenta porque ha aprobado un examen.	☐	☐
5	Cada persona paga lo que ha tomado.	☐	☐

B

10 ¿Cómo se celebran estas fiestas? Completa como en el ejemplo.

hacer | celebrar | comer | preparar | bailar | decorar | cantar

1 En Navidad se hacen muchos regalos.
2 En Carnaval .... y .... por las calles.
3 En la Fiesta de los Muertos de Ecuador .... un pan especial que se llama guagua.
4 En España, los pueblos en fiestas .... con guirnaldas y banderitas de colores.
5 La colada es una bebida especial que .... con mortiño, harina de maíz y canela.
6 Las fiestas de Quito .... del 1 al 6 de diciembre.

68–72

11 Escucha las explicaciones sobre estas fiestas y anota al lado el orden en que se habla de ellas.

- ☐ La Fiesta de la Cerveza de Múnich
- ☐ Fiesta de los Muertos en Ecuador
- ☐ Carnaval
- ☐ Fiesta de Inti Raymi o del Padre Sol
- ☐ Fiestas del Pilar o Fiesta Nacional de España

12 **Crucigrama. Escribe las palabras que corresponden a las definiciones.**

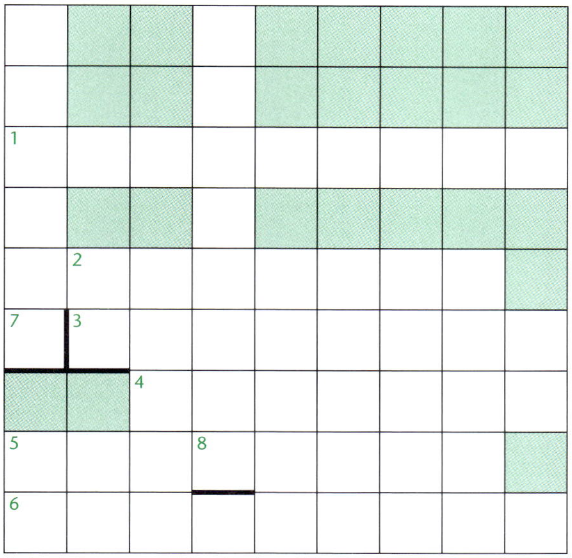

Horizontales:

1 Se usa para decorar las calles. Tiene muchos colores.
2 Exhibición de objetos.
3 Nombre general para los cantes y bailes populares de una región.
4 Un sitio donde se puede escuchar música y bailar en las fiestas.
5 En él se puede ganar dinero, o regalos, o un coche, etc.
6 El trabajo en público de cantantes o actores en un concierto o en el teatro se llama...

Verticales (escríbelas de abajo a arriba):

7 Muchas fiestas en España y Latinoamérica se celebran en honor a esta mujer.
8 ¿Qué verbo se usa en español para decir: .... *una fiesta*?

13 **Has estado en las Fiestas del Pilar de Zaragoza. Mira para ello el programa de fiestas de la página 79. Elige cinco eventos y cuenta qué has hecho allí.**

primero | después | luego | finalmente

El mes pasado, estuve de vacaciones en España y el 12 de octubre visité las Fiestas del Pilar en Zaragoza.
....
....
....

14 **Completa el texto con las preposiciones que faltan (*a, de, con, en* o *para*).**

El fin de semana pasado estuve (1) .... unos amigos (2) .... las fiestas de Villarluengo. Primero fuimos (3) .... las 10 (4) .... la mañana (5) .... la plaza del pueblo, para escuchar el pregón. ¡Había muchísima gente! Luego visitamos (6) .... mi abuela, que nos invitó a tomar un aperitivo. Después fuimos (7) .... ver la muestra gastronómica (8) .... platos típicos del país. ¡Comimos tanto, que no necesitamos comer en casa! Luego fuimos a dar un paseo hasta la ermita, desde donde hay unas vistas maravillosas del pueblo. Allí descansamos sentados (9) .... un banco. Más tarde fuimos (10) .... casa (11) .... cambiarnos de ropa y después cenamos en la terraza de Casa Paco. (12) .... las 11 (13) .... la noche empezaron los fuegos artificiales y después fuimos (14) .... la verbena y estuvimos bailando hasta las 4 (15) .... la noche. ¡Lo pasamos de maravilla!

15 **Escribe un texto sobre una fiesta en la que has estado. Estas preguntas te pueden ayudar.**

¿Dónde tuvo lugar?
¿Qué se celebraba/celebra?
¿Cómo se celebraba/celebra?
¿Cuándo estuviste allí?
¿Con quién estabas allí?
¿Qué llevabas puesto?
¿Cómo era el tiempo?
¿Cómo era el ambiente?
¿Qué pasó en esa fiesta?
Cuenta alguna anécdota.

16 **La Navidad en España y Alemania**

a **Aquí tienes las fiestas del periodo navideño en España. ¿Cuáles de estos días también se celebran en tu país?**

☐ Lotería de Navidad (22 de diciembre)
☐ Nochebuena (24 de diciembre)
☐ Navidad (25 de diciembre)
☐ Los Santos Inocentes (28 de diciembre)
☐ Nochevieja (31 de diciembre)
☐ Año Nuevo (1 de enero)
☐ Los Reyes Magos (6 de enero)

73

b **Una española, que vive en Alemania, nos habla de la Navidad en los dos países. Toma nota. ¿Qué diferencias hay?**

	¿Qué se hace en España?	*¿Qué se hace en Alemania?*
6 de diciembre		
22 de diciembre		
24 de diciembre: Nochebuena		
25 de diciembre: Navidad		
28 de diciembre: Santos Inocentes		
31 de diciembre: Nochevieja		
1 de enero: Año Nuevo		
6 de enero: Los Reyes Magos		

17 **¿Cómo se celebraba la Navidad en tu familia cuando eras niño? Describe lo que hacíais y qué costumbres había.**

18 **El Roscón de Reyes es un dulce típico del periodo navideño en España y en algunos países de Hispanoamérica, especialmente en México. Lee la receta y relaciona las explicaciones con las imágenes.**

ROSCÓN DE REYES

Ingredientes
- 500 g de harina
- 40 g de levadura
- 1/4 de litro de leche
- 3 huevos
- 120 g de mantequilla
- 10 g de sal
- 100 g de azúcar
- frutas escarchadas
- ralladura de naranja y limón
- 1 cucharada de ron
- 1 cucharada de agua de azahar

Preparación:

1 ☐

2 ☐

3 ☐

4 ☐

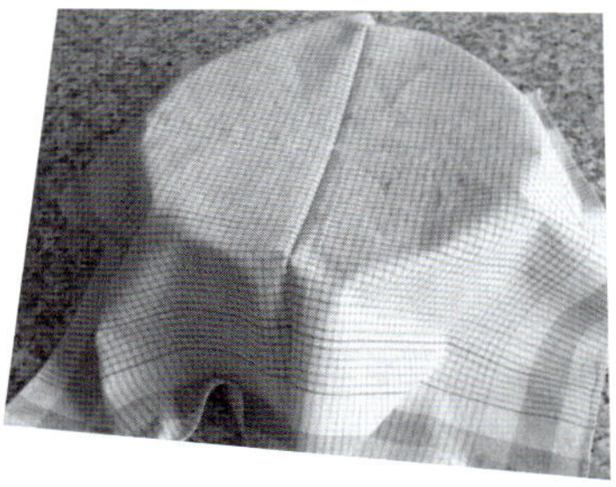

5 ☐

6 ☐

A Se pone en la bandeja del horno engrasada, se le da forma de corona. Se tapa con un paño y se deja reposar otras dos horas.

B Se pinta con huevo batido y finalmente se adorna con frutas escarchadas, se introduce una pequeña sorpresa (para los niños) y se mete al horno previamente calentado, a una temperatura media-fuerte, durante unos 40 minutos.

C

Se prepara una masa con la levadura y con la mitad de la harina y la leche tibia. La masa se tapa con un paño y se deja reposar en un lugar cálido.

D

Se une a la harina restante y se amasa lo suficiente. A todo esto se le añade la masa anterior que estaba reposando. Se amasa todo junto enérgicamente hasta conseguir una masa fina y elástica.

E

Se forma una bola, se pone en un recipiente, se tapa de nuevo con un paño y se deja reposar de nuevo.

F

Se baten los huevos con la mantequilla, el ron, la sal, el azúcar, el agua de azahar y ralladura de frutas naranja y limón.

74–75

19 **Escucha las canciones y marca si existen en tu lengua. ¿Qué diferencias hay entre estas canciones y las que se cantan o tocan en tu país por estas fechas?**

	Existe	Diferencias
a Villancico de Navidad 1	☐	....
b Villancico de Navidad 2	☐	....

Vokalverbindungen: *diptongos, triptongos* und *hiatos*

20 a En español todas las sílabas tienen que tener una vocal, y a veces, incluso dos o tres. Lee las palabras y después completa la regla con ejemplos.

a bai-le	d a-gua	g rui-do	j es-tu-diáis
b trein-ta	e sue-ño	h ciu-dad	k U-ru-guay
c Eu-ro-pa	f tien-da	i viu-do	l i-dio-ma

- Diphthong *(diptongo)* nennt man die Verbindung zweier Vokale, die in einer Silbe zusammentreffen und beide ausgesprochen werden. Ein Diphthong kann so gebildet werden:

  a, e, o + i*, u wie z.B. in .... und ....

  i, u + a, e, o wie z.B. in .... und ....

  i + u; u + i* wie z.B. in .... und ....

  Bei den ersten zwei Gruppen liegt die Betonung immer auf den Vokalen *a*, *e* oder *o*, bei der dritten Gruppe immer auf dem zweiten Vokal, d.h. auf dem *i* oder *u*.

- Die Kombination dreier Vokale in einer einzigen Silbe nennt man Triphthong *(triptongo)*. Der mittlere Vokal trägt immer die Betonung.

  *Am Wortende wird das *i* zu *y*.

¡Fíjate!

76 **b Escucha y subraya la vocal que se pronuncia con mayor fuerza.**

cau-sa	puer-ta	vein-te
Ceu-ta	in-vier-no	viu-do
sue-lo	eu-ro	Lui-sa

21 a Fíjate en estas palabras, léelas en voz alta y después completa la regla.

dí-a	rí-o	mu-se-o
Su-i-za	pa-e-lla	po-e-sí-a
te-a-tro	fo-to-gra-fí-a	pa-ís

- Wenn zwei Vokale aufeinander folgen, aber zu verschiedenen Silben gehören, spricht man von einem Hiat *(hiato)*.
- Wenn im Hiat ein *a*, *e* oder *o* mit einem *i* oder *u* zusammentrifft und die Betonung auf dem *i* oder *u* liegt, dann tragen diese Vokale einen orthografischen Akzent *(tilde)* wie z.B. in *país* oder ....

¡Fíjate!

77 **b Escucha y divide estas palabras en sílabas. Después repite.**

tío:	tí-o	Suecia:	....
cliente	....	río:	....
María:	....	hacéis:	....
mediodía:	....	compráis:	....
ahí:	....	traer:	....

Unidad 8

A

1 Describe la situación geográfica de los lugares, regiones y ríos de estos lugares.

a Buenos Aires es una ciudad que está a orillas del Río de la Plata, en la costa este del país.
b Uruguay ……
c Mendoza ……
d Tierra del Fuego es una región ……
e El Aconcagua es una montaña ……
f Las Islas Malvinas ……
g El volcán Ojos del Salado ……
h La Península Valdés ……
i Río Negro ……

78 **2** **Escucha a estas cinco personas y después recomiéndales un viaje a México, Perú, Guatemala o Chile, dependiendo de sus intereses.**

a *Pues si quieres conocer bien la cultura azteca, tienes que ir a México.*
b ....
c ....
d ....
e ....

79 **3** **Escucha la descripción de estos lugares. ¿De qué lugares se trata?**

1 ....
2 ....
3 ....

Moscú | el Teide | el Rhin | Venecia
el Danubio | París | el Everest | el Tajo

4 **Paisajes**

a Relaciona las palabras con los dibujos.

la selva | el volcán | el río | la montaña | el lago | el bosque | la playa
la ciudad | el pueblo | los árboles | los campos

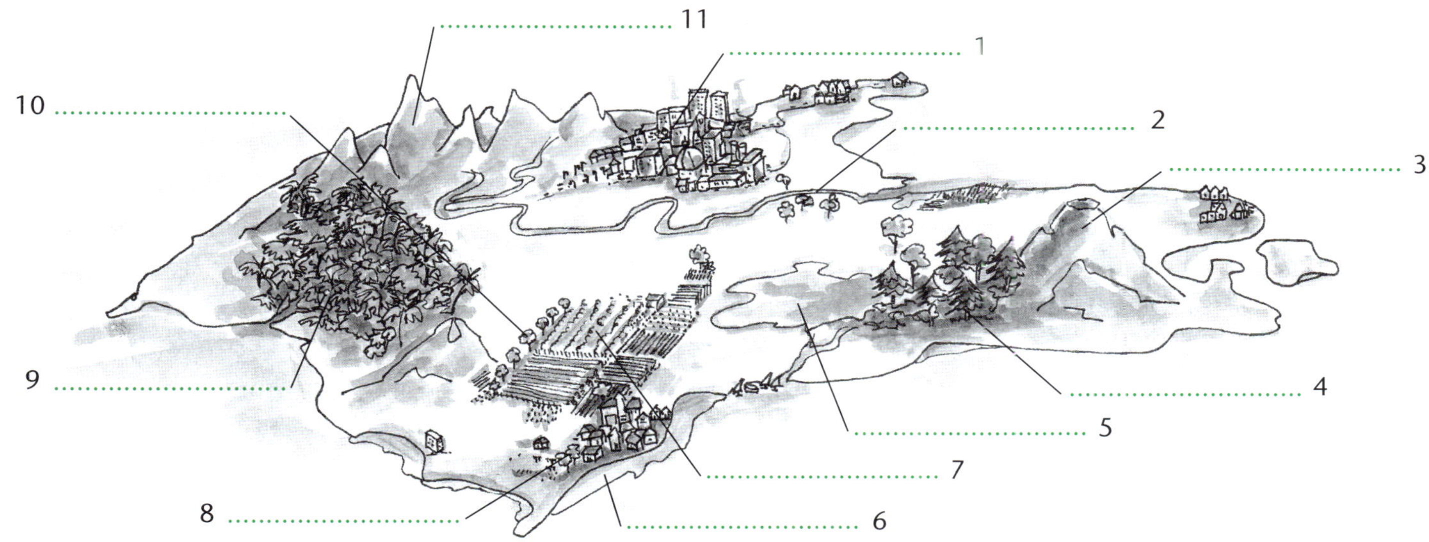

b Escribe 5 frases donde describes las imágenes de a.

1 ....
2 ....
3 ....
4 ....
5 ....

5 Historia de Buenos Aires

a Completa con las formas verbales en *indefinido*.

El español Pedro de Mendoza (fundar) .... por primera vez la ciudad de Buenos Aires en 1536 bajo el nombre de Nuestra Señora del Buen Ayre.
En 1541 los indios destruyeron la ciudad y Juan de Garay (refundar) .... la ciudad en 1580 con el nombre de Ciudad de La Santísima Trinidad y Puerto de Santa María del Buen Ayre.
Desde 1776 Buenos Aires (comenzar) .... a evolucionar debido al comercio. La ciudad (desarrollarse) .... no sólo económicamente sino también culturalmente. El primer gobierno patrio (crearse) en 1810 con la Revolución de Mayo, influida por la llegada de ideas liberales y la ocupación de España por el gobierno napoleónico.
La ciudad de Buenos Aires (sufrir) .... una gran transformación a finales del siglo XIX y principios del siglo XX. La ciudad desarrolló su infraestructura: se construyeron nuevos edificios, plazas y monumentos, y se mejoraron los servicios públicos. En 1913 (construirse) .... el primer metro subterráneo de Latinoamérica.

b Tus últimas vacaciones las pasaste en Buenos Aires e hiciste algunas fotos. Cuenta lo que hiciste.

ver | visitar | viajar | montarse | ir | hacer fotos | bailar | conocer

Palacio del Congreso de la Nación Argentina

Avenida Nueve de Julio

El subte (subterráneo) de Buenos Aires

Baile de Tango en la calle

Calle Florida con sus tiendas

El año pasado estuve en Buenos Aires y fui ....

....

....

....

....

6 **Lee y compara los datos de estas ciudades con el mismo nombre.**

MÉRIDA			
País	España	Venezuela	México
Com. Autónoma/Estado	Extremadura	Mérida	Yucatán
Altitud	217 metros	1.630 m	9 m
Superficie	865,6 km^2	25-60 km^2	848.51 km^2
Fundación	25 antes de Cristo	1558	1542
Población	53.915 habitantes	850.000 hab.	990.000 hab.

CORDOBA			
País	Argentina	España	México
Provincia	Córdoba	Andalucía	Veracruz
Altitud	390 m	120 m	850 m
Superficie	562 km^2	1.252 km^2	139 km^2
Fundación	1573	Siglo VIII a.C.	1618
Población	1.270.000 hab.	322,867 hab.	140.000 hab.

BARCELONA		
País	Venezuela	España
Estado	Anzoátegui	Cataluña
Altitud	13 metros	9 metros
Superficie	76,5 km^2	91,4 km^2
Fundación	1638	siglo I a.C.
Población	370.000 hab.	1.650.000 hab.

a Mérida ....

....

b Córdoba ....

....

c Barcelona ....

....

7 ¿Con qué aspectos positivos y negativos relacionas con estas imágenes?

1 La contaminación: ....

2 La oferta cultural: ....

3 El ruido: ....

4 Los atascos: ....

5 Zonas verdes: ....

6 Patrimonio artístico y cultural: ....

8 Un foro

a Subraya en dos colores diferentes las ventajas y desventajas de Fuentepeñas que se mencionan en el texto.

El Chat – El mejor sistema de chat y amigos en español

http://www.tuchat.com/

24/09/2008 13:23
La ciudad de Fuentepeñas ha cambiado mucho en los últimos años. Aún recuerdo aquel pueblo tranquilo y paraíso natural. Pero por la noche había una marcha increíble: discotecas, bares de tapas, el puerto...

Hoy en día todo ha cambiado: hay hoteles de cinco estrellas, un paseo marítimo, por el viejo puerto ya nadie pasea tranquilamente como antes. El pueblo marinero es ahora una ciudad moderna, que tiene sus atractivos y sus aspectos negativos.

¿Aspectos negativos?: La falta de trabajo, el precio de la vivienda, la delincuencia…

¿Aspectos positivos?: Sus maravillosas playas, el clima, la naturaleza, el carácter de sus habitantes, sus fiestas...

Si quiere disfrutar de unas playas increíbles con una naturaleza increíble y zonas sin edificar (cosa que no pasa en el toda la costa), si quiere pasarlo bien en sus fiestas, si quiere comer bien, si quiere disfrutar de un clima increíble, Fuentepeñas es perfecta.

Eso sí, Fuentepeñas no es tranquila, hay tráfico y ruido. Lamentablemente algunos jóvenes no saben cuidarla.

Yo, por mi parte, no puedo vivir si no la visito al menos una vez al año. Fuentepeñas me da vida.

b ¿Te parece Fuentepeñas un buen lugar para vivir? ¿Por qué?

....

....

....

....

....

9 Dos barrios

a ¿Qué aspectos positivos y negativos tienen estos dos barrios? Descríbelos.

A

B

BARRIO A

....

....

....

....

....

BARRIO B

....

....

....

....

....

80

b Escucha los diálogos. ¿En qué barrios crees que viven estas personas? Marca con una cruz.

	1	2	3	4	5	6
Barrio A	☐	☐	☐	☐	☐	☐
Barrio B	☐	☐	☐	☐	☐	☐

c ¿Cómo es tu barrio? ¿Qué aspectos de A y B encuentras en el lugar donde vives?

....

....

....

....

10 ¿Estás de acuerdo con estas afirmaciones? Reacciona.

Sí, estoy de acuerdo. | No estoy de acuerdo. | Es probable. | Puede ser. | Quizás. | A lo mejor.

a Berlín es la capital más atractiva de Europa.

....

b Italia es mejor que España para pasar las vacaciones.

....

c Las ciudades con puerto son más cosmopolitas que las ciudades de interior.

....

d París es la capital cultural de Europa.

....

e Stuttgart es la ciudad más bonita de Alemania.

....

f Las islas Baleares son más bonitas que las islas Canarias.

....

11 Une las frases. Usa para ello por eso.

a Me gusta vivir en mi pueblo. Es muy tranquilo.
Mi pueblo es muy tranquilo. Por eso me gusta vivir en él.

b En este barrio el aire está muy sucio. Hay mucha contaminación.

....

c La policía está buscando al delincuente. Una vecina ha llamado.

....

d Los habitantes de Alcudia quieren organizar una reunión. Quieren hablar sobre el nuevo polideportivo.

....

e Tenemos que llamar a David. Es su cumpleaños.

....

f Luis y Esme no tienen ganas de quedar con nosotros. Están muy cansados.

....

12 **Completa la postal con *muy, mucho, mucha, muchos* oder *muchas.***

¡Hola Gerardo!
Muchos saludos desde Extremadura, una región que tienes que ver algún día. ¡Te echamos (1) .... de menos!
Aquí hace (2) .... calor. Tenemos que ir siempre (3) .... ligeros de ropa porque el sol te quema (4) .... Los paisajes son (5) .... bonitos. Hay zonas con (6) .... árboles y una vegetación increíble.
Además, la comida es (7) .... rica. Si vas a un supermercado, ves (8) .... jamones y productos típicos extremeños. Cáceres es preciosa y es una ciudad con (9) .... marcha. Hay (10) .... estudiantes porque su universidad es (11) .... moderna. También hemos estado (12) .... veces en Mérida, una ciudad (13) .... antigua. Y también en Badajoz, que está (14) .... cerca de Portugal.
(15) .... besos de tu amiga Lola.

13 **El metro de Madrid**

-83 **a** **Escucha los tres diálogos y marca en el plano de metro los caminos que siguen estas personas.**

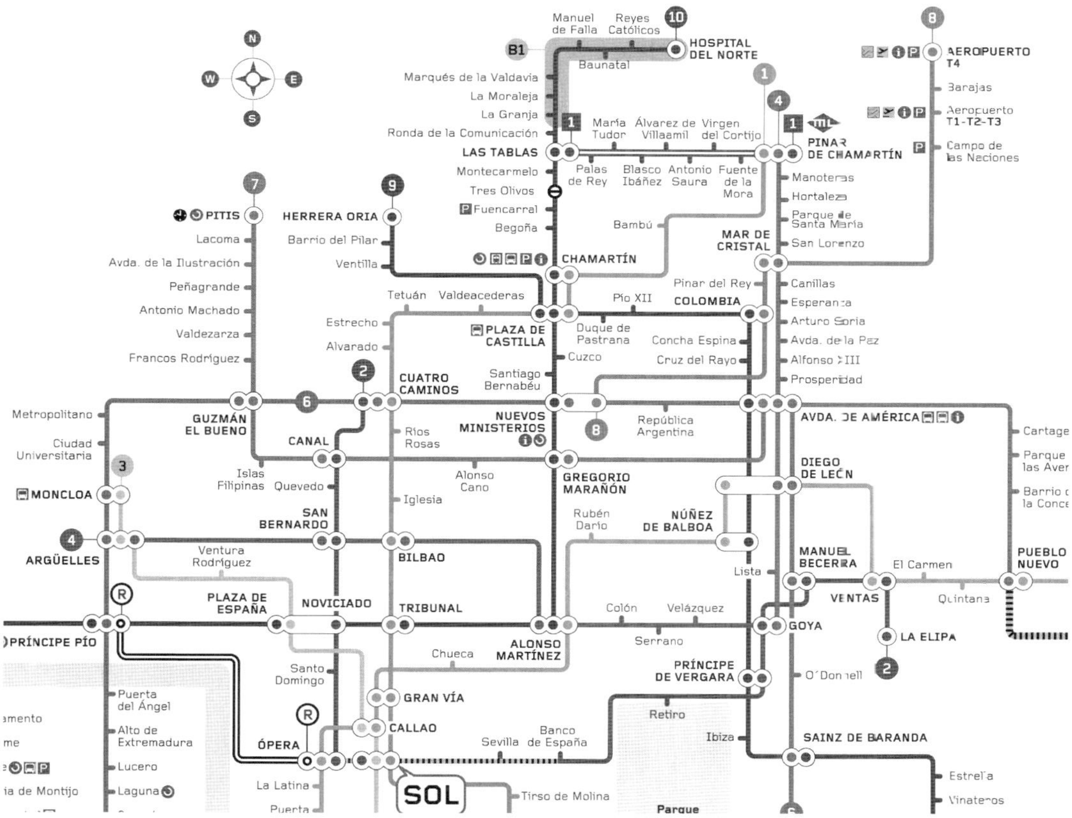

b **Describa el camino más corto entre estas estaciones.**

1 De Bilbao a Colombia: ....
....

2 De Sol al aeropuerto: ....
....

14 ¿Se siente bien en su ciudad?

a Contesta este cuestionario sobre tu ciudad.

AYUNTAMIENTO
Departamento de Asuntos Sociales y Bienestar

1. ¿En qué parte de la ciudad vive?
   ....
2. ¿Le gustaría vivir en otra parte de la ciudad? ¿Dónde?
   ....
3. ¿Cree que hay mucho ruido en el centro?
   ....
4. ¿En qué momento del día cree que hay más ruido?
   ....
5. ¿Tiene una vivienda propia o vive de alquiler?
   ....
6. ¿Cree que el precio de la vivienda es muy alto?
   ....
7. ¿Qué cambiaría o mejoraría de la ciudad?
   ....

Edad: .... Sexo: Varón ☐ Mujer ☐

¡Muchas gracias por su colaboración!

b **Lee las respuestas de este habitante de Madrid y compara con las tuyas. ¿Qué diferencias y semejanzas hay?**

AYUNTAMIENTO DE MADRID
Departamento de Asuntos Sociales y Bienestar

madrid

1 ¿En qué parte de la ciudad vive?
En el centro, en Chueca.

2 ¿Le gustaría vivir en otra parte de la ciudad? ¿Dónde?
No, me gusta mucho donde vivo.

3 ¿Cree que hay mucho ruido en el centro?
Sí, es el centro.

4 ¿En qué momento del día cree que hay más ruido?
Todo el día, no tanto al mediodía o por la tarde. También los fines de semana.

5 ¿Le molesta el ruido?
Un poco sí, sobre todos los fines de semana.

6 ¿Tiene una vivienda propia o vive de alquiler?
Propia.

7 ¿Cree que el precio de la vivienda en Madrid es muy alto?
Sí, cada vez más.

8 ¿Qué cambiaría o mejoraría de la ciudad?
La inseguridad y los hospitales.

Edad: *35 años* Sexo: Varón ☐ Mujer ☒

¡Muchas gracias por su colaboración!

Varianten des Spanischen: *seseo* und *yeísmo*

84 **15 Fíjate en cómo pronuncian estas personas estas palabras. ¿Qué diferencias encuentras?**

zapato	azteca	plaza	cruz	cenicero
cero	corazón	cerveza	diccionario	

Die Konsonanten *c* und *z* werden in Lateinamerika, in Teilen Andalusiens und auf den Kanarischen Inseln wie der Laut [s] in *Wasser* ausgesprochen. Dieses sprachliche Phänomen, das man **seseo** nennt, ist sehr verbreitet: Vergessen Sie also nicht, dass ein großer Teil der spanischsprachigen Welt *„sesea"*!

¡Fíjate!

85 **16 Escucha cómo pronuncian estas tres personas la letra ll en esta frase. ¿Escuchas diferencias? ¿Cuál de las tres variantes habla tu profesor?**

Hola, me llamo Marcos. Y tú, ¿cómo te llamas?

In weiten Teilen des spanischen Sprachgebietes werden *ll* und *y* gleich ausgesprochen, nämlich wie *j* in *Jaguar*. Dieses identische Aussprechen von *ll* und *y* als <u>einen</u> Laut nennt man *yeísmo*. Ursprünglich wurden beide Buchstaben unterschiedlich ausgesprochen (ll als /λ/ und y als /j/), heute existieren diese unterschiedlichen Aussprachevarianten nur noch in einigen wenigen Regionen Spaniens und Lateinamerikas, wie z.B. in Peru (außer Lima). In Buenos Aires und Umgebung (Region *Río de la Plata*) sowie in Uruguay werden *ll* und *y* besonders intensiv ausgesprochen und klingen ähnlich wie *sh* in *english*.

¡Fíjate!

86 **17 ¿De dónde pueden ser estas personas? Presta atención a cómo hablan y pon sus nombres en el mapa correspondiente.**

de Buenos Aires

de Zamora

de Lima

de Málaga

a Hola, soy Juanjo. Tengo veinticinco años y soy profesor de Educación Física en un colegio.

b Hola, yo soy Marcos. Estoy casado y tengo dos hijas: Julia y Yolanda.

c Hola, me llamo Cecilia y tengo cinco hermanos.

d Hola, me llamo Rocío y tengo treinta y cinco años. Trabajo de azafata de vuelo en la compañía Iberia.

Unidad 9

A

1 ¿Y tú cómo eres? Combina los adjetivos con su definición.

a tímido/-a
b divertido/-a
c extravagante
d raro/-a
e abierto/-a
f alegre
g apasionado/-a
h inteligente
i sincero/-a
j original
k excéntrico/-a
l discreto/-a
m arrogante
n bromista

1 Sabe mucho y puede recordar cosas fácilmente.
2 No es una persona triste. Es lo contrario.
3 No le gusta llamar la atención.
4 Persona comunicativa que cuenta cosas sin problemas. Lo contrario de cerrado.
5 Sorprendente, poco visto, creativo.
6 Lo suyo es lo mejor y le gusta demostrarlo.
7 Habla poco porque es vergonzoso.
8 Sus gustos y su comportamientos están fuera de lo habitual
9 Es raro, poco visto.
10 Con esta persona te lo pasas muy bien porque no es aburrido.
11 Le gusta contar chistes y hacer reír.
12 No es normal, es extraño.
13 Siempre dice la verdad.
14 Vive y siente con mucha intensidad.

2 ¿Conoces a alguien con estas cualidades? ¿Quién? ¿Por qué?

CUALIDAD	NOMBRE
a tímido	*Mi prima Vanesa. No habla mucho con la gente.*
b divertido	
c apasionado/-a	
e abierto	
f alegre	
h sincero	
i original	
j excéntrico	
k discreto	
l arrogante	
m sociable	
n bromista	

3 Amigos

a Estas personas buscan amigos. Lee los anuncios y completa con sus nombres las frases en las burbujas.

1 ¡Hola!
Me llamo Lucas. Soy un tipo muy sociable y algo excéntrico. Mucha gente dice que soy muy inteligente.
Me gustaría conocerte.
¡Hasta pronto!

2 ¡Hola!
Soy Lola. Me gustaría conocer a gente nueva. No sé qué decir de mí. Soy persona de pocas palabras, un poco tímida e introvertida, pero interesante. Me gusta mucho salir a pasear por el campo.

3 ¿Quieres conocerme?
Soy sincero, alegre y dicen que soy bromista. ¿Te lo demuestro?
Me llamo Manolo.

4 ¡Hola gente!
Me llamo Inés. ¿Te gustaría pasártelo bien conmigo? Soy muy divertida y extrovertida. Me encanta hablar con todo el mundo… ¿y por qué no también contigo?

a A .... LE GUSTA DAR LARGOS PASEOS Y DISFRUTAR DE LA NATURALEZA.

b LOS MEJORES CHISTES LOS CUENTA ....

c ¿....................? ES UN TIPO MUY ORIGINAL. SIEMPRE CON IDEAS MUY LOCAS. PERO ESO SÍ, MUY LISTO.

d .... ES UNA PERSONA MUY SOCIABLE. LA PUEDES ENCONTRAR EN CADA FIESTA.

b ¿A quién te gustaría conocer?¿Por qué?

....

....

c Escribe un anuncio buscando amigos.

....

....

....

....

....

....

....

....

4 ¡Hazlo!

a Completa con las formas verbales en la persona *tú* y después escribe un ejemplo.

Infinitivo	Imperativo afirmativo	Imperativo negativo	Ejemplo
....	pregunta	....	¡Pregunta a tu madre!
....	....	no vayas	....
hacer	....	....	....
....	....	no sigas	....
....	duerme	....	....
comportarse	....	....	....

b Los padres de Roberto están pasando el fin de semana fuera. Completa las notas que le han dejado Roberto con las formas *tú* del imperativo.

llegar | poner | ir | comprar | ponerse | ir | oír

1 No .... al centro de noche.

2 No .... la lavadora, tenemos que llamar al técnico.

3 .... un buen abrigo, este fin de semana va a hacer mucho frío.

4 No .... la música muy alta, que los vecinos se quejan.

5 .... al supermercado y .... comida. Repito: COMIDA.

6 No .... muy tarde a casa.

5 Gente rara. ¿Qué recomiendas a estas personas? Escribe los imperativos utilizando las formas de *tú* o de *vosotros*.

a Álvaro cuenta demasiados chistes y llega a ser pesado.
Álvaro, chico, ...

b Sofía habla muy poco, es bastante introvertida.
Vamos, Sofía .... Es mejor para ti.

c Iván es demasiado hablador. No se calla nunca y no escucha a la gente.
Iván, por favor, ...

d Carmen está demasiado tiempo en casa, ve mucho la tele y también pasa mucho tiempo en internet.
Vamos, Carmencita .... ¡Venga!

e Carlos y María del Mar salen poco de casa y cuando salen son muy cerrados y no se comunican mucho con la gente.
Chicos, ...

f Simón y Susana ven demasiada tele y solo hablan sobre los programas de la tele que ven. No intentan cambiar.
¡Por favor! ....

6 El mejor consejo

a Elige el consejo adecuado para cada situación.

1 Un buen amigo tuyo tiene que comprar muebles para su nueva casa. Crees que unos muebles rústicos le pueden quedar muy bien:
- a ¿Has pensado ya en muebles rústicos? Creo que van muy bien en tu casa. ¿Vamos juntos a la tienda y los miramos?
- b Cómprese unos muebles rústicos, por favor.

2 Tu hermana necesita comprar un coche y a ti el "Renault Modus" te gusta mucho para ella:
- a Puedes comprártelo, por favor.
- b ¿Has visto el Renault Modus? Es muy bonito y cómodo. Pequeño pero cómodo, y para ti es genial. ¿Por qué no vas a verlo?

3 Un amigo tuyo español con trabajo estable en Alemania no sabe si seguir viviendo en Alemania o marcharse a vivir a España.
- a Piénsatelo muy bien. No olvides que aquí tienes muchos amigos y un trabajo estable.
- b ¡No se vaya a España!

4 Un amigo no sabe donde pasar sus vacaciones. El año pasado estuviste en Tarragona y te encantó:
- a Es importante viajar a Tarragona.
- b ¡Vete a Tarragona! ¿Has estado ya? Yo estuve el año pasado y me encantó. ¡Fue genial!

87 **b Escucha los diálogos y comprueba.**

7 Completa los carteles con las formas *usted* del imperativo.

meter | dejar | arrojar | sacar | hablar

a NO .... COLILLAS POR LA VENTANILLA. PELIGRO DE INCENDIO.

b NO .... SU EQUIPAJE FUERA DE VISTA.

c NO .... CON EL CONDUCTOR.

d NO .... EL PIE ENTRE COCHE Y ANDÉN.

e NO .... PLATOS Y VASOS A LA CALLE.

8 **¿Lo haces o no lo haces?**

Transforma las frases según el modelo. Utiliza estas expresiones para suavizar la recomendación.

Anda | Venga | Chico(s) / -a(s) | Por favor | ...

1 ¿Por qué no hablas más con tus compañeros?
¡Anda, habla más con tus compañeros!

2 ¿Por qué no buscas más contacto con la gente?

3 ¿Qué tal si haces un curso de cocina?

4 Es importante comportarse de una manera positiva (ustedes).

5 Es bueno tener una actitud positiva y ser original (vosotros).

6 ¿Por qué no te vas de vacaciones con un grupo? Seguro que allí puedes conocer a gente.

9 **Busca un eslogan para estos productos. Utiliza para ello las formas del imperativo.**

a Agencia de viajes

b Balneario spa

c Peluquería y salón de belleza

d Teléfono móvil

B

10 **¿Qué se puede decir en estas situaciones? Relaciona. Hay varias posibilidades.**

a Estás hablando con un colega de la filial de tu empresa en México y te quejas de las dificultades en tu trabajo.

b Una compañera de negocios de Argentina te ha invitado a su casa a comer.

c Estás en una feria de muestras en Madrid y allí te encuentras con un antiguo conocido.

d Tú y un/a compañero/-a estáis de nuevo en un bar español y habéis tomado unas tapas. Tu compañero/-a quiere pagar, pero ya pagó ayer.

1 ¡Hombre, cuánto tiempo sin verte!
2 ¿Cuánto es?
3 Es horrible.
4 Ni hablar.
5 Ya no sé que hacer.
6 No puedo más, de verdad.
7 Toma, esto es para ti.
8 Vamos tirando.
9 ¿Quieres un poquito más?
10 Estaba buenísimo todo.
11 ¡Qué salón tan bonito!
12 Hoy me toca a mí.

88 **11** **Completa los diálogos. Después escucha y comprueba.**

■ ¡Hola Pedro! ¡.............................. verte! ¿Qué tal estás?
● ¡Hola Manolo! Pues vamos ...., ¿y tú?

a

■ ¿Cuánto es? Espera, pago yo...
● ¡No, ...! Que tú pagaste ayer. ¡Hoy ....!

b

Anfitriona: ¡Hola! ¿Qué tal?
Invitada: Hola. Muy bien. ¿Y vosotros?
Anfitrión: Por favor, ..., no os quedéis en la puerta.
Invitado: Tomad, ... vosotros.
Anfitriona: ¡Ay, pero.....................................! ¡Muchas gracias!

c

89 **12** **Vas a escuchar cada frase dos veces. Presta atención a la entonación y marca la que te parece más adecuada.**

		1	2
a	¡Hombre Paco! ¡Cuánto tiempo sin verte! ¿Qué tal?	☐	☐
b	¡Qué vestido tan bonito!	☐	☐
c	¡No puedo más, de verdad!	☐	☐
d	¡Marta, me encanta tu blusa, es preciosa!	☐	☐
e	¡Ni hablar! ¡Hoy me toca a mí!	☐	☐

13 **Margarita antes y ahora**

a **Describe cómo era y vivía Margarita cuando era estudiante.**

....
....
....
....
....

b ¿Cómo ha cambiado la vida de Margarita? ¿Qué cosas sigue haciendo? Escribe frases utilizando los siguiente verbos.

empezar a | dejar de | seguir | ya | todavía no | aún

....
....
....
....

14 ¿Qué aspectos de tu vida han cambiado? Forma frases según el modelo.

Wie war es früher?	Einschneidendes Ereignis	Veränderung
Antes fumaba mucho,...	*pero cuando nació mi hija*	*dejé de fumar.*
....	....	....
....	....	....
....	....	....
....	....	....

C

15 Conversación entre amigos.

90

a Ordena el diálogo entre Lola y Rosa. Después escucha y comprueba.

1 ¿Tú sabes de lo que me he enterado?
2 ¡Lourdes y Juan se van a casar!
3 Sí, el año que viene, en septiembre.
4 Es verdad, llevan muy poco tiempo juntos...
5 Pues a lo mejor se quedan en casa de los padres de ella.
6 O quizás alquilan un piso.
7 Yo qué sé... Es que todavía, yo no me lo creo.

a ¿En septiembre? A mí me parece muy pronto.
b Ni yo.
c ¿Qué pasa?
d ¡Pero si esa casa en muy pequeña!
e ¡Poquísimo...! Pero, claro, así es el amor...
f ¿Se van a casar? ¡No me digas!
g Yo creo que no, ¿y cómo lo van a pagar? Si los dos están en el paro...

91

b Escucha de nuevo lo que dice Lola y lee lo que responde Rosa. Presta atención a la entonación.

- ¿Qué pasa?
- ¿Se van a casar? ¡No me digas!
- ¿En septiembre? A mí me parece muy pronto.
- ¡Poquísimo...! Pero, claro, así es el amor...
- ¡Pero si esa casa es muy pequeña!
- Yo creo que no, ¿y cómo lo van a pagar? Si los dos están en el paro...
- Ni yo.

92 **16** **Escucha las frases y elige el contexto correspondiente. ¿Es una petición (höfliche Bitte), una orden (Befehl) o una sugerencia (Empfehlung/Anregung)?**

a ¡Pásame ese bolso, cariño!
1 Es una petición: por ejemplo, se lo dice una mujer a su marido.
2 Es una orden: por ejemplo, se lo dice una madre muy enfadada a su hijo.

b Alejandro, ¡pásame ese bolso!
1 Es una petición: por ejemplo, se lo dice una mujer a su marido.
2 Es una orden: por ejemplo, se lo dice una madre muy enfadada a su hijo, que se llama Alejandro.

c ¡Siéntate, siéntate!
1 Es una sugerencia: por ejemplo, se lo dice Juan a su invitada.
2 Es una orden: por ejemplo, se lo dice un profesor a su estudiante de doce años.

d ¡Enrique, siéntate!
1 Es una sugerencia: por ejemplo, se lo dice Nicolás a su invitado.
2 Es una orden: por ejemplo, se lo dice un profesor a su estudiante de doce años.

Imperative können sowohl Bitten *(petición)*, als auch Befehl *(orden)* oder Empfehlung/Anregung *(sugerencia)* ausdrücken. Das ist jeweils vom Kontext des Gesagten abhängig: wer sagt was warum zu wem? Erkennbar wird die Funktion des Imperativs vor allem an der Satzmelodie und der Tonhöhe, aber auch an bestimmten sprachlichen Merkmalen, wie z.B. Kosenamen oder Wiederholungen von Imperativen (höfliche Bitte oder Empfehlung).

¡Fíjate!

17 **a Elige para cada frase una entonación dependiendo si es una petición, una orden o una recomendación. Lee las frases después en voz alta con la entonación adecuada.**

	petición / sugerencia	orden
a ¡No comas tanto, que vas a enfermar!	☐	☐
b ¡Pase, pase!	☐	☐
c ¡Juan! ¡Ven aquí!	☐	☐
d No fumes tanto, cariño.	☐	☐
e ¡Vente con nosotros de vacaciones!	☐	☐

93 **b Ahora escucha y compara con tu versión de 17a.**

c Escucha de nuevo y repite.

(Test Unidades 7–9)

Was ist richtig? Bitte markieren Sie.

1. ■ En Navidad, mi familia y yo .... ir a cenar a un restaurante.
   ● Pues nosotros cenamos todos juntos en casa.
   - ☐ a suelen ☐ b solemos
   - ☐ c suele ☐ d vamos

2. ■ ¿Te apetece venir a cenar a casa?
   ● ...., pero es que estoy muy cansado y prefiero irme a casa.
   - ☐ a Pues no
   - ☐ b La quería invitar
   - ☐ c No, gracias
   - ☐ d Me encantaría

3. ■ ¿Sabes que tengo un nuevo trabajo?
   ● ....
   - ☐ a ¡Feliz cumpleaños!
   - ☐ b ¡Feliz Navidad!
   - ☐ c ¡Enhorabuena!
   - ☐ d ¡Que aproveche!

4. ■ ¿Hay algo típico en las fiestas de tu pueblo?
   ● Sí, ... danzas tradicionales, por ejemplo.
   - ☐ a se baila ☐ b se bailan
   - ☐ c baila ☐ d bailes

5. ■ ¿Qué hacemos hoy?
   ● .... vamos a visitar a Pedro, ... vamos al bar de Pepe y .... podemos ir a bailar.
   - ☐ a El primer – al final – después
   - ☐ b Al primero – después – al final
   - ☐ c Primero – luego – después
   - ☐ d Primero – al final – cuarto

6. ■ ¿Sabes dónde está exactamente Cuzco?
   ● Sí. .... 850 Kms .... Lima, más o menos.
   - ☐ a Es a – de ☐ b Está a – de
   - ☐ c Está de – a ☐ d Es en – de

7 ■ ¿Qué ciudad prefieres visitar, Barcelona o Madrid?
   ● No sé... Madrid tiene museos muy famosos pero Barcelona, ..., está a orillas del mar.
   - ☐ a mientras que ☐ b en cambio
   - ☐ c luego ☐ d mientras

8. ■ Yo creo que el español es .... difícil .... el italiano.
   ● ¿Tú crees?
   - ☐ a más / como ☐ b tanto / como
   - ☐ c menos / a ☐ d tan / como

9. ■ En esta ciudad hay siempre mucho ruido.
   ● .... La verdad es que yo ya estoy acostumbrado
   - ☐ a No creo que. ☐ b ¿Tú crees?
   - ☐ c Para mí. ☐ d Sin embargo.

10. ■ ¿Te gustaría vivir en Ciudad de México?
   ● ¡Uf! No sé... Es demasiado grande para mí y también hay .... contaminación, ¿no?
   - ☐ a demasiado ☐ b mucho
   - ☐ c muy ☐ d demasiada

11. ■ Tengo problemas con un compañero de trabajo. ¿Qué me aconseja, Sr. Navarro?
   ● Primero, ... con él.
   - ☐ a hable ☐ b hablaste
   - ☐ c hablé ☐ d hablad

12. ■ ¡Es horrible! ¡Últimamente me canso muchísimo cuando hago deporte!
   ● ¡Pues no fumes ....¡
   - ☐ a tan ☐ b tan como así
   - ☐ c ayer ☐ d tanto

13. ■ Toma Pedro, un regalo. Esto es para ti.
   ● ¡Muchas gracias! ....
   - ☐ a ¡Si necesario!
   - ☐ b ¡Era necesario!
   - ☐ c ¡Si no era necesario!
   - ☐ d ¡Necesito!

14. ■ ¡Hola, Pepe! ¿Qué tal? ¿.................... viviendo en el mismo piso?
   ● No, ... Me cambié cuando nació el niño.
   - ☐ a Sigues – ni más
   - ☐ b No sigas – ya no
   - ☐ c Sigues – ya no
   - ☐ d Sigues – más no

15. ■ ¡Hola, María! ¡Cuánto tiempo sin verte! ¿Cómo estás?
   ● Pues .... ¿y tú?
   - ☐ a vamos tirando ☐ b vais tirando
   - ☐ c vamos tirado ☐ d vamos a tirar

(Checkliste 3)

III

OTRA VUELTA

Diese Checkliste hilft Ihnen, Ihre sprachlichen Fähigkeiten besser einzuschätzen.
Verwenden Sie dazu die folgenden Symbole, die Sie in der Spalte „Kann ich ...“ eintragen können:

++ Ich kann das sehr gut. + Ich kann das gut. ! Das fällt mir noch schwer.

Falls notwendig, können Sie die betreffenden Inhalte der Unidades wiederholen, z.B. indem Sie im Kurs- und Arbeitsbuch noch einmal nachschlagen oder weitere Übungen in unserem eñe-Lehrwerkservice im Internet machen. (www.hueber.de/ene).

	Kann ich	Unidad
Hören		
Ich kann die Hauptaussagen in kurzen, klaren und einfachen Mitteilungen oder Durchsagen erfassen, z.B. kurze Nachrichten auf dem Anrufbeantworter.		7
Ich kann einfache Beschreibungen von Themen oder Situationen verstehen, wenn sie von Bildmaterial begleitet werden, z.B. allgemeine Informationen über Feste und Feiern.		7
Ich kann einfache Wegbeschreibungen verstehen, z.B. wie ich mit der U-Bahn von A nach B komme.		8
Ich kann verstehen, was man in einfachen Alltagsgesprächen zu mir sagt, z.B. bei typischen Anlässen des sozialen Lebens wie Begrüßungen, Danksagungen usw.		9
Lesen		
Ich kann standardisierte und weniger standardisierte schriftliche Mitteilungen verstehen, z.B. formelle und informelle Einladungen.		7
Ich kann einfache Kochrezepte verstehen, z.B. wie man ein Getränk zubereitet.		7
Ich kann die Hauptinformationen einer einfachen Web-Seite verstehen, z.B. die Startseite einer Stadtverwaltung.		8
Ich kann Schilder oder Informationen an öffentlichen Orten verstehen, z.B. einen U-Bahn-Plan.		8
Ich kann in einem längeren aber einfachen Text die von mir benötigten Informationen finden, z.B. in einem Persönlichkeitstest aus einer Zeitschrift oder in einem Horoskop.		9
Sprechen		
An Gesprächen teilnehmen		
Ich kann mit anderen besprechen und vereinbaren, was man unternimmt und wie die Aufgaben verteilt werden, z.B. bei der Planung einer Party.		7
Ich kann jemanden einladen und reagieren, wenn mich jemand einlädt.		7
Ich kann mir einfache Informationen für eine Reise beschaffen, z.B. über Sehenswürdigkeiten und weitere Aspekte einer Stadt oder eines Landes.		8
Ich kann nach dem Weg fragen und anhand eines Planes den Weg beschreiben, z.B. in der U-Bahn.		8
Ich kann in Gesprächen angemessen reagieren und typische Merkmale gesprochener Sprache anwenden, z.B. bei Begrüßungen oder anderen ähnlichen Anlässen des privaten Lebens.		9
Zusammenhängendes Sprechen		
Ich kann über den Ablauf und die Aktivitäten bei Festen und Feiern sprechen.		7
Ich kann meine Stadt bzw. Wohnort beschreiben, sachliche Informationen (Einwohnerzahl, Sehenswürdigkeiten usw.) dazu geben und über positive und negative Aspekte meiner Stadt berichten.		8
Ich kann mich selbst oder andere Personen beschreiben und über den Charakter berichten.		9
Schreiben		
Ich kann einfache Einladungen schreiben.		7
Ich kann einfache persönliche Dankes- und Entschuldigungsschreiben verfassen, z.B. als Reaktion auf eine Einladung oder zu einem besonderen Anlass (z.B. Geburtstag).		7
Ich kann kurze und einfache Beschreibungen von Ereignissen und Aktivitäten erstellen, z.B. über meine letzte Party oder die Teilnahme an einem Fest.		7
Ich kann über meine Vorlieben und Abneigungen bei bestimmten Themen schreiben, z.B. über meine Stadt oder Wohnort.		8
Ich kann über meinen persönlichen Werdegang schreiben, z.B. was ich früher gemacht habe und heute nicht mehr mache bzw. immer noch mache.		9

(TEST Start A2)

1 Vocabulario y gramática

Parte 1

Lee este correo electrónico y elige para cada número la opción correcta (a-b-c).

Para:
Cc:
Asunto:
Firma: Signatur 1

Querida Cristina:

Cuando quedamos ....1.......... dos semanas te dije que tenía muchas ganas de venir ....2.......... Barcelona, ¿te acuerdas? Pues mira, anteayer me ....3.......... un billete y ¡aquí estoy! Como sabes, he tenido unas semanas con mucho trabajo y realmente necesitaba unas vacaciones y volver a ver a mis amigos catalanes. No he tenido tiempo de llamarte ....4.......... teléfono y por eso te ....5.......... escribiendo ahora.

Llegué anoche y en el aeropuerto ....6.......... estaban esperando Toni, Natalia y Jesús. Después del aeropuerto nos fuimos a cenar a un restaurante buenísimo ....7.......... estaba en el Eixample. En el restaurante me ....8.......... esperando Jordi y una amiga. Me preguntaron por ti y te mandan muchos saludos. Después fuimos a tomar unas copas. ¡Barcelona es una ....9.......... increíble!

Hoy quiero ir de compras por el centro y el Port Vell, y a lo mejor después voy a la Sagrada Familia, que ....10.......... no conozco por dentro.

Muchos besos,

Lourdes

1. a) hace
   b) desde
   c) desde hace
2. a) en
   b) a
   c) hasta
3. a) he comprado
   b) compré
   c) compraba
4. a) a
   b) en
   c) por
5. a) tengo que
   b) voy a
   c) estoy
6. a) me
   b) mi
   c) a mí
7. a) la cual
   b) en el que
   c) que
8. a) estaban
   b) estuvo
   c) estaban
9. a) barrio
   b) discoteca
   c) ciudad
10. a) ya
    b) todavía
    c) nunca

Parte 2

En las conversaciones eres la persona B. Completa las frases con palabras o expresiones de la derecha.

En el centro comercial…

A: Buenos días, ¿en qué puedo ayudarle?
B: Sí, buenos días, ...11.......... quiero hacer una devolución y no sé a dónde tengo que ir.
A: Sí, es aquí mismo, ¿de qué se trata?
B: Pues son estos zapatos. ....12.......... un número mayor, el 41.
A: ¿Tiene el tique de compra?
B: Sí, claro, ...13.......... .
A: Gracias.
B: ¿Es posible también cambiar de color? Creo que también los había marrones.
A: Sí, claro. No hay ningún problema. Este es el tique que tiene que entregar en la caja.
B: ....14.........., muchas gracias. Otra pregunta: ¿hasta qué hora está abierto hoy?
A: Hasta las ocho y media.
B: Vale, gracias.

a) QUERÍA
b) ES QUE
c) LO SIENTO MUCHO
d) ¡CUÁNTO TIEMPO!
e) PERFECTO
f) AQUÍ TIENE

En una fiesta…

A: ¿Has visto a Francisca? ¡Está guapísima!
B: ....15.......... Acabo de llegar, ¿dónde está?
A: Mira, allí, al lado de las bebidas.
B: ....16.......... ¡Qué guapa que está! Recuerdo que cuando la conocí estaba muy mal.
A: Sí, creo que tenía problemas con su novio y también en el trabajo.
B: ¿De verdad? Pues no lo sabía. Oye, ¿..........17.......... la saludamos y hablamos con ella?
A: ¡Hola, Francisca! ¿Qué tal? ¿Cómo estás?
C: ¡Muy bien!
B: ¡Te veo estupenda! ¡Qué vestido tan bonito llevas!
C: Muchas gracias, tú también estás genial.
B: ....18.......... sigo igual, como siempre…

a) DÁMELO
b) ¡ANDA, ES VERDAD!
c) ¡ENHORABUENA!
d) POR QUÉ NO
e) PUES TODAVÍA NO…
f) NO ES PARA TANTO

2 Comprensión auditiva

94 **Parte 1**
Escucha y decide si las frases son verdaderas (v) o falsas (f). Puedes escuchar dos veces.

Cinco personas hablan sobre el consumo de tabaco en los lugares públicos

v f

19. *Nicolás Tortosa, propietario del "Bar Nicolás"*
En el "Bar Nicolás" está permitido fumar. ☐ ☐
20. *Gustavo Guillén, propietario del restaurante "La Chirla"*
En el restaurante "La Chirla" está prohibido fumar. ☐ ☐
21. *Aurora García, ama de casa*
Aurora sigue fumando como cuando no tenía hijos. ☐ ☐
22. *Alberto Domínguez, estudiante universitario*
Alberto se queja de que en la mayoría de los bares y restaurantes no se puede fumar. ☐ ☐
23. *Rosario Fuster, médica*
Rosario está a favor de la prohibición de fumar en lugares públicos. ☐ ☐

95 **Parte 2**
Escucha los textos y decide si las frases son verdaderas (v) o falsas (f). Puedes escuchar dos veces.

v f

24. *Una programación de fiestas en la radio:*
Todos los actos del Carnaval tienen lugar al aire libre, en las calles de la ciudad. ☐ ☐
25. *Un comunicado en una estación de metro:*
Las líneas de autobuses 5 y 27 viajan a la misma dirección que la línea 3 del metro. ☐ ☐

96 **Parte 3**
Escucha los textos y decide si las frases son verdaderas (v) o falsas (f). Puedes escuchar dos veces.

v f

26. *Escucha el anuncio:*
El partido de fútbol es el domingo a las 11 y media en el campo de fútbol municipal. ☐ ☐
27. *Escucha el contestador automático de una escuela de idiomas:*
La atención al cliente es de lunes a viernes por la mañana y por la tarde. ☐ ☐
28. *Escucha la biografía de esta persona:*
La persona nació en Vigo (Galicia) y en 1978 se mudó con su familia a Salamanca. ☐ ☐

29. *Escucha el contestador automático:*
La persona dice que no puede quedar porque viene su madre. ☐ ☐

30. *Escucha el anuncio publicitario de una empresa de material de oficina:*
En la tienda, los muebles de oficina están en oferta. ☐ ☐

3 Comprensión lectora

Parte 1

Lee los títulos y los textos. Decide cuál de los títulos corresponde a cada texto.

a) LAS MEJORES OBRAS DE ARTE
b) PASEOS Y COMPRAS JUNTO AL MAR
c) CONOCER LA HISTORIA DE LA CIUDAD POR SUS CALLES
d) DEPORTES ACUÁTICOS EN EL PUERTO
e) VISITAS AL BARRIO ÁRABE CON HERMOSAS TERRAZAS
f) HERMOSAS VISTAS PANORÁMICAS
g) RESTOS ARQUEOLÓGICOS EN EL CENTRO DE LA CIUDAD
h) MODERNOS MÉTODOS PARA CONOCER LA HISTORIA

http://www.alicante.es

Alicante

La ciudad de Alicante tiene mucho para visitar y explorar, y unas horas no son suficientes para conocerla realmente. Sin embargo, si no se tiene mucho tiempo, recomendamos la visita a algunos de estos lugares

31 ....

Castillo de Santa Bárbara

De visita obligada. Ubicado en la cumbre del monte Benacantil y frente al mar. Se trata de una de las fortalezas medievales más grandes de España que nos ofrece las vistas más espectaculares de la ciudad. La panorámica que se disfruta desde la playa del Postiguet permite ver la "Cara del Moro" curioso saliente con forma de rostro humano.

32 ....

La Explanada y el puerto

Paseo por excelencia de Alicante. Construido sobre el antiguo malecón portuario. Junto al paseo se encuentran los muelles del puerto deportivo y una zona de ocio. Ideal para pasar la tarde por los "puestecitos" típicos o descansando en las cafeterías, restaurantes o terrazas, disfrutando de la brisa marina.

33 ....

Barrio de Santa Cruz y el casco antiguo

El casco antiguo, más conocido por "El Barrio", es la parte con más historia de Alicante, donde está la mayoría de los monumentos de la ciudad. Por su parte, en Santa Cruz, la parte más alta del casco antiguo, podrá conocer una ciudad muy diferente, un barrio de calles peatonales y casas blancas decoradas con geranios desde las que puede disfrutar de unas agradables vistas.

34 ....

El Museo Marq

El Museo Arqueológico de Alicante Marq aborda la arqueología desde un planteamiento totalmente innovador, orientado a la comunicación con el visitante, y contando con el empleo de nuevas tecnologías audiovisuales. Obtuvo el Premio al Mejor Museo Europeo del año 2004.

Parte 2

Lee los textos y decide si las frases son verdaderas o falsas.

Texto 1

Asunto:

Firma: Signatur 1

Hola, Javi:

¿Cómo te va la vida? He estado pensando mucho en ti últimamente y hoy he decidido escribirte por fin.
¿Tienes algún plan para el sábado 7 de abril? Resulta que viene mi amiga Marta de visita y quiero hacer una pequeña fiesta en mi piso. ¿Te acuerdas de ella? Creo que la conociste el año pasado cuando estuvo aquí. Pues eso, que si te apetece, ven y seguro que nos lo pasamos genial. ¿Me lo confirmas? Es que me gustaría saber con cuánta gente puedo contar.

Un besote,

Lorena

	v	f
35. Lorena y Javi estuvieron en casa de Marta el año pasado.	☐	☐
36. Javi tiene que llevar comida a la fiesta de Lorena.	☐	☐

Asunto:

Firma: Signatur 1

Querido Gustavo:

Hace ya tres días que estoy en Múnich. Al llegar al aeropuerto ya tuve mi primer choque cultural, pues fue bastante difícil comprarme el billete para viajar en tren a la ciudad. La máquina para comprar el billete era muy complicada, menos mal que había por allí una chica muy simpática que hablaba español y me ayudó.
El miércoles fui a visitar la ciudad. Estuve en el Marienplatz, donde está el ayuntamiento, y paseé por las calles del centro. También di un paseo por el Jardín Inglés y más tarde subí a la torre de los Juegos Olímpicos. Esta mañana he ido a ver el estadio del Bayern que está en las afueras de la ciudad. Mañana quiero hacer alguna excursión por los alrededores, quizás al castillo de Neuschwanstein o a Salzburgo.

Te llamo después de mi viaje por Alemania y te cuento, ¿vale?

Un abrazo,

Antonio

	v	f
37. Cuando Antonio llegó al aeropuerto de Múnich tuvo problemas para comprarse un billete.	☐	☐
38. Antonio ya ha estado en el centro de la ciudad pero todavía no ha hecho una excursión por los alrededores.	☐	☐

Parte 3

Lee las frases. ¿En qué párrafo del texto se encuentra la información?

39. Quieres ir a una fiesta en invierno.
40. Te interesa conocer las costumbres y tradiciones del pasado de Castilla.
41. Te gustaría conocer un fiesta tradicional de origen religioso.
42. Quieres ir a algún evento para conocer el panorama actual de la literatura.

Eventos culturales de Valladolid

a ...... En Valladolid se celebran numerosos eventos culturales durante todo el año. El primer evento del año es el primer fin de semana después del día de los Reyes Magos y se celebra entre la capital vallisoletana y la vecina localidad de Simancas. Se trata de "Pingüinos", la concentración de motos más numerosa de Europa durante el invierno.

b ...... A finales del mes de abril y principios de mayo tiene lugar la Feria del Libro de Valladolid en el paseo central del Campo Grande. En su edición número 40, en la feria se reunieron más de 130 escritores de todo el mundo, entre los que destacaron Fernando Savater, Juan Manuel de Prada o Antonio Gamoneda. En el mismo paseo central del Campo Grande tienen lugar también la Feria del Libro Antiguo y de Ocasión, con más de 20 librerías de toda España.

c ...... Durante el mes de mayo cabe destacar la Semana del Renacimiento. Durante esta semana hay un mercado renacentista, en el que se puede comer comida típica y escuchar música del siglo XVI. Durante estos días también hay representaciones teatrales, así como degustaciones gastronómicas del siglo XVI en los restaurantes de la ciudad.

d ...... En junio se pueden apreciar bellas esculturas de arena en el Encuentro Internacional de Maestros Escultores de Arena, al que acuden escultores de diferentes países.

e ...... En el año 2007 se creó el ciclo denominado Música en la Catedral, en el que se puede disfrutar de música de órgano. También en este año se celebró la primera edición de la Bienal de Escultura de Valladolid, con ejemplos de la escultura contemporánea.

f ...... Para terminar a principios de septiembre se pueden visitar la Feria y Fiestas de Nuestra Señora de San Lorenzo, la patrona de la ciudad. Durante esta celebración se llevan a cabo actuaciones musicales, teatro, ferias gastronómicas, corridas de toros, citas artesanales, fuegos artificiales o exposiciones, así como la Partydance, una cabalgata por las calles de la ciudad, inspirada en la Love Parade de Berlín.

4 Expresión escrita

Hace un año un amigo tuyo volvió a España. Antes vivía en tu misma ciudad. Escríbele una carta por correo electrónico en la que tratas tres de estos puntos:

- Pregúntale por su vida en España y por las diferencias entre su vida antes y ahora.
- Cuéntale los cambios que ha habido desde que se mudó.
- Cuéntale que cosas importantes has hecho durante el año.
- Invítalo a una fiesta que vas a celebrar.
- Tienes un problema y le pides un consejo.
- Escríbele para informarlo de que vas a ir a España. Pídele información sobre alojamientos.

Asunto:

Firma: Signatur 1

Grammatikübersicht

Diese systematische Grammatikübersicht umfasst sowohl die Grammatikinhalte von **eñe A1** als auch die von **eñe A2**. Die neuen Grammatikthemen von **eñe A2** sind zur leichteren Auffindbarkeit mit einem grünen Seitenbalken gekennzeichnet.

Inhalt

1 Aussprache und Schreibung

1.1 Das Alphabet

a, b, c… Ñ/eñe A1

- Das spanische Alphabet hat 27 Buchstaben.

A, a	a	**J, j**	jota	**R, r**	erre	**ch** = ce hache / che
B, b	be	**K, k**	ka	**S, s**	ese	**ll** = elle / doble ele
C, c	ce	**L, l**	ele	**T, t**	te	**rr** = doble erre
D, d	de	**M, m**	eme	**U, u**	u	**ü** = u con diéresis
E, e	e	**N, n**	ene	**V, v**	uve	**é** = e con acento
F, f	efe	**Ñ, ñ**	eñe	**W, w**	uve doble	**T** = te mayúscula
G, g	ge	**O, o**	o	**X, x**	equis	**t** = te minúscula
H, h	hache	**P, p**	pe	**Y, y**	i griega	
I, i	i	**Q, q**	cu	**Z, z**	zeta	

⚠ Seit 1994 sind **ch** und **ll** keine eigenständigen Buchstaben mehr und sind in Wörterbüchern unter **c** und **l** zu finden.

⚠ In Lateinamerika wird **b** „be larga“ und **v** „be corta“ genannt.

1.2 Die Aussprache

¿Cómo se pronuncia? Ñ/eñe A1

- Bei diesen Buchstaben unterscheidet sich die Aussprache vom Deutschen:

	Position	Laut	Aussprache	Beispiel
b		[b]	wird wie ein Laut zwischen *b* und *w* ausgesprochen	**B**il**b**ao
c	vor *e* und *i*	[θ]	gelispelt, wie englisch *three*	Mur**c**ia
		[s]	in Lateinamerika, in Teilen Südspaniens und auf den Kanarischen Inseln wie ss in *Wasser*	
	sonst	[k]	wie *Karte*	**C**uba
ch		[tʃ]	wie *klatschen*	**Ch**ile
g	vor *e* und *i*	[x]	wie *lachen*	**G**énova
	sonst	[g]	wie *gut*	**G**ranada
h			wird nicht gesprochen	**H**olanda
j		[x]	wie *lachen*	**J**aén
ll		[j]	wie *Jahr*	Ma**ll**orca
ñ		[ɲ]	wie *Champignon*	Espa**ñ**a
qu		[k]	wie *Karte*	**Qu**ito
r		[r]	gerollt	Pe**r**ú
rr		[rr]	starkt gerollt	Ingla**t**e**rr**a
s		[s]	stimmlos, wie ss	**S**evilla
v		[b]	wird wie ein Laut zwischen *b* und *w* ausgesprochen	**V**alencia
x		[ks]	wie Ta**x**i	Tu**x**tla (Ausnahme: México)
y		[j]	wie **J**aguar	Ma**y**o
z		[θ]	gelispelt, wie englisch *three*	Sui**z**a
		[s]	in Lateinamerika, in Teilen Südspaniens und auf den Kanarischen Inseln wie ss in *Wasser*	

- Man unterscheidet nicht zwischen kurzen und langen Vokalen. Die Vokale werden eher kurz ausgesprochen.

⚠ Bei *gui* und *gue* wird das **u** nicht ausgesprochen: guitarra.

1.3 Die Betonung

México, Perú **U1 (AB)**/eñe A1

- Wörter, die auf einen Vokal, -n oder -s enden, werden auf der vorletzten Silbe betont: España, profesores, Chile, hablan.
- Wörter, die auf einen Konsonanten (außer -n oder -s) enden, werden auf der letzten Silbe betont: trabajar, ciudad.
- Bei allen Ausnahmen von dieser Regel wird die betonte Silbe mit einem Akzent markiert: Perú, número, México, inglés.

1.4 Der Akzent

¿Qué?, que **U8 (AB)**/eñe A1

- Falls die Betonung von den Regeln (1.3) abweicht, wird durch einen Akzent markiert, welche Silbe eines Wortes betont wird.
- Alle Fragewörter und Ausrufewörter werden mit Akzent geschrieben.
  ¿**Qué** hace usted? *Was machen Sie?*, ¿**Cómo** te llamas? *Wie heißt du?*, ¡**Qué** rico! *Wie lecker!*
- Durch einen Akzent wird die Bedeutung von zwei gleichlautenden, einsilbigen Wörtern unterschieden.
  tú – tu, mí – mi, qué – que, él – el, sí – si, sé – se, té – te.

1.5 Die Schreibung

Blanca, blanca **U9 (AB)**/eñe A1

- Groß- und Kleinschreibung:
  Im Gegensatz zum Deutschen werden im Spanischen Substantive klein geschrieben.
  Groß geschrieben wird in folgenden Fällen (vgl. auch S. 185):

• am Satzanfang	**M**añana es domingo.
• Eigennamen von Personen	El marido de **B**lanca se llama **R**odrigo **L**ópez.
• Städte- und Ländernamen	La capital de **C**uba es **L**a **H**abana.
• Geografische Angaben	El **G**uadalquivir es un río en **A**ndalucía.
• Namen von Institutionen	La **B**iblioteca **N**acional está en la calle Cruz.
• Studienfächer	Mi hermana estudia **H**istoria.
• der Anfang eines Buchtitels	He leído un libro maravilloso. Se llama „**L**a sombra del viento".

- Frage- und Ausrufezeichen werden sowohl am Satzanfang (auf den Kopf gestellt) als auch am Satzende gesetzt. **¡**Hola**!** **¿**Cómo te llamas**?** *Hallo! Wie heißt du?*

2 Das Substantiv

2.1 Das Geschlecht der Substantive

el niño – **la** niña, **el** país, **la** nacionalidad **Ñ**/eñe A1

- Die spanischen Substantive sind entweder männlich (maskulin) oder weiblich (feminin), es gibt kein Neutrum wie im Deutschen.
- Oft ist aus der Endung ersichtlich, ob ein Substantiv männlich oder weiblich ist:
  - Substantive, die auf **-o** enden, sind meistens männlich.
  - Substantive, die auf **-a** enden, sind meistens weiblich.
  - Substantive auf **-e** oder Konsonant können entweder männlich oder weiblich sein.
  - Substantive auf **-dad**, **-ción**, **-sión** sind immer weiblich.
  - Substantive auf **-aje** und **-or** sind immer männlich.

männlich ♂	weiblich ♀
el niño	la niña
el diálogo	la lista
el tomate	la noche
el país	la información
el viaje	la nacionalidad
el color	

⚠ Ausnahmen: **el día** *der Tag*, **el sofá** *das Sofa*; **el mapa** *die Landkarte*, **la foto** *das Foto*, **la mano** *die Hand*.

⚠ Männlich sind die Wochentage **el lunes** *der Montag*, und die Zahlen **el cinco** *die fünf*. Weiblich sind die Buchstaben **la ñ** *das ñ* und die Uhrzeiten **las tres** *drei (Uhr)*.

2.2 Der Plural der Substantive

el libro – los libros, la ciudad - las ciudades Ñ/eñe A1

- Substantive, die im Singular auf **Vokal** enden, bilden den Plural mit **-s**.

Vokal + s	männlich ♂	weiblich ♀
Singular	el curso	la casa
Plural	los cursos	las casas

- Substantive, die im Singular auf einen **Konsonanten** enden, bilden den Plural mit **-es**.

Konsonant + es	männlich ♂	weiblich ♀
Singular	el tren	la mujer
Plural	los trenes	las mujeres

⚠ Substantive, die auf **-s** (nach unbetonten Vokal) enden, bleiben unverändert: el lunes – los lunes.
Substantive, die auf **-z** enden, bilden den Plural mit **-ces**: la nariz – las narices.

⚠ Substantive, die auf einen **Konsonanten** enden und auf der letzten Silbe einen **Akzent** haben, verlieren den Akzent im Plural: la canción – las canciones.

⚠ Der männliche Plural wird auch für gemischte Gruppen (Männer und Frauen) verwendet: Los alumnos bezieht sich auf *die Schüler* und *die Schülerinnen*.

2.3 Die Berufs- und Personenbezeichnungen

Soy **estudiante**. **U1**/eñe A1

- Berufs- und Personenbezeichnungen, bei denen die maskuline Form auf **-o** endet, erhalten anstelle des **-o** für die weibliche Form die Endung **-a**.
- Berufs- und Personenbezeichnungen, bei denen die maskuline Form auf einen **Konsonanten (-or)** endet, bilden die weibliche Form durch Anhängen von **-a**.
- Berufs- und Personenbezeichnungen, die auf **-nte** oder **-sta** enden, haben in der Regel dieselbe Form für beide Geschlechter.

Endung	männlich ♂	weiblich ♀
-o	el secretario el arquitecto	la secretaria la arquitecta
-or	el profesor	la profesora
-a	el / la taxista	
	el / la periodista	
-e	el / la estudiante	

3 Der Artikel

Der Artikel stimmt in Zahl und Geschlecht mit dem zugehörigen Substantiv überein.

3.1 Der bestimmte Artikel

María compra **el** mapa de **la** ciudad. Ñ/eñe A1

Im Singular gibt es die bestimmten Artikel **el** und **la**, im Plural **los** und **las**.

	männlich ♂	weiblich ♀
Singular	el curso	la casa
Plural	los cursos	las casas

⚠ Weibliche Substantive, die mit einem betonten **a-** oder **ha-** anfangen, erhalten im Singular den männlichen Artikel el oder un: el hambre, un agua (aber: la amiga).

⚠ Vor *señor*, *señora* und *señorita* steht der bestimmten Artikel immer in Verbindung mit einem Eigennamen, außer bei der Anrede:
Señora Martínez, este es el señor Álvarez. *Frau Martínez, das ist Herr Álvarez.*

- Die Präpositionen **a** und **de** verschmelzen mit dem Artikel **el** zu **al** und **del**:
a + el → al Hoy no voy **al** curso. *Heute gehe ich nicht in den Kurs.*
de + el → del El padre **del** tío se llama Antonio. *Der Vater des Onkels heißt Antonio.*

3.2 Der unbestimmte Artikel

Tengo **una** pregunta. **U1**/eñe A1

◆ Im Singular gibt es die unbestimmten Artikel **un** und **una**, im Plural **unos** und **unas**.

	männlich ♂	weiblich ♀
Singular	un curso	una casa
Plural	unos cursos	unas casas

◆ **Unos/unas** bedeutet vor Zahlen *einige* bzw. *ungefähr*.
En el curso hay **unos** alemanes. *Im Kurs gibt es einige Deutsche.*
Vuelvo dentro de **unos** diez minutos. *Ich komme in ungefähr zehn Minuten zurück.*

⚠ Der unbestimmte Artikel steht nicht vor **medio** und **otro**.
¿Me trae otro café, por favor? *Bringen Sie mir bitte noch einen Kaffee?*

3.3 Der Artikel *lo*

¡**Lo** mejor es la comida!

◆ Der Artikel im Neutrum **lo** wird unter anderem verwendet
- zur Substantivierung eines Adjektivs. **lo** bueno *das Gute*, **lo** bonito *das Schöne*
- in Verbindung mit que (**lo que** = was). **Lo** que más me gusta… *Was mir am meisten gefällt …*

⚠ Der Artikel **lo** darf nicht mit dem direkten Objektpronomen *lo* verwechselt werden, das kein Substantiv begleitet, sondern sich auf ein vorher genanntes bezieht. (¿Me **lo** das? *Gibst du es mir?*)

4. Das Adjektiv

Das Adjektiv richtet sich in Zahl und Geschlecht nach dem zugehörigen Substantiv.
La **silla** es muy cómod**a**. *Der Stuhl ist sehr bequem.*
Voy a comprar un **sillón** cómod**o**. *Ich kaufe einen bequemen Sessel.*

4.1 Geschlecht und Plural

La blusa **rosa** es muy **bonita**. **U2**/eñe A1

◆ Eine große Gruppe von Adjektiven enden auf **-o** in der männlichen Form und auf **-a** in der weiblichen Form.

◆ Adjektive, die auf **-e** enden, haben dieselbe Form für männlich und weiblich.

◆ Adjektive, die auf einen **Konsonanten** enden, haben häufig dieselbe Form für männlich und weiblich.

	männlich ♂	weiblich ♀
Singular	un niño divertido un amigo alegre un hombre joven	unas niña divertida una amiga alegre una mujer joven
Plural	unos niños divertidos unos amigos alegres unos hombres jóvenes	unas niñas divertidas unas amigas alegres unas mujeres jóvenes

◆ Der Plural wird wie bei den Substantiven gebildet: wenn das Adjektiv auf einen Vokal endet, hängt man ein **-s** an, wenn es auf einen Konsonanten endet, wird ein **-es** angehängt.

⚠ Ein Adjektiv, das sich auf mehrere Substantive verschiedenen Geschlechts bezieht, steht in der männlichen Pluralform. Tus amig**as** y amig**os** son muy simpátic**os**. *Deine Freundinnen und Freunde sind sehr sympathisch.*

4.2 Nationalitätenadjektive

Guadalupe es **mexicana**. **Ñ**/eñe A1

◆ Bei Adjektiven, die Nationalitäten angeben, gelten teilweise besondere Regeln für die Bildung der weiblichen Form: Wenn das Adjektiv
- auf einen Konsonanten endet, hängt man für die weibliche Form ein **-a** an.
- auf ein **-o** endet, wird es durch ein **-a** ersetzt.
- auf ein **-e**, **-a**, oder **-í** endet, bleibt es unverändert.

◆ Die Plurale werden nach den üblichen Regeln gebildet.

	männlich ♂	weiblich ♀
Singular	francés alemán mexicano suizo	francesa alemana mexicana suiza
	nicaragüense belga, marroquí	

⚠ Um die Nationalität zu bezeichnen, wird immer das Adjektiv verwendet.
Mi padre es belga. *Mein Vater ist Belgier.*
Tengo chocolate belga. *Ich habe belgische Schokolade.*

	männlich ♂	weiblich ♀
Plural	franceses alemanes mexicanos suizos	francesas alemanas mexicanas suizas
	belgas, nicaragüenses marroquíes	

4.3 Farbadjektive

La camisa **negra** es bonita. **U6**/eñe A1

◆ Farbadjektive entsprechen in Zahl und Geschlecht dem zugehörigen Substantiv.
⚠ Einige Farbadjektive wie *z.B.* **violeta, verde, beige, rosa** und **naranja** haben im Singular für männlich und weiblich dieselbe Form. Für den Plural wird **-es** oder **-s** angehängt.

	männlich ♂	weiblich ♀
Singular	el traje rojo el traje gris el traje verde	la blusa roja la blusa gris la blusa verde
Plural	los trajes rojos los trajes grises los trajes verdes	las blusas rojas las blusas grises las blusas verdes

4.4 Die Stellung der Adjektive

Hay una **iglesia antigua** y **muchos bares**. **U5**/eñe A1

◆ Im Gegensatz zum Deutschen stehen Adjektive normalerweise nach dem Substantiv.
Mi amiga Beatriz es una persona **alegre**. *Meine Freundin Beatriz ist ein fröhlicher Mensch.*

◆ Nationalitätenadjektive und Farben werden immer nachgestellt.
Quería comprar una camisa blanca. *Ich möchte ein weißes Hemd kaufen.*

◆ Einige Adjektive werden immer vorangestellt, z.B. **mucho, otro, poco**.
Tengo **muchas** camisetas y **pocos** jerséis. *Ich habe viele T-Shirts und wenige Pullover.*

◆ Auch die Funktion bestimmt die Position des Adjektivs:
• Wenn ein Adjektiv eines Substantivs von anderen Substantiven abgrenzt wird, also unterscheidende Funktion hat, steht es immer nach dem Substantiv.
Quisiera probarme la chaqueta **verde**. *Ich würde gerne die grüne Jacke anprobieren (nicht die rote).*
• Falls das Adjektiv nicht die Funktion hat, das Substantiv von anderen Substantiven zu unterscheiden, sondern eine Qualität hervorzuheben, steht es in der Regel vor dem Substantiv.
Te voy a enseñar mi **pequeno** jardín. *Ich werde dir meinen kleinen Garten zeigen.*

4.5 Die Verkürzung

Vivo en el **primero**. **U5**/eñe A1

◆ Folgende Adjektive werden verkürzt, wenn sie vor dem Substantiv stehen:
• **Bueno** und **malo** werden vor einem männlichem Substantiv zu *buen* und *mal.*
Estamos en un **buen** camino. *Wir sind auf einem guten Weg.*
• **Grande** wird im Singular zu *gran.*
Juan ha hecho un **gran** trabajo. *Juan hat eine großartige Arbeit gemacht.*
• **Primero** und **tercero** werden vor einem männlichen Substantiv zu *primer* und *tercer.*
Vivo en el **tercer** piso. *Ich wohne im dritten Stock.*

4.6 Vergleich und Steigerung (Komparativ und Superlativ)

claro, **más** claro, lo **más** claro **U6**/eñe A1

Zum Vergleich von Lebewesen, Gegenständen, Begriffen und Eigenschaften benutzt man den Komparativ und den Superlativ.

4.6.1 Der Komparativ bei Gleichheit

Sind die beiden verglichenen Elemente gleich, so wird als Vergleichsform **tan** *(so)* + Adjektiv + **como** *(wie)* oder **igual de** *(gleich)* + Adjektiv + **que** *(wie)* verwendet oder **tanto/-a/-os/-as** (so viele) + Substantiv + **como** (wie) oder el **mismo/la misma/los mismos/las mismas** (derselbe, ...) + Substantiv + **que** (wie).
La sala es **tan** grande **como** el dormitorio. *Das Wohnzimmer ist so groß wie das Schlafzimmer.*
La cocina es **igual de** pequeña **que** el baño. *Die Küche ist genauso klein wie das Badezimmer.*
Su piso tiene **tantas** habitaciones **como** el tuyo. *Seine Wohnung hat genauso viele Zimmer wie deine.*

- Das Adjektiv wird an das zugehörige Substantiv in Zahl und Geschlecht angeglichen.

4.6.2 Der Komparativ bei Ungleichheit

- Sind die beiden verglichenen Elemente nicht gleich, so wird als Vergleichsform der Komparativ mit **más** *(mehr)* oder **menos** *(weniger)* + Adjektiv/Substantiv/Adverb + **que** *(als)* verwendet.
La casa es **más** bonita **que** el piso. *Das Haus ist schöner als die Wohnung.*
Las grandes ciudades tienen **más** problemas **que** las pequenas. *Die Großstädte haben mehr Probleme als die Kleinstädte.*

⚠ Besondere Komparativformen bilden **bueno → mejor, malo → peor, grande → mayor** *(alt – älter)*, **pequeño → menor** *(kleiner - jünger)*
La lámpara azul es **mejor que** la verde. *Die blaue Lampe ist besser als die grüne.*

4.6.3 Der Superlativ

Es **la** ciudad **más** grande. **U6**/eñe A1

Der relative Superlativ wird mit dem bestimmten Artikel + (Substantiv) + **más** + Adjektiv gebildet.
Esta es **la** cama **más** bonita. *Das ist das schönste Bett (von allen).*
Las casas con vista al mar son **las más** caras. *Die Häuser mit Meerblick sind am teuersten (von allen).*

Um den absoluten Superlativ zu bilden, hängt man an den Stamm eines Adjektivs die Endung **–ísimo/-a** an. Er wird verwendet, wenn es keine direkte Vergleichsgröße gibt oder um einen besonders hohen Grad der Eigenschaft auszudrücken. Im Deutschen wird der absolute Superlativ mit *sehr/ extrem* wiedergegeben.
Estos pisos son car**ísimos**. *Diese Wohnungen sind extrem teuer.*

4.6.4 Verstärkung von Eigenschaften

¡**Qué** día **tan** caluroso!

- Mit der Kombination **¡Qué** + *Substantiv* + **más/tan** + *Eigenschaft*! können Adjektive verstärkt werden.
¡Qué chica **más** simpática! *Was für ein nettes Mädchen!*

5. Die Pronomen und Begleiter

5.1 Das Personalpronomen im Nominativ

yo, tú, el, ella, usted,... **Ñ**/eñe A1

Das Personalpronomen im Nominativ wird auch als Subjektpronomen bezeichnet und steht als Subjekt eines Satzes (*wer* oder *was*?).
Die Subjektpronomen werden oft weggelassen. Man verwendet sie vor allem bei Hervorhebung, zur Verdeutlichung oder Betonung eines Gegensatzes und um Missverständnisse zu vermeiden.

● ¿Eres **tú** Martín? ● *Bist du Martin?*
■ No, **él** es Martín y **yo** soy Juan. ■ *Nein, er ist Martin, ich bin Juan.*

	Singular		Plural	
1. Person	yo	*ich*	nosotros nosotras	*wir (m)* *wir (f)*
2. Person	tú	*du*	vosotros vosotras	*ihr (m)* *ihr (f)*
3. Person	él ella	*er* *sie*	ellos ellas	*sie (m)* *sie (f)*
Höflichkeitsform	usted	*Sie (Sg)*	ustedes	*Sie (Pl)*

- Bei den Pluralformen gibt es männliche und weibliche Formen.
  Marisa y Virginia, ¿**vosotras** sois de Chile? *Marisa und Virginia, kommt ihr aus Chile?*
  Y **vosotros**, Fernando y Gustavo, ¿sois mexicanos? *Und ihr, Fernando y Gustavo, seid ihr Mexikaner?*
  Wenn man sich auf beide Gruppen bezieht, wird die männliche Form verwendet.

⚠ In Lateinamerika wird **ustedes** statt vosotros/-as verwendet.

5.2 Das direkte Objektpronomen

Los libros **los** compro yo. **U3**

Das direkte Objektpronomen entspricht im Deutschen weitgehend einem Pronomen im Akkusativ und ersetzt ein Akkusativobjekt (*wen* oder *was*?). (vgl. 10.5) Nicht alle Verben, die im Spanischen mit Akkusativ konstruiert werden, werden auch im Deutschen mit Akkusativ verbunden (und umgekehrt).

- Im Gegensatz zum Deutschen stehen die direkten Objektpronomen vor dem konjugierten Verb.

	Singular		Plural	
1. Person	me	*mich*	nos	*uns*
2. Person	te	*dich*	os	*euch*
3. Person	lo / la	*ihn, sie, es*	los / las	*sie*
Höflichkeitsform	lo / la	*Sie*	los / las	*Sie*

● ¿Has visto a María? ■ Sí, **la** he visto. ● *Hast du María gesehen?* ■ *Ja, ich habe **sie** gesehen.*
● ¿Has visto ya a tu sobrina? ■ Sí, **nos** visitó ayer. ● *Hast du deine Nichte gesehen?* ■ *Ja, sie hat **uns** gestern besucht.*

- Wird das direkte Objekt an erster Stelle im Satz genannt, muss außerdem das direkte Objektpronomen hinzugefügt werden. **La solución la** buscamos nosotras. *Die Lösung suchen wir.*

⚠ Bei Konstruktionen mit Infinitiv können die Objektpronomen an den Infinitiv angehängt werden.

5.3 Das indirekte Objektpronomen (unbetont)

¿**Te** gusta la sopa? **U3**/eñe A1

Das indirekte Objektpronomen entspricht im Deutschen weitgehend einem Dativpronomen und ersetzt ein Dativobjekt (*wem* oder *was*?). Es steht z.B. in Kombination mit bestimmten Verben wie *gustar, apetecer, interesar*.

- Das indirekte Objektpronomen steht vor dem konjugierten Verb.
  ¿**Te** gusta el pan? *Schmeckt dir das Brot?*
  Me gustan las naranjas. *Die Orangen schmecken **mir**.*

	Singular		Plural	
1. Person	me	*mir*	nos	*uns*
2. Person	te	*dir*	os	*euch*
3. Person	le	*ihm* *ihr*	les	*ihnen*
Höflichkeitsform	le	*Ihnen* (Sg)	les	*Ihnen* (Pl)

5.4 Das indirekte Objektpronomen nach Präposition (betont)

A mí me gusta el español. **U3**/eñe A1

Das Objektpronomen nach einer Präposition (z.B. *a, por, con*) wird auch als betontes Objektpronomen bezeichnet.

	Singular		Plural	
1. Person	a **mí**	*mich / mir*	a nosotros/-as	*uns*
2. Person	a **ti**	*dich / dir*	a vosotros/-as	*euch*
3. Person	a él	*Ihn / ihm*	a ellos	*sie / ihnen*
	a ella	*sie / ihr*	a ellas	*sie / ihnen*
Höflichkeitsform	a usted	*Sie / Ihnen*	a ustedes	*Sie / Ihnen / euch*

- Vor ein unbetontes Objektpronomen kann zusätzlich ein betontes gestellt werden. Diese Verdoppelung dient dazu, das Objektpronomen besonders hervorzuheben. Die zuerst stehenden Objektpronomen werden betonte Objektpronomen genannt. Im Gegensatz zu den betonten können die unbetonten Objektpronomen nicht weggelassen werden.
  ¿A ti te gusta el fútbol? **A mí** no. *Gefällt dir Fußball? Mir nicht.*

- Anstelle des betonten Objektpronomens in der 3. Person kann auch ein Name oder eine Personenbezeichnung genannt werden. Dies dient auch dazu Verwechslungen zu vermeiden.
  A Juana no **la** he visto. *Ich habe Juana nicht gesehen.*

⚠ Ausnahmen sind die Formen **conmigo** (*mit mir*), **contigo** (*mit dir*) und **consigo** (*mit sich*).

5.5 Direktes und indirektes Objektpronomen zusammen im Satz

¿**Me lo** das? **U3**

- Ein direktes und ein indirektes Objektpronomen können zusammen in einem Satz stehen. In diesem Fall steht – im Gegensatz zum Deutschen – das indirekte Objektpronomen *(wem?)* vor dem direktem *(wen?)*.

indirektes OP	**direktes OP**
me	
te	lo
~~le~~ **se**	la
nos	los
os	las
~~les~~ **se**	

¿Me prestas tu diccionario? → ¿**Me lo** prestas? **Nos lo** ha contado.

Leihst du mir dein Wörterbuch? → *Leihst du es mir?* *Er/sie hat es uns erzählt.*

- Vor den direkten Objektpronomen **lo, la, los, las** werden die indirekte Objektpronomen **le** und **les** zu **se**.
  ● ¿Le diste a Javier el libro? ■ Sí, **se lo** di ayer.
  ● *Hast du Javier das Buch gegeben?* ■ *Ja, ich habe es ihm gestern gegeben.*

⚠ Dieses **se** ist nicht identisch mit dem Reflexivpronomen.
Juanjo **se** prueba el pantalón. (probarse) → Juanjo **se lo** ha probado (Reflexivpronomen).
Juanjo probiert die Hose an. → *Juanjo hat sie anprobiert.*

5.6 Die Stellung der Objektpronomen

¡Pregúnta**selo** tú, por favor! **U3, U6, U9**

- Die Objektpronomen stehen in der Regel unmittelbar vor dem konjugierten Verb.
  Se lo ha dado Pepe. *Pepe hat es ihm/ihr/Ihnen gegeben.*
- Nach einem Infinitiv oder *gerundio* können sie auch an das Verb angehängt werden.
  Quiero comprar**me** una blusa. / **Me** quiero comprar una blusa. *Ich will mir eine Bluse kaufen.*
  Juan y Laura están buscando piso. → Juan y Laura **lo** están buscando. / Juan y Laura están buscándo**lo**.
  Juan und Laura suchen gerade einen Wohnung. → *Juan und Laura suchen sie gerade.*
- Nach einem Imperativ werden die Pronomen immer an das Verb angehängt.
  Wenn es zwei Pronomen gibt, steht das indirekte vor dem direkten Objektpronomen.
  Falls nötig, wird ein Betonungsakzent gesetzt. Dí**selo**. *Sag es ihm/ihr/Ihnen!*
  ¡Dá**melas**, por favor! *Gib sie mir, bitte.*

5.7 Der Possessivbegleiter

Mi casa es **tu** casa. **U2**/eñe A1

Die Possessivbegleiter geben den Besitz an. Sie richten sich in der Zahl nach dem folgenden Substantiv. Bei der 1. und 2. Person Plural wird auch das Geschlecht angepasst.

	Singular	Plural	
yo tú él/ella/usted	**mi** tío / tía **tu** tío / tía **su** tío / tía	**mis** tíos / tías **tus** tíos / tías **sus** tíos / tías	*mein, meine* *dein, deine* *sein, seine, ihr, ihre, Ihr(e)*
nosotros/-as vosotros/-as ellos/ellas/ustedes	**nuestro** tío – **nuestra** tía **vuestro** tío – **vuestra** tía **sus** tíos / tías	**nuestros** tíos – **nuestras** tías **vuestros** tíos – **vuestras** tías **sus** tío / tías	*unser, unsere* *euer, eure* *ihr, ihre, Ihr, Ihre*

Este es Pablo. **Su** hermana vive en París. *Das ist Pablo. Seine Schwester lebt in Paris.*
Mis amigos son de España. *Meine Freunde kommen aus Spanien.*
¿Dónde viven **sus** hijos, señora López? *Wo leben Ihre Söhne, Frau López?*

5.8 Das Possessivpronomen

● Mi plato es excelente. ■ El **mío** también. **U4**

Im Gegensatz zum Possessivbegleiter, der zusammen mit einem Substantiv erscheint, steht das Possessivpronomen alleine, d.h. ohne Substantiv. Damit soll die Wiederholung eines bereits genannten Substantivs vermieden werden.

◆ Sowohl das Pronomen wie auch der Artikel stimmen in Zahl und Geschlecht mit dem Bezugswort überein.

	Singular		Plural	
yo	(el) mío	(la) mía	(los) míos	(las) mías
tú	(el) tuyo	(la) tuya	(los) tuyos	(las) tuyas
él/ella/usted	(el) suyo	(la) suya	(los) suyos	(las) suyas
nosotros/-as	(el) nuestro	(la) nuestra	(los) nuestros	(las) nuestras
vosotros/-as	(el) vuestro	(la) vuestra	(los) vuestros	(las) vuestras
ellos/ellas/ustedes	(el) suyo	(la) suya	(los) suyos	(las) suyas

● ¿Es este tu jersey? ■ No, **el mío** es este. ● *Ist das dein Pulli?* ■ *Nein, meiner ist dieser hier.*
● ¿Son estas tus gafas? ■ No, **las mías** son aquellas. ● *Ist das deine Brille?* ■ *Nein, meine ist diese dort.*
● ¿De quién es este bolso? ■ Es **mío**. ● *Wem gehört die Tasche?* ■ *Es ist meine.*

5.9 Die Demonstrativa

¿Me das **ese** libro? **U6**

Sie begleiten Substantive (= Begleiter) oder stehen allein, anstelle des Substantivs (= Pronomen). Sie weisen auf etwas Bestimmtes hin und richten sich in Geschlecht und Zahl nach dem Substantiv, auf das sie sich beziehen.

◆ **Este/-a/-os/-as** verweist auf etwas, das sich nahe beim Sprecher befindet. (de aquí)

	männlich ♂	weiblich ♀	
Singular	este	esta	*dieser, diese, dieses hier*
Plural	estos	estas	*diese hier*

◆ **Ese/-a/-os/-as** verweist auf etwas, das sich vom Sprecher etwas weiter entfernt befindet. (de ahí)

	männlich ♂	weiblich ♀	
Singular	ese	esa	*dieser dort*
Plural	esos	esas	*diese dort*

◆ **Aquel/aquella/aquellos/aquellas** verweist auf etwas, was sich für den Sprecher noch weiter entfernt befindet. (de allí)

	männlich ♂	weiblich ♀	
Singular	aquel	aquella	*jene, jener, jenes*
Plural	aquellos	aquellas	*diese dort*

● ¿Te gusta **esta** blusa? ● *Gefällt dir diese Bluse.*
■ No, me gusta más **esa**. ■ *Nein, die dort gefällt mir besser.*
▲ ¿Y qué te parece **aquella**? ▲ *Und wie findest du die da (jene)?*

5.10 Das Reflexivpronomen

Me llamo Marisa. **Ñ, U1**/eñe A1

siehe 6.6 reflexive Verben

5.11 Das deutsche „man"

En Navidad **se cantan** villancicos. **U7**

- Das deutsche Wort „man", mit dem Unpersönlichkeit ausgedrückt werden kann, wird im Spanischen durch **se** + 3. Person wiedergegeben.
  ¿Como **se** pronuncia? *Wie spricht man das aus?*

- Wenn nach dem Verb ein Substantiv im Plural steht, steht auch das Verb im Plural.
  Se busca profesor. *Man sucht einen Lehrer.*
  Se busca**n** profesor**es**. *Man sucht Lehrer.*

▲ Wenn es ein direktes Objekt gibt und dieses Personen bezeichnet, wird es wie üblich mit der Präposition *a* angeschlossen. Auch wenn es sich dabei um ein Substantiv im Plural handelt, steht das Verb in der 3. Person Singular.
En las fiestas se conoce **a** much**as** person**as**. *Auf Festen lernt man viele Leute kennen.*

5.12 Die Indefinita

¿Tienes **alguna** pregunta? **U3, U5**

Sie stehen entweder beim Substantiv (= Begleiter) oder sie stehen allein, anstelle des Substantivs (= Pronomen). Sie haben eine unbestimmte Bedeutung und richten sich in Geschlecht und Zahl nach dem Substantiv, auf das sie sich beziehen.

- alguno/-a/-os/-as *irgendein/-e, einige (Pl)*
  ninguno/-a/-os/-as *kein/-e*

● ¿Tienes **alguna** camiseta amarilla? ■ No, no tengo **ninguna**.
● *Hast du ein gelbes T-Shirt?* ■ *Nein, ich habe keines.*

▲ Vor einem maskulinen Substantiv steht die verkürzte Form **algún** und **ningún**.

- otro/-a/-os/-as *noch ein/-e*

Otro wird ohne den unbestimmten Artikel benutzt.
¿Podría traer **otro** café? *Könnten Sie noch einen Kaffee bringen?*

- mucho/-a/-os/-as *viel/-e*
  poco/-a/-os/-as *wenig/-e, ein wenig*

Tengo **muchos** hermanos. *Ich habe viele Geschwister.*

▲ **Mucho** und **poco** können in der Bedeutung von *viel* / *sehr* und *wenig* als Adverb gebraucht werden und sind dann unveränderlich.
Federico trabaja **mucho** y duerme **poco**. *Federico arbeitet viel und schläft wenig.*

▲ **Un poco** bedeutet *ein bisschen*.

6. Das Verb

6.1 Das Präsens

- Nach ihrer Infinitivendung werden die Verben in drei Gruppen eingeteilt: Verben auf **-ar**, **-er** und **-ir**.

6.1.1 Die regelmäßigen Verben

Trabaja en Oviedo, pero vive en Gijón. **U1**/eñe A1

- Bei allen regelmäßigen Verben einer Gruppe werden an den Wortstamm dieselben Endungen für die Personen angehängt.
- Die Person wird durch die Verbform eindeutig ausgedrückt. Deswegen wird das Personalpronomen häufig weggelassen. (vgl. 5.1)

	-ar trabajar	**-er aprender**	**-ir vivir**
yo tú él/ella/usted	trabajo trabajas trabaja	aprendo aprendes aprende	vivo vives vive
nosotros/-as vosotros/-as ellos/ellas/ustedes	trabajamos trabajáis trabajan	aprendemos aprendéis aprenden	vivimos vivís viven

6.1.2 Verben mit Vokalwechsel

Mario **prefiere** el chocolate. **U4**/eñe A1

- Bei einigen Verben kann sich der Stammvokal ändern, wenn er betont ist.
- Die Endungen dieser Verben werden entsprechend der drei regelmäßigen Verbgruppen gebildet.
- In der 1. und 2. Person Plural gibt es keinen Vokalwechsel.
- ⚠ Nur bei **jugar** wird das **u** zu **ue**. Álvaro **juega** mucho. *Álvaro spielt viel.*

	e → ie preferir	**o → ue poder**	**e → i pedir**
yo tú él/ella/usted	prefiero prefieres prefiere	puedo puedes puede	pido pides pide
nosotros/-as vosotros/-as ellos/ellas ustedes	preferimos preferís prefieren	podemos podéis pueden	pedimos pedís piden
	ebenso: despertarse entender querer empezar	*ebenso:* acostarse encontrarse llover dormir volver	*ebenso:* seguir servir

6.1.3 Verben mit unregelmäßiger 1. Person

¿Qué **hago?** – Ya lo **sé.** /eñe A1

- Einige Verben sind regelmäßig, nur die 1. Person Singular ist unregelmäßig.

	conocer	**dar**	**hacer**	**poner**	**saber**	**salir**	**traer**	**ver**
yo tú él/ella/usted	conozco conoces conoce	doy das da	hago haces hace	pongo pones pone	sé sabes sabe	salgo sales sale	traigo traes trae	veo ves ve
nosotros/-as vosotros/-as ellos/ellas ustedes	conocemos conocéis conocen	damos dais dan	hacemos hacéis hacen	ponemos ponéis ponen	sabemos sabéis saben	salimos salís salen	traemos traéis traen	vemos veis ven

Verben mit unregelmäßiger 1. Person und Stammvokaländerung

- Einige Verben haben eine gemischte Konjugation: sie sind in der 1. Person Singular unregelmäßig und wechseln den Stammvokal.

	tener	venir	decir
yo tú él/ella/usted	tengo tienes tiene	vengo vienes viene	digo dices dice
nosotros/-as vosotros/-as ellos/ellas ustedes	tenemos tenéis tienen	venimos venís vienen	decimos decís dicen

6.1.4 Weitere unregelmäßige Verben

¿Es usted alemán? **Estoy** en la plaza.

- Einige Verben sind unregelmäßig.
- Mit **haber** wird das Perfekt gebildet. **Haber** kann nicht alleine stehen.

	estar	ser	haber	ir
yo tu él/ella/usted	estoy estás está	soy eres es	he has ha	voy vas va
nosotros/-as vosotros/-as ellos/ellas, ustedes	estamos estáis están	somos sois son	hemos habéis han	vamos vais van

6.2 Das Perfekt

Hoy **he tomado** el sol. **U7**/eñe A1

6.2.1 Die Formen

- Das Perfekt besteht aus einer Form von **haber** im Präsens und dem Partizip Perfekt des Hauptverbs, das unmittelbar nach der Form von **haber** steht.
- Das Partizip wird gebildet durch die Endung **-ado**, die an den Stamm der Veben auf **-ar** angehängt wird, bzw. mit der Endung **-ido** für Verben auf **-er** und **-ir**.

Nos **hemos levantado** tarde. *Wir sind spät aufgestanden.*

	haber	Partizip Perfekt
yo tú él/ella/usted	he has ha	llegado comido dormido
nosotros/-as vosotros/-as ellos/ellas, ustedes	hemos habéis han	

- Unregelmäßige Partizipien sind:

	Partizip		Partizip
abrir	abierto	poner	puesto
decir	dicho	romper	roto
escribir	escrito	ser	sido
hacer	hecho	ver	visto
ir	ido	volver	vuelto

6.2.2 Der Gebrauch des Perfekts

Das Perfekt wird verwendet:

- wenn eine Handlung in einem noch nicht abgeschlossenen Zeitraum der Vergangenheit stattgefunden hat. Die Handlung hat also einen Bezug zur Gegenwart. Daher steht das Perfekt häufig mit

Zeitangaben wie **esta mañana, hoy, este año, esta semana, hasta ahora**.
Esta semana **ha ido** a Barcelona. *Diese Woche ist er nach Barcelona gefahren.*

- bei vergangenen Handlungen, die mit **ya** und **todavía no** ausgedrückt werden.
  Ya he visto el hotel nuevo. *Ich habe das neue Hotel schon gesehen.*
  Todavía no he visto el hotel nuevo. *Ich habe das neue Hotel noch nicht gesehen.*
- bei Handlungen, die mit Häufigkeitsangaben wie **siempre, alguna vez, muchas veces, a veces, nunca** angegeben sind. Beatriz ha estado **muchas veces** en Perú. *Beatriz ist oft in Peru gewesen.*

▲ Das Perfekt wird – im Gegensatz zum Deutschen – nicht verwendet, um Geschichten zu erzählen.

6.3 Das *Indefinido*

En 1992 **se celebraron** los Juegos Olímpicos en Barcelona. **U2, U5**

6.3.1 Die Formen

- regelmäßig

Die Formen der *Indefinido*-Endungen der Verben auf **-er** und auf **-ir** sind identisch.

Teresa **vivió** el año pasado en los Estados Unidos. *Teresa lebte letztes Jahr in den Vereinigten Staaten.*

	-ar trabajar	-er aprender	-ir vivir
yo	trabajé	aprendí	viví
tú	trabajaste	aprendiste	viviste
él/ella/usted	trabajó	aprendió	vivió
nosotros/-as	trabajamos	aprendimos	vivimos
vosotros/-as	trabajasteis	aprendisteis	vivisteis
ellos/ellas/ustedes	trabajaron	aprendieron	vivieron

▲ Beachten Sie die Bedeutungsänderung durch unterschiedliche Betonung:
Yo **trabajo** con Luis Enrique en la misma oficina. *Ich arbeite mit Luis Enrique im selben Büro.*
Luis Enríque **trabajó** hace dos años de taxista. *Luis Enrique arbeitete vor zwei Jahren als Taxifahrer.*

- unregelmäßig

Die Verben **ser** und **ir** haben im *Indefinido* identische Formen.

	ser, ir	dar
yo	fui	di
tú	fuiste	diste
él/ella/usted	fue	dió
nosotros/-as	fuimos	dimos
vosotros/-as	fuisteis	disteis
ellos/ellas/ustedes	fueron	dieron

- Verben mit Stammvokalwechsel in der 3. Person

einige Verben auf **-ir** ändern den Stammvokal nur in der 3. Person Singular und Plural.

	dormir	pedir	conseguir
yo	dormí	pedí	conseguí
tú	dormiste	pediste	conseguiste
él/ella/usted	durmió	pidió	consiguió
nosotros/-as	dormimos	pedimos	conseguimos
vosotros/-as	dormisteis	pedisteis	conseguisteis
ellos/ellas/ustedes	durmieron	pidieron	consiguieron

ebenso: preferir → prefirió, prefirieron; morir → murió, murieron; servir → sirvió, sirvieron

- veränderter Wortstamm

Bei einigen Verben wird der Wortstamm für alle *Indefinido*-Formen geändert.

	estar*	**producir****
yo	estuv**e**	produj**e**
tú	estuv**iste**	produj**iste**
él/ella/usted	estuv**o**	produj**o**
nosotros/-as	estuv**imos**	produj**imos**
vosotros/-as	estuv**isteis**	produj**isteis**
ellos/ellas/ustedes	estuv**ieron**	produj**eron**

ebenso:* andar → yo **anduve, caber → yo **cup**e, hacer → yo hice, el **hiz**o, poder → yo **pud**e, poner → yo **pus**e, querer → yo **quis**e, saber → yo **sup**e, venir → yo **vin**e, tener → yo **tuv**e
***ebenso:* conducir → yo **conduj**e, introducir → yo **introduj**e, traer → yo **traj**e, decir → yo **dij**e.

- Bei einigen Verben auf **-er** und **-ir** wird in der 3. Person Singular und Plural des *Indefinido* das **i** bzw. **e** des Infinitiv-Wortstamms zu **y**, z. B. creer → él/ella cre**y**ó, construir → él/ella constru**y**ó, caer → él/ella ca**y**ó, oír → él/ella o**y**ó.

⚠ Alle Verben, die mit einem unregelmäßigen Verb zusammengesetzt sind, bilden das Indefinido mit derselben Unregelmäßigkeit, z.B. tener → yo tuve, man**tener** → yo man**tuve**, con**tener** → yo con**tuve**.

⚠ Bei einigen Verbformen des *Indefinido* ändert sich die Schreibweise, damit die korrekte Aussprache beibehalten werden kann, z.B. empezar → yo empe**cé**; comenzar → yo comen**cé**; llegar → yo lle**gué**, destacar → yo desta**qué**.

6.3.2 Der Gebrauch des *Indefinido*

- Das *Indefinido* ist eine Zeitstufe der Vergangenheit, die der Sprecher einsetzt, wenn er das Geschehene in der Vergangenheit als ein abgeschlossenes Ereignis betrachtet und so darstellen möchte. Das *Indefinido* antwortet in der Regel auf die Fragen *Was ist passiert? Was war?*
  En 1992 tuvieron lugar las Olimpiadas de Barcelona. *1992 fanden die Olympischen Spiele von Barcelona statt (Was ist passiert?).*

- Das *Indefinido* wird verwendet
  • wenn der Sprecher das Geschehen an einem Zeitpunkt der Vergangenheit situieren will, der für den Sprecher schon beendet ist.
  El lunes pasado fui al cine con Esperanza. *Letzten Montag ging ich mit Esperanza ins Kino.*
  • wenn der Sprecher das Geschehene zeitlich begrenzt.
  Estuve toda la tarde estudiando para el examen. *Ich habe den ganzen Nachmittag für die Prüfung gelernt.*
  • wenn der Sprecher eine einmalige bzw. allgemeine Bewertung eines Erlebnisses machen möchte.
  ¡La fiesta **fue fantástica!** *Die Party war toll!*
  El viaje por la Patagonia **fue agotador, pero fascinante**. *Die Reise durch Patagonien war anstrengend, aber auch faszinierend.*

- Häufig wird das *Indefinido* nach bestimmten Zeitangaben gebraucht wie **ayer, anteayer, anoche, la semana pasada, el lunes, martes…/ el mes / el año / el siglo pasado, en 1992, el 3 de enero,…**
  Ayer hicimos una escursión en las montañas. *Gestern haben wir einen Ausflug in die Berge gemacht.*
  La semana pasada estuvimos en un restaurante buenísimo.
  Letzte Woche waren wir in einem tollen Restaurant.
  Mi hijo **nació el 25 enero de 2008**. *Mein Sohn wurde am 25. Januar 2008 geboren.*

6.3.3 Der Kontrast *Indefinido* - Perfekt

Sowohl mit dem *Indefinido* als auch mit dem Perfekt werden Ereignisse in der Vergangenheit ausgedrückt. Unterschiede gibt es darin, wie der Sprecher die Vergangenheit wahrnimmt.

Indefinido	Perfekt
• Bei Zeitangaben wie z.B. *ayer, anteayer, anoche, la semana pasada, el lunes, martes.../ el mes / el año / el siglo pasado, en 1992, el 3 de enero.* **La semana pasada** abrieron un nuevo bar en tu calle. *Letzte Woche hat in deiner Straße eine neue Bar geöffnet.*	• Bei Zeitangaben wie z.B. *esta mañana, hoy, esta semana, este mes, este año, hasta ahora, siempre, alguna vez, muchas veces, a veces, nunca.* **Esta semana** han abierto un nuevo bar en tu calle. *Diese Woche hat in deiner Straße einen neue Bar geöffnet.*
• Das Vergangene in einer Zeit passiert ist, die für den Sprecher schon abgeschlossen ist. Mi abuela **murió** hace un año. *Meine Oma ist vor einem Jahr gestorben.*	• Das Vergangene wird vom Sprecher als etwas noch Aktuelles gesehen oder bis in die Gegenwart reichend erlebt. Mi abuela **ha muerto** hace un año. *Meine Oma ist vor einem Jahr gestorben.*

In einigen Regionen Spanien (z.B. in Galizien und Asturien) und in großen Teilen Lateinamerikas wird anstelle des Perfekts fast ausschließlich das *Indefinido* verwendet.

6.4 Das *Imperfecto*

Ayer visité a **mi primo**. **Hoy** me **han visitado** mis padres. **U4, U5**

6.4.1 Die Formen

- regelmäßig

Die Endungen der Verben auf **-er** und auf **-ir** sind dieselben.

Siempre **teníamos** tiempo para jugar fuera. *Wir hatten immer Zeit draußen zu spielen.*

	-ar trabajar	-er tener	-ir vivir
yo	trabaj**aba**	ten**ía**	viv**ía**
tú	trabaj**abas**	ten**ías**	viv**ías**
él/ella/usted	trabaj**ábamos**	ten**ía**	viv**ía**
nosotros/-as	trabaj**amos**	ten**íamos**	viv**íamos**
vosotros/-as	trabaj**abais**	ten**íais**	viv**íais**
ellos/ellas/ustedes	trabaj**aban**	ten**ían**	viv**ían**

- unregelmäßig

Die Verben **ser, ir** und **ver** haben unregelmäßige Formen des *Imperfecto.*

	ser	ir	ver
yo	**era**	**iba**	ve**ía**
tú	**eras**	**ibas**	ve**ías**
él/ella/usted	**era**	**iba**	ve**ía**
nosotros/-as	**éramos**	**íbamos**	ve**íamos**
vosotros/-as	**erais**	**ibais**	ve**íais**
ellos/ellas/ustedes	**eran**	**iban**	ve**ían**

Die Form des *Imperfecto* von **hay** ist **había**.
Cuando yo era pequeño no había teléfonos móviles. *Als ich klein war gab es keine Handys.*

6.4.2 Der Gebrauch des *Imperfecto*

- Das *Imperfecto* ist eine Zeit der Vergangenheit, die der Sprecher einsetzt, wenn er eine beschreibende Perspektive (der Vergangenheit) einnimmt. Mit dem *Imperfecto* antwortet man meistens auf die Frage *Wie war es?*

- Das *Imperfecto* wird verwendet
  • wenn der Sprecher die Absicht hat, Umstände oder Situationen in der Vergangenheit zu beschreiben.
  En el camping no había agua corriente. *Auf dem Campingplatz gab es kein fließendes Wasser.*
  • wenn der Sprecher die Absicht hat, Handlungen in der Vergangenheit als gewohnte oder regelmäßig wiederholte Handlungen darzustellen.
  Cuando salíamos de la escuela, mis amigos y yo siempre íbamos a jugar al fútbol al parque antes de volver a casa. *Nach der Schule gingen meine Freunde und ich immer in den Park um Fußball zu spielen, bevor wir nach Hause zurückkehrten.*

- Sehr oft wird das *Imperfecto* nach bestimmten Zeitangaben gebraucht wie **entonces, en aquel tiempo/en aquella época, el otro día.**
  Entonces no existían aún los televisores en color. *Damals gab es noch keine Farbfernseher.*
  En aquel tiempo no era fácil divorciarse. *In jener Zeit war es nicht einfach sich scheiden zu lassen.*

▲ Das *Imperfecto* mancher Verben kann auch als Höflichkeitsform verwendet werden.
Quería hablar con el señor Arjona, por favor. *Ich würde gerne mit Herrn Arjona sprechen.*

6.4.3 Der Kontrast *Indefinido – Imperfecto*

Cuando **entró** el ladrón, **estaba durmiendo**. **U5**

Indefinido und *Imperfecto* treten häufig zusammen auf, wenn Geschichten erzählt werden oder Ereignetes berichtet wird. Je nach Erzählabsicht des Sprechers wird die Vergangenheitsform gewählt.

Indefinido	*Imperfecto*
• Das Geschehen wird vom Sprecher als ein Ereignis einer abgeschlossenen Vergangenheit dargestellt. • Die Handlungen sind zeitlich begrenzt und abgeschlossen. Einzelne Handlungen folgen aufeinander.	• Umstände oder Situationen in der Vergangenheit werden beschrieben. • Der Rahmen einer Handlung wird dargestellt, in der dann ein Ereignis (im *Indefinido*) einsetzt.
No **pude** contestar al teléfono porque **me llamaste** cuando **me estaba duchando**. *Ich konnte nicht ans Telefon* (Ereignis, Ergebnis), *weil du angerufen hast* (neu einsetzendes Ereignis) *als ich gerade in der Dusche war* (Rahmenhandlung).	
• Eine allgemeine bzw. umfassende Bewertung des Geschehens wird abgegeben.	• Der Sprecher möchte Gewohnheiten (wie z.B. Tagesabläufe) in der Vergangenheit beschreiben.
¡Nuestras vacaciones **fueron** fantásticas! **Tuvimos** un tiempo estupendo y siempre íbamos a la playa. *Wir haben einen wundervollen Urlaub gehabt!* (allgemeine Bewertung). *Wir hatten tolles Wetter* (allgemeine Bewertung) *und wir gingen immer an den Strand.* (Gewohnheit).	
• Nach Zeitangaben wie **un día, una vez, en ese momento, entonces, más tarde, de repente, de pronto.**	• Nach Zeitangaben wie **en aquel tiempo, en aquella época, siempre, todos los días/ años... , (por) entonces.**
En aquel tiempo vivía en el castillo una princesa muy bonita. **Siempre jugaba** en el jardín con su bola dorada. **Un día**, la pelota de la princesa **cayó** al pozo del jardín. *Zu jener Zeit lebte im Schloss einen wunderschöne Prinzessin. Sie spielte stets im Garten mit ihrer goldenen Kugel. Eines Tages fiel die Kugel in den Brunnen des Gartens.*	

6.5 Der Imperativ (Befehlsform)

6.5.1 Der bejahte Imperativ

¡**Pásame** el archivador! **U6**

- Die Form des bejahten Imperativs für *tú* entspricht der dritten Person Singular Präsens.
  Pedro, ¡**bebe** más! *Pedro, trinke mehr!*
  Pedro **bebe** más. *Pedro trinkt mehr.*

	andar	beber	vivir
tú	anda	bebe	vive
usted	ande	beba	viva
vosotros/-as	andad	bebed	vivid
ustedes	anden	beban	vivan

- Für die höfliche Sie-Form *(usted)* hängt man bei den Verben auf **-ar** an den Wortstamm ein **-e** an, bei den Verben auf **-er** und **-ir** ein **-a**.

⚠ Zur Position der Objektpronomen beim bejahten Imperativ vgl. 5.6

- Unregelmäßige Formen

	ser	ir	decir	poner	tener	hacer	oir	salir	venir
tú	**sé**	**ve**	**di**	**pon**	**ten**	**haz**	**oye**	**sal**	**ven**
usted	**sea**	**vaya**	**diga**	**ponga**	**tenga**	**haga**	**oiga**	**salga**	**venga**
vosotros/-as	**sed**	**id**	decid	poned	tened	haced	oíd	salid	venid
ustedes	**sean**	**vayan**	**digan**	**pongan**	**tengan**	**hagan**	**oigan**	**salgan**	**vengan**

¡Marta, **ven** aquí! *Marta, komm her.*
Oiga, ¿me puede traer un vaso de agua? *Entschuldigen Sie (Hören Sie), können Sie mir ein Glas Wasser bringen?*

- Verben mit Veränderung des Stammvokals im Präsens übernehmen in der Regel die Stammvokaländerung auch in den Imperativformen.

Infinitiv		**Präsens**	**Imperativ**
cerrar	(tú)	cierra	duerme
	(usted)	cierre	duerma
	(vosotros/-as)	cerrad	dormid
	(ustedes)	cierren	duerman

⚠ Bei reflexiven Verben wird das Reflexivpronomen an den Imperativ angehängt. Falls nötig, wird ein Akzent gesetzt. ¡**Acuéstate** temprano! *Geh früh zu Bett!* ¡**Levántese** a las 7.00! *Stehen Sie um 7.00 Uhr auf!*

⚠ Bei den reflexiven Verben entfällt in der *vosotros/-as*-Form (2. Person Plural) der Buchstabe *d* am Ende der Imperativform. ¡Por favor, **duchados** antes de ir a la cama! *Bitte duscht euch, bevor ihr ins Bett geht!*

6.5.2 Der verneinte Imperativ

¡Anda!, **no estés** triste! **U6, U9**

- Für den verneinten Imperativ werden eigene Formen (Präsens des *Subjuntivo*) verwendet: die Verben auf **-ar** bilden die Endung mit e und die Verben auf **-er** und **-ir** bilden die Endung mit a.

	hablar	beber	abrir
tú	no hables	no bebas	no abras
usted	no hable	no beba	no abra
vosotros/-as	no habléis	no bebáis	no abráis
ustedes	no hablen	no beban	no abran

- Unregelmäßige Formen

	ser	ir	decir	poner	tener	hacer	salir	venir
tú	no seas	no vayas	no digas	no pongas	no tengas	no hagas	no salgas	no vengas
usted	no sea	no vaya	no diga	no ponga	no tenga	no haga	no salga	no venga
vosotros/-as	no sed	no vayáis	no digáis	no pongáis	no tengáis	no hagáis	no salgáis	no vengáis
ustedes	no sean	no vayan	no digan	no pongan	no tengan	no hagan	no salgan	no vengan

- Die Verben mit Veränderung des Stammvokals im Präsens übernehmen in der Regel diese Veränderung auch in den negativen Imperativformen (Ausnahme „durmáis“).
  cerrar → (tú) no cierres, (usted) no cierre, (vosotros/-as) no cerréis, (ustedes) no cierren
  dormir → (tú) no duermas, (usted) no duerma, (vosotros/-as) no durmáis, (ustedes) no duerman
- Die Verben, die die *yo*-Form im Präsens auf *g* bilden (hacer → yo hago), behalten dieses *g* für alle Formen.

⚠ Anders als beim bejahten Imperativ stehen beim verneinten Imperativ die Objektpronomen vor dem Imperativ und werden nicht angehängt.
● ¿Quieres que envíe ya las invitaciones? ■ No, mejor no **las** envíes todavía, es demasiado pronto.
● *Soll ich die Einladungen schon wegschicken?* ■ *Nein, schick sie lieber noch nicht, es ist noch zu früh.*

6.5.3 Der Gebrauch des Imperativ

- Der Imperativ wird v.a. im persönlichen Umgang verwendet, selten zwischen wenig miteinander bekannten Personen, bzw. wenn man sich siezt, da er in diesen Fällen als zu direkt empfunden wird.
- Der Imperativ kann ausdrücken:
  - einen Befehl: Niños, **¡id** a la cama! *Kinder, geht ins Bett!*
  - einen Ratschlag geben: ¡Mejor **no gastes** tanto dinero aquí! *Gib hier lieber nicht so viel Geld aus!*
  - eine Empfehlung: **¡Prueba** esta sopa, está riquísima! *Probier' diese Suppe, sie ist sehr lecker!*
  - Eine Anweisung: **¡Abrid** los libros en la página 53, por favor! *Öffnet die Bücher bitte auf Seite 53!*
  - eine Bitte: ¡Por favor, **ayúdenme**! *Bitte helfen Sie mir!*
  - eine höfliche Aufforderung:
    ● ¿Puedo pasar? ■ **¡Pase, pase!** ● *Kann ich vorbeigehen?* ■ *Ja, kommen Sie bitte.*

⚠ Um allgemeine Anweisungen zu geben, kann auch der Infinitiv verwendet werden.
Pelar y cortar las patatas en rodajas. *Die Kartoffeln schälen und in Scheiben schneiden.*

6.6 Reflexive Verben und Reflexivpronomen

Me llamo Marisa. ¿Cómo **te llamas** tú? Ñ, **U4**/eñe A1

- Reflexive Verben haben ein Reflexivpronomen, das ein Teil des Verbs ist und nicht weggelassen werden kann.
- Reflexive Verben werden wie alle anderen Verben konjugiert.
- Es gibt regelmäßige reflexive Verben und reflexive Verben mit Wechsel des Stammvokals.

	llamarse		despertarse
yo	me	llamo	me despierto
tu	te	llamas	te despiertas
él/ella/usted	se	llama	se despierta
nosotros/-as	nos	llamamos	nos despertamos
vosotros/-as	os	llamáis	os despertáis
ellos/ellas, ustedes	se	llaman	se despiertan

- Beim Imperativ wird das Reflexivpronomen an das Verb angehängt.
  ¡Ponte el abrigo! *Zieh den Mantel an.*

- Wenn ein reflexives Verb im Infinitiv steht, kann das Reflexivpronomen sowohl an das Verb angehängt werden als auch vor dem Verb stehen.
  Belén quiere **ducharse** por la mañana. = Belén se quiere duchar por la mañana. *Belen möchte morgens duschen.*

- Beim *gerundio* kann das Reflexivpronomen vor der Form von **estar** stehen als auch an das *gerundio* angehängt werden.
  Nos estamos levantando. = Estamos levantándo**nos**. *Wir stehen gerade auf.*

⚠ Nicht alle reflexiven spanischen Verben sind auch im Deutschen reflexiv (und umgekehrt):
llamarse *heißen* (eigentlich *sich nennen*), **despertarse** *aufwachen*.

⚠ Einige Verben haben, je nachdem, ob sie mit oder ohne Reflexivpronomen verwendet werden, unterschiedliche Bedeutung.
quedar: ¿**Quedamos** hoy con Ángel y Ana? *Treffen wir uns heute mit Angel und Ana?*
quedarse: Hoy **me quedo** en casa. *Heute bleibe ich zu Hause.*

6.7 Der Gebrauch von *hay* und *está/-n*

¿**Hay** jamón? ¿Donde **está** el jamón? **U3, U5**/eñe A1

- Das spanische **hay** entspricht dem deutschen *es gibt* und bezieht sich auf eine unbestimmte Sache, Ort oder Person. Es ist eine unveränderliche Form von *haber*. Es wird verwendet
  • mit unbestimmtem Artikel: ¿Hay aquí **un** museo? *Gibt es hier ein Museum?*
  • bei Substantiven ohne Artikel: ¿**Hay** tortilla? *Gibt es Tortilla?*
  • mit Zahlen: En el frigorífico hay **cuatro** tomates. *Im Kühlschrank sind vier Tomaten.*
  • bei Mengenangaben: Todavía hay **100 gr.** de jamón. *Es gibt noch 100 Gramm Schinken.*

- **Está** und **están** geben die Position oder Lage einer bestimmten Sache, eines Ortes oder einer Person an. Sie werden bei Substantiven mit bestimmtem Artikel verwendet:
  ¿Dónde está **el** museo? *Wo ist das Museum?*
  Los cines están en **el** centro de la ciudad. *Die Kinos befinden sich im Stadtzentrum.*

6.8 Der Gebrauch von *ser* und *estar*

Juan **es** una persona muy tranquila, pero hoy **está** nervioso. **U2, U6, U9**/eñe A1

Das deutsche Verb *sein* kann man im Spanischen mit **ser** oder **estar** wiedergeben.

- **ser** verwendet man zur Angabe von
  • Name, Herkunft, Nationalität, Beruf und Verwandtschaft.
  Este **es** Jorge, **es** el tío de Juana. *Das ist Jorge, er ist der Onkel von Juana.*
  Somos peruanos, de Lima. *Wir sind Peruaner, aus Lima.*
  Vosotros **sois** profesores, ¿verdad? *Ihr seid Lehrer, nicht wahr?*
  • Definition und dauerhafte Eigenschaften, wie Größe, Farbe, Material.
  El sofá **es** muy grande y **es** de cuero. Su color **es** negro.
  Das Sofa ist sehr groß und aus Leder. Es ist schwarz.
  • Besitz.
  Estas sillas **son** nuestras. *Diese Stühle gehören uns.*
  • Datum, Uhrzeit und Zahlen.
  Hoy **es** el 28 de junio. *Heute ist der 28. Juni.*
  • zur Angabe von Ereignissen (in der Bedeutung: stattfinden).
  El concierto **es** el próximo fin de semana. *Das Konzert findet nächstes Wochenende statt.*

- **estar** verwendet man zur Angabe
  • des Ortes.
  La Sagrada Familia **está** en Barcelona. *Die „Sagrada Familia" befindet sich in Barcelona.*
  • von persönlichem Befinden.
  ¿Cómo **está** usted? *Wie geht es Ihnen.*
  • eines vorübergehendes Zustand von Personen und Sachen.
  Estoy muy cansada. *Ich bin sehr müde.*

▲ Der Familienstand kann mit *ser* und *estar* angegeben werden.
Estoy soltero = soy soltero. *Ich bin ledig (m).*

6.9 *gustar, doler, apetecer*

Me gusta el café. **U3, U8, U9**/eñe A1

- Diese Verben werden ebenso wie **aburrir**, **parecer** und **interesar** zusammen mit einem indirekten Objektpronomen meistens in der 3. Person verwendet (vgl. 5.3.). Wenn ein Substantiv im Singular oder ein Infinitiv folgt, steht das Verb im Singular.
  Me gusta la cocina mexicana. *Die mexikanische Küche schmeckt mir.*
  ¿**Te apetece** ir al cine? *Hast du Lust ins Kino zu gehen?*
  Me duelen los pies. *Mir tun die Füße weh.*
- Wenn die Person besonders hervorgehoben werden soll, können die betonten Pronomen den unbetonten vorangestellt werden (vgl. 5.3).
  A él le gusta la carne. *Er mag gerne Fleisch.*

6.10 Modalverben und ihre Entsprechungen

No **puedo** venir, **tengo que** trabajar. **U8**/eñe A1

Die Modalverben werden gemeinsam mit einem weiteren Verb, das im Infinitiv steht, verwendet.

6.10.1 *tener que*

- Um eine Verpflichtung wie in *müssen* auszudrücken, verwendet man im Spanischen die Konstruktion **tener que** + Infinitiv.
  Lucía **tiene que** quedarse en casa, **tiene que** estudiar. *Lucía muss zu Hause bleiben, sie muss lernen.*

6.10.2 *poder*

- Das deutsche Verb *können* kann im Spanischen durch **saber** oder **poder** wiedergegeben werden. *Poder* verwendet man um entweder eine Möglichkeit
  ¿**Puedes** venir mañana? *Kannst du morgen kommen?*

  oder eine Erlaubnis auszudrücken.
  Puede pagar también con tarjeta. *Sie können auch mit Karte bezahlen.*
- Mit **saber** drückt man dagegen eine Fähigkeit oder Wissen aus.
  Eduardo **sabe** cocinar muy bien. *Eduardo kann gut kochen.*
  No lo **sé**. *Ich weiß es nicht.*

6.10.3 *querer*

- Das Verb **querer** entspricht dem deutschen *wollen* oder *mögen.*
  No **quiero** ir al teatro. **Quiero** ir al cine. *Ich möchte nicht ins Theater. Ich möchte ins Kino gehen.*

6.11 Verbale Umschreibungen

Verbale Umschreibungen sind Konstruktionen aus einem Verb und einem damit verbundenen Infinitiv oder *Gerundio*. Manchmal werden beide Verbformen durch eine Präposition verbunden.

6.11.1 Verbale Umschreibungen mit Infinitiv

He empezado a estudiar español. **U9**

- **dejar** + **de** + Infinitiv: Eine Handlung oder Umstand wird beendet.
  Pablo **ha dejado de fumar.** *Pablo hat aufgehört zu rauchen.*

- **empezar** + **a** + Infinitiv: Der Anfang einer Handlung wird ausgedrückt.
  Empecé a estudiar español en 2007. *Ich habe 2007 angefangen, Spanisch zu lernen.*

- **soler** + Infinitiv: Es wird ausgedrückt, was man üblicherweise zu tun pflegt.
  En verano **suelo ir** casi todos los días a nadar a la playa.
  Im Sommer gehe ich fast jeden Tag an den Strand um zu schwimmen.

- **ir** + **a** + Infinitiv: Eine für die nahe Zukunft geplante Handlung oder Absicht wird ausgedrückt.
  Vamos a tomar un café. *Lass uns eine Kaffee trinken gehen.*

6.11.2 Verbale Umschreibungen mit *gerundio*

Roberto **sigue tocando** el piano. **U9**

- **Das *gerundio***

Verben auf **-ar**	Verben auf **-er** und **-ir**
bailar → bail**ando**	comer → com**iendo** escribir → escrib**iendo**

Unregelmäßige Formen sind: d**u**rmiendo (dormir), le**y**endo (leer), dic**i**endo (decir).

- **Die Verlaufsform estar + *gerundio***
  Möchte man den Verlauf einer Handlung ausdrücken, verwendet man eine Form von *estar* und das *gerundio* des Verbs. Diese Form existiert im Deutschen nicht, statt dessen wird durch „gerade" darauf verwiesen, dass die Handlung in diesem Moment stattfindet.
  María **está bailando** tango. *María tanzt gerade Tango.*

- **seguir** + ***gerundio***: Eine Handlung wird weiterhin ausgeführt.
  Mónica **sigue trajabando** en la misma empresa. *Mónica arbeitet weiterhin in derselben Firma.*

⚠ zur Position des Reflexivpronomens vgl. 6.6.

7. Das Adverb

Adverbien sind Wörter, die ein Wort oder einen Satz näher bestimmen. Sie sind unveränderlich.

7.1 Gruppen von Adverbien

Nach ihrer Bedeutung kann man die Adverbien in verschiedene Gruppen einteilen:
- Art und Weise: **bien, mal, regular, así**
- Menge: **mucho, bastante, poco, muy, un poco, más o menos, casi**
- Ort: **cerca, lejos, a la izquierda, a la derecha, todo recto, aquí, aquí/acá, ahí, allí/allá**
- Zeit: **después, entonces, luego, primero, ya, todavía, hoy, mañana, tarde, al final**
- Häufigkeitsangaben: **siempre, casi siempre, normalmente, a menudo, a veces, casi nunca, nunca**

7.2 Zeitliche Abfolge

Al final nos fuimos a casa. **U5**

Wenn man eine Geschichte erzählt, werden zur Strukturierung der zeitlichen Abfolge Adverbien verwendet: **primero, luego, después, (un poco) más tarde, al final**
Ayer lo pasamos muy bien: **primero** fuimos al cine, **después** a comer algo, **luego** tomamos una copa en una terraza del centro y **al final** nos fuimos a bailar a una discoteca. *Gestern haben wir uns gut amüsiert: zuerst waren wir im Kino, dann haben wir etwas gegessen, danach haben wir in einem Terrassencafé in der Innenstadt im Zentrum noch etwas getrunken und zum Schluss sind wir zum Tanzen in eine Disco gegangen.*

7.3 *también* und *tampoco*

A mí me gusta **también**. **U3**/eñe A1

- **También** *(auch)* bezieht sich auf eine vorherige positive Aussage.
  Esta noche vamos al cine. Nosotros **también.** *Heute Abend gehen wir ins Kino. Wir auch.*
- **Tampoco** *(auch nicht)* bezieht sich auf eine vorherige negative Aussage.
  Marisa y Luis **no** pueden venir. Nosotras **tampoco**. *Marisa und Luis können nicht kommen. Wir auch nicht.*

7.4 muy und mucho

- **Muy** steht vor einem Adjektiv oder Adverb.
  Este queso está **muy** rico. *Dieser Käse schmeckt sehr lecker.*
  Jorge baila **muy** bien. *Jorge tanzt sehr gut.*
- Das Adverb **mucho** beschreibt ein Verb.
  Jorge baila **mucho**. *Jorge tanzt viel.*

7.5 Adverbien auf -mente

Trabajamos **individualmente.**

Durch Anfügen der Endung **-mente** werden Adjektive zu Adverbien. Die Endung wird an die weibliche Form des Adjektivs angehängt: rápido/rápid**amente**. Wenn das Adjektiv auf einen Konsonanten oder **-e** endet, bleibt die Form des Adjektivs unverändert: amable/amable**mente**; fácil/fácil**mente**.
El informático arregló el ordenador **rápidamente**. *Der Informatiker hat den Computer schnell repariert.*

8. Die Präpositionen

Präpositionen sind unveränderlich und stellen Beziehungen zwischen Satzteilen her. Ihre deutsche Bedeutung ist vom Kontext abhängig.

a (a + el = al)

Richtung	*nach, an, zu*	Voy **a** la escuela.
geografische Angabe	*im*	**al** norte de Perú, **al** este de Murcia
Ortsangaben	*am*	**a** 50 metros, al final de
Uhrzeit	*um*	**a** las ocho de la tarde
Dauer	*bis*	de nueve **a** nueve y media
indirektes Objekt		**A** Juan le gusta el chocolate.
direktes Objekt mit Personen		Iván visita **a** Miguel.
bei bestimmten Verben		Voy **a** hacer una excursión mañana.

con

Art und Weise	*mit*	un café **con** leche
Begleitung	*mit*	Me voy **con** Alberto al teatro.

en

Ortsangaben	*an, auf, in, bei*	**en** el banco, **en** la ciudad
Jahreszeit, Monat	*in, im*	**en** primavera, **en** abril
Fortbewegungsmittel	*in, im*	**en** coche
Art und Weise		**en** alemán

de (de + el = del)

Datum		13 **de** noviembre **de** 2005
Material	*aus*	un jersey **de** lana
Besitz	*von*	el coche **de** mi hermana
Mengenangaben		dos kilos **de** patatas
Tageszeit		las doce **de** la noche

para

Ziel/Bestimmung	*für*	es bueno **para** la espalda
		Para mí una cerveza, por favor.

por

Grund	*wegen*	**por** mi trabajo
		Por mí, no hace falta que vengas.
Ungefähre Zeitangabe		**por** la mañana

Ortsangaben

a la izquierda de	*links von*	lejos de	*weit entfernt von*	aquí, acá	*hier*
a la derecha de	*rechts von*	cerca de	*nahe bei*	ahí	*da*
al final de	*am Ende von*	al lado de	*neben*	allí, allá	*dort*
delante de	*vor*	enfrente de	*gegenüber von*	todo recto	*geradeaus*
detrás de	*hinter*	entre	*zwischen*		

Zeitangaben

después de	*nachdem*	**Después de** la visita vamos a la piscina.
antes de	*bevor*	**Antes de** la fiesta preparamos todo.
durante (+ Substantiv)	*während*	**Durante** mis vacaciones practiqué mucho el español.
desde hace (+ Zeitraum)	*seit*	Estudio español **desde hace** un año.
desde (+ Zeitpunkt)	*seit*	Estudio español **desde** enero.
hace (+ Zeitraum)	*vor*	Hice el examen de francés **hace** un año.

⚠ Mit **desde** und **desde hace** wird der Anfangszeitpunkt sowie der Zeitraum bis heute ausgedrückt, mit **hace** gibt man an, wie lange ein Ereignis zurückliegt.

9. Die Fragepronomen

¿**Quién** es usted? **Ñ, U1, U2**/eñe A1

Die Fragepronomen tragen im Spanischen immer einen Akzent.

¿**Cómo**?	*Wie?*	¿**Cómo** te llamas?
¿**Cuál**? ¿**Cuáles**?	*Welche/-r/-s?*	¿**Cúal** es tu número de teléfono?
¿**Cuándo**?	*Wann?*	¿**Cuándo** vuelves?
¿**Cuánto/-a/-os/-as**?	*Wie viel/-e?*	¿**Cuántos** años tienes?
¿**Dónde**?	*Wo?*	¿**Dónde** vive usted?
¿**De dónde**?	*Woher?*	¿**De dónde** eres?
¿**Qué**?	*Was? Welche/-r/-s?*	¿**Qué** quieres beber?
¿**Quién**?	*Wer?*	¿**Quién** ha llamado?
¿**Por qué**?	*Warum?*	¿**Por qué** no haces deporte?

◆ ***¿qué* oder *cuál?***

¿**Cuál** quieres? **U3**

Mit **¿qué?** fragt man nach Gegenständen unterschiedlicher Natur.
¿**Qué** le compramos a Marieta? ¿Un libro o un cedé? *Was kaufen wir Marieta? Ein Buch oder eine CD?*
Mit **¿cuál?** (Plural **¿cuáles?**) fragt man nach Gegenständen gleicher Natur.
¿**Cuál** de los dos es tu diccionario? ¿El grande o el pequeño? *Welches ist dein Wörterbuch? Das große oder das kleine?*
■ ¿Me das mis zapatillas, por favor? ● **¿Cuáles?** ¿Las blancas?
■ *Gibst du mir die Turnschuhe?* ● *Welche? Die weißen?*

10. Der Satz

10.1 Der Aussagesatz

Jose Luis vive en Zaragoza.

- Das Subjekt steht häufig vor dem Verb.
- Die Wortstellung im Satz ist im Spanischen variabler als im Deutschen.
- Zur Unterscheidung und Hervorhebung wird das Subjektpronomen angeführt, sonst kann es weggelassen werden.

Subjekt	Prädikat (Verb)	Ergänzung
Marion	vive trabaja va a ir	en un barrio tranquilo. mucho por la tarde. al médico.

10.2 Der Fragesatz

¿Dónde vives, Luisa?

- In Fragen, die mit einem Fragepronomen beginnen, steht das Verb direkt nach dem Fragewort.
  ¿Quién es de Tenerife? *Wer kommt aus Teneriffa?*
- Fragen ohne Fragewort können mit dem Verb oder – wie im Aussagesatz – mit dem Subjekt beginnen. In diesem Fall ist die Frage an der Satzmelodie zu erkennen.
  ¿Usted es peruana? / ¿Es usted peruana? *Sind Sie Peruanerin?*

10.3 Der Ausrufesatz

¡**Qué** buena idea!

Für Ausrufe wird häufig das Fragepronomen *qué* + Adjektiv oder Substantiv (+ Verb + Subjekt) verwendet.
¡**Qué** bonito! *Wie schön!* ¡**Qué** día! *Was für ein Tag!*
¡**Qué** grande es la ciudad de México! *Wie groß doch Mexiko Stadt ist!*

10.4 Die Verneinung

No me gusta **nada**. **Ñ, U3, U5**/eñe A1

- **No** steht normalerweise vor dem Verb und bedeutet sowohl *nein* als auch *nicht* und *kein*.
  ¿Quieres chocolate? **No**, gracias. *Möchtest du Schokolade? **Nein**, danke.*
  No hablo francés. *Ich spreche **kein** Französisch.*
  No puedo,... *Ich kann **nicht**, ...*
- **No** steht vor dem unbetonten Objektpronomen.
  Esa falda es muy cara. **No** la voy a comprar. *Dieser Rock ist sehr teuer. Ich werde ihn nicht kaufen.*
- In einem Satz wird als zweite Verneinung *no* <u>vor</u> das Verb gestellt, wenn eine Verneinung wie *nada, nadie, nunca* oder *tampoco* <u>nach</u> dem Verb steht. (doppelte Verneinung)
  Mónica **nunca** come carne. = Mónica **no** come **nunca** carne. *Mónica isst nie Fleisch.*
  El pescado **no** me gusta **tampoco**. = **Tampoco** me gusta el pescado. *Der Fisch schmeckt mir auch nicht.*

10.5 Die Objekte

- Objekte sind Ergänzungen zum Prädikat. Abhängig vom Verb unterscheidet man im Spanischen zwischen direktem Objekt (entspricht meistens dem deutschen Akkusativobjekt) und indirektem Objekt (entspricht meistens dem deutschen Dativobjekt).
- Das direkte Objekt (Akkusativobjekt) steht ohne Präposition.
  Mónica compra **una blusa blanca**. *Mónica kauft eine weiße Bluse.*
- Wird aber mit dem direkten Objekt eine Person angegeben, steht die Präposition **a** davor.
  Mónica visita **a su amiga**. *Mónica besucht **ihre Freundin**.*
- Das indirekte Objekt (Dativobjekt) steht mit der Präposition **a** und wird als Pronomen wiederholt.
  A ella le gusta bailar. *Sie tanzt gerne.* (vgl. 5.3 und 5.4).

10.6 Die Konnektoren U1, U8

Konnektoren sind Wörter, die die Funktion haben, Sätze miteinander zu verbinden und sie in einen logischen Zusammenhang zu stellen.

Zweck	**para (que)**	*um zu*	Estudio español **para** viajar a Latinoamérica. *Ich lerne Spanisch um nach Lateinamerika zu reisen.*
Grund	**porque**	*weil*	Estudio español **porque** quiero viajar a Latinoamérica. *Ich lerne Spanisch, weil ich nach Lateinamerika reisen möchte.*
	como*	*da*	**Como** mañana es el cumpleaños de Sandra, queremos prepararle una sorpresa. *Da Sandra morgen Geburtstag hat, wollen wir für sie eine Überraschung vorbereiten.*
Folgerung	**por eso**	*deshalb*	Creía que no te gustaba el fútbol, **por eso** no te compré una entrada. *Ich dachte, du magst keinen Fußball, deshalb habe ich dir keine Karte besorgt.*
Gegenüberstellung	**mientras (que)**	*während*	El libro te lo recomiendo mucho **mientras** que la película no es muy buena. *Das Buch empfehle ich dir, der Film dagegen ist nicht besonders gut.*
	sin embargo	*trotzdem*	La ciudad es muy grande. **Sin embargo** se vive bien allí. *Die Stadt ist sehr groß. Trotzdem lebt man dort gut.*
	en cambio	*dagegen*	Esta casa es muy bonita, esa, **en cambio**, es fea. *Dieses Haus ist sehr schön, jenes dagegen ist hässlich.*

* Wenn der Grund mit **como** eingeführt wird, steht er immer vor dem Hauptsatz.

◆ Weitere Konnektoren sind **y** *und*, **o** *oder*, **pero** *aber* sowie **cuando** *wenn, als*, **hasta qué** *bis*, **por eso** *deswegen*, **que** *dass*, **si** *wenn*.

11. Die Zahlen

11.1 Die Grundzahlen

Tengo **veinte** años. **Ñ, U2**/eñe A1

0	cero	10	diez	20	veinte	30	treinta	100	**cien**
1	uno	11	once	21	veint**i**uno	31	treinta **y** uno	101	ciento uno
2	dos	12	doce	22	veint**i**dós	32	treinta **y** dos	102	ciento dos
3	tres	13	trece	23	veint**i**trés	33	treinta **y** tres	103	ciento tres
4	cuatro	14	catorce	24	veint**i**cuatro	40	cuarenta	134	ciento treinta y cuatro
5	cinco	15	quince	25	veint**i**cinco	50	cincuenta	200	doscientos/-as
6	seis	16	dieciséis	26	veint**i**séis	60	sesenta	300	trescientos/-as
7	siete	17	diecisiete	27	veint**i**siete	70	setenta	400	cuatrocientos/-as
8	ocho	18	dieciocho	28	veint**i**ocho	80	ochenta		
9	nueve	19	diecinueve	29	veint**i**nueve	90	noventa		

500	**quinientos/-as**	1.000	mil	30.000	treinta mil
600	seiscientos/-as	1.001	mil uno	100.000	cien mil
700	s**e**tecientos/-as	1.002	mil dos	1.000.000	un millón
800	ochocientos/-as	2.000	dos mil	2.000.000	dos millones
900	n**o**vecientos/-as	2.100	dos mil cien		

⚠ Von 200 bis 999 gibt es für die Hunderterzahlen je eine männliche und eine weibliche Form, die an das zugehörige Substantiv angepasst ist: doscient**as** y cinco person**as**, ochocient**os** ochenta eur**os**.

11.2 Die Ordnungszahlen

Vivo en el **cuarto** piso. **U5**/eñe A1

◆ Die Ordnungszahlen verwendet man vor allem von 1 bis 10. Ab 11 werden meist die Grundzahlen verwendet. Sie stehen vor dem Substantiv und richten sich in Zahl und Geschlecht nach diesem:
Es la **segunda** casa en la **cuarta** calle.

1°/1ª primero/-a	5°/5ª quinto/-a	9°/9ª noveno/-a
2°/2ª segundo/-a	6°/6ª sexto/-a	10°/10ª décimo/-a
3°/3ª tercero/-a	7°/7ª séptimo/-a	
4°/4ª cuarto/-a	8°/8ª octavo/-a	

▲ **Primero** und **tercero** werden vor einem männlichen Substantiv zu *primer* und *tercer* verkürzt:
El **tercer** piso. La **tercera** hija.

12. Die Zeit

12.1 Die Uhrzeit

¿Qué hora es? **U4**/eñe A1

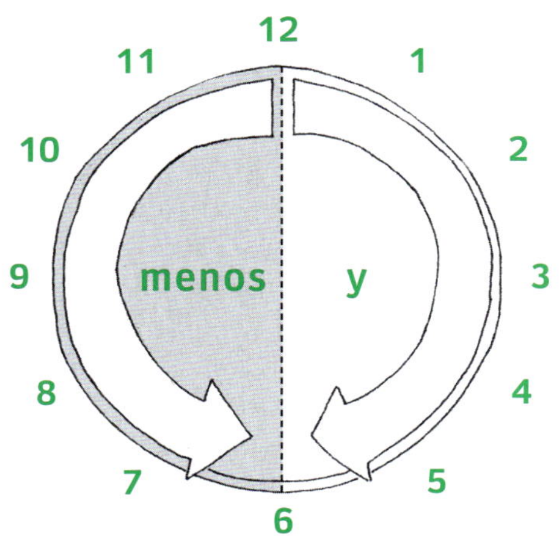

◆ Um die Uhrzeit anzugeben, verwendet man eine Form von **ser** + **la**/**las** + eine Grundzahl.

◆ Die Minuten werden von der vollen Stunde bis zur halben Stunde mit **y** hinzugefügt, von der halben Stunde bis zu nächsten vollen Stunde werden sie mit **menos** abgezogen.

◆ Oft wird eine Uhrzeit von 1 bis 12 Uhr mit einer Angabe zur Tageszeit (**de la mañana**, **de la tarde**) kombiniert.

◆ Nach einem bestimmten Zeitpunkt fragt man mit **¿A qué hora...?**

● ¿Qué hora es?
■ 1:00 **Es la una.**
11:00 Son las once.
12:30 Son las doce y media.
20:45 Son las nueve menos cuarto.
16:00 Son las cuatro de la tarde.

● "**¿A qué hora** vuelves?"
■ A las ocho de la mañana.
A las cinco y veinte.

12.2 Das Datum

Es el cinco de mayo. **U7**/eñe A1

◆ Für Datumsangaben verwendet man die Grundzahlen und setzt keinen Punkt.
Vor dem Tag steht der bestimmte Artikel, zwischen Tag und Monat wird ein **de** gesetzt.

Mañana es **el** veinte **de** octubre. *Morgen ist der zwanzigste Oktober.*
Llego **el** 6 de mayo **de** 2007. *Ich komme am 6. Mai 2007 an.*

▲ Für eine Zeitspanne verwendet man **del** und **al**.
Me voy de vacaciones **del** 3 **al** 30 de agosto. *Ich gehe von 3. bis 30. August in Urlaub.*

Verbtabelle

Infinitiv		Präsens	*Indefinido*	*Imperfecto*	Imperativ positiv	negativ	Partizip *Gerundio*
Regelmäßige Verben							
-ar	yo	hablo	hablé	hablaba			
hablar	tú	hablas	hablaste	hablabas	habla	no hables	hablado
sprechen	él/ella, usted	habla	habló	hablaba	hable	no hable	
	nosotros/-as	hablamos	hablamos	hablábamos			*hablando*
	vosotros/-as	habláis	hablásteis	hablabais	hablad	no habléis	
	ellos/-as, uds.	hablan	hablaron	hablaban	hablen	no hablen	
-er	yo	como	comí	comía			
comer	tú	comes	comiste	comías	come	no comas	comido
essen	él/ella, usted	come	comió	comía	coma	no coma	
	nosotros/-as	comemos	comimos	comíamos			*comiendo*
	vosotros/-as	coméis	comísteis	comíais	comed	no comáis	
	ellos/-as, uds.	comen	comieron	comían	coman	no coman	
-ir	yo	vivo	viví	vivía			
vivir	tú	vives	viviste	vivías	vive	no vivas	vivido
leben	él/ella, usted	vive	vivió	vivía	viva	no viva	
	nosotros/-as	vivimos	vivimos	vivíamos			*viviendo*
	vosotros/-as	vivís	vivísteis	vivíais	vivid	no viváis	
	ellos/-as, uds.	viven	vivieron	vivían	vivan	no vivan	
Unregelmäßige Verben							
andar	yo	ando	**anduve**	andaba			
gehen	tú	andas	**anduviste**	andabas	anda	no andes	andado
	él/ella, usted	anda	**anduvo**	andaba	ande	no ande	
	nosotros/-as	andamos	**anduvimos**	andábamos			*andando*
	vosotros/-as	andáis	**anduvisteis**	andabais	andad	no andéis	
	ellos/-as, uds.	andan	**anduvieron**	andaban	anden	no anden	
conducir	yo	**conduzco**	**conduje**	conducía			
fahren	tú	conduces	**condujiste**	conducías	conduce	no **conduzcas**	conducido
	él/ella, usted	conduce	**condujo**	conducía	**conduzca**	no **conduzca**	
	nosotros/-as	conducimos	**condujimos**	conducíamos			*conduciendo*
	vosotros/-as	conducís	**condujisteis**	conducíais	conducid	no **conduzcáis**	
	ellos/-as, uds.	conducen	**condujeron**	conducían	**conduzcan**	no **conduzcan**	
caer	yo	**caigo**	caí	caía			
(hin)fallen	tú	**caes**	caíste	caías	cae	no **caigas**	caído
	él/ella, usted	**cae**	**cayó**	caía	**caiga**	no **caiga**	
	nosotros/-as	**caemos**	caímos	caíamos			*cayendo*
	vosotros/-as	**caéis**	caísteis	caíais	caed	no **caigáis**	
	ellos/-as, uds.	**caen**	**cayeron**	caían	**caigan**	no **caigan**	
conocer	yo	**conozco**	conocí	conocía			
(kennen)lernen	tú	conoces	conociste	conocías	conoce	no **conozcas**	conocido
	él/ella, usted	conoce	conoció	conocía	**conozca**	no **conozca**	
	nosotros/-as	conocemos	conocimos	conocíamos			*conociendo*
	vosotros/-as	conocéis	conocisteis	conocíais	conoced	no **conozcáis**	
	ellos/-as, uds.	conoces	conocieron	conocían	**conozcan**	no **conozcan**	
construir	yo	**construyo**	construí	construía			
bauen	tú	**construyes**	construíste	construías	**construye**	no **construyas**	construido
	él/ella, usted	**construye**	**construyó**	construía	**construya**	no **construya**	
	nosotros/-as	construímos	construímos	construíamos			***construyendo***
	vosotros/-as	construís	construísteis	construíais	construid	no **construyáis**	
	ellos/-as, uds.	**construyen**	**construyeron**	construían	**construyan**	no **construyan**	
creer	yo	**creo**	creí	creía			
glauben	tú	**crees**	creiste	creías	cree	no creas	creído
	él/ella, usted	**cree**	**creyó**	creía	crea	no crea	
	nosotros/-as	**creemos**	creímos	creíamos			***creyendo***
	vosotros/-as	**creéis**	creísteis	creíais	creed	no creáis	
	ellos/-as, uds.	**creen**	**creyeron**	creían	crean	no crean	
dar	yo	**doy**	**di**	daba			
geben	tú	das	**diste**	dabas	da	no des	dado
	él/ella, usted	da	**dio**	daba	**dé**	no **dé**	
	nosotros/-as	damos	**dimos**	dábamos			*dando*
	vosotros/-as	dais	**disteis**	dabais	dad	no deis	
	ellos/-as, uds.	dan	**dieron**	daban	den	no den	
decir	yo	**digo**	**dije**	decía			
sagen	tú	**dices**	**dijiste**	decías	**di**	no **digas**	**dicho**
	él/ella, usted	**dice**	**dijo**	decía	**diga**	no **diga**	
	nosotros/-as	decimos	**dijimos**	decíamos			*diciendo*
	vosotros/-as	decís	**dijisteis**	decíais	decid	no **digáis**	
	ellos/-as, uds.	**dicen**	**dijeron**	decían	**digan**	no **digan**	

Infinitiv		Präsens	*Indefinido*	*Imperfecto*	Imperativ positiv	negativ	Partizip *Gerundio*
dormir	yo	**duermo**	dormí	dormía			
(o → ue)	tú	**duermes**	dormiste	dormías	**duerme**	no **duermas**	dormido
schlafen	él/ella, usted	**duerme**	**durmió**	dormía	**duerma**	no **duerma**	
	nosotros/-as	dormimos	dormimos	dormíamos			**durmiendo**
	vosotros/-as	dormís	dormísteis	dormíais	dormid	no **durmáis**	
	ellos/-as, uds.	**duermen**	**durmieron**	dormían	**duerman**	no **duerman**	
estar	yo	**estoy**	**estuve**	estaba			
sein	tú	**estás**	**estuviste**	estabas	**está**	no estés	estado
	él/ella, usted	**está**	**estuvo**	estaba	**esté**	no esté	
	nosotros/-as	estamos	**estuvimos**	estábamos			*estando*
	vosotros/-as	estáis	**estuvisteis**	estabais	estad	no estéis	
	ellos/-as, uds.	**están**	**estuvieron**	estaban	**estén**	no esten	
haber	yo	**he**	**hubo**	había			
haben / sein	tú	**has**	**hubiste**	habías	*nicht gebräuchlich*	*nicht gebräuchlich*	habido
(Hilfsverb)	él/ella, usted	**ha / hay**	**hubo**	había			
	nosotros/-as	**hemos**	**hubimos**	habíamos			*habiendo*
	vosotros/-as	habéis	**hubisteis**	habíais			
	ellos/-as, uds.	**han**	**hubieron**	habían			
hacer	yo	**hago**	**hice**	hacía			
machen	tú	haces	**hiciste**	hacías	**haz**	no **haga**	**hecho**
	él/ella, usted	hace	**hizo**	hacía	**haga**	no **haga**	
	nosotros/-as	hacemos	**hicimos**	hacíamos			*haciendo*
	vosotros/-as	hacéis	**hicisteis**	hacíais	haced	no **hagáis**	
	ellos/-as, uds.	hacen	**hicieron**	hacían	**hagan**	no **haga**	
incluir	yo	**incluyo**	incluí	incluía			
einschließen	tú	**incluyes**	incluiste	incluías	**incluye**	no **incluyas**	incluido
	él/ella, usted	**incluye**	**incluyó**	incluía	**incluya**	no **incluya**	
	nosotros/-as	incluimos	incluimos	incluíamos			***incluyendo***
	vosotros/-as	incluís	incluisteis	incluíais	incluid	no **incluyáis**	
	ellos/-as, uds.	**incluyen**	incluyeron	incluían	**incluyan**	no **incluyan**	
ir	yo	**voy**	**fui**	**iba**			
gehen, fahren	tú	**vas**	**fuiste**	**ibas**	**ve**	no **vayas**	**ido**
	él/ella, usted	**va**	**fue**	**iba**	**vaya**	no **vaya**	
	nosotros/-as	**vamos**	**fuimos**	**íbamos**			***yendo***
	vosotros/-as	**vais**	**fuisteis**	**ibais**	id	no **vayáis**	
	ellos/-as, uds.	**van**	**fueron**	**iban**	**vayan**	no **vaya**	
jugar	yo	**juego**	jugué	jugaba			
(u → ue)	tú	**juegas**	jugaste	jugabas	**juega**	no **juegues**	jugado
spielen	él/ella, usted	**juega**	jugó	jugaba	**juegue**	no **juegue**	
	nosotros/-as	jugamos	jugamos	jugábamos			*jugando*
	vosotros/-as	jugáis	jugasteis	jugabais	jugad	no juguéis	
	ellos/-as, uds.	**juegan**	jugaron	jugaban	**jueguen**	no **jueguen**	
oír	yo	**oigo**	oí	oía			
hören	tú	**oyes**	oíste	oías	**oye**	no **oigas**	**oído**
	él/ella, usted	**oye**	**oyó**	oía	**oiga**	no **oiga**	
	nosotros/-as	oímos	oímos	oíamos			***oyendo***
	vosotros/-as	oís	oísteis	oíais	oíd	no **oigáis**	
	ellos/-as, uds.	**oyen**	**oyeron**	oían	**oigan**	no **oigan**	
pedir	yo	**pido**	pedí	pedía			
(e → i)	tú	**pides**	pediste	pedías	**pide**	no **pidas**	pedido
bitten	él/ella, usted	**pide**	**pidió**	pedía	**pida**	no **pida**	
	nosotros/-as	pedimos	pedimos	pedíamos			***pidiendo***
	vosotros/-as	pedís	pedisteis	pedíais	pedid	no **pidáis**	
	ellos/-as, uds.	**piden**	pidieron	pedían	**pidan**	no **pidan**	
poder	yo	**puedo**	**pude**	podías			
können	tú	**puedes**	**pudiste**	podía	*nicht gebräuchlich*	*nicht gebräuchlich*	podido
	él/ella, usted	**puede**	**pudo**	podía			
	nosotros/-as	**podemos**	**pudimos**	podíamos			***pudiendo***
	vosotros/-as	**podéis**	**pudisteis**	podías			
	ellos/-as, uds.	**pueden**	**pudieron**	podían			
poner	yo	**pongo**	**puse**	ponía			
legen, setzen, stellen	tú	pones	**pusiste**	ponías	pon	no **pongas**	puesto
	él/ella, usted	pone	**puso**	ponía	**ponga**	no **ponga**	
	nosotros/-as	ponemos	**pusimos**	poníamos			*poniendo*
	vosotros/-as	ponéis	**pusisteis**	poníais	poned	no **pongáis**	
	ellos/-as, uds.	ponen	**pusieron**	ponían	**pongan**	no **pongan**	

Infinitiv		Präsens	*Indefinido*	*Imperfecto*	Imperativ positiv	negativ	Partizip *Gerundio*
preferir	yo	**prefiero**	preferí	prefería			
bevorzugen	tú	**prefieres**	preferiste	preferías	**prefiere**	no **prefieras**	preferido
	él/ella, usted	**prefiere**	**prefirió**	prefería	**prefiera**	no **prefiera**	
	nosotros/-as	preferimos	preferimos	preferíamos			***prefiriendo***
	vosotros/-as	preferís	preferiste	preferíais	preferid	no **prefiráis**	
	ellos/-as, uds.	**prefieren**	prefirieron	preferían	**prefieran**	no **prefieran**	
querer	yo	**quiero**	**quise**	quería			
wollen, mögen	tú	**quieres**	**quisiste**	querías	*nicht gebräuchlich*	*nicht gebräuchlich*	querido
	él/ella, usted	**quiere**	**quise**	quería			
	nosotros/-as	queremos	**quisimos**	queríamos			*queriendo*
	vosotros/-as	queréis	**quisisteis**	queríais			
	ellos/-as, uds.	**quieren**	**quisieron**	querían			
saber	yo	**sé**	**supe**	sabía			
wissen	tú	sabes	**supiste**	sabías	sabe	no **sepas**	sabido
	él/ella, usted	sabe	**supo**	sabía	**sepa**	no **sepa**	
	nosotros/-as	sabemos	**supimos**	sabíamos			*sabiendo*
	vosotros/-as	sabéis	**supisteis**	sabías	sabed	no **sepáis**	
	ellos/-as, uds.	saben	**supieron**	sabían	**sepan**	no **sepan**	
salir	yo	**salgo**	salí	salía			
weggehen, ausgehen	tú	sales	saliste	salías	**sal**	no **salgas**	salido
	él/ella, usted	sale	salió	salía	**salga**	no **salga**	
	nosotros/-as	salimos	salimos	salíamos			*saliendo*
	vosotros/-as	salís	salisteis	salíais	salid	no **salgáis**	
	ellos/-as, uds.	salen	salieron	salían	**salgan**	no **salgan**	
ser	yo	**soy**	**fui**	**era**			
sein	tú	**eres**	**fuiste**	**eras**	**sé**	no **seas**	sido
	él/ella, usted	**es**	**fue**	**era**	**sea**	no **sea**	
	nosotros/-as	**somos**	**fuimos**	**éramos**			*siendo*
	vosotros/-as	**sois**	**fuisteis**	**erais**	sed	no **seáis**	
	ellos/-as, uds.	**son**	**fueron**	**eran**	**sean**	no **sean**	
tener	yo	**tengo**	**tuve**	tenía			
haben	tú	**tienes**	**tuviste**	tenías	**ten**	no **tengas**	tenido
	él/ella, usted	**tiene**	**tuve**	tenía	**tenga**	no **tenga**	
	nosotros/-as	tenemos	**tuvimos**	teníamos			*teniendo*
	vosotros/-as	tenéis	**tuvisteis**	teníais	tened	no **tengáis**	
	ellos/-as, uds.	**tienen**	**tuvieron**	tenían	**tengan**	no **tengan**	
traer	yo	**traigo**	**traje**	traía			
(hierher)bringen	tú	traes	**trajiste**	traías	trae	no **traigas**	traído
	él/ella, usted	trae	**trajo**	traía	**traiga**	no **traiga**	
	nosotros/-as	traemos	**trajimos**	traíamos			***trayendo***
	vosotros/-as	traéis	**trajisteis**	traíais	traed	no **traigáis**	
	ellos/-as, uds.	traen	**trajeron**	traían	**traigan**	no **traigan**	
venir	yo	**vengo**	**vine**	venía			
(hierher)kommen	tú	**vienes**	**viniste**	venías	**ven**	no **vengas**	venido
	él/ella, usted	**viene**	**vino**	venía	**venga**	no **venga**	
	nosotros/-as	venimos	**vinimos**	veníamos			***viniendo***
	vosotros/-as	venís	**vinisteis**	veníais	venid	no **vengáis**	
	ellos/-as, uds.	**vienen**	**vinieron**	venían	**vengan**	no **vengan**	
ver	yo	**veo**	**vi**	**veía**			
sehen	tú	ves	**viste**	**veías**	**ve**	no **veas**	**visto**
	él/ella, usted	ve	**vio**	**veía**	**vea**	no **vea**	
	nosotros/-as	vemos	**vimos**	**veíamos**			*viendo*
	vosotros/-as	véis	**visteis**	**veíais**	ved	no **veáis**	
	ellos/-as, uds.	ven	**vieron**	**veían**	**vean**	no **vean**	
volver	yo	**vuelvo**	volví	volvía			
zurückkehren	tú	**vuelves**	volviste	volvías	**vuelve**	no **vuelvas**	**vuelto**
	él/ella, usted	**vuelve**	volvió	volvía	**vuelva**	no **vuelva**	
	nosotros/-as	volvemos	volvimos	volvíamos			*volviendo*
	vosotros/-as	volvéis	volvisteis	volvíais	volved	no volváis	
	ellos/-as, uds.	**vuelven**	volvieron	volvían	**vuelvan**	no **vuelvan**	

Begriff	spanisch	deutsch	Beispiel
Adjektiv	adjetivo	Eigenschaftswort	Die **alte** Stadt.
Adverb	adverbio	Umstandswort	**Heute** gehe ich ins Kino.
Akkusativ	acusativo	4. Fall (Wenfall)	Daniel kauft **den Wagen**.
Akkusativobjekt	objeto directo	direktes Objekt	Ich rufe den Arzt an.
Artikel	artículo	Geschlechtswort	**Der** Fußball ist neu.
Dativ	dativo	3. Fall (Wemfall)	Wir schenken **Michael** ein Fahrrad.
Dativobjekt	objeto indirecto	indirektes Objekt	Er kauft **seiner Frau** Blumen.
Demonstrativpronomen	pronombre demostrativo	hinweisendes Fürwort	Ich kaufe **diesen**.
Demonstrativbegleiter	determinante demostrativo	hinweisender Begleiter	Ich nehme **dieses** Sofa.
feminin	femenino	weiblich	Sie ist **eine gute Lehrerin**.
Futur	futuro	Zukunft	María **wird kommen**.
Gerundium	gerundio	Verlaufsform	Er **schläft gerade**.
Imperativ	imperativo	Befehlsform	**Gib** mir bitte Schokolade.
Imperfecto	imperfecto	Präteritum (Vergangenheitsform)	Meine Mutter **spielte** gerne Klavier.
Indefinido	indefinido	Historische Vergangenheit	Pablo Picasso **starb** 1973.
Indefinitbegleiter	determinante indefinido	unbestimmter Begleiter	Bringst du mir bitte **irgend-eine** Zeitschrift?
Indefinitpronomen	pronombre indefinido	unbestimmtes Fürwort	Ich finde **keine**.
Infinitiv	infinitivo	Grundform des Verbs	Er kann nicht **sprechen**.
Komparativ	comparativo	Vergleichs- und 1. Steigerungsform	Carola ist **älter** als Julia.
Konjugation	conjugación	Beugung des Verbs	Ich geh**e**, du geh**st**, ...
Konnektor	conector	Verbindungswort	Max ging spazieren, weil schönes Wetter war.
Konsonant	consonante	Mitlaut	**b**, **c**, **d**, **f**, usw.
maskulin	masculino	männlich	Herr Naumann ist **ein reicher Mann**.
Modalverb	verbo modal	Verb, das die Bedeutung eines Vollverbs modifiziert	**Kannst** du englisch sprechen?
Negation	negación	Verneinung	Wir gehen morgen **nicht** in die Arbeit.
Nominativ	nominativo	1. Fall (Werfall)	Peter ist **Arzt**.

Begriff	spanisch	deutsch	Beispiel
Objekt	objeto	Ergänzung des Verbs	Markus liest die **Zeitung**.
direktes Objektpronomen	pronombre de objeto directo	Fürwort als Ergänzung des Verbs im 4. Fall	Ich sehe **ihn**.
indirektes Objektpronomen	pronombre de objeto indirecto	Fürwort als Ergänzung des Verbs im 3. Fall	Gefällt **dir** meine neue Bluse?
Ordinalzahl	número ordinal	Ordnungszahl	**erster, zweiter,** usw.
Perfekt	pretérito perfecto	Vergangenheit	**gegessen**, **gekauft**, usw.
Personalpronomen	pronombre personal	persönliches Fürwort	**Er** fragt **sie** um Rat.
Plural	plural	Mehrzahl	**Häuser, Röcke**
Possessivbegleiter	determinante posesivo	besitzanzeigender Begleiter	**Meine** Eltern heißen José und Silke.
Possessivpronomen	pronombre posesivo	besitzanzeigendes Fürwort	Das Fahrrad? Das ist **meines!**
Prädikat	predicado	Satzaussage	Der Bus **fährt** zum Bahnhof.
Präposition	preposición	Verhältniswort	Sie steht **an** der Haltestelle.
Präsens	presente	Gegenwart	Ich **fahre** heute nach Murcia.
Pronomen	pronombre	Fürwort	Du gibst **es ihr**.
reflexives Verb	verbo reflexivo	rückbezügliches Tätigkeitswort	Karin **freute sich** sehr über die Blumen.
Reflexivpronomen	pronombre reflexivo	rückbezügliches Fürwort	Wir freuen **uns**.
Subjektpronomen	pronombre de sujeto	Fürwort als Satzgegenstand	**Er** schwimmt.
Substantiv	sustantivo	Hauptwort	**Name, Stadt**
Superlativ	superlativo	2. Steigerungsform	**Der höchste** Berg Spaniens ist der Teide.
Verb	verbo	Tätigkeitswort	**schreiben, besuchen**
verbale Umschreibung	perífrasis verbal	Umschreibung mit einem Zeitwort	Die Kinder **spielen gerade** im Sand.
Vokal	vocal	Selbstlaut	**a, e, i,** usw.

- Die Wörter sind in der Reihenfolge ihres Vorkommens mit deutscher Bedeutung im jeweiligen Kontext aufgeführt.
- Bei Verben mit ungelmäßigen Präsensformen werden diese genannt *(e → ie)*.
- Wörter, die ausschließlich auf CD vorkommen, sind nicht aufgenommen.

Verwendete Abkürzungen

Adv =	Adverb	*jmd* =	jemandem
Adj =	Adjektiv	*Pl* =	Plural
Inf =	Infinitiv	*ugs* =	umgangssprachlich

Unidad 1

Me gusta el español

A

1a	comentar	besprechen
1c	la razón	Grund
2	tener en común	mit jmd. etwas gemeinsam haben
2a	desde cuándo	seit wann
2b	Berna	Bern
3a	la actividad	Aktivität
	la audición	Hörübung
	individualmente *(Adv)*	einzeln
	aburrirse	sich langweilen
	odiar	hassen
3b	el párrafo	Abschnitt
	dado (*Inf* dar)	gegeben
	coleccionar	sammeln
	el nativo	Einheimischer

B

4a	la pizarra	Tafel
	la tiza	Kreide
	el reproductor de cedés	CD-Player
	el marcador de color	Marker
	el televisor	Fernseher
	el proyector	(Tageslicht-)Projektor
	el archivador	Ordner
	el juego de tablero	Brettspiel
5a	mencionar	erwähnen
	útil	nützlich
	lógico/-a	logisch
	sistemático/-a	systematisch
	moverse *(o → ue)*	sich bewegen
	facilitar	vereinfachen
	la pronunciación	Aussprache
	complicado/-a	kompliziert, schwierig
	pensar *(o → ue)*	denken
5b	fácil	einfach
	la dificultad	Schwierigkeit
	el cedé	CD
6a	identificarse	sich identifizieren
	la inteligencia	Intelligenz
	múltiple	vielfältig
	desarrollado/-a	entwickelt
	el grado	Grad
	averiguar	herausfinden
	el ritmo	Rhythmus
	cantar	singen
	tocar	(Instrument) spielen
	el instrumento	Musikinstrument
	el musical	Musical
	la obra de teatro	Theaterstück
	la poesía	Gedicht
	fácilmente *(Adv)*	einfach
	la letra	(Lied)text
	la canción	Lied
	ordenado/-a	ordentlich
	el aparato	Gerät
	la instrucción	Anweisung
	desorganizado/-a	unordentlich
	la lógica	Logik
	funcionar	funktionieren
	la cosa	Sache
	el miembro	Mitglied
	el club	Verein
	la organización	Verband
	productivo/-a	produktiv, erfolgreich
	ocupado/-a	beschäftigt
	la nota	Notiz
	el crucigrama	Kreuzworträtsel
	la sopa de letras	*Übungstyp* „Buchstabensuppe"
	ordenar	aufräumen
	decorar	schmücken
	la imagen	Bild
	mental	mental
6b	sumar	addieren
	la cruz	Kreuz
	verbal	mündlich
	visual	visuell

	indicar	zeigen, hinweisen
	el modo	Art, Weise
	es decir	das heißt
	cuanto más... más...	je ... desto ...
	tender (e → ie)	tendieren, neigen zu
6c	desarrollar	entwickeln

A toda página

	el examen	Prüfung
	oficial	offiziell
a	la expresión escrita	schriftlicher Ausdruck
	la comprensión auditiva	Hörverstehen
	la expresión oral	mündlicher Ausdruck
	la comprensión lectora	Leseverstehen
b	TELC (The European Language Certificates)	*Sprachzertifikate*
	la parte	Teil
	cuánto tiempo	wie lange
	durar	dauern
	la prueba	Prüfung
	la duración	Dauer
	el examen escrito	schriftliche Prüfung
	el item	Lösungsoption
	el lenguaje	Sprache, Ausdrucksweise
	interactivo	interaktiv
	la comprensión global	globales Verstehen
	la comprensión detallada	Detailverstehen
	la comprensión selectiva	selektives Verstehen
	el examen oral	mündliche Prüfung
	conocerse	sich kennen (lernen)
	el uno al otro	miteinander
	llegar a un acuerdo	sich einigen
	el candidato	Teilnehmer, Bewerber
	la excepción	Ausnahme
c	en total	insgesamt
	oral	mündlich
	ponerse + *Adj*	werden
	la corrección	Korrektur, Verbesserung
d	la lengua extranjera	Fremdsprache

Entre culturas

a	el catalán	Katalanisch
	el vasco	Baskisch
	el quechua	Quechua
	el aimara	Aimara
	el nahuatl	Nahuatl
	el mapuche	Mapuche
	el quiché	Quiche
b	numeroso/-a	zahlreich
	aborigen	eingeboren
	indígena *(Adj)*	eingeboren, Indianer-
	el azteca	Azteke
	mayense	Maya-
	la variante	Variante
	andino/-a	Andengebiet-
	sin embargo	trotzdem
	el imperio	Imperium, Reich
	inca	Inka-
	estimar	schätzen
	cerca de	ungefähr
	ambos	beide
	la lengua co-oficial	zweite offizielle Sprache
	la minoría	Minderheit
	la frontera	Grenze
	calcular	rechnen
c	el dialecto	Dialekt
	considerar	halten

A la tarea

	realizar	erstellen
2	el motivo	Motiv, Grund
	el aspecto	Aspekt
3	el informe	Bericht
	recoger	sammeln
4	la pared	Wand
	nombrar	erwähnen
	entregar	abgeben

AB

6	desierto/-a	(menschen)leer
18	el aprendizaje	Lernen
19	la lengua vernácula	Landessprache
	la comunidad autónoma	autonome Region
	emparentar	verschwägern, *hier*: verbinden
	lingüístico/-a	sprachlich
	indoeuropeo/-a	indoeuropäisch
	la provincia	Provinz

Unidad 2

Toda una vida

	el bebé	Baby
	¡Es un sol!	Es ist ein Sonnenschein!
	el bautizo	Taufe
	la luna de miel	Flitterwochen
	la primera comunión	Erstkommunion

A

1	la biografía	Biographie
1a	la suposición	Vermutung
	la afición	Hobby

1b	último/-a	letzte/r/s
	el explorador	Forscher
	el aventurero	Abenteuer
	romántico/-a	romantisch
	vivir	(er)leben
	definir	beschreiben
	sencillo/-a	schlicht
	humilde	bescheiden, einfach
	nacer	geboren werden
	mudarse	umziehen
	agrónomo/-a	Landwirt-
	olímpico/-a	olympisch
	el botánico	Botaniker
	el gobierno	Regierung
	grabar	aufnehmen
	contratar	einstellen
	el reportero	Journalist
	la guerra	Krieg
	condenar	verurteilen
	la muerte	Tod
	la ejecución	Hinrichtung
	el prisionero	Gefangener
	escapar	entkommen
	crear	gründen
	el programa	Programm
	el intercambio	Austausch
	consistir	bestehen
	realizar	machen
	la geografía	Geographie
	la historia	Geschichte
	el medio ambiente	Umwelt
	el poeta	Dichter
	obtener	bekommen
	múltiple	viele
1d	el acontecimiento	Ereignis
	destacado/-a	herausragend
1e	la formación	Ausbildung, Bildung
	divorciarse	sich scheiden lassen
	separarse	sich trennen
	salir	ausziehen
	jubilarse	in den Ruhestand gehen
	ganar	gewinnen
2a	pasado/-a	letzte/r/s
	limpiar	sauber machen, putzen
2b	el orden	Reihenfolge, Ordnung
3a	el papelito	Zettelchen
	el papel	Zettel
3b	nombrar	nennen

B

4	la guía	Reiseführer
4a	la época	Epoche
	romano/-a	romanisch
	la Edad Media	Mittelalter
	el desarrollo	Entwicklung
	Cataluña	Katalonien
	la vanguardia	Avantgarde
	industrial	industriell
	demográfico/-a	Bevölkerungs-, demographisch
	artístico/-a	künstlerisch
	la modernización	Modernisierung
	fundar	gründen
	el equipo	Mannschaft
	aunque	obwohl
	conseguir	erreichen
	cierto/-a	gewisse/r/s
	la autonomía	Autonomie
	la república	Republik
	la guerra civil	Bürgerkrieg
	la dictadura	Diktatur
	perder *(e → ie)*	verlieren
	aproximadamente *(Adv)*	ungefähr
	el emigrante	Auswanderer
	desarrollarse	sich entwickeln
	el evento	Ereignis
	celebrar	durchführen
	proyectar	projizieren
	hospitalario/-a	gastfreundlich
	barcelonés/-a	aus Barcelona
	ilustre	berühmt
	el maestro	Meister
	el Modernismo	Modernismus
	cercano/-a	naheliegend
	producir	herstellen, schaffen
	la obra	Werk
	adoptar	adoptieren, annehmen
	andaluz/-a	andalusisch
	trasladarse	umziehen
	el periodo	Zeitraum, Periode
	legítimo/-a	ehelich
	destacar	hervorheben
	el/la deportista	Sportler/in
	el motociclismo	Motorradsport
4b	el hecho	Ereignisse, Tat
	la sociedad	Gesellschaft
4c	la tarjeta	Karte
	la guerra dels Segadors	Aufstand der Schnitter
	la guerra de sucesión	spanischer Erbfolgekrieg
	el campeón	Sieger
	el arte	Kunst
	el detective	Detektiv
	el protagonista	Hauptdarsteller
	la novela	Roman
	el escritor	Schriftsteller
5	la década	Jahrzehnt

5a	la órbita	Umlaufbahn
	el satélite	Satellit
	espacial	Raum-
	el teléfono móvil	Handy
	inaugurar	einweihen
	la velocidad	Geschwindigkeit
	recibir	bekommen
	el aniversario	Jahrestag
	la llegada	Ankunft
	el ciclista	Radfahrer
	la elección	Wahl
	el mundial de fútbol	Fußballweltmeisterschaft
5b	informativo/-a	informativ

A toda página

	la autobiografía	Autobiographie
a	el poema	Gedicht
	el verso	Vers
	el obrero	Arbeiter
	la modista	Damenschneiderin
	el circo	Zirkus
	de pequeño/-a	als Kind
	el reformatorio	Erziehungsanstalt
	de joven	als Jugendliche/r
	el preventorio	Heilstätte
	el amor	Liebe,
	envidiable	beneidenswert
	el recordatorio	Souvenir, Erinnerung
	escolar	Schul-
	la juventud	Jugend
	la escritora	Schriftstellerin
	girar en torno a	sich drehen um
	la ternura	Zärtlichkeit
	la infancia	Kindheit
	caracterizarse	charakterisieren
	el humor	Humor, Laune
	la originalidad	Originalität
b	la construcción	Anbau
	especial	besonders, speziell
c	la alegría	Freunde

Entre culturas

a	referirse a	sich beziehen auf
b	a principios	am Anfang
	activamente *(Adv)*	aktiv
	tomar partido	Stellung beziehen
	a favor de	für
	el archiduque	Erzherzog
	contra	gegen
	mandar	befehlen
	incendiar	brennen, anzünden
	destruir	zerstören
	el municipio	Gemeinde
	la protesta	Protest
	el retrato	Porträt
	mantener	halten, erhalten bleiben
	boca abajo	kopfüber
	municipal	Gemeinde-
	el libertador	Befreier
	el moro	Maure
	el cristiano	Christ
	la lucha	Kampf
	la reconquista	Wiedereroberung
	el musulmán	Moslem
	arquitectónico/-a	architektonisch
	mezclar	mischen
	árabe	arabisch
	cristiano/-a	christlich
	aprobar *(o → ue)*	genehmigen
	la ley	Gesetz
	la memoria	Gedächtnis
	obligar	zwingen
	retirar	wegmachen, entziehen
	franquista	Franco-
	público/-a	öffentlich
	la estatua	Statue
c	hacer referencia	hinweisen

¡A la tarea!

1	el canciller	Bundeskanzler
2	intercambiar	tauschen, austauschen
3	dividir	teilen

AB

6	misterioso/-a	geheimnisvoll
	los medios de información *(Pl)*	Massenmedien
	el golpe de estado	Staatsstreich
	trasladarse	auswandern
	publicar	veröffentlichen
	el espíritu	Geist
7	precioso/-a	wunderschön
13a	el campeonato	Meisterschaft
	el actor	Schauspieler
14	el operador de telecomunicaciones	Telefonanbieter
	el partido	Partei
	el papa	Papst
15	la tropa	Truppe
16a	la influencia	Einfluss
	el sonido	Ton, *hier*: Musik
	el álbum	Album
	convertirse	werden
	indonés/a	indonesisch
	el rito	Ritual
20	la conservación	Erhaltung

	la bióloga	Biologin

Unidad 3

¿Qué le regalamos?

	la maleta	Koffer
	el jarrón florero	Blumenvase
	el juguete	Spielzeug
	infantil	Kinder-
	arábico/-a	arabisch
	la cortina	Vorhang
	la toalla	Handtuch
	la copa	(Wein-)Glas
	el bolso	Handtasche

A

1b	la sección	Abteilung
	el almacén	Lager, Geschäft
	la informática	Computerabteilung
	la electrónica	Elektronikabteilung
	la telefonía	Abteilung für Telefonartikel
	el videojuego	Videospiel
	el disco	CD
	la librería	Buchhandlung
	la fotografía	Fotografie
	el hogar	Haushalt
	textil	Textil-
	la decoración	Einrichtung
	hogar menaje	Haushaltswaren
	el electrodoméstico	elektrisches Gerät *(für den Haushalt)*
	la vajilla	Geschirr
	el cristal	Glas-
	el plástico	Plastik
	la ferretería	Eisenwarengeschäft
	el bricolaje	Basteln
	el servicio al cliente	Kundenservice
	la zapatería	Schuhgeschäft
	el chico	Junge
	la lencería	Damenunterwäsche
	el complemento	Zusatz, Ergänzung
	el artículo	Verkaufsartikel
	la novia	Braut
	cosmético/-a	kosmetisch
	la relojería	Uhrgeschäft
	la joyería	Juwelierladen
	la bisutería	Modeschmuck
	el revelado fotográfico	Filmentwicklung
2a	la compra	Kauf
2b	el vale	Gutschein
3	comercial	geschäftlich, Geschäfts-
3b	el comercio	Geschäft

B

4a	el dueño	Besitzer
	la entrada	Eintritt
	el vuelo	Flug
	el alquiler	Ausleihe
	la escapada	Ausflug
	la cata de vinos	Weinprobe
	el globo	Heißluftballon
	cuidarse	sich pflegen
	invertir *(e → ie)*	einsetzen, ausgeben
	atraer	gefallen, anziehen
	flirtear	flirten
	propio/-a	eigene/r/s
	aventuro/-a	abenteuerlustig
	soportar	aushalten, ertragen
	el club	(Ferien-)Club
	estresado/-a	gestresst
	demasiado/-a	zu viel, ziemlich
	la responsabilidad	Verantwortung
	la energía	Energie
	inactivo/-a	tatenlos
	el/la sibarita	Feinschmecker/in
	el placer	Genuss
	la comodidad	Gemütlichkeit
4b	el tratamiento de belleza	Schönheitsbehandlung
	la pintura	Malerei
	el lujo	Luxus
	el Mediterráneo	Mittelmeer
5a	enseñar	zeigen
	el oso de peluche	Teddybär
	el jarrón	Vase
	la planta	Pflanze
5b	la palmera	Palme
	crecer	wachsen
5c	inútil	unnütz

A toda página

	el tique de compra	Kassenzettel
a	el IVA *(Impuesto sobre el Valor Añadido)*	Mehrwertsteuer
	el importe	Betrag
	el ingrediente	Zutat
	el DNI *(Documento Nacional de Identidad)*	Personalausweis
	el NIF *(Número de Identificación Fiscal)*	Steuernummer
	la vuelta	Wechselgeld
b	semidesnatado/-a	fettarm
	la corteza	Kruste
	el gel de ducha	Duschgel

	la loncha	Scheibe
	la pasta de diente	Zahnpasta
	descafeinado/-a	koffeinfrei
	el cubo	Eimer
	el pago	Zahlung
	contado	bar
	el cambio	Wechselgeld
	acumular	(an)sammeln
	conseguir	erreichen, hier: bekommen
	el descuento	Rabatt

Entre culturas

a	la entrega	Übergabe
	la recepción	Erhalten
	el esquema	Schema
	agradecer	sich bedanken
	molestarse	sich Umstände machen
	la importancia	Bedeutung
	el detalle	Kleinigkeit
b	la piñata	*geschmücktes Gefäß aus Ton oder Papier, das mit Süßigkeiten gefüllt ist*
	la figura	Figur
	el globo	Luftballon
	cumplir años	Geburtstag haben
	romper	kaputt machen, zerbrechen
	el empleado	Mitarbeiter
	la cesta	Korb
	celebrar	feiern
	el cargo	Stellung, Amt
	inmediatamente *(Adv)*	sofort
	dar las gracias	sich bedanken
	vestirse	sich anziehen
c	la ocasión	Anlass
	el funeral	Beerdigung
	los Reyes Magos *(Pl)*	die Heiligen Drei Könige
	el ascenso	Beförderung
	la mudanza	Umzug

¡A la tarea!

4	ponerse de acuerdo	sich einigen

AB

1	el escaparate	Schaufenster
5a	insólito/-a	außergewöhnlich
6	la huella	Spur
17a	el aperitivo	Aperitiv
	el par	Paar

Otra vuelta I
Un curso de español para ti.

1	la pareja	Partner/in
	deportista	sportlich
	la gastronomía	Gastronomie
	el campo	Land
	el riesgo	Risiko
2	el secreto	Geheimnis
	tener lugar	statt finden
	el énfasis	Nachdruck
	dotar	ausstatten
	la herramienta	Werkzeug, *hier:* Arbeitsgerät
	particular	privat
	el buceo	Tauchen
	la pesca	Fischfang
	la inmersión	Eintauchen
4	ofrecer	anbieten

Otra vuelta I
Oye, abre tus ojos

1	el descanso	Pause
	el riachuelo	Bach
	la hierba	Gras
	el cielo	Himmel
	la risa	Lachen
	la carcajada	Gelächter
	montar a caballo	reiten
	el velero	Segelschiff
	el palmar	Palmenwald
	animadamente *(Adv)*	fröhlich
	oler *(yo huelo)*	riechen
3	el estribillo	Refrain
	el ramo	Blumenstrauß
	amena/-o	angenehm
	la estrella	Stern

Unidad 4

Eran otros tiempos

	corresponder a	passen zu, entsprechen

A

1a	la cita	Zitat
	el novio	fester Freund
	el tocadiscos	Plattenspieler
	portátil	tragbar
	el escándalo	Skandal
	la campana	Glocke
	la democracia	Demokratie

	la libertad de expresión	Meinungsfreiheit
	la hombrera	Schulterpolster
	pintar	sich schminken
	¡Qué locura!	Wie verrückt!
	enorme	sehr groß
	pesar	wiegen
	la antena	Antenne
	sacar	herausnehmen
	práctico/-a	praktisch
	la sensación	Sensation
	la enfermera	Krankenschwester
1b	aparecer	erscheinen
1c	continuar	weitermachen, ergänzen
	biográfico/-a	biographisch
	biológico/-a	biologisch
2a	el pie de foto	Bildunterschrift
	reprimir	unterdrücken
	la manifestación	Demonstration
2b	pondrías (*Inf* poner)	du würdest legen
	la cadena de televisión	Fernsehanstalt
	mostrar (*e → ie*)	zeigen
	el documental	Dokumentarfilm
	prohibir	verbieten
	formar parte	gehören
	cotidiano/-a	täglich
	el sindicato	Gewerkschaft
	el divorcio	Ehescheidung
	el anticonceptivo	Verhütungsmittel
	la homosexualidad	Homosexualität
	el tabú	Tabu
	censurar	zensieren
	único/-a	einzige/r/s
	mejorar	verbessern
	emigrar	auswandern
	el artículo	Sache
	comparar	vergleichen
2c	provenir	herkommen
	Andalucía	Andalusien
	permitir	erlauben
	legal	gesetzlich
	el matrimonio	Ehe
	el extranjero	Ausland
	suficiente	genügend
	popular	populär, beliebt
	B	
3	el invento	Erfindung
3b	la carta	Brief
	la invención	Erfindung
	el ser humano	Mensch
	mandar	schicken
	molesto	unangenehm, lästig
4a	lento/-a	langsam
	favorito/-a	Lieblings-
	redondo/-a	rund
	cuadrado/-a	quadratisch
	la madera	Holz
	el cristal	Kristall
	servir	bedienen
5	tal como	so wie
5a	el lector	Leser
	el foro	Forum
	el ídolo	Idol
	marcar	prägen
	la reina	Königin
	la movida	*kulturelle Bewegung in Spanien ab 1975*
	la extravagancia	Extravaganz
	el peinado	Frisur
	el maquillaje	Make-up
	seguro/-a de si mismo/-a	selbstbewusst
	parecido/-a	ähnlich
	la duda	Zweifel
	valiente	mutig
	revolucionar	revolutionieren
	la aportación	Beitrag
	la pajarita	Fliege
	peinarse	sich kämmen
	la raya	Scheitel
	pasar	vorbeigehen (Zeit)
	aún	immer noch
	recordarse (*o → ue*)	sich erinnern
	rizado/-a	lockig
	variado/-a	abwechslungsreich
	liso/-a	glatt
	comprobar	beweisen
	el tupé	Toupet
	el brillo	Glanz
	el rey	König
5c	influir	beeinflussen
6b	la coincidencia	Übereinstimmung
	horrible	schrecklich
	loco/-a	verrückt
	A toda página	
a	la portada	Titelblatt
	la fotonovela	Bildgeschichte
	erótico/-a	erotisch
	el misterio	Geheimnis
	la novela de misterio	Krimi
	escandaloso/-a	skandalös
	el/la artista	Künstler/in
	la colección	Sammlung
	la radiografía	Röntgenaufnahme
	crearse	s. entwickeln, entstehen

	precedente	vorhergehend
	sin precedentes	beispiellos
	la transición	Übergang
	anticuado/-a	veraltet, antiquiert
	el aire	Luft
	nuevos aires	*hier*: neue Ideen
	llamado/-a	sogenannte/r/s
	alternativo/-a	alternativ
	la provocación	Provokation
	la experimentación	Versuch
	multicultural	multikulturell
	el músico	Musiker
	el pintor	(Kunst)Maler
	el director de cine	Regisseur
	figurar	auftreten, erscheinen
	representativo/-a	repräsentativ
	en definitiva	letzten Endes
	irrepetible	unwiederholbar
b	resumir	zusammenfassen
c	merecer la pena	sich lohnen

Entre culturas

a	el brasero	Kohlenbecken
	la guirnalda	Girlande
	la peineta	Zierkamm
	el poncho	Poncho
	el metate	Maismühle
	la aldaba	Türklopfer
	el botijo	Wasserkrug
	astrológico/-a	astrologisch
	el abanico	Fächer
	representar	darstellen, verkörpern
	concreto/-a	bestimmt
	la calefacción	Heizung
	central	zentral
	alrededor	um, herum
	el mate	Matetee
	el colonizador	Kolonist, Konquistador
	el utensilio	Gerät
	moler *(o → ue)*	mahlen
	el grano	Korn

A la tarea

1	el patín	Schlittschuh
	el pato	Ente
2	la ficha	Karte
	patinar	Schlittschuh laufen

AB

2	extravagante	extravagant
7a	en cambio	stattdessen, dagegen
10a	la cicatriz	Narbe
	la ceja	Augenbraune
	el robo	Raub
	dirigirse a	sich wenden an
	la jefatura	Polizeipräsidium
	la colaboración	Mitarbeit, *hier*: Hilfe
11	teñido/-a	gefärbt
16	la concentración	Ansammlung
18	tanto... como	sowohl ... als auch ...
	no obstante	trotzdem
	la gracia	Grazie, Witz

Unidad 5

¡Qué historia!

	el sonido	Laut
	el olor	Geruch
	característico/-a	charakteristisch

A

1a	sorprender	überraschen
	realmente *(Adv)*	wirklich
	el comedor	Esszimmer, Kantine
	familiar	Familien-
	el/la familiar	Verwandte/r
	los alrededores *(Pl)*	Umgebung
	notar	merken
	¡Ten cuidado!	Sei vorsichtig!
2a	a partir de entonces	seit damals
	la moto	Motorrad
	sacar	hier: machen
	el carné de conducir	Führerschein
	montar	fahren

B

3a	la historieta	Comic
	inconsciente	bewusstlos
	¡Dios mío!	Mein Gott!
	¡Socorro!	Hilfe!
	el chiringuito	Imbissstand
	encontrarse *(o → ue)*	sich befinden
3b	la colchoneta	Luftmatratze
	de repente	plötzlich
	morder *(o → ue)*	beißen
	rápidamente *(Adv)*	schnell
	caer	hinfallen
	la orilla	Ufer
	preocupado/-a	besorgt
	el perdón	Verzeihung
3d	las afueras de la ciudad	Stadtrand
	ladrar	bellen
	el monedero	Geldbeutel
	la bolsa	Tasche

	tras	hinter
	lleno/-a	voll, satt
	el comienzo	Beginn
	pelirrojo/-a	rothaarig
	tener prisa	es eilig haben
	por lo visto	allem Anschein nach
	robar	stehlen
	gritar	schreien
4a	acercarse	sich nähern
4c	el miedo	Angst
	inesperado/-a	unerwartet
	ridículo/-a	lächerlich

A toda página

	el cuento	Erzählung, Märchen
a	Blancanieves y los siete enanitos	Schneewittchen und die sieben Zwerge
	Caperucita Roja	Rotkäppchen
	la bella durmiente	Dornröschen
	el lobo y los siete cabritos	Der Wolf und die sieben Geißlein
b	la muchacha	Mädchen
	ningún	keine/r/s
	proteger	schützen
	cuidar	aufpassen
	la tierra	Festland
	colorín colorado, este cuento se ha acabado	*und wenn sie nicht gestorben sind, dann leben sie noch heute*
	coger	nehmen
	el fuego	Feuer
	matar	töten, umbringen
	bañar	baden
	pescar	fischen
	érase una vez	es war einmal
c	el personaje	Figur
	la pistola	Waffe
	el león	Löwe
	el zapatón	großer Damenschuh
	el tacón	Absatz
	el cazador	Jäger
	la piedra	Stein
	disparar	schießen

Entre culturas

	el cliché	Klischee
a	el chiste	Witz
	social	gesellschaftlich
	el sexo	Sex
b	madrileño/-a	aus Madrid
	el madrileño	Madrider
	el lepero	aus Lepe *(kleine Stadt in Andalusien)*
	la máquina de la verdad	Lügendetektor
	agarrado/-a	geizig
	bruto/-a	dumm
	chulo/-a	eingebildet
	sonreír	lächeln
	relampaguear	blitzen
	Dios	Gott
	empujar	schieben
	estrujar	sich durchquetschen
	separar	trennen
	la media noche	Mitternacht
	tocar	*hier*: klopfen
	suicida	selbstmörderisch
	el abogado	Rechtsanwalt
	el rayo	Strahl
	la tumba	Grab
	descansar	sich ausruhen, *hier*: in Frieden ruhen
	correspondiente	entsprechend

¡A la tarea!

	el relato	Erzählung
1	delicioso/-a	lecker
	vacío	leer
2	el/la protagonista	Hauptperson
	acabar	enden

AB

2	la ilusión	Freude
	la serie	Fernsehserie
5a	el puente	Brücke
	el millonario	Millionär
	natural de	gebürtig aus
	el premio gordo	Haupttreffer
5b	el paso	Schritt
	seducir	verführen
7a	la actuación	Auftritt
10	meterse	hineintun, sich einmischen
	doméstico/-a	Haus-
12	cansarse	müde werden
	sacar	*hier*: bitten
15	la madrastra	Stiefmutter
	perezoso/-a	faul
	orgulloso/-a	hochmütig
	la hermanastra	Stiefschwester
	hacer daño	jmd. weh tun
	la criada	Dienstmädchen
	la hada madrina	Fee
	el emisario	Abgesandter
	estar perdidamente enamorado/-a	bis über beide Ohren verliebt sein
16	concertar	vereinbaren

Unidad 6

¡A trabajar!

	la veterinaria	Tierärztin
	el bombero	Feuerwehrmann
	el/la mayor	Erwachsener
	el/la modelo	Model
	el/la policía	Polizist/in
	el/la astronauta	Astronaut/in
	la actriz	Schauspielerin
	el bailarín	Tänzer

A

1a	el sueldo	Gehalt, Lohn
	la jornada laboral	Arbeitszeit
	el contrato	Vertrag
	la titulación superior	akademischer Titel
	la experiencia	Erfahrung
	el puesto	Stelle
	el/la recepcionista	Rezeptionist/in
	estable	dauerhaft
	la incorporación	Aufnahme, Anstellung
	inicial	Anfangs-
	el requisito	Voraussetzung
	el bachillerato	Abitur
	la buena presencia	gepflegtes Äußeres
	tener don de gentes	gewandt im Umgang mit Menschen sein
	indefinido/-a	unbefristet
	el repartidor	Zusteller
	el vehículo	Wagen
	la paciencia	Geduld
	convenir	vereinbaren
	financiero/-a	finanziell
	el técnico contable	Buchhalter
	requerir	erfordern
	la contabilidad	Buchhaltung
	el dote	Fähigkeit
	la promoción	Beförderung
	la expansión	Verbreitung, Ausbreitung
	el/la dependiente	Angestellter, Verkäufer
	el trato	Umgang
	la comisión	Provision
	el horario flexible	Gleitzeit
1b	organizado/-a	ordentlich
1c	la contratación	Einstellung
	la capacidad	Fähigkeit
1d	la cualidad	Eigenschaft
2a	la relación	Verhältnis
	adecuado/-a	angemessen
2b	valorar	schätzen
	el factor	Faktor
	prioritario/-a	vorrangig
	el reconocimiento	Anerkennung
	permanecer	bleiben
	el estudio	Studie
	la satisfacción	Zufriedenheit
	laboral	Arbeits-
	la calidad de vida	Lebensqualität
	elaborar	durchführen
	la búsqueda	Suche
	el/la profesional	Akademiker, Profi
	el aumento	Erhöhung
	humano/-a	menschlich
	la prioridad	Priorität
	afirmar	zugeben
	conforme	übereinstimmend
	dispuesto/-a	bereit
	renunciar	kündigen
	brillante	erfolgsreich
	la carrera	Karriere
	renunciar	verzichten
	la motivación	Motivation
	compatible	kompatibel
2d	el empresario	Geschäftsmann

B

3a	la impresora	Drucker
	las tijeras *(Pl)*	Schere
	la perforadora	Locher
	el clip	Büroklammer
	el pegamento	Kleber
	el teclado	Tastatur
	la pantalla	Bildschirm
	el ratón	Maus
	el lápiz	Bleistift
3b	escanear	scannen
	la factura	Quittung
	el pedido	Bestellung
	el acta	Protokoll
	la reunión	Besprechung
	revisar	überprüfen
	archivar	anheften
	adjunto	anbei, beiliegend
	la confirmación	Bestätigung
	el plazo	Frist
	rogar *(o → ue)*	bitten
	autorizar	genehmigen
	confirmar	bestätigen
	el recibo	Empfang
	saludos cordiales	mit freundlichen Grüßen
	el sobre	Umschlag
	la tinta	Tinte
4	dejar	leihen

4b	el boli (bolígrafo)	Kugelschreiber
	reaccionar	reagieren
	la petición	Bitte
	la (empresa de) construcción	Baufirma
4c	conceder	genehmigen, *hier*: machen
4d	el final	Ende
	el caos	Chaos

A toda página

a	el archivo	Archiv
	seleccionar	auswählen
	guardar	speichern
	apagar	ausschalten
	el icono	Icon
	bajar	herunterladen
	el botón	Knopf

Entre culturas

a	la presencia	Aussehen
	la flexibilidad	Anpassungsfähigkeit
	la improvisación	Improvisation
c	cancelar	absagen
	intentar	versuchen
	la acera	Bürgersteig
	cumplir	einhalten
	concebir	wahrnehmen
	la consecuencia	Folge
d	la ventaja	Vorteil
	el inconveniente	Nachteil, Hindernis

¡A la tarea!

	el cuestionario	Fragebogen
1	el solicitante	Bewerber
	el asistente social	Sozialarbeiter
	el perfil	Anforderungsprofil
	el sector	Branche
	la disponibilidad	Verfügbarkeit
	el administrativo	Verwaltungsangestellter
	la administración	Verwaltung
	la implantación	Aufbau
	el gestor	Geschäftsführer
	manual	manuell

AB

2	alimenticio/-a	Nahrungs-
	el vehículo	Wagen
3a	la referencia	Bezug
	en referencia a	in Bezug auf
	estar a disposición	zur Verfügung stehen
	adicional	extra, zusätzlich
3b	el dominio	Beherrschung
	aceptable	befriedigend
	la estancia	Aufenthalt
6	conducir	fahren
7a	el gerente	Geschäftsführer
	el ejecutivo	leitender Angestellter
	el/la representante comercial	Vertreter
	el/la auxiliar de vuelo	Steward/ess
13c	el fichero	Datei
14f	pasar	geben
	encender	anmachen, anzünden
21a	la práctica	Praktikum
	enterarse	erfahren
	la selectividad	*Eignungsprüfung für die Aufnahme an einer spanischen Universität*
	la licenciatura	Hochschulabschluss

Otra vuelta II ¡Adivina en qué trabajaba antes!

	el uniforme	Uniform
1	la hora extra	Überstunde
	sorprendente	überraschend
5		

Otra vuelta II Historias de amor

	la tristeza	Traurigkeit
2	la piedad	Erbarmen
	el capricho	Laune
	perfectamente *(Adv)*	genau
4	el encuentro	Treffen
	quedarse dormido	einschlafen
	dejar	verlassen
	el estado	Zustand
	herido/-a	verletzt
	la pena	Kummer
	fascinar	sehr gut gefallen
	la relación	Beziehung

Unidad 7

¡Menuda fiesta!

A

1a	soler *(o → ue)*	gewöhnlich tun/sein
	el santo	Namenstag
	la Nochebuena	Heiligabend
1b	el fuego artificial	Feuerwerk
2b	me encantaría (*Inf* encantar)	es würde mir gut gefallen
	¡Vaya qué pena!	Wie schade!

2c	la explicación	Erklärung
2d	la inauguración	Einweihung
	la bienvenida	Willkommen
	la despedida	Abschied
3	el gusto	Freude
3a	¡Que te diviertas!	Viel Spaß!
	¡Feliz cumpleaños!	Alles Gute zum Geburtstag!
	¡Enhorabuena!	Glückwunsch!
	¡Feliz Navidad!	Frohe Weihnachten!
	¡Buen viaje!	Gute Reise!
	¡Que aproveche!	Guten Appetit!
	la carrera	Studium
	igualmente *(Adv)*	ebenfalls
3b	complacer	sich freuen
	la asistencia	Anwesenheit
	la dirección	Leitung
	docente	Dozenten-
	el honor	Ehre
	apreciable	schätzenswert
	la ceremonia	Zeremonie
	la graduación	Hochschulabschluss
	el salón de actos	Festsaal
	atentamente *(Adv)*	mit freundlichen Grüßen
3c	el destinatario	Empfänger

B

4a	la festividad	Feier
	la selección	Auswahl
	el espectáculo	Show
	la danza	Tanz
	la comedia	Komödie
	la exhibición	Ausstellung
	la versión	Version
	la regata	Regatta
	declarar	erklären
	la chirimoya	Chirimoya *(Frucht)*
	la diversión	Vergnügen, *hier*: Spiele
	el cementerio	Friedhof
	la guagua	*Gebäck in bestimmter Form*
	la colada	Brombeersaft
	la costumbre	Gewohnheit
	la raza	Rasse
	la corrida	Stierkampf
	el rodeo	Rodeo
	la riña de gallos	Hahnenkampf
	la banda de música	Band
	discutido/-a	umstritten
	el inocente	unschuldig
	la broma	Scherz
	el disfraz	Kostüm
	el festejo	Feierlichkeit
	prolongarse	sich ausdehnen
	conmemorar	gedenken
4c	el finado	Toter
5a	en honor a	zu Ehren
	la virgen	Jungfrau
	la patrona	Stadtpatronin
	colectivo/-a	kollektiv
	el rosario	Rosenkranz
	la aurora	Morgendämmerung
	la basílica	Basilika
	la ofrenda	Gabe
	la muestra	Probe
	la marioneta	Marionette
	solemne	feierlich
	la misa	Gottesdienst
	pontifical	päpstlich
	la procesión	Prozession
	exterior	außen
	la jota	*typischer spanischer Tanz*
	taurino/-a	Stier-
	la plaza de toros	Stierkampfarena
	el pregón	öffentliche Bekanntmachung
	coral	Chor-
5d	dar una vuelta	einen Spaziergang machen

A toda página

a	el limón	Limette
	el melocotón	Pfirsich
	la pizca	Prise
	la canela	Zimt
	la gaseosa	Erfrischungsgetränk
	la soda	Sodawasser
	opcional	nach Wahl, optional
	la pera	Birne
	la piña	Ananas
	la preparación	Zubereitung
	echar	eingießen
	el recipiente	Gefäß
	exprimir	auspressen
	añadir	hinzufügen
	fino/-a	dünn
	el gajo	Stück
	cortar	schneiden
	al gusto	ja nach Geschmack
	el hielo	Eiswürfel
b	meter	hineingeben
	cocer	kochen
	batir	schlagen
	pelar	schälen
	freír	frittieren

	asar	braten
	calentar	erwärmen
	la cazuela	Schmortopf
	el cazo	Topf
	la sartén	Pfanne
	la fuente	Schüssel
	el horno	Backofen

Entre culturas

a	la castañuela	Kastagnette
	la pandereta	Tamburin
	la maraca	Rhythmusinstrument
	el bandoneón	Bandoneon
	el acordeón	Akkordeon
	la marimba	Marimba
	la flauta de pan	Panflöte
	indispensable	unerlässlich
	la vihuela	Viella
	el violín	Geige
	el guitarrón	große Gitarre
	el son	kubanischer Liedstil
	jalicence	aus Jalisco
	el vals	Walzer
	la institución	Institution
	la difusión	Verbreitung
	la investigación	Ermittlung, Erforschung
	incierto/-a	ungewiss
	el rasgo	Merkmal
	la caja	Spieldose
	marginal	Rand-
	la melancolía	Melancholie
	el/la intérprete	Sänger

¡A la tarea!

3	la recepción	Empfang
	el/la asistente	Gast, Anwesende/r
	el recibidor	Vorzimmer
5	el compromiso	Verabredung
	real	wahr, echt

AB

4	me sorprende	es überrascht mich
	tocar	*hier*: an der Reihe sein
7	la formalidad	Formalität
	el placer	Freude
10	el mortiño	tropische Frucht
14	de maravilla	wunderbar
15	llevar puesto	anhaben
16a	los Santos Inocentes *(Pl)*	*Feiertag am 28. Dezember*
18	la levadura	Hefe
	escarchado/-a	kandiert
	la ralladura	Raspel
	la bandeja	Fach
	la corona	Krone
	el paño	Tuch
	reposar	(aus)ruhen
	introducir	hineinstecken
	previamente *(Adv)*	zuvor
	tibio/-a	lauwarm
	restante	übrig, restlich
	amasar	kneten
	el recipiente	Schale
	tapar	zudecken
	el agua de azahar	Orangenblütenwasser

Unidad 8

¿Cómo es tu ciudad?

	la comisaría	Polizeiwache
	la igualdad	Gleichheit
	habitable	bewohnbar
	ciudadano/-a	bürgerlich
	la inversión	Investition
	el urbanismo	Stadtplanung
	la clave	Schlüssel
	la integración	Integration
	la iniciativa	Initiative
	el ámbito	Bereich

A

1b	ubicarse	sich befinden, liegen
	rodearse	sich umgeben
	el volcán	Vulkan
	alrededor de	ungefähr
	grave	schwer, schlimm
	el terremoto	Erdbeben
	la reconstrucción	Wiederaufbau
	localizar	eingrenzen, liegen
	conservar	erhalten
	la edificación	Gebäude
	el patrimonio de la humanidad	Weltkulturerbe, Kulturgut
	en la actualidad	heutzutage
	federal	Bundes-
	construir	bauen
	poblar	bewohnen
	el islote	Felseninsel
	artificial	künstlich
	el esplendor	Glanz
	el mando	Führung, Kommando
	transformar	verwandeln
	integrar	integrieren, bilden
	catalogar	einordnen, halten

	el virreinato	Vizekönigreich
	el régimen	Ordnung, Macht
	situar	liegen, sich befinden
	restaurar	restaurieren
	la catatumba	Grab
	el convento	Kloster
	animado/-a	belebt
	amplio/-a	groß, vielfältig
	convertir	verwandeln
	la ubicación	Lage
	la fundación	Gründung
2a	Colonia	Köln
	Aquisgrán	Aachen
	Francfort	Frankfurt
	Basilea	Basel
	el mar del norte	Nordsee
	Viena	Wien
	el Danubio	Donau
	el Elba	Elbe
	el mar Báltico	Ostsee
	el Meno	Main
	los Alpes *(Pl)*	Alpen
	Salzburgo	Salzburg
	el lago de Constanza	Bodensee
	Baviera	Bayern
	Renania-Palatinado	Rheinland-Pfalz
	Carintia	Kärnten
	la Selva Negra	Schwarzwald
	Meclenburgo-Antepomerania	Mecklenburg-Vorpommern
	Sajonia	Sachsen
	la Cuenca del Ruhr	Ruhrgebiet
	Ratisbona	Regensburg
	el Rin	Rhein
2c	el mural	Wandbild

B

3a	simbolizar	symbolisieren
	la autopista	Autobahn
	la carretera	Landstraße
	el aeropuerto	Flughafen
	el aparcamiento	Parkplatz
	el parque	Park
	la zona verde	Grünanlage
	la zona industrial	Industriegebiet
	la contaminación	Unweltverschmutzung
	el ruido	Lärm
	el atasco	Stau
	el patrimonio	Erbe
	la suciedad	Schmutz
	la delincuencia	Kriminalität
	el paro	Streik
3b	el debate	Debatte
	la alcaldesa	Bürgermeisterin
	los servicios sanitarios *(Pl)*	Gesundheitssystem
	la seguridad	Sicherheit
	la guardería	Kinderkrippe
	la vivienda	Wohnsitz
3c	vecino/-a	benachbart
	la condición	Zustand
3d	la pancarta	Plakat, Transparent
4a	hacinado/-a	(zusammen)geballt
	unifamiliar	Einfamilienhaus
	la barbacoa	Grill
	el chuletón	T-Bone-Steak
	el césped	Gras, Rasen
	recién	gerade
	recortar	schneiden, beschneiden
	la sensación	Gefühl
	alejarse	sich entfernen
	el asfalto	Asphalt
	alcanzar	erreichen
	el sueño	Traum
	la casa adosada	Reihenhaus
	señalar	aufweisen
4b	diariamente *(Adv)*	täglich
	el respeto	Achtung, Respekt
4c	estar en contra	dagegen sein
	estar a favor	dafür sein

A toda página

a	la línea	Linie
	el trasbordo	Umsteigen
	el recorrido	Strecke
c	la dirección	Richtung

Entre culturas

a	establecer	aufstellen, herstellen
	la medida	Maßnahme
	el rascacielos	Wolkenkratzer
	el crimen	Verbrechen
	agobiar	überlasten, niederdrücken
	revelar	darstellen, sagen
	las Naciones Unidas *(Pl)*	Organisation der Vereinten Nationen
	la calidad	Qualität
	la densidad	Dichte
	ONU	UNO
	reconocer	zugeben
	el esfuerzo	Mühe
	la urbanización	Wohnsiedlung
	la amenaza	Drohung
b	el fenómeno	Phänomen
	la clase	Schicht
	residencial	Wohn-
	aumentar	zunehmen, steigen

	debido a	wegen
	continuo/-a	ununterbrochen
	darse	vorkommen
	inverso/-a	umgekehrt
	afueras *(Pl)*	Vororte
c	situar	legen, stellen
	la fuente	Quelle

¡A la tarea!

1	el criterio	Kriterium
	medir	messen
3	puntuar	benoten

AB

5a	refundar	neu gründen
	evolucionar	sich entwickeln
	patrio/-a	Heimat-, vaterländisch
	la ocupación	Besetzung
	la transformación	Veränderung
	la infraestructura	Infrastruktur
	el servicio público	öffentliche Dienstleistung
	subterráneo/-a	unterirdisch
	la constitución	Verfassung
8a	marítimo/-a	See-
	el atractivo	Anziehungskraft, gute Seite
	edificar	bauen
10	probable	möglich
	a lo mejor	möglicherweise
11	el delincuente	Verbrecher
12	ligero/-a	leicht
	quemar	brennen, verbrennen
	extremeño/-a	aus der Extremadura
14a	el departamento de asuntos sociales y bienestar	Sozialbehörde
	varón	männlich
14b	molestar	stören
17	la azafata	Stewardess

Unidad 9

En buena compañía

	apasionado/-a	leidenschaftlich
	sincero/-a	ehrlich
	excéntrico/-a	exzentrisch
	discreto/-a	diskret
	arrogante	arrogant
	sencillo/-a	aufrichtig
	bromista	späßemachend

A

1a	el ser	Mensch, Wesen
	la sorpresa	Überraschung
	avisar	Bescheid sagen
	presentarse	erscheinen
	demostrar	beweisen
	comportarse	sich benehmen, sich verhalten
	conversar	sich unterhalten
	ligar	anbändeln
	la sala de espera	Wartezimmer
	charlar	quatschen
	incómodo/-a	unbequem
	adaptarse	sich anpassen
1b	caer	hinfallen, *hier*: leiden
	diferenciar	unterscheiden
	el análisis	Beurteilung
	asustarse	sich erschrecken
	cambiar	ändern
	el carisma	Charisma
	la soledad	Einsamkeit
	callar	schweigen
	preocuparse	sich Sorgen machen
	individualista	individualistisch
	dejar de lado	beseite lassen
	tener en cuenta	bedenken
	hacer trampa	schwindeln, mogeln
2a	el/la fanfarrón/a	Angeber/in
	el/la bromista	Spaßmacher
	el/la sabelotodo	Besserwisser
	conveniente	angemessen

B

3c	desde hace	seit
	el anfitrión	Gastgeber
	el cumplido	Kompliment
	ir tirando *(ugs)*	es geht so dahin
	hace	vor
	la rebaja	Angebot, Rabatt
	sentar bien *(e → ie)*	gut stehen (Kleidung)
	atrevido/-a	gewagt
	insistir	darauf bestehen
	el retraso	Verspätung
	¡No pasa nada!	Es macht nichts!
	molestarse	sich die Mühe machen
3e	sincronizar	synchronisieren, mit Text versehen
4a	dejar de	aufhören
	seguir	weitermachen

A toda página

	el signo	Sternzeichen

a	la publicación	Publikation, Veröffentlichung
	el horóscopo	Horoskop
	la revista del corazón	Regenbogenpresse
	el suplemento semanal	Wochenbeilage der Zeitung
b	la armonía	Harmonie
	la creación	Schöpfung
	el deber	Pflicht
	entusiasta	begeistert
	cautivar	verführen
	impaciente	ungeduldig
	realizar	verwirklichen
	pleno/-a	ganz
	físico/-a	Gesund-
	contagiar	anstecken
	descuidar	vernachlässigen
	decisión	Entscheidung
	eficaz	wirksam
	platónico/-a	platonisch
	cometer	begehen, hier: machen
	estropear	zerstören, scheitern
	el negocio	Geschäft
	esconder	verstecken
	mejorar	verbessern
	estar en forma	fit sein
	la superficie	Oberfläche
	desaparecer	verschwinden
	el abuso	Missbrauch
	la madurez	Reife
	torturar	foltern
	los celos *(Pl)*	Eifersucht
	la confianza	Vertrauen
	la vitalidad	Vitalität, Lebensfreude
	aprovechar	ausnutzen
	inestabilidad	Instabilität, Unbeständigkeit
	la ambición	Ehrgeiz
	extraño/-a	komisch
	la demostración	Beweis
	condicionar	abhängig machen
	imprevisto/-a	unerwartet
	alterar	in Unruhe versetzen, beunruhigen
	obtener	erreichen
	el accidente	Unfall
	la urgencia	Notfall
	empeorar	schlimmer werden
	enfrentarse	sich gegenüberstehen
	la derrota	Niederlage
	quejarse	sich beschweren
	afrontar	einander gegenüberstellen
	el ángel	Engel
	complicarse	sich verstricken

Entre culturas

a	meteorológico/-a	meteorologisch
b	contar *(o → ue)*	erzählen
	el burro	Esel
	menos mal	Gott sein Dank, zum Glück *(wörtl. weniger schlecht)*
	coloquial	umgangssprachlich
	la exageración	Übertreibung
	la interrupción	Unterbrechung
	la frase	Satz
	variar	variieren
	generalmente *(Adv)*	normalerweise
	el silencio	Schweigen
	estar mal visto	schlecht angesehen sein
	el asunto	Thema
	callado/-a	schweigsam
	compartir	teilen
	comprometer	hineinziehen, verpflichten
	recurrir a	sich wenden an, zurückgreifen auf
	frívolo/-a	oberflächlich

¡A la tarea!

	el guión	Drehbuch
	la escena	Szene
1	intervenir	teilnehmen
2	la entonación	Betonung
5	la representación	Aufführung
	actuar	schauspielern
	realista	realistisch
	la puntuación	Note, Bewertung

AB

6a	rústico/-a	rustikal
7	arrojar	wegwerfen
	la colilla	Zigarettenkippe
	el incendio	Feuer
	el andén	Gehweg, Bahnsteig
11	la anfitriona	Gastgeberin
15a	estar en el paro	arbeitslos sein
15b	ni	auch nicht, sogar

Otra vuelta III
Un año en una ciudad de América Latina

1	disponer	verfügen

	afro	afrikanisch
	la resistencia	Widerstand
	amurallado/-a	mit einer Mauer umgeben
	el cibercafé	Internetcafé
	la vía ferrocarril	Eisenbahn
	llegar a ser	werden
	la práctica	Ausübung
	el emplazamiento	Stellung
	las fuerzas navales *(Pl)*	Marine
	el grano	Getreide
2	interior	Innen-

Otra vuelta III
La vida es un carnaval

1	el estado de ánimo	Befindlichkeit
	injusto/-a	ungerecht
	desigual	ungleich
	la hermosura	Schönkeit
	cruel	grausam
	el valle de lágrimas	Jammertal
2	llorar	weinen

Alphabetischer Wortschatz

- Die Wörter sind in alphabetischer Reihenfolge aufgeführt.
- Nach der deutschen Bedeutung ist die Stelle des ersten Vorkommens angegeben.
  Dafür wurden folgende Abkürzungen verwendet:

e	= Einstiegsseite	4 *tar* 1	= Unidad 4, a la tarea, Aktivität 1
1 3a	= Unidad 1, Aktivität 3a	5 AB 3a	= Unidad 5, Arbeitsbuchteil, Übung 3a
2 *atp* a	= Unidad 2, a toda página, Aktivität a	ov I	= otra vuelta I
3 *ec* b	= Unidad 3, entre culturas, Aktivität b	♫	= Lied

A

a favor de - für 2 *ec* b
a lo mejor - möglicherweise 8 AB 10
a partir de entonces - seit damals 5 2a
a principios - am Anfang 2 *ec* b
abanico *m* - Fächer 4 *ec* a
abogado *m* - Rechtsanwalt 5 *ec* b
aborigen - eingeboren 1 *ec* b
aburrirse - sich langweilen 1 3a
abuso *m* - Missbrauch 9 *atp* b
acabar - enden 5 *tar* 2
accidente *m* - Unfall 9 *atp* b
aceptable - befriedigend 6 AB 3b
acera *f* - Bürgersteig 6 *ec* c
acercarse - sich nähern 5 4a
acontecimiento *m* - Ereignis 2 1d
acordeón *m* - Akkordeon 7 *ec* a
acta *m* - Protokoll 6 3b
activamente *(Adv)* - aktiv 2 *ec* b
actividad *f* - Aktivität 1 3a
actor *m* - Schauspieler 2 AB 13a
actriz *f* - Schauspielerin 6 e
actuación *f* - Auftritt 5 AB 7a
actuar - schauspielern 9 *tar* 5
acumular - (an)sammeln 3 *atp* b
adaptarse - sich anpassen 9 1a
adecuado/-a - angemessen 6 2a
adicional - extra, zusätzlich 6 AB 3a
adjunto - anbei, beiliegend 6 3b
administración *f* - Verwaltung 6
administrativo *m* - Verwaltungsangestellter 6 *tar* 1
adoptar - adoptieren, annehmen 2 4a
aeropuerto *m* - Flughafen 8 3a
afición *f* - Hobby 2 1a
afirmar - zugeben 6 2b
afro - afrikanisch ov III 1
afrontar - einander gegenüberstellen 9 *atp* b
afueras *(Pl)* - Vororte 8 *ec* b
agarrado/-a - geizig 5 *ec* b
agobiar - überlasten, niederdrücken 8 *ec* a
agradecer - sich bedanken 3 *ec* a
agrónomo/-a - Landwirt- 2 1b
agua de azahar *m* - Orangenblütenwasser 7 AB 18
aimara *m* - Aimara 1 *ec* a
aire *m* - Luft 4 *atp* a
al gusto - ja nach Geschmack 7 *atp* a
álbum *m* - Album 2 AB 1 6a
alcaldesa *f* - Bürgermeisterin 8 3b
alcanzar - erreichen 8 4a
aldaba *f* - Türklopfer 4 *ec* a
alegría *f* - Freunde 2 *atp* c
alejarse - sich entfernen 8 4a
alimenticio/-a - Nahrungs- 6 AB 2
almacén *m* - Lager, Geschäft 3 1b
Alpes *(Pl)* - Alpen 8 2a
alquiler *m* - Ausleihe 3 4a
alrededor - um, herum 4 *ec* a
alrededor de - ungefähr 8 1b
alrededores *(Pl)* - Umgebung 5 1a
alterar - in Unruhe versetzen, beunruhigen 9 *atp* b
alternativo/-a - alternativ 4 *atp* a
amasar - kneten 7 AB 18
ambición *f* - Ehrgeiz 9 *atp* b
ámbito *m* - Bereich 8 e
ambos - beide1 *ec* b
ameno/-a - angenehm ov I 3 ♫
amenaza *f* - Drohung 8 *ec* a
amor *m* - Liebe 2 *atp* a
amplio/-a - groß, vielfältig 8 1b
amurallado/-a - mit einer Mauer umgeben ov III 1
añadir - hinzufügen 7 *atp* a
análisis *m* - Beurteilung 9 1b
Andalucía - Andalusien 4 2c
andaluz/-a - andalusisch 2 4a
andén *m* - Gehweg, Bahnsteig 9 AB 7
andino/-a - Andengebiet- 1 *ec* b
anfitrión *m* - Gastgeber 9 3c
anfitriona *f* - Gastgeberin 9 AB 11
ángel *m* - Engel 9 *atp* b
animadamente *(Adv)* - fröhlich ov I 1 ♫
animado/-a - belebt 8 1b
aniversario *m* - Jahrestag 2 5a
antena *f* - Antenne 4 1a
anticonceptivo *m* - Verhütungsmittel 4 2b
anticuado/-a - veraltet, antiquiert 4 *atp* a
apagar - ausschalten 6 *atp* a
aparato *m* - Gerät 1 6a
aparcamiento *m* - Parkplatz 8 3a
aparecer - erscheinen 4 1b
apasionado/-a - leidenschaftlich 9 e
aperitivo *m* - Aperitiv 3 AB 17a
aportación *f* - Beitrag 4 5a
apreciable - schätzenswert 7 3b
aprendizaje *m* - Lernen 1 AB 18
aprobar *(o → ue)* - genehmigen 2 *ec* b

aprovechar - ausnutzen **9** *atp* b
aproximadamente *(Adv)* - ungefähr **2** 4a
Aquisgrán - Aachen **8** 2a
árabe - arabisch **2** *ec* b
arábico/-a - arabisch **3** e
archiduque *m* - Erzherzog **2** *ec* b
archivador *m* - Ordner **1** 4a
archivar - anheften **6** 3b
archivo *m* - Archiv **6** *atp* a
armonía *f* - Harmonie **9** *atp* b
arquitectónico/-a - architektonisch **2** *ec* b
arrogante - arrogant **9** e
arrojar - wegwerfen **9** **AB** 7
arte *m* - Kunst **2** 4c
artículo *m* - Verkaufsartikel **3** 1b, Sache **4** 2b
artificial - künstlich **8** 1b
artista *m/f* - Künstler/in **4** *atp* a
artístico/-a - künstlerisch **2** 4a
asar - braten **7** *atp* b
ascenso *m* - Beförderung **3** *ec* c
asfalto *m* - Asphalt **8** 4a
asistencia *f* - Anwesenheit **7** 3b
asistente *m/f* - Gast, Anwesende/r **7** *tar* 3
asistente social *m* - Sozialarbeiter **6** *tar* 1
aspecto *m* - Aspekt **1** *tar* 2
astrológico/-a - astrologisch **4** *ec* a
astronauta *m/f* - Astronaut/in **6** e
asunto *m* - Thema **9** *ec* b
asustarse - sich erschrecken **9** 1b
atasco *m* - Stau **8** 3a
atentamente *(Adv)* - mit freundlichen Grüßen **7** 3b
atractivo *m* - Anziehungskraft, gute Seite **8** **AB** 8a
atraer - gefallen, anziehen **3** 4a
atrevido/-a - gewagt **9** 3c
audición *f* - Hörübung **1** 3a
aumentar - zunehmen, steigen **8** *ec* b
aumento *m* - Erhöhung **6** 2b
aún - immer noch **4** 5a
aunque - obwohl **2** 4a
aurora *f* - Morgendämmerung **7** 5a
autobiografía *f* - Autobiographie **2** *atp*
autonomía *f* - Autonomie **2** 4a
autopista *f* - Autobahn **8** 3a
autorizar - genehmigen **6** 3b
auxiliar de vuelo *m/f* - Steward/ess **6** **AB** 7a
aventurero *m* - Abenteuer **2** 1b
aventuro/-a - abenteuerlustig **3** 4a
averiguar - herausfinden **1** 6a
avisar - Bescheid sagen **9** 1a
azafata *f* - Stewardess **9** **AB** 17
azteca *m* - Azteke **1** *ec* b

B

bachillerato *m* - Abitur **6** 1a
bailarín *m* - Tänzer **6** e
bajar - herunterladen **6** *atp* a
bañar - baden **5** *atp* b
banda de música *f* - Band **7** 4a
bandeja *f* - Fach **7** **AB** 18
bandoneón *m* - Bandoneon **7** *ec* a
barbacoa *f* - Grill **8** 4a
barcelonés/a - aus Barcelona **2** 4a
Basilea - Basel **8** 2a
basílica *f* - Basilika **7** 5a
batir - schlagen **7** *atp* b
bautizo *m* - Taufe **2** e
Baviera - Bayern **8** 2a
bebé *m* - Baby **2** e
bella durmiente *f* - Dornröschen **5** *atp* a
Berna - Bern **1** 2b
bienvenida *f* - Willkommen **7** 2d
biografía *f* - Biographie **2** 1
biográfico/-a - biographisch **4** 1c
bióloga *f* - Biologin **2** **AB** 20
biológico/-a - biologisch **4** 1c
bisutería *f* - Modeschmuck **3** 1b
Blancanieves y los siete enanitos - Schneewittchen und die sieben Zwerge **5** *atp* a
boca abajo - kopfüber **2** *ec* b
boli (bolígrafo) *m* - Kugelschreiber **6** 4
bolsa *f* - Tasche **5** 3d
bolso *m* - Handtasche **3** e
bombero *m* - Feuerwehrmann **6** e
botánico *m* - Botaniker **2** 1b
botijo *m* - Wasserkrug **4** *ec* a
botón *m* - Knopf **6** *atp* a
brasero *m* - Kohlenbecken **4** *ec* a
bricolaje *m* - Basteln **3** 1b
brillante - erfolgsreich **6** 2b
brillo *m* - Glanz **4** 5a
broma *f* - Scherz **7** 4a
bromista - späßemachend **9** e
bromista *m/f* - Spaßmacher **9** 2a
bruto/-a - dumm **5** *ec* b
buceo *m* - Tauchen **ov I** 2
¡Buen viaje! - Gute Reise! **7** 3a
buena presencia *f* - gepflegtes Äußeres **6** 1a
burro *m* - Esel **9** *ec* b
búsqueda *f* - Suche **6** 2b

C

cadena de televisión *f* - Fernsehanstalt **4** 2b
caer - hinfallen **5** 3b
caja *f* - Spieldose **7** *ec* a
calcular - rechnen **1** *ec* b
calefacción *f* - Heizung **4** *ec* a
calentar - erwärmen **7** *atp* b
calidad de vida *f* - Lebensqualität **6** 2b
calidad *f* - Qualität **8** *ec* a
callado/-a - schweigsam **9** *ec* b
callar - schweigen **9** 1b
cambiar - ändern **9** 1b
cambio *m* - Wechselgeld **3** *atp* b
campana *f* - Glocke **4** 1a
campeón *m* - Sieger **2** 4c
campeonato *m* - Meisterschaft **2** **AB** 13a
campo *m* - Land **ov I** 1
cancelar - absagen **6** *ec* c
canciller *m* - Bundeskanzler **2** *tar* 1
canción *f* - Lied **1** 6a
candidato/-a *m/f* - Teilnehmer, Bewerber **1** *atp* b
canela *f* - Zimt **7** *atp* a
cansarse - müde werden **AB** 12
cantar - singen **1** 6a
caos *m* - Chaos **6** 4d
capacidad *f* - Fähigkeit **6** 1c
Caperucita Roja - Rotkäppchen **5** *atp* a
capricho *m* - Laune **ov II** 2 ♫
característico/-a - charakteristisch **5** e
caracterizarse - charakterisieren **2** *atp* a

carcajada *f* - Gelächter **ov I** 1 ♫
cargo *m* - Stellung, Amt **3** *ec* b
Carintia - Kärnten **8** 2a
carisma *m* - Charisma **9** 1b
carné de conducir *m* - Führerschein **5** 2a
carrera *f* - Karriere **6** 2b, Studium **7** 3a
carretera *f* - Landstraße **8** 3a
carta *f* - Brief **4** 3b
casa adosada *f* - Reihenhaus **8** 4a
castañuela *f* - Kastagnette **7** *ec* a
cata de vinos *f* - Weinprobe **3** 4a
catalán *m* - Katalanisch **1** *ec* a
catalogar - einordnen, halten **8** 1b
Cataluña - Katalonien **2** 4a
catatumba *f* - Grab **8** 1b
cautivar - verführen **9** *atp* b
cazador *m* - Jäger **5** *atp* c
cazo *m* - Topf **7** *atp* b
cazuela *f* - Schmortopf **7** *atp* b
cedé *m* - CD **1** 5b
ceja *f* - Augenbraune **4 AB** 10a
celebrar - durchführen **2** 4a
celebrar - feiern **3** *ec* b
celos *(Pl)* - Eifersucht **9** *atp* b
cementerio *m* - Friedhof **7** 4a
censurar - zensieren **4** 2b
central - zentral **4** *ec* a
cerca de - ungefähr **1** *ec* b
cercano/-a - naheliegend **2** 4a
ceremonia *f* - Zeremonie **7** 3b
césped *m* - Gras, Rasen **8** 4a
cesta *f* - Korb **3** *ec* b
charlar - quatschen **9** 1a
chico *m* - Junge **3** 1b
chirimoya *f* - Chirimoya (*Frucht*) **7** 4a
chiringuito *m* - Imbissstand **5** 3a
chiste *m* - Witz **5** *ec* a
chuletón *m* - T-Bone-Steak **8** 4a
chulo/-a - eingebildet **5** *ec* b
cibercafé *m* - Internetcafé **ov III** 1
cicatriz *f* - Narbe **4 AB** 10a
ciclista *m* - Radfahrer **2** 5a
cielo *m* - Himmel **ov I** 1 ♫
cierto/-a - gewisse/r/s **2** 4a
circo *m* - Zirkus **2** *atp* a
cita *f* - Zitat **4** 1a
ciudadano/-a - bürgerlich **8** e
clase *f* - Schicht **8** *ec* b
clave *f* - Schlüssel **8** e
cliché *m* - Klischee **5** *ec*
clip *m* - Büroklammer **6** 3a
club *m* - Verein **1** 6a, (Ferien-) Club **3** 4a
cocer - kochen **7** *atp* b
coger - nehmen **5** *atp* b
coincidencia *f* - Übereinstimmung **4** 6b
colaboración *f* - Mitarbeit, Hilfe **4 AB** 10a
colada *f* - Brombeersaft **7** 4a
colchoneta *f* - Luftmatratze **5** 3b
colección *f* - Sammlung **4** *atp* a
coleccionar - sammeln **1** 3b
colectivo/-a - kollektiv **7** 5a
colilla *f* - Zigarettenkippe **9 AB** 7
Colonia - Köln **8** 2a
colonizador *m* - Kolonist, Konquistador **4** *ec* a
coloquial - umgangssprachlich **9** *ec* b
comedia *f* - Komödie **7** 4a
comedor *m* - Esszimmer, Kantine **5** 1a
comentar - besprechen **1** 1a
comercial - geschäftlich, Geschäfts- **3** 3
comercio *m* - Geschäft **3** 3b
cometer - begehen **9** *atp* b
comienzo *m* - Beginn **5** 3d
comisaría *f* - Polizeiwache **8** e
comisión *f* - Provision **6** 1a
comodidad *f* - Gemütlichkeit **3** 4a
comparar - vergleichen **4** 2b
compartir - teilen **9** *ec* b
compatible - kompatibel **6** 2b
complacer - sich freuen **7** 3b
complemento *m* - Zusatz, Ergänzung **3** 1b
complicado/-a - kompliziert, schwierig **1** 5a
complicarse - sich verstricken **9** *atp* b
comportarse - sich benehmen, sich verhalten **9** 1a
compra *f* - Kauf **3** 2a
comprensión auditiva *f* - Hörverstehen **1** *atp* a
comprensión detallada *f* - Detailverstehen **1** *atp* b
comprensión global *f* - globales Verstehen **1** *atp* b
comprensión lectora *f* - Leseverstehen **1** *atp* a
comprensión selectiva *f* - selektives Verstehen **1** *atp* b
comprobar - beweisen **4** 5a
comprometer - hineinziehen, verpflichten **9** *ec* b
compromiso *m* - Verabredung **7** *tar* 5
comunidad autónoma *f* - autonome Region **1 AB** 19
concebir - wahrnehmen **6** *ec* c
conceder - genehmigen, **6** 4c
concentración *f* - Ansammlung **4 AB** 16
concertar - vereinbaren **5 AB** 16
concreto/-a - bestimmt **4** *ec* a
condenar - verurteilen **2** 1b
condición *f* - Zustand **8** 3c
condicionar - abhängig machen **9** *atp* b
conducir - fahren **6 AB** 6
confianza *f* - Vertrauen **9** *atp* b
confirmación *f* - Bestätigung **6** 3b
confirmar - bestätigen **6** 3b
conforme - übereinstimmend **6** 2b
conmemorar - gedenken **7** 4a
conocerse - sich kennen (lernen) **1** *atp* b
consecuencia *f* - Folge **6** *ec* c
conseguir - erreichen **2** 4a
conservación *f* - Erhaltung **2 AB** 20
conservar - erhalten **8** 1b
considerar - halten **1** *ec* c
consistir - bestehen **2** 1b
constitución *f* - Verfassung **8 AB** 5a
construcción *f* - Anbau **2** *atp* b
construir - bauen **8** 1b
contabilidad *f* - Buchhaltung 1a
contado - bar **3** *atp* b
contagiar - anstecken **9** *atp* b
contaminación *f* - Umweltverschmutzung **8** 3a
contar *(o → ue)* - erzählen **9** *ec* b
continuar - weitermachen, ergänzen **4** 1c
continuo/-a - ununterbrochen **8** *ec* b
contra - gegen **2** *ec* b
contratación *f* - Einstellung **6** 1c

contratar - einstellen **2** 1b
contrato *m* - Vertrag **6** 1a
conveniente - angemessen **9** 2a
convenir - vereinbaren **6** 1a
convento *m* - Kloster **8** 1b
conversar - sich unterhalten **9** 1a
convertir - verwandeln **8** 1b
convertirse - werden **2 AB** 16a
copa *f* - (Wein-)Glas **3** e
coral - Chor- **7** 5a
corona *f* - Krone **7 AB** 18
corrección *f* - Korrektur, Verbesserung **1** *atp* b
corresponder a - passen zu, entsprechen **4**
correspondiente - entsprechend **5** *ec* b
corrida *f* - Stierkampf **7** 4a
cortar - schneiden **7** *atp* a
corteza *f* - Kruste **3** *atp* b
cortina *f* - Vorhang **3** e
cosa *f* - Sache **1** 6a
cosmético/-a - kosmetisch **3** 1b
costumbre *f* - Gewohnheit **7** 4a
cotidiano/-a - alltäglich **4** 2b
creación *f* - Schöpfung **9** *atp* b
crear - gründen **2** 1b
crearse - sich entwickeln, entstehen **4** *atp* a
crecer - wachsen **3** 5b
criada *f* - Dienstmädchen **AB** 15
crimen *m* - Verbrechen **8** *ec* a
cristal - Glas- **3** 1b
cristal *m* - Kristall **4** 4a
cristiano *m* - Christ **2** *ec* b
cristiano/-a - christlich **2** *ec* b
criterio *m* - Kriterium **8** *tar* 1
crucigrama *m* - Kreuzworträtsel **1** 6a
cruel - grausam **ov III** 1 ♫
cruz *f* - Kreuz **1** 6b
cuadrado/-a - quadratisch **4** 4a
cualidad *f* - Eigenschaft **6** 1d
cuanto más... más … - je … desto … **1** 6b
cuánto tiempo - wie lange **1** *atp* b
cubo *m* - Eimer **3** *atp* b
Cuenca del Ruhr *f* - Ruhrgebiet **8** 2a
cuento *m* - Erzählung, Märchen **5** *atp*
cuestionario *m* - Fragebogen **6** *tar*
cuidar - aufpassen **5** *atp* b
cuidarse - sich pflegen **3** 4a
cumplido *m* - Kompliment **9** 3c
cumplir - einhalten **6** *ec* c
cumplir años - Geburtstag haben **3** *ec* b

D

Danubio *m* - Donau **8** 2a
danza *f* - Tanz **7** 4a
dar las gracias - sich bedanken **3** *ec* b
dar una vuelta - einen Spaziergang machen **7** 5d
darse - vorkommen **8** *ec* b
de joven - als Jugendliche/r **2** *atp* a
de maravilla - wunderbar **7 AB** 14
de pequeño/-a - als Kind **2** *atp* a
de repente - plötzlich **5** 3b
debate *m* - Debatte **8** 3b
deber *m* - Pflicht **9** *atp* b
debido a - wegen **8** *ec* b
década *f* - Jahrzehnt **2** 5
decisión - Entscheidung **9** *atp* b
declarar - erklären **7** 4a
decoración *f* - Einrichtung **3** 1b
decorar - schmücken **1** 6a
definir - beschreiben **2** 1b, leihen **6** 4
dejar - verlassen **ov II** 4 ♫
dejar de - aufhören **9** 4a
dejar de lado - beseite lassen **9** 1b
delicioso/-a - lecker **5** *tar* 1
delincuencia *f* - Kriminalität **8** 3a
delincuente *m* - Verbrecher **8 AB** 11
demasiado/-a - zu viel, ziemlich **3** 4a
democracia *f* - Demokratie **4** 1a
demográfico/-a - Bevölkerungs-, demographisch **2** 4a
demostración *f* - Beweis **9** *atp* b
demostrar - beweisen **9** 1a
densidad *f* - Dichte **8** *ec* a
departamento de asuntos sociales y bienestar *m* - Sozialbehörde **8 AB** 14a
dependiente *m/f* - Angestellter, Verkäufer **6** 1a
deportista - sportlich **ov I** 1
deportista *m/f* - Sportler/in **2** 4a
derrota *f* - Niederlage **9** *atp* b
desaparecer - verschwinden **9** *atp* b
desarrollado/-a - entwickelt **1** 6a
desarrollar - entwickeln **1** 6c
desarrollarse - sich entwickeln **2** 4a
desarrollo *m* - Entwicklung **2** 4a
descafeinado/-a - koffeinfrei **3** *atp* b
descansar - sich ausruhen, in Frieden ruhen **5** *ec* b
descanso *m* - Pause **ov I** 1 ♫
descuento *m* - Rabatt **3** *atp* b
descuidar - vernachlässigen **9** *atp* b
desde cuándo - seit wann **1** 2a
desde hace - seit **9** 3c
desierto/-a - (menschen)leer **1 AB** 6
desigual - ungleich **ov III** 1 ♫
desorganizado/-a - unordentlich 6a
despedida *f* - Abschied **7** 2d
destacado/-a - herausragend **2** 1d
destacar - hervorheben **2** 4a
destinatario *m* - Empfänger **7** 3c
destruir - zerstören **2** *ec* b
detalle *m* - Kleinigkeit **3** *ec* a
detective *m* - Detektiv **2** 4c
dialecto *m* - Dialekt **1** *ec* c
diariamente *(Adv)* - täglich **8** 4b
dictadura *f* - Diktatur **2** 4a
diferenciar - unterscheiden **9** 1b
dificultad *f* - Schwierigkeit **1** 5b
difusión *f* - Verbreitung **7** *ec* a
Dios - Gott **5** *ec* b
¡Dios mío! - Mein Gott! **5** 3a
dirección *f* - Leitung **7** 3b, Richtung **8** *atp* c
director de cine *m* - Regisseur **4** *atp* a
dirigirse a - sich wenden an **4 AB** 10a
disco *m* - CD **3** 1b
discreto/-a - diskret **9** e
discutido/-a - umstritten **7** 4a
disfraz *m* - Kostüm **7** 4a
disparar - schießen **5** *atp* c
disponer - verfügen **ov III** 1
disponibilidad *f* - Verfügbarkeit **6** *tar* 1

dispuesto/-a - bereit **6** 2b
diversión *f* - Vergnügen **7** 4a
dividir - teilen **2** *tar* 3
divorciarse - sich scheiden lassen **2** 1e
divorcio *m* - Ehescheidung **4** 2b
DNI *m* - Personalausweis **3** *atp* a
docente - Dozenten- **7** 3b
documental *m* - Dokumentarfilm **4** 2b
doméstico/-a - Haus- **5 AB** 10
dominio *m* - Beherrschung **6 AB** 3b
dotar - ausstatten **ov I** 2
dote *m* - Fähigkeit **6** 1a
duda *f* - Zweifel **4** 5a
dueño *m* - Besitzer **3** 4a
duración *f* - Dauer **1** *atp* b
durar - dauern **1** *atp* b

E

echar - eingießen **7** *atp* a
Edad Media *f* - Mittelalter **2** 4a
edificación *f* - Gebäude **8** 1b
edificar - bauen **8 AB** 8a
eficaz - wirksam **9** *atp* b
ejecución *f* - Hinrichtung **2** 1b
ejecutivo *m* - leitender Angestellter **6 AB** 7a
elaborar - durchführen **6** 2b
Elba *m* - Elbe **8** 2a
elección *f* - Wahl **2** 5a
electrodoméstico *m* - elektrisches Haushaltsgerät **3** 1b
electrónica *f* - Elektronikabteilung **3** 1b
emigrante *m* - Auswanderer **2** 4a
emigrar - auswandern **4** 2b
emisario *m* - Abgesandter **5 AB** 15
emparentar - verschwägern, verbinden **1 AB** 19
empeorar - schlimmer werden **9** *atp* b
emplazamiento *m* - Stellung **ov III** 1
empleado *m* - Mitarbeiter **3** *ec* b
empresa de construcción *f* - Baufirma **6** 4b
empresario *m* - Geschäftsmann **6** 2d
empujar - schieben **5** *ec* b
en cambio - stattdessen, dagegen **4 AB** 7a
en definitiva - letzten Endes **4** *atp* a
en honor a - zu Ehren **7** 5a
en la actualidad - heutzutage **8** 1b
en referencia a - in Bezug auf **6 AB** 3a
en total - insgesamt **1** *atp* b
encender - anmachen, anzünden **6 AB** 20
encontrarse *(o → ue)* - sich befinden **5** 3a
encuentro *m* - Treffen **ov II** 4 ♫
energía *f* - Energie **3** 4a
énfasis *m* - Nachdruck **ov I** 2
enfermera *f* - Krankenschwester **4** 1a
enfrentarse - sich gegenüberstehen **9** *atp* b
¡Enhorabuena! - Glückwunsch! **7** 3a
enorme - sehr groß **4** 1a
enseñar - zeigen **3** 5a
enterarse - erfahren **6 AB** 21a
entonación *f* - Betonung **9** *tar* 2
entrada *f* - Eintritt **3** 4a
entrega *f* - Übergabe **3** *ec* a
entregar - abgeben **1** *tar* 4
entusiasta - begeistert **9** *atp* b
envidiable - beneidenswert **2** *atp* a
época *f* - Epoche **2** 4a
equipo *m* - Mannschaft **2** 4a
érase una vez - es war einmal **5** *atp* b
erótico/-a - erotisch **4** *atp* a
es decir - das heißt **1** 6b
¡Es un sol! - Es ist ein Sonnenschein! **2** e
escándalo *m* - Skandal **4** 1a
escandaloso/-a - skandalös **4** *atp* a
escanear - scannen **6** 3b
escapada *f* - Ausflug **3** 4a
escapar - entkommen **2** 1b
escaparate *m* - Schaufenster **3 AB** 1
escarchado/-a - kandiert **7 AB** 18
escena *f* - Szene **9** *tar*
escolar - Schul-, schulisch **2** *atp* a
esconder - verstecken **9** *atp* b
escritor *m* - Schriftsteller **2** 4c
escritora *f* - Schriftstellerin **2** *atp* a
esfuerzo *m* - Mühe **8** *ec* a
espacial - Raum- **2** 5a
especial - besonders, speziell **2** *atp* b
espectáculo *m* - Show **7** 4a
espíritu *m* - Geist **2 AB** 6
esplendor *m* - Glanz **8** 1b
esquema *m* - Schema **3** *ec* a
estable - dauerhaft **6** 1a
establecer - aufstellen, herstellen **8** *ec* a
estado *m* - Zustand **ov II** 4 ♫
estado de ánimo *m* - Befindlichkeit **ov III** 1 ♫
estancia *f* - Aufenthalt **6 AB** 3b
estar a disposición - zur Verfügung stehen **6 AB** 3a
estar a favor - dafür sein **8** 4c
estar en contra - dagegen sein **8** 4c
estar en el paro - arbeitslos sein **9 AB** 15a
estar en forma - fit sein **9** *atp* b
estar mal visto - schlecht angesehen sein **9** *ec* b
estatua *f* - Statue **2** *ec* b
estimar - schätzen **1** *ec* b
estrella *f* - Stern **ov I** 3 ♫
estresado/-a - gestresst **3** 4a
estribillo *m* - Refrain **ov I** 3 ♫
estropear - zerstören, scheitern **9** *atp* b
estrujar - sich durchquetschen **5** *ec* b
estudio *m* - Studie **6** 2b
evento *m* - Ereignis **2** 4a
evolucionar - sich entwickeln **8 AB** 5a
exageración *f* - Übertreibung **9** *ec* b
examen *m* - Prüfung **1** *atp*
examen oral *m* - mündliche Prüfung **1** *atp* b
excéntrico/-a - exzentrisch **9** e
excepción *f* - Ausnahme **1** *atp* b
exhibición *f* - Ausstellung **7** 4a
expansión *f* - Verbreitung, Ausbreitung **6** 1a
experiencia *f* - Erfahrung **6** 1a
experimentación *f* - Versuch **4** *atp* a

explicación *f* - Erklärung **7** 2c
explorador *m* - Forscher **2** 1b
expresión escrita *f* - schriftlicher Ausdruck **1** *atp* a
expresión oral *f* - mündlicher Ausdruck **1** *atp* a
exprimir - auspressen **7** *atp* a
exterior - außen **7** 5a
extranjero *m* - Ausland **4** 2c
extraño/-a - komisch **9** *atp* b
extravagancia *f* - Extravaganz **4** a
extravagante - extravagant **4 AB** 2
extremeño/-a - aus der Extremadura **8 AB** 12

F

fácil - einfach **1** 5b
facilitar - vereinfachen **1** 5a
factor *m* - Faktor **6** 2b
factura *f* - Quittung **6** 3b
familiar - Familien- **5** 1a
familiar *m/f* - Verwandte/r **5** 1a
fanfarrón/a *m/f* - Angeber/in **9** 2a
fascinar - sehr gut gefallen **ov II** 4 ♫
favorito/-a - Lieblings- **4** 4a
federal - Bundes- **8** 1b
¡Feliz cumpleaños! - Alles Gute zum Geburtstag! **7** 3a
¡Feliz Navidad! - Frohe Weihnachten! **7** 3a
fenómeno *m* - Phänomen **8** *ec* b
ferretería *f* - Eisenwarengeschäft **3** 1b
festejo *m* - Feierlichkeit **7** 4a
festividad *f* - Feier **7** 4a
ficha *f* - Karte **4** *tar* 2
fichero *m* - Datei **6 AB** 13c
figura *f* - Figur **3** *ec* b
figurar - auftreten, erscheinen **4** *atp* a
finado *m* - Toter **7** 4c
final *m* - Ende **6** 4d
financiero/-a - finanziell **6** 1a
fino/-a - dünn **7** *atp* a
físico/-a - Gesund- **9** *atp* b
flauta de pan *f* - Panflöte **7** *ec* a
flexibilidad *f* - Anpassungsfähigkeit **6** *ec* a
flirtear - flirten **3** 4a
formación *f* - Ausbildung, Bildung **2** 1e
formalidad *f* - Formalität **7 AB** 7
formar parte - gehören **4** 2b
foro *m* - Forum **4** 5a
fotografía *f* - Fotografie **3** 1b
fotonovela *f* - Bildgeschichte **4** *atp* a
Francfort - Frankfurt **8** 2a
franquista - Franco- **2** *ec* b
frase *f* - Satz **9** *ec* b
freír - frittieren **7** *atp* b
frívolo/-a - oberflächlich **9** *ec* b
frontera *f* - Grenze **1** *ec* b
fuego *m* - Feuer **5** *atp* b
fuego artificial *m* - Feuerwerk **7** 1b
fuente *f* - Quelle **8** *ec* c, Schüssel **7** *atp* b
fuerzas navales *(Pl)* - Marine **ov III** 1
funcionar - funktionieren **1** 6a
fundación *f* - Gründung **8** 1b
fundar - gründen **2** 4a
funeral *m* - Beerdigung **3** *ec* c

G

gajo *m* - Stück **7** *atp* a
ganar - gewinnen **2** 1e
gaseosa *f* - *Erfrischungsgetränk* **7** *atp* a
gastronomía *f* - Gastronomie **ov I** 1
gel de ducha *m* - Duschgel **3** *atp* b
generalmente *(Adv)* - normalerweise **9** *ec* b
geografía *f* - Geographie **2** 1b
gerente *m* - Geschäftsführer **6 AB** 7a
gestor *m* - Geschäftsführer **6** *tar* 1
girar en torno a - sich drehen um **2** *atp* a
globo *m* - Heißluftballon **3** 4a, Luftballon **3** *ec* b
gobierno *m* - Regierung **2** 1b
golpe de estado *m* - Staatsstreich **2 AB** 6
grabar - aufnehmen **2** 1b
gracia *f* - Grazie, Witz **4 AB** 18
grado *m* - Grad **1** 6a
graduación *f* - Hochschulabschluss **7** 3b
grano *m* - Korn **4** *ec* a, Getreide **ov III** 1
grave - schwer, schlimm **8** 1b
gritar - schreien **5** 3d
guagua *f* - *Gebäck in bestimmter Form* **7** 4a
guardar - speichern **6** *atp* a
guardería *f* - Kinderkrippe **8** 3b
guerra *f* - Krieg **2** 1b
guerra civil *f* - Bürgerkrieg **2** 4a
guía *f* - Reiseführer **2** 4
guión *m* - Drehbuch **9** *tar*
guirnalda *f* - Girlande **4** *ec* a
guitarrón *m* - große Gitarre **7** *ec* a
gusto *m* - Freude **7** 3

H

habitable - bewohnbar **8** e
hace - vor **9** 3c
hacer daño - jmd. weh tun **5 AB** 15
hacer referencia - hinweisen **2**
hacer trampa - schwindeln, mogeln **9** 1b
hacinado/-a - (zusammen)geballt **8** 4a
hada madrina *f* - Fee **5 AB** 15
hecho *m* - Ereignisse, Tat **2** 4b
herido/-a - verletzt **ov II** 4 ♫
hermanastra *f* - Stiefschwester **5 AB** 15
hermosura *f* - Schönheit **ov III** 1 ♫
herramienta *f* - Werkzeug, Arbeitsgerät **ov I** 2
hielo *m* - Eiswürfel **7** *atp* a
hierba *f* - Gras **ov I** 1
historia *f* - Geschichte **2**1b
historieta *f* - Comic **5** 3
hogar *m* - Haushalt **3** 1b
hogar menaje - Haushaltswaren **3** 1b
hombrera *f* - Schulterpolster **4** 1a
homosexualidad *f* - Homosexualität **4** 2b
honor *m* - Ehre **7** 3b
hora extra *f* - Überstunde **ov II** 1
horario flexible *m* - Gleitzeit **6** 1a
horno *m* - Backofen **7** *atp* b
horóscopo *m* - Horoskop **9** *atp* a
horrible - schrecklich **4** 6b

hospitalario/-a - gastfreundlich 2 4a
huella *f* - Spur 3 **AB** 6
humano/-a - menschlich 6 2b
humilde - bescheiden, einfach 2 1b
humor *m* - Humor, Laune 2 *atp* a

I

icono *m* - Icon 6 *atp* a
identificarse - sich identifizieren 1 6a
ídolo *m* - Idol 4 5a
igualdad *f* - Gleichheit 8 e
igualmente *(Adv)* - ebenfalls 7 3a
ilusión *f* - Freude 5 **AB** 2
ilustre - berühmt 2 4a
imagen *f* - Bild 1 6a
impaciente - ungeduldig 9 *atp* b
imperio *m* - Imperium, Reich 1 *ec* b
implantación *f* - Aufbau 6 *tar* 1
importancia *f* - Bedeutung 3 *ec* a
importe *m* - Betrag 3 *atp* a
impresora *f* - Drucker 6 3a
imprevisto/-a - unerwartet 9 *atp* b
improvisación *f* - Improvisation 6 *ec* a
inactivo/-a - tatenlos 3 4a
inauguración *f* - Einweihung 7 2d
inaugurar - einweihen 2 5a
inca - Inka- 1 *ec* b
incendiar - brennen, anzünden 2 *ec* b
incendio *m* - Feuer 9 **AB** 7
incierto/-a - ungewiss 7 *ec* a
incómodo/-a - unbequem 9 1a
inconsciente - bewusstlos 5 3a
inconveniente *m* - Nachteil, Hindernis 6 *ec* d
incorporación *f* - Aufnahme, Anstellung 6 1a
indefinido/-a - unbefristet 6 1a
indígena *(Adj)* - eingeboren, Indianer- 1 *ec* b
indispensable - unerlässlich 7 *ec* a
individualista - individualistisch 9 1b
individualmente *(Adv)* - einzeln 1 3a
indoeuropeo/-a - indoeuropäisch 1 **AB** 19
indonés/a - indonesisch 2 **AB** 16a
industrial - industriell 2 4a
inesperado/-a - unerwartet 5 4c
inestabilidad - Instabilität, Unbeständigkeit 9 *atp* b
infancia *f* - Kindheit 2 *atp* a
infantil - Kinder- 3 e
influencia *f* - Einfluss 2 **AB** 16a
influir - beeinflussen 4 5c
informática *f* - Computerabteilung 3 1b
informativo/-a - informativ 2 5c
informe *m* - Bericht 1 *tar* 3
infraestructura *f* - Infrastruktur 8 **AB** 5a
ingrediente *m* - Zutat 3 *atp* a
inicial - Anfangs- 6 1a
iniciativa *f* - Initiative 8 e
injusto/-a - ungerecht **ov III** 1 ♫
inmediatamente *(Adv)* - sofort 3 *ec* b
inmersión *f* - Eintauchen **ov I** 2
inocente *m* - unschuldig 7 4a
insistir - darauf bestehen 9 3c
insólito/-a - außergewöhnlich 3 **AB** 5a
institución *f* - Institution 7 *ec* a
instrucción *f* - Anweisung 1 6a
instrumento *m* - Musikinstrument 1 6a
integración *f* - Integration 8 e
integrar - integrieren, bilden 8 1b
inteligencia *f* - Intelligenz 1 6a
intentar - versuchen 6 *ec* c
interactivo - interaktiv 1 *atp* b
intercambiar - tauschen, austauschen 2 *tar* 2
intercambio *m* - Austausch 2 1b
interior - Innen- **ov III** 2
intérprete *m/f* - Sänger 7 *ec* a
interrupción *f* - Unterbrechung 9 *ec* b
intervenir - teilnehmen 9 *tar* 1
introducir - hineinstecken 7 **AB** 18
inútil - unnütz 3 5c
invención *f* - Erfindung 4 3b
invento *m* - Erfindung 4 3
inversión *f* - Investition 8 e
inverso/-a - umgekehrt 8 *ec* b
invertir *(e → ie)* - einsetzen, ausgeben 3 4a
investigación *f* - Ermittlung, Erforschung 7 *ec* a
ir tirando *(ugs)* - es geht so dahin 9 3c
irrepetible - unwiederholbar 4 *atp* a
islote *m* - Felseninsel 8 1b
item *m* - Lösungsoption 1 *atp* b
IVA *m* - Mehrwertsteuer 3 *atp* a

J

jalicence - aus Jalisco 7 *ec* a
jarrón *m* - Vase 3 5a
jarrón florero *m* - Blumenvase 3 e
jefatura *f* - Polizeipräsidium 4 **AB** 10a
jornada laboral *f* - Arbeitszeit 6 1a
joyería *f* - Juwelierladen 3 1b
jubilarse - in den Ruhestand gehen 2 1e
juego de tablero *m* - Brettspiel 1 4a
juguete *m* - Spielzeug 3 e
juventud *f* - Jugend 2 *atp* a

L

laboral - Arbeits- 6 2b
ladrar - bellen 5 3d
lago de Constanza *m* - Bodensee 8 2a
lápiz *m* - Bleistift 6 3a
lector *m* - Leser 4 5a
legal - gesetzlich 4 2c
legítimo/-a - ehelich 2 4a
lencería *f* - Damenunterwäsche 3 1b
lengua co-oficial *f* - zweite offizielle Sprache 1 *ec* b
lengua extranjera *f* - Fremdsprache 1 *atp* d
lengua vernácula *f* - Landessprache 1 **AB** 19
lenguaje *m* - Sprache, Ausdrucksweise 1 *atp* b
lento/-a - langsam 4 4a
león *m* - Löwe 5 *atp* c
lepero *m* - aus Lepe *(kleine Stadt in Andalusien)* 5 *ec* b
letra *f* - (Lied)text 1 6a
levadura *f* - Hefe 7 **AB** 18

ley *f* - Gesetz **2** *ec* b
libertad de expresión *f* - Meinungsfreiheit **4** 1a
libertador *m* - Befreier **2** *ec* b
librería *f* - Buchhandlung **3** 1b
licenciatura *f* - Hochschulabschluss **6 AB** 22
ligar - anbändeln **9** 1a
ligero/-a - leicht **8 AB** 12
limón *m* - Limette **7** *atp* a
limpiar - sauber machen, putzen **2** 1e
línea *f* - Linie **8** *atp* a
lingüístico/-a - sprachlich **1 AB** 19
liso/-a - glatt **4** 5a
llamado/-a - sogenannte/r/s **4** *atp* a
llegada *f* - Ankunft **2** 5a
llegar a ser - werden **ov III** 1
llegar a un acuerdo - sich einigen **1** *atp* b
lleno/-a - voll, satt **5** 3d
llevar puesto - anhaben **7 AB** 15
llorar - weinen **ov III** 2 ♫
lobo y los siete cabritos *m* - Der Wolf und die sieben Geißlein **5** *atp* a
localizar - eingrenzen, liegen **8** 1b
loco/-a - verrückt **4** 6b
lógica *f* - Logik **1** 6a
lógico/-a - logisch **1** 5a
loncha *f* - Scheibe **3** *atp* b
lucha *f* - Kampf **2** *ec* b
lujo *m* - Luxus **3** 4b
luna de miel *f* - Flitterwochen **2** e

M

madera *f* - Holz **4** 4a
madrastra *f* - Stiefmutter **5 AB** 15
madrileño *m* - Madrider **5** *ec* b
madrileño/-a - aus Madrid **5** *ec* b
madurez *f* - Reife **9** *atp* b
maestro *m* - Meister **2** 4a
maleta *f* - Koffer **3** e
mandar - befehlen **2** *ec* b, schicken **4** 3b
mando *m* - Führung, Kommando **8** 1b
manifestación *f* - Demonstration **4** 2a
mantener - halten, erhalten bleiben **2** *ec* b
manual - manuell **6** *tar* 1
mapuche *m* - Mapuche **1** *ec* a
maquillaje *m* - Make-up **4** 5a
máquina de la verdad *f* - Lügendetektor **5** *ec* b
mar Báltico *m* - Ostsee **8** 2a
mar del norte *m* - Nordsee **8** 2a
maraca *f* - *Rhythmusinstrument* **7** *ec* a
marcador de color *m* - Marker **1** 4a
marcar - prägen **4** 5a
marginal - Rand- **7** *ec* a
marimba *f* - Marimba **7** *ec* a
marioneta *f* - Marionette **7** 5a
marítimo/-a - See- **8 AB** 8a
matar - töten, umbringen **5** *atp* b
mate *m* - Matetee **4** *ec* a
matrimonio *m* - Ehe **4** 2c
mayense - Maya- **1** *ec* b
mayor *m/f* - Erwachsener **6** e
me encantaría (inf. encantar) - es würde mir gut gefallen **7** 2b
Meclenburgo-Antepomerania - Mecklenburg-Vorpommern **8** 2a
media noche *f* - Mitternacht **5** *ec* b
medida *f* - Maßnahme **8** *ec* a
medio ambiente *m* - Umwelt **2** 1b
medios de información *(Pl)* - Massenmedien **2 AB** 6
medir - messen **8** *tar* 1
Mediterráneo *m* - Mittelmeer **3** 4b
mejorar - verbessern **4** 2b
melancolía *f* - Melancholie **7** *ec* a
melocotón *m* - Pfirsich **7** *atp* a
memoria *f* - Gedächtnis **2** *ec* b
mencionar - erwähnen **1** 5a
Meno *m* - Main **8** 2a
menos mal - Gott sein Dank, zum Glück **9** *ec* b
mental - mental **1** 6a
merecer la pena - sich lohnen **4** *atp* c
meteorológico/-a - meteorologisch **9** *ec* a
meter - hineingeben **7** *atp* b
meterse - hineintun, sich einmischen **5 AB** 10
metate *m* - Maismühle **4** *ec* a
mezclar - mischen **2** *ec* b
miedo *m* - Angst **5** 4c
miembro *m* - Mitglied **1** 6a
millonario *m* - Millionär **5 AB** 5a
minoría *f* - Minderheit **1** *ec* b
misa *f* - Gottesdienst **7** 5a
misterio *m* - Geheimnis **4** *atp* a
misterioso/-a - geheimnisvoll **2 AB** 6
modelo *m/f* - Model **6** e
Modernismo *m* - Modernismus **2** 4a
modernización *f* - Modernisierung **2** 4a
modista *f* - Damenschneiderin **2** *atp* a
modo *m* - Art, Weise **1** 6b
moler *(o → ue)* - mahlen **4** *ec* a
molestar - stören **8 AB** 14b
molestarse - sich die Mühe machen **9** 3c
molesto - unangenehm, lästig **4** 3b
monedero *m* - Geldbeutel **5** 3d
montar - fahren **5** 2a
montar a caballo - reiten **ov I** 1 ♫
morder *(o → ue)* - beißen **5** 3b
moro *m* - Maure **2** *ec* b
mortiño *m* - *tropische Frucht* **7 AB** 10
mostrar *(o → ue)* - zeigen **4** 2b
motivación *f* - Motivation **6** 2b
motivo *m* - Motiv, Grund **1** *tar* 2
moto *f* - Motorrad **5** 2a
motociclismo *m* - Motorradsport **2** 4a
moverse *(o → ue)* - sich bewegen **1** 5a
movida *f* - *kulturelle Bewegung in* **4** 5a
muchacha *f* - Mädchen **5** *atp* b
mudanza *f* - Umzug **3** *ec* c
mudarse - umziehen **2** 1b
muerte *f* - Tod **2** 1b
muestra *f* - Probe **7** 5a
multicultural - multikulturell **4** *atp* a
múltiple - vielfältig **1** 6a, viele **2** 1b
mundial de fútbol *m* - Fußballweltmeisterschaft **2** 5a
municipal - Gemeinde- **2** *ec* b
municipio *m* - Gemeinde **2** *ec* b
mural *m* - Wandbild **8** 2c

musical *m* - Musical **1** 6a
músico *m* - Musiker **4** *atp* a
musulmán *m* - Moslem **2** *ec* b

N

nacer - geboren werden **2** 1b
Naciones Unidas *(Pl)* - die Vereinten Nationen **8** *ec* a
nahuatl *m* - Nahuatl **1** *ec* a
nativo *m* - Einheimischer **1** 3b
natural de - gebürtig aus **5 AB** 5a
negocio *m* - Geschäft **9** *atp* b
ni - auch nicht, sogar **9 AB** 15b
NIF *m* - Steuernummer **3** *atp* a
ningún - keine/r/s **5** *atp* b
no obstante - trotzdem **4 AB** 18
¡No pasa nada! - Es macht nichts! **9** 3c
Nochebuena *f* - Heiligabend **7** 1a
nombrar - erwähnen **1** *tar* 4, nennen **2** 1e
nota *f* - Notiz **1** 6a
notar - merken **5** 1a
novela de misterio *f* - Krimi **4** *atp* a
novela *f* - Roman **2** 4c
novia *f* - feste Freundin, Braut **3** 1b
novio *m* - fester Freund **4** 1a
numeroso/-a - zahlreich **1** *ec* b

O

obligar - zwingen **2** *ec* b
obra *f* - Werk **2** 4a
obra de teatro *f* - Theaterstück **1** 6a
obrero *m* - Arbeiter **2** *atp* a
obtener - bekommen **2**1b, erreichen **9** *atp* b
ocasión *f* - Anlass **3** *ec* c
ocupación *f* - Besetzung **8 AB** 5a
ocupado/-a - beschäftigt **1** 6a
odiar - hassen **1** 3a
oficial - offiziell **1** *atp*
ofrecer - anbieten **ov I** 4
ofrenda *f* - Gabe **7** 5a
oler *(yo huelo)* - riechen **ov I** 1 ♫
olímpico/-a - olympisch **2** 1b
olor *m* - Geruch **5** e
ONU - *UNO* **8** *ec* a
opcional - nach Wahl, optional **7** *atp* a
operador de telecomunicaciones *m* - Telefonanbieter **2 AB** 14
oral - mündlich **1** *atp* b
órbita *f* - Umlaufbahn **2** 5a
orden *m* - Reihenfolge, Ordnung **2** 1e
ordenado/-a - ordentlich **1** 6a
ordenar - aufräumen **1** 6a
organización *f* - Verband **1** 6a
organizado/-a - ordentlich **6** 1b
orgulloso/-a - hochmütig **5 AB** 15
originalidad *f* - Originalität **2** *atp* a
orilla *f* - Ufer **5** 3b
oso de peluche *m* - Teddybär **3** 5a

P

paciencia *f* - Geduld **6** 1a
pago *m* - Zahlung **3** *atp* b
pajarita *f* - Fliege **4** 5a
palmar *m* - Palmenwald **ov I** 1 ♫
palmera *f* - Palme **3** 5b
pancarta *f* - Plakat, Transparent **8** 3d
pandereta *f* - Tamburin **7** *ec* a
paño *m* - Tuch **7 AB** 18
pantalla *f* - Bildschirm **6** 3a
papa *m* - Papst **2 AB** 14
papel *m* - Zettel **2** 1e
par *m* - Paar **3 AB** 17a
parecido/-a - ähnlich **4** 5a
pared *f* - Wand **1** *tar* 4
pareja *f* - Partner/in **ov I** 1
paro *m* - Streik **8** 3a
parque *m* - Park **8** 3a
párrafo *m* - Abschnitt **1** 3b
parte *f* - Teil **1** *atp* b
particular - privat **ov I** 2
partido *m* - Partei **2 AB** 14
pasado/-a - letzte/r/s **2** 1e
pasar - vorbeigehen (Zeit) **4** 5a, geben **6 AB** 14f
paso *m* - Schritt **5 AB** 5b
pasta de diente *f* - Zahnpasta **3** *atp* b
patín *m* - Schlittschuh **4** *tar* 1
patinar - Schlittschuh laufen **4** *tar* 2
pato *m* - Ente **4** *tar* 1
patrimonio de la humanidad *m* - Weltkulturerbe, Kulturgut **8** 1b
patrimonio *m* - Erbe **8** 3a
patrio/-a - Heimat-, vaterländisch **8 AB** 5a
patrona *f* - Stadtpatronin **7** 5a
pedido *m* - Bestellung **6** 3b
pegamento *m* - Kleber **6** 3a
peinado *m* - Frisur **4** 5a
peinarse - sich kämmen **4** 5a
peineta *f* - Zierkamm **4** *ec* a
pelar - schälen **7** *atp* b
pelirrojo/-a - rothaarig **5** 3d
pena *f* - Kummer **ov II** 4 ♫
pensar *(o → ue)* - denken **1** 5a
pera *f* - Birne **7** *atp* a
perder *(e → ie)* - verlieren **2** 4a
perdón *m* - Verzeihung **5** 3b
perezoso/-a - faul **5 AB** 15
perfectamente *(Adv)* - genau **ov II** 4 ♫
perfil *m* - Anforderungsprofil **6** *tar* 1
perforadora *f* - Locher **6** 3a
periodo *m* - Zeitraum, Periode **2** 4a
permanecer - bleiben **6** 2b
permitir - erlauben **4** 2c
personaje *m* - Figur **5** *atp* c
pesar - wiegen **4** 1a
pesca *f* - Fischfang **ov I** 2
pescar - fischen **5** *atp* b
petición *f* - Bitte **6** 4b
pie de foto *m* - Bildunterschrift **4** 2a
piedad *f* - Erbarmen **ov II** 2 ♫
piedra *f* - Stein **5** *atp* c
piña *f* - Ananas **7** *atp* a
piñata *f* - *geschmücktes Gefäß aus Ton oder Papier*
pintar - sich schminken **4** 1a
pintor *m* - (Kunst)Maler **4** *atp* a
pintura *f* - Malerei **3** 4b
pistola *f* - Waffe **5** *atp* c
pizarra *f* - Tafel **1** 4a
pizca *f* - Prise **7** *atp* a
placer *m* - Genuss **3** 4a, Freude **7 AB** 7
planta *f* - Pflanze **3** 5a
plástico *m* - Plastik **3** 1b
platónico/-a - platonisch **9** *atp* b
plaza de toros *f* - Stierkampfarena **7** 5a
plazo *m* - Frist **6** 3b
pleno/-a - ganz **9** *atp* b
poblar - bewohnen **8** 1b
poema *m* - Gedicht **2** *atp* a

poesía *f* - Gedicht **1** 6a
poeta *m* - Dichter **2** 1b
policía *m/f* - Polizist/in **6** e
poncho *m* - Poncho **4** *ec* a
pondrías *(inf poner)* - du würdest legen **4** 2b
ponerse + *Adj* - werden **1** *atp* b
ponerse de acuerdo - sich einigen **3** *tar* 4
pontifical - päpstlich **7** 5a
popular - populär, beliebt **4** 2c
por lo visto - allem Anschein nach **5** 3d
portada *f* - Titelblatt **4** *atp* a
portátil - tragbar **4** 1a
práctica *f* - Ausübung **ov III** 1
práctico/-a - praktisch **4** 1a
precedente - vorhergehend **4** *atp* a
precioso/-a - wunderschön **2** **AB** 7
pregón *m* - öffentliche Bekanntmachung **7** 5a
premio gordo *m* - Haupttreffer **5** **AB** 5a
preocupado/-a - besorgt **5** 3b
preocuparse - sich Sorgen machen **9** 1b
preparación *f* - Zubereitung **7** *atp* a
presencia *f* - Aussehen **6** *ec* a
presentarse - erscheinen **9** 1a
preventorio *m* - Heilstätte **2** *atp* a
previamente *(Adv)* - zuvor **7** **AB** 18
primera comunión *f* - Erstkommunion **2** e
prioridad *f* - Priorität **6** 2b
prioritario/-a - vorrangig **6** 2b
prisionero *m* - Gefangener **2** 1b
probable - möglich **8** **AB** 10
procesión *f* - Prozession **7** 5a
producir - herstellen, schaffen **2** 4a
productivo/-a - produktiv, erfolgreich **1** 6a
profesional *m/f* - Akademiker, Profi **6** 2b
programa *m* - Programm **2** 1b
prohibir - verbieten **4** 2b
prolongarse - sich ausdehnen **7** 4a
promoción *f* - Beförderung **6** 1a
pronunciación *f* - Aussprache **1** 5a
propio/-a - eigene/r/s **3** 4a
protagonista *m/f* - Hauptdarsteller **2** 4c
proteger - schützen **5** *atp* b
protesta *f* - Protest **2** *ec* b
provenir - herkommen **4** 2c
provincia *f* - Provinz **1** **AB** 19
provocación *f* - Provokation **4** *atp* a
proyectar - projizieren **2** 4a
proyector *m* - (Tageslicht-)-Projektor **1** 4a
prueba *f* - Prüfung **1** *atp* b
publicación *f* - Publikation, Veröffentlichung **9** *atp* a
publicar - veröffentlichen **2** **AB** 6
público/-a - öffentlich **2** *ec* b
puente *m* - Brücke **5** **AB** 5a
puesto *m* - Stelle **6** 1a
puntuación *f* - Note, Bewertung **9** *tar* 5
puntuar - benoten **8** *tar* 3

Q

¡Que aproveche! - Guten Appetit! **7** 3a
¡Qué locura! - Wie verrückt! **4** 1a
¡Que te diviertas! - Viel Spaß! **7** 3a
quechua *m* - Quechua **1** *ec* a
quedarse dormido - einschlafen **ov II** 4 ♫
quejarse - sich beschweren **9** *atp* b
quemar - brennen, verbrennen **8** **AB** 12
quiché *m* - Quiche **1** *ec* a

R

radiografía *f* - Röntgenaufnahme **4** *atp* a
ralladura *f* - Raspel **7** **AB** 18
ramo *m* - Blumenstrauß **ov I** 3 ♫
rascacielos *m* - Wolkenkratzer **8** *ec* a
rasgo *m* - Merkmal **7** *ec* a
Ratisbona - Regensburg **8** 2a
ratón *m* - Maus **6** 3a
raya *f* - Scheitel **4** 5a
rayo *m* - Strahl **5** *ec* b
raza *f* - Rasse **7** 4a
razón *f* - Grund **1** 1c
reaccionar - reagieren **6** 4b
real - wahr, echt **7** *tar* 5
realista - realistisch **9** *tar* 5
realizar - erstellen, verwirklichen **1** *tar*
realmente *(Adv)* - wirklich **5** 1a
rebaja *f* - Angebot, Rabatt **9** 3c
recepción *f* - Empfang, Erhalten **3** *ec* a
recepcionista *m/f* - Rezeptionist/in **6** 1a
recibidor *m* - Vorzimmer **7** *tar* 3
recibir - bekommen **2** 5a
recibo *m* - Empfang **6** 3b
recién - gerade **8** 4a
recipiente *m* - Gefäß **7** *atp* a
recoger - sammeln **1** *tar* 3
reconocer - zugeben **8** *ec* a
reconocimiento *m* - Anerkennung **6** 2b
reconquista *f* - Wiedereroberung **2** *ec* b
reconstrucción *f* - Wiederaufbau **8** 1b
recordarse *(o → ue)* - sich erinnern **4** 5a
recordatorio *m* - Souvenir, Erinnerung **2** *atp* a
recorrido *m* - Strecke **8** *atp* a
recortar - schneiden, beschneiden **8** 4a
recurrir a - sich wenden an, zurückgreifen auf **9** *ec* b
redondo/-a - rund **4** 4a
referencia *f* - Bezug **6** **AB** 3a
referirse a - sich beziehen auf **2** *ec* a
reformatorio *m* - Erziehungsanstalt **2** *atp* a
refundar - neu gründen **8** **AB** 5a
regata *f* - Regatta **7** 4a
régimen *m* - Ordnung, Macht **8** 1b
reina *f* - Königin **4** 5a
relación *f* - Verhältnis, Beziehung **6** 2a
relampaguear - blitzen **5** *ec* b
relato *m* - Erzählung **5** *tar*
relojería *f* - Uhrgeschäft **3** 1b

Renania-Palatinado - Rheinland-Pfalz **8** 2a
renunciar - verzichten, kündigen **6** 2b
repartidor *m* - Zusteller **6** 1a
reportero *m* - Journalist **2** 1b
reposar - (aus)ruhen **7 AB** 18
representación *f* - Aufführung **9** *tar* 5
representante comercial *m/f* - Vertreter **6 AB** 7a
representar - darstellen, verkörpern **4** *ec* a
representativo/-a - repräsentativ **4** *atp* a
reprimir - unterdrücken **4** 2a
reproductor de cedés *m* - CD-Player **1** 4a
república *f* - Republik **2** 4a
requerir - erfordern **6** 1a
requisito *m* - Voraussetzung **6** 1a
residencial - Wohn- **8** *ec* b
resistencia *f* - Widerstand **ov III** 1
respeto *m* - Achtung, Respekt **8** 4b
responsabilidad *f* - Verantwortung **3** 4a
restante - übrig, restlich **7 AB** 18
restaurar - restaurieren **8** 1b
resumir - zusammenfassen **4** *atp* b
retirar - wegmachen, entziehen **2** *ec* b
retraso *m* - Verspätung **9** 3c
retrato *m* - Porträt **2** *ec* b
reunión *f* - Besprechung **6** 3b
revelado fotográfico *m* - Filmentwicklung **3** 1b
revelar - darstellen, sagen **8** *ec* a
revisar - überprüfen **6** 3b
revista del corazón *f* - Regenbogenpresse **9** *atp* a
revolucionar - revolutionieren **4** 5a
rey *m* - König **4** 5a
Reyes Magos *(Pl)* - die Heiligen Drei Könige **3** *ec* c
riachuelo *m* - Bach **ov I** 1 ♫
ridículo/-a - lächerlich **5** 4c
riesgo *m* - Risiko **ov I** 1
Rin *m* - Rhein **8** 2a
riña de gallos *f* - Hahnenkampf **7** 4a
risa *f* - Lachen **ov I** 1 ♫
ritmo *m* - Rhythmus **1** 6a
rito *m* - Ritual **2 AB** 16a
rizado/-a - lockig **4** 5a
robar - stehlen **5** 3d
robo *m* - Raub **4 AB** 10a
rodearse - sich umgeben **8** 1b
rodeo *m* - Rodeo **7** 4a
rogar *(o → ue)* - bitten **6** 3b
romano/-a - romanisch **2** 4a
romántico/-a - romantisch **2** 1b
romper - kaputt machen, zerbrechen **3** *ec* b
rosario *m* - Rosenkranz **7** 5a
ruido *m* - Lärm **8** 3a
rústico/-a - rustikal **9 AB** 6a

S

sabelotodo *m/f* - Besserwisser **9** 2a
sacar - herausnehmen **4** 1a
Sajonia - Sachsen **8** 2a
sala de espera *f* - Wartezimmer **9** 1a
salir - ausziehen **2** 1e
salón de actos *m* - Festsaal **7** 3b
saludos cordiales - mit freundlichen Grüßen **6** 3b
Salzburgo - Salzburg **8** 2a
santo *m* - Namenstag **7** 1a
Santos Inocentes *(Pl)* - *Feiertag am 28. Dezember* **7 AB** 16a
sartén *f* - Pfanne **7** *atp* b
satélite *m* - Satellit **2** 5a
satisfacción *f* - Zufriedenheit **6** 2b
sección *f* - Abteilung **3** 1b
secreto *m* - Geheimnis **ov I** 2
sector *m* - Branche **6** *tar* 1
seducir - verführen **5 AB** 5b
seguir - weitermachen **9** 4a
seguridad *f* - Sicherheit **8** 3b
seguro/-a de si mismo/-a - selbstbewusst **4** 5a
selección *f* - Auswahl **7** 4a
seleccionar - auswählen **6** *atp* a
Selva Negra *f* - Schwarzwald **8** 2a
semidesnatado/-a - fettarm **3** *atp* b
señalar - aufweisen **8** 4a
sencillo/-a - schlicht, aufrichtig **2** 1b
sensación *f* - Sensation **4** 1a, Gefühl **8** 4a
sentar bien *(e → ie)* - gut stehen (Kleidung) **9** 3c
separar - trennen **5** *ec* b
separarse - sich trennen **2** 1e
ser *m* - Mensch, Wesen **9** 1a
ser humano *m* - Mensch **4** 3b
serie *f* - Fernsehserie **5 AB** 2
servicio al cliente *m* - Kundenservice **3** 1b
servicio público *m* - öffentliche Dienstleistung **8 AB** 5a
servicios sanitarios *(Pl)* - Gesundheitssystem **8** 3b
servir - (be)dienen **4** 4a
sexo *m* - Sex **5** *ec* a
sibarita *m/f* - Feinschmecker/in **3** 4a
signo *m* - Sternzeichen **9** *atp*
silencio *m* - Schweigen **9** *ec* b
simbolizar - symbolisieren **8** 3a
sin embargo - trotzdem **1** *ec* b
sin precedentes - beispiellos **4** *atp* a
sincero/-a - ehrlich **9** e
sincronizar - synchronisieren, mit Text versehen **9** 3e
sindicato *m* - Gewerkschaft **4** 2b
sistemático/-a - systematisch **1** 5a
situar - legen, stellen **8** *ec* c
situarse - liegen, sich befinden **8** 1b
sobre *m* - Umschlag **6** 3b
social - gesellschaftlich **5** *ec* a
sociedad *f* - Gesellschaft **2** 4b
¡Socorro! - Hilfe! **5** 3a
soda *f* - Sodawasser **7** *atp* a
soledad *f* - Einsamkeit **9** 1b
solemne - feierlich **7** 5a
soler *(o → ue)* - gewöhnlich tun/sein **7** 1a
solicitante *m* - Bewerber **6** *tar* 1
son *m* - *kubanischer Liedstil* **7** *ec* a
sonido *m* - Laut **5** e, Ton, Musik **AB** 16a
sonreír - lächeln **5** *ec* b
soportar - aushalten, ertragen **3** 4a
sorprendente - überraschend **ov II** 5
sorprender - überraschen **5** 1a
me sorprende - es überrascht mich **7 AB** 4
sorpresa *f* - Überraschung **9** 1a
subterráneo/-a - unterirdisch

8 AB 5a
suciedad *f* - Schmutz **8** 3a
sueldo *m* - Gehalt, Lohn **6** 1a
sueño *m* - Traum **8** 4a
suficiente - genügend **4** 2c
suicida - selbstmörderisch **5** *ec* b
sumar - addieren **1** 6b
superficie *f* - Oberfläche **9** *atp* b
suplemento semanal *m* - *Wochenbeilage einer Zeitung* **9** *atp* a
suposición *f* - Vermutung **2** 1a

T

tabú *m* - Tabu **4** 2b
tacón *m* - Absatz **5** *atp* c
tal como - so wie **4** 5
tanto... como - sowohl ... als auch **4 AB** 18
tapar - zudecken **7 AB** 18
tarjeta *f* - Karte **2** 4c
taurino/-a - Stier- **7** 5a
teclado *m* - Tastatur **6** 3a
técnico contable *m* - Buchhalter **6** 1a
telefonía *f* - Abteilung für Telefonartikel **3** 1b
teléfono móvil *m* - Handy **2** 5a
televisor *m* - Fernseher **1** 4a
¡Ten cuidado! - Sei vorsichtig! **5** 1a
tender *(e → ie)* - tendieren, neigen zu **1** 6b
tener don de gentes - gewandt im Umgang mit Menschen sein **6** 1a
tener en común - (mit jmd. etwas) gemeinsam haben **1** 2
tener en cuenta - bedenken **9** 1b
tener lugar - statt finden **ov I** 2
tener prisa - es eilig haben **5** 3d
teñido/-a - gefärbt **4 AB** 11
ternura *f* - Zärtlichkeit **2** *atp* a
terremoto *m* - Erdbeben **8** 1b
textil - Textil- **3** 1b
tibio/-a - lauwarm **7 AB** 18
tierra *f* - Festland **5** *atp* b
tijeras *(Pl)* - Schere **6** 3a
tinta *f* - Tinte **6** 3b
tique de compra *m* - Kassenzettel **3** *atp*
titulación superior *f* - akademischer Titel **6** 1a
tiza *f* - Kreide **1** 4a
toalla *f* - Handtuch **3** e
tocadiscos *m* - Plattenspieler **4** 1a
tocar - (Instrument) spielen **1** 6a
tomar partido - Stellung beziehen **2** *ec* b
torturar - foltern **9** *atp* b
transformación *f* - Veränderung **8 AB** 5a
transformar - verwandeln **8** 1b
transición *f* - Übergang **4** *atp* a
tras - hinter **5** 3d
trasbordo *m* - Umsteigen **8** *atp* a
trasladarse - umziehen **2** 4a
tratamiento de belleza *m* - Schönheitsbehandlung **3** 4b
trato *m* - Umgang **6** 1a
tristeza *f* - Traurigkeit **ov II** 2 ♫
tropa *f* - Truppe **2 AB** 15
tumba *f* - Grab **5** *ec* b
tupé *m* - Toupet **4** 5a

U

ubicación *f* - Lage **8** 1b
ubicarse - sich befinden, liegen **8** 1b
último/-a - letzte/r/s **2** 1b
único/-a - einzige/r/s **4** 2b
unifamiliar - Einfamilienhaus **8** 4a
uniforme *m* - Uniform **ov II** 1
uno al otro - miteinander **1** *atp* b
urbanismo *m* - Stadtplanung **8** e
urbanización *f* - Wohnsiedlung **8** *ec* a
urgencia *f* - Notfall **9** *atp* b
utensilio *m* - Gerät **4** *ec* a
útil - nützlich **1** 5a

V

vacío - leer **5** *tar* 1
vajilla *f* - Geschirr **3** 1b
vale *m* - Gutschein **3** 2b
valiente - mutig **4** 5a
valle de lágrimas *m* - Jammertal **ov III** 1 ♫
valorar - schätzen **6** 2b
vals *m* - Walzer **7** *ec* a
vanguardia *f* - Avantgarde **2** 4a
variado/-a - abwechslungsreich **4** 5a
variante *f* - Variante **1** *ec* b
variar - variieren **9** *ec* b
varón - männlich **8 AB** 14a
vasco *m* - Baskisch **1** *ec* a
¡Vaya qué pena! - Wie schade! **7** 2b
vecino/-a - benachbart **8** 3c
vehículo *m* - Wagen **6** 1a
velero *m* - Segelschiff **ov I** 1 ♫
velocidad *f* - Geschwindigkeit **2** 5a
ventaja *f* - Vorteil **6** *ec* d
verbal - mündlich **1** 6b
versión *f* - Version **7** 4a
verso *m* - Vers **2** *atp* a
vestirse - sich anziehen **3** *ec* b
veterinaria *f* - Tierärztin **6** e
vía ferrocarril *f* - Eisenbahn **ov III** 1
videojuego *m* - Videospiel **3** 1b
Viena - Wien **8** 2a
vihuela *f* - Viella *(Zupfinstrument)* **7** *ec* a
violín *m* - Geige **7** *ec* a
virgen *f* - Jungfrau **7** 5a
virreinato *m* - Vizekönigreich **8** 1b
visual - visuell **1** 6b
vitalidad *f* - Vitalität, Lebensfreude **9** *atp* b
vivienda *f* - Wohnsitz **8** 3b
vivir - (er)leben **2** 1b
volcán *m* - Vulkan **8** 1b
vuelo *m* - Flug **3** 4a
vuelta *f* - Wechselgeld **3** *atp* a

Z

zapatería *f* - Schuhgeschäft **3** 1b
zapatón *m* - großer Damenschuh **5** *atp* c
zona industrial *f* - Industriegebiet **8** 3a
zona verde *f* - Grünanlage **8** 3a

Schlüssel zum Arbeitsbuch

Die Transkriptionen zu den Hörverständnisübungen finden Sie im eñe-Lehrwerkservice im Internet unter **www.hueber.de/ene.**

Unidad 1

1
a. me – Bienvenidos, b. Quién, c. este – te, d. Encantado

2
a. porque recibo visita de España, b. por mi trabajo, c. porque mi madre es brasileña, d. para hacer un curso de español.

3 a
porque – para – para

3 b
Musterlösung
2. He venido a la piscina para nadar.
3. Estoy haciendo un curso de informática porque es importante para mi trabajo.
4. He ido a casa de mi hermana para hablar con ella.
5. Hacer gimnasia es bueno porque hay que estar en forma.

4
Musterlösung
a. Para hablar con españoles y latinoamericanos.
b. Para leer libros en español.
c. Porque quiere ir de vacaciones a un país hispanohablante.
d. Porque su novio o su novia es español/a o latinoamericano/-a.

5
a. ¿Cómo te llamas?, b. ¿Cuántos años tienes?, c. ¿De dónde eres?, d. ¿Dónde vives?, e. ¿Por qué estudias alemán?

6
a. les, b. me, c. te – me, d. le – me, e. te – Me, f. le, g. os

7
a. la música, b. las fresas, c. la literatura, d. el cine

8
a. desde hace, b. desde, c. Desde, d. desde hace, e. desde

9 a
Musterlösung
Jesús y Manuel viven en la misma ciudad. Los dos hablan español e inglés. A Jesús y a Rosa Rojas les gusta hacer excursiones. Rosa Rojas y Manuel tienen la misma edad y a los dos les gusta estar con amigos. Rosa Rojas y Rosa Castro tienen los mismos nombres y las dos son de Chile. Rosa Rojas y Manuel tienen el mismo apellido, Aguirre. Jesús y Rosa Castro hablan español e inglés y a los dos les gusta ver la tele.

9 b
freie Lösung

10
freie Lösung

11
espagnol: español, interessante: interesante, mexicano: mexicana, son: hay, persones: personas, por: para, uno: un, important: importante, aprenden: aprendemos, he: tengo, nueva: nuevo, por: para, en: de, intereso: interesa, a: en

12

C	E	D	E	M	P	A	Q	R	P
J	U	E	G	O	R	Z	C	B	R
S	L	M	O	R	P	E	Ñ	O	O
A	N	A	A	T	R	K	E	L	Y
G	H	Z	I	Z	J	Q	O	Z	E
Q	I	C	O	P	A	T	Ñ	M	C
P	J	A	Y	Z	W	I	L	P	T
V	Z	D	O	Ñ	T	Z	A	V	O
U	O	R	D	E	N	A	D	O	R
M	A	R	C	A	D	O	R	K	Ñ

13
Musterlösung
a. En la ilustración de A hay un ordenador portátil, en B un CD-Player. b. En la ilustración B hay unas tizas, en la ilustración A un CD. c. En la ilustración A hay un diccionario, en la ilustración B no hay ninguno. d. En la ilustración A hay un juego, en la ilustración A un libro de gramática. e. En la ilustración A hay un proyector, en la ilustración B no hay ninguno.

14
Musterlösung
b. ¿Cómo se pronuncia?
c. ¿Cómo se dice... en español?
d. No lo he entendido.
e. ¿Puedes repetir?
f. No lo sé.
g. Un momento, por favor.
h. ¿Qué tenemos que hacer?
i. ¿Cómo se escribe?
j. ¿Qué significa?
k. Más despacio, por favor.

15
Musterlösung
El alumno visual: un proyector, un marcador de color, un ordenador, un mapa, un cuaderno
El alumno lógico: un libro de gramática, un ordenador, un diccionario, un cuaderno
El alumno musical: un ordenador, un cedé, un reproductor

16
Musterlösung
1. musical, 2. visual, 3. lógico 4. visual, 5. lógico, 6. lógico, 7. musical, 8. social/grupal

17
freie Lösung

18
expresión oral con el/la compañero/-a.
1-6 comprensión auditiva.
trabajo en grupos pequeños.
Tipp 8 S. 26 estrategia de aprendizaje.
expresión escrita.

19
a. gallego, b. catalán, c. vasco, d. gallego, e. catalán, f. vasco.

20 a
1. Julia Zamora - España, 2. Gabriela Campusano - México, 3. Gina García - Perú, 4. Martín Crespo - Argentina, 5. Sandra Gutiérrez - Chile, 6. Orlando Orozco - Cuba.

20 b
- Mittelamerikanische Variante: **Mexiko, Nicaragua**
- Karibische Variante: **Dominikanische Republik**
- Anden-Variante: **Bolivien, Ecuador**
- Varianten der Rio-de-la-Plata-Staaten: **Uruguay**

Unidad 2

1
hizo: hacer, estuviste: estar, vinieron: venir, fue: ir, tuve: tener, llegaron: llegar, se casaron: casarse.

2
von links nach rechts und von oben nach unten
estuve, volvisteis, fueron, fue, empezamos, llegué, vino, se casó, murió, terminaron, estuvimos.

3 a.
ella, b. ella, c. yo, d. yo, e. ella, f. yo, g. yo, h. ella, i. ella.

3 b
freie Lösung

4 a

			1/9 T	U	V	E	10 N
7 F		2 T	U	V	O		A
U			11 V	I	V	Í	C
I	3/8 F	U	I	S	T	E	I
	U	4 E	M	P	E	Z	Ó
	E		O	12 H	I	Z	O
5 F	U	I	S	T	E	I	S
6 H	I	C	I	E	R	O	N

4 b
freie Lösung

5
Presente (yo): b, c, f, h, i
Indefinido (él, ella, usted): a, d, e, g, j

6
1. Nació el 2 de agosto de 1942 en Lima, Perú.
2. En 1962 se casó con Miguel Frías y al año siguiente nació su hija Paula.
3. Hasta 1966 vivió y trabajó en Europa. Entonces regresó a Chile y nació su hijo Nicolás.
4. En 1973 tuvo lugar el golpe de estado de Pinochet en el que murió el Presidente del Gobierno, familiar de nuestro personaje misterioso.
5. Dos años más tarde, la familia se trasladó a Caracas, Venezuela, para huir de la dictadura de Pinochet.
6. En 1982 publicó su primera novela. "La casa de los espíritus".
7. En 1987 se divorció de Miguel Frías y conoció a su segundo marido, Willie Gordon. En 1988 se casó con él y se trasladó a California.
8. El 6 de diciembre de 1992 murió su hija Paula en su casa de San Rafael.
9. Actualmente sigue viviendo y escribiendo en California.

7
Musterlösung
a. El padre de María murió el 7 de agosto de 1998.
b. María se casó con Pedro el cuatro de mayo de 2004.
c. María se fue de vacaciones a México en mayo de 2005.
d. María tuvo una hija el 15 de junio de 2006.

8 a
1. hizo deporte, 2. fue al cine, 3. comió en un restaurante, 4. bailó en una fiesta.

8 b
2 y 4 son falsas.

8 c
Musterlösung
2. Fue al campo con la familia.
4. Se quedó en casa.

8 d
freie Lösung

9
Musterlösung
a. estuvo trabajando / escribiendo un correo, b. estuvo haciendo deporte, c. estuvo limpiando, d. estuvo cocinando, e. estuvo bailando.

10 a
Dialog links: ha sido, han pasado, ha venido, ha sido, ha estado. Die Zeit ist noch nicht abgeschlossen (heute).
Dialog rechts: fue, pasaron, dieron, estuvo, vi, llegué, estuvo. Die Zeit ist für die Person abgeschlossen (gestern).

10 b
1. estuve – me encantó, 2. has visto – he visto, 3. fue – fuiste, 4. hemos comido, hemos estado – estuvimos, 5. me he levantado – me levanté.

10 c
freie Lösung

11
1. ayer, 2. el fin de semana pasado, 3. el año pasado, 4.en el año 2004, 5. a finales del siglo pasado, 6. en los años 60, 7. en 1929, 8. en la segunda mitad del siglo XIX

12
Gaudí

13 a
1. f, 2. v, 3. f, 4. f, 5. v

13 b
a El concursante Santiago Fuensanta eligió en primer lugar la pregunta sobre el tema "deportes".
c Juan Pablo Montoya participó en el Campeonato FIA de Fórmula 3000 Internacional.
d Ricardo Arjona primer grabó un disco y después fue profesor.

14
1. Telefónica, Vodafone, Orange y Ono crearon una asociación de operadores de telecomunicaciones.
2. Italia ganó el Mundial de Fútbol de Alemania de 2006.
3. El poeta chileno Pablo Neruda recibió el Premio Nobel de Literatura.
4. Nació el Partido Peronista Femenino en el Teatro Nacional Cervantes de Buenos Aires.
5. Fidel Castro recibió en La Habana al Papa Juan Pablo II.
6. Los presidentes de Cuba y Venezuela visitaron Ecuador.

15
1. fue, 2. descubrió, 3. entró, 4. llegó a, 5. fundaron.

16 a
nació – fue – cantó – grabó – tuvo – hizo – se casó – se divorció – nació

16 b
freie Lösung

17
freie Lösung

18 a
a. par-ti-ci-pó, b. é-po-ca, c. de-mo-grá-fi-co, d. co-menzó, e. a-ven-tu-re-ro, f. pe-lí-cu-la, g. in-no-va-ción, h. entre-vis-tó, i. es-tu-vie-ron, j. sec-ción, k. im-por-tan-te, l. de-sa-rro-lló, m. in-ter-na-cio-nal, n. pri-ma-ve-ra

18 b
...wie z.B. in **sección** und **innovación**.

19 a
participó, época, demográfico, comenzó, aventurero, película, innovación, entrevistó, estuvieron, sección, importante, desarrolló, internacional, primavera

19 b
..., werden auf der **vorletzten** Silbe betont, wie z.B. **aventurero, estuvieron, importante oder primavera**.
..., werden auf der **letzten** Silbe betont, z.B. **internacional**.
... mit einem **Akzent** markiert.

20 a
estudió, allí, conoció, bióloga, nació, creció, francés, alemán, inglés.

20 b
d. empecé, e. se casó, f. conocí, i. nació

21
a. caso, b. escuchó, c. pesó, d. tomo, e. buscó, f. público, g. hable, h. deseó
Musterlösung
deseo <=> deseó

Unidad 3

1a
3. cuadro, 4. taza, 5. disco (compacto), 6. vídeo (digital), 7. vaso, 9. balón

1 b
1. toalla, 2. camiseta, 8. sandalias, 10. radio

2
Musterlösung
Muebles de la casa: la mesa – el armario – la silla – el sofá – la estantería – la cama
Artículos de decoración: el jarrón – el cuadro – el reloj – las cortinas – la lámpara – el plato

3

A	S	U	G	O	C	E	M	P	Z	H
I	D	P	A	P	O	T	S	B	A	D
R	H	S	E	M	R	Z	U	C	P	H
E	I	P	T	L	T	U	N	V	A	S
U	Z	K	O	Q	I	O	Q	I	T	E
Q	U	Ñ	A	T	N	C	D	P	E	F
U	L	N	L	M	A	L	U	Z	R	U
L	E	P	L	P	S	N	F	L	I	J
E	S	T	A	N	T	E	R	I	A	F
P	E	G	Z	K	D	X	F	U	O	D
R	O	U	V	A	J	I	L	L	A	S

4
freie Lösung

5 a
2. en una tienda de ropa, 3. en una joyería, 4. en una perfumería, 5. en una agencia de viajes, 6. en una cafetería

5 b
freie Lösung

6
1. Supermercado El Jamón, 2. Decoración Damasco, 3. Perfumería Violeta, 4. Bar Paquito, 5. Librería Lope.

7
a. Qué, b. Qué, c. Cuáles, d. Qué, e. Cuál, f. Cuál, g. Qué

8
a. f, b. v, c. f, d. v, e. f

9
a. comprar**los**, b. las, c. lo, d. la, e. lo

10
Musterlösung
sibarita. Mi amigo Michael. Le encanta ir a comer a buenos restaurantes.
creativo/-a. Mi hermano Peter. Le gusta escribir poesía y, además, pinta cuadros.
activo/-a. Mi amiga Paula. Siempre está haciendo cosas y le encanta hacer deporte.
estresado/-a. Mi compañera de trabajo, Renate. Trabaja mucho.
aventurero/-a. Klaus. Le encanta viajar y conocer cosas nuevas.

11
a. A Pedro le podemos regalar un libro.
b. A Marta y a Jaime podemos comprarles una planta.
c. ¿Qué le regalamos a tu padre?
d. Me han regalado un fin de semana en un hotel.
e. ¿Qué te han regalado por tu cumpleaños?

12
Musterlösung
1. A Marga le gustaría un viaje a la Patagonia, un crucero por la costa Maya o un safari en Kenia.
2. A Carlos Miguel le gustaría un viaje en globo, un safari en Kenia.
3. A Rafael le gustaría un fin de semana de relax en un hotel.

13
a. te lo – me lo, b. me lo – te lo – te, c. -probárt**elos** – me, d. se lo – me lo

14
a. (Yo) Se las puedo comprar yo. / Puedo comprárselas yo.
b. Se lo puedo llevar yo. / Puedo llevárselas yo.
c. Las puede traer Sandra. / Puedo traerlas Sandra.
d. Se los puedo decir yo. / Puedo decírselos yo.
e. Se la puede llevar Manu. / Puede llevársela Manu.

15
Pilar:
Mañana es el cumpleaños de Beatriz y tenemos que comprar**le** / **le** tenemos que comprar un regalo pero yo no tengo tiempo para comprarlo. ¿**Se lo** puedes comprar / Puedes comprár**selo** tú? También **le** tenemos que llevar / tenemos que llevar**le** una tarta de chocolate. Por favor, Pilar ¿puedes hacér**sela** / **se la** puedes hacer tú? Es que creo que es más personal hacer**la** nosotros mismos que comprar**la** en el supermercado, ¿no? ¡Y tú **las** haces buenísimas!
¡Muchas gracias y nos vemos esta tarde!
Pablo

16
Musterlösung
Creo que a Adrián le gustaría una entrada para una exposición de arte o un vale para comprarse ropa.
Creo que a Ágata le gustaría una crema u otro producto de belleza y un libro interesante.
Creo que a Silvia le gustaría un viaje en globo o una cena en un buen restaurante.

17
freie Lösung

18
freie Lösung

19 a
Einige der markierten Wörter tragen einen Akzent. Die mit einem Akzent markierten Wörter haben die Funktion, eine Frage oder einen Ausruf anzuzeigen.

19 b
... werden mit **Akzent** geschrieben:
...so z.B. in den Sätzen b, e und g.

20 a
a Puedo **comprárselo** yo.
b Estoy **haciéndolo**.
c ¡**Dámelo**!
d ¿Puédes **comprarla** tú?
e ¡**Escríbeme**!
f Quiero **regalarle** un libro.
g Estoy **escribiéndole** una carta.
h El libro azul, ¿puedes **dármelo**?

20 b
... an den Infinitiv, **Partizip** oder Gerundium...
Díselo.
Estoy haciéndola.

Otra Vuelta I (Test Unidades 1–3)

1. c, 2. c, 3. a, 4.d, 5. a, 6. a, 7. d, 8. c, 9. c, 10. a, 11. c, 12. d, 13. b, 14. a, 15. d

Unidad 4

1

	1 E	R	A	7 I	8 C		9 G
	R		A	B	O		U
2 H	A	C	Í	A	M	O	S
A	I		N	S	Í		T
C	S		3 E	R	A	S	A
Í			5 T				A
A	4 B	A	I	L	A	B	A
N	5 V	I	V	Í	A	S	N
10 Q	U	E	R	Í	A	I	S

2
a. gustaba, b. pintaba, c. vivía, d. era – llevaba, e. hacíamos, f. era – gustaba, g. iba – era – tenía.

3 a

¿De qué hablan?	¿Cómo era antes?	¿Cómo es ahora?
- De las cervezas.	- En botellas de cristal y sabían mejor.	- En latas.
- De los teléfonos.	- Había sólo un teléfono en el pueblo, en un bar.	- Toda la gente tiene un móvil.
- De las fiestas y de los amigos.	- Iban a fiestas de los pueblos, hacían excursiones.	- Van a discotecas.

3 b

querer	tener	ser	ir	hacer
quería	tenía	era	iba	hacía
querías	tenías	eras	ibas	hacías
quería	tenía	era	iba	hacía
queríamos	teníamos	éramos	íbamos	hacíamos
queríais	teníais	erais	ibais	hacíais
querían	tenían	eran	iban	hacían

4
Musterlösung
En los años 40 no se podía llevar vaqueros en la universidad.
En los años 60 no existían ordenadores personales.
En los años 60 no existía Intenet.
En los años 40 no se podía besar en público.
En los años 40 no se podía hablar por teléfono en el coche.

5
freie Lösung

6 a
Musterlösung
1. Antes los móviles eran grandes, cuadrados y pesaban mucho.
2. Las máquinas de escribir eran de metal o de plástico.
3. Las gafas antes eran muy grandes y pesaban mucho. Eran incómodas.

6 b
1. un plato, 2. un tenedor, 3. una silla

7
Musterlösung
a. Antes los juguetes eran de madera, ahora, en cambio, son de plástico.
b. Antes las camas eran de metal y pesaban mucho, ahora, en cambio, son normalmente de madera y más cómodas.

8
freie Lösung

9
Musterlösung
a. Antes él era joven y delgado. Tenía el pelo más largo. Vestía de forma más elegante.
Antes ella llevaba el pelo más largo. Llevaba vestidos largos.
b. Ahora él es mayor. Lleva el pelo corto y barba. Viste de forma más sencilla. Ahora ella lleva el pelo más corto y prefiere llevar blusas y pantalones.

10 a
Text 1 – Abbildung C
Text 2 – Abbildung A
Text 3 – Abbildung B

10 b
A

10 c
Musterlösung
... unos 40 años. Lleva el pelo largo y rizado. Es muy delgada y tiene el pelo oscuro.
Llevaba un abrigo muy elegante, un pañuelo y un bolso.

11
a. tiene – lleva, b. tienes – tengo – llevo, c. tienes, d. tienen – tiene

12 a
1. Noelia, 3. Ana, 4. José Carlos

12 b
Musterlösung
Noelia: antes llevaba el pelo largo y era más delgada. Ahora lo lleva corto.
Ana: antes llevaba el pelo más largo y rizado. Ahora lleva el pelo un poco más corto.
José Carlos: antes llevaba antes el pelo más largo. Ahora lleva barba y el pelo corto.

13
Musterlösung
a. La mía está en una ciudad.
b. Los míos son alemanes.
c. Los míos son negros.
d. La mía se llama Nuria. / Mi profesor se llama Carlos.
e. La mía no.

14
a. tuyo – mío, b. vuestras – nuestras, c. suya – mía,
d. suyo, e. tuyas

15
Musterlösung
loca – creativa – escandalosa – especial – original
Andere Adjektive: divertida – alegre – única – interesante

16
salía – querían – salían – era – había – hacían

17
freie Lösung

18
Antes. Tenía el pelo más largo y negro. Llevaba ropa rara. Llevaba bigote.
Ahora. Tiene el pelo corto y blanco. No lleva bigote. Es más clásico y un poco más gordo. Lleva ropa de color negro.

19
Musterlösung
1. Es un aparato que sirve para hacer té. Es de metal y tiene una bola donde se pone el té.
2. Es un muñeco que se pone en los jardines. Tiene muchos colores.
3. Es un aparato electrodoméstico que se usa para calentar el agua.
4. Es un objeto que sirve para abrir las nueces. Tiene forma de muñeco.
5. Es una bolsa que usan los niños el primer día de clase cuando empiezan en el colegio. En la bolsa hay dulces y material para el colegio.
6. Es una caja con arena que usan los niños para jugar.

20 b
... oder **Mea-le-gro-mu-cho**.
... oder **Da-mel-bo-lí-gra-fo**.
... und in **Car-lo-ses-táen-fer-mo**.

20 c
1. Vivo en Málaga.
2. ¿Vienes a mi casa?

3. He vivido tres años en España.
4. En abril cumple ochenta años.
5. En los sesenta teníamos un coche pequeño.
6. A mí mujer y a mí nos encantaba el rock.
7. El SEAT era un coche muy popular.
8. De jóvenes nos gustaba jugar al ajedrez.

21
a. ¿Vamos a casa?
b. ¿Qué es esto?
c. ¿Dónde están nuestros amigos?
d. Los estudiantes están allí.
e. Me encanta Buenos Aires.
f. ¿Podemos escuchar otra vez?

22
Si no es el mar, sí es su imagen,
Su estampa, vuelta en el cielo.
Si no es el mar, sí es su voz delgada,
A través del ancho mundo,
En altavoz, por los aires.
Si no es el mar, sí es su nombre.
En un idioma sin labios,
Sin pueblo, Sin más palabra que ésta: mar.
Si no es el mar, sí es su idea.
De fuego, insondable, limpia:
Y yo, ardiendo, ahogándome en ella.

Unidad 5

1

			5 R	1 E	G	A	L	5 A	B	A
	1 E	R	3 A	S				Y		
			N	C	2 V	4 E		U		
			D	U	E	R		D		
		2 H	A	C	Í	A	N	A		
			B	H	A			B		
			A	A	M			A		
				B	O			I		
4 I	B	A	N	A	S			S		
	3 Y	U	G	A	B	A				

2
a. llegaba – pasábamos, b. venían – traían, c. tenía – encantaba, d. me levantaba – me ponía, e. tomaba – veía

3 a
1. A las 6.45 de la mañana, 2. El colegio, 3. A pie, 4. A la 1.30, 5. Hace los deberes, 6. Queda con sus amigos, 7. Sí, a un curso de guitarra y a otro de inglés, 8. Ve un poco la tele y se acuesta.

3 b
Musterlösung
Hace diez años mi vida era muy diferente a la de ahora. Cuando iba al colegio, por ejemplo, me levantaba a las siete menos cuarto de la mañana. El colegio empezaba a las ocho y media. Al colegio iba a pie porque no estaba muy lejos de mi casa. Salía a la una y media y después iba a mi casa y comía. Después de comer hacía los deberes y por la tarde quedaba con mis amigos y jugábamos. Los lunes iba a clases de guitarra y los miércoles a clases de inglés. Cenaba sobre las nueve de la noche y después veía la tele y me acostaba.

3 c
freie Lösung

4 a
freie Lösung

4 b
freie Lösung

5 a
Musterlösung
a. Antes era pobre y no tenía casa, dormía en la calle. Pero un día ganó el premio gordo de la lotería. Ahora vive en una casa muy grande y cara, tiene mucho dinero y es feliz.
b. Antes era una persona fea y poco atractiva. Pero entonces fue a un centro de estética y se operó. Ahora es una persona muy guapa.
c. Antes estudiaba mucho. En el año 2004 terminó sus estudios. Ahora trabaja en una oficina.

6 a
1. Una vez viajé en globo, 2. Todos los años celebraba el cumpleaños con muchos amigos, 3. De niño tocaba la guitarra, 4. En el 2006 empecé a salir con Soraya.

6 b
Musterlösung
1. Siempre iba con mi hermano al colegio, 2. Una vez me caí de la bicicleta, 3. En el año 2006 estuve de vacaciones en Chile, 4. Normalmente comía en casa a las 2.

7 a
Musterlösung
1. ¿Dónde nació usted?, 2. ¿Cuándo nació?, 3. ¿Dónde y con quién vivía de pequeña?, 4. ¿Iba al colegio también en Monterrey?, 5. ¿Qué hacía antes de ser actriz? / ¿Qué estudió ?, 6. ¿Qué hacía en su tiempo libre?, 7. ¿Cuándo fue su primera actuación?, 8. ¿Cómo conoció a su novio?, 9. ¿Ya tienen planes de boda?

7 c
Musterlösung
Con mucho amor y cogidos de la mano, encontramos a la actriz mexicana Sofía Delmonte con Luigi Stefano en Miami. Después de su éxito en Hollywood parece que Sofía también tiene éxitos en el amor.
Sofía nació en la ciudad de Monterrey en 1973. Durante su infancia vivía con sus padres y su abuela en una casa muy grande en Monterrey. En esta misma ciudad también fue a la escuela, hasta que se fue a estudiar a México D.F Aquitectura. Pero lo que a ella realmente le gustaba era ser actriz y por eso estaba también en el grupo de teatro

de la Universidad. En su tiempo libre hacía muchas cosas, como estar con amigos, salir, a veces estar sola, leer o ver una película. Pero lo que más le gustaba era hacer teatro. Su primera gran actuación fue en el Teatro de la ciudad en 1995. A su novio lo conoció cuando estaba haciendo la película "Amores divinos" con Diego Antonio Urarte. Lamentablemente Sofía no quiere contar nada de su vida privada y no sabemos cuáles son sus planes futuros o si se va a casar.

8
a. estaba – dormía – llegó – se sentó
b. empezó – Era – gustaba - miraba
c. empezó – se cayó
d. ayudó – pidió – Estaba
e. invitó – hablaron – estaba – quedaron

9
Imperfecto: ser, querer, saber, querer, decir
Indefinito: conocer, decir, enseñar, conocerse

10
Musterlösung
a. *Ayer me quedé en casa porque me dolía mucho la cabeza.*
b. La semana pasada no salí porque no tenía ganas.
c. El fin de semana pasado no te llamé porque no tuve / tenía tiempo.
d. Anoche fui al médico porque tuve un pequeño accidente.
e. El miércoles llegué tarde a casa porque fui a casa de mis padres.
f. Ayer no te visité porque tenía que trabajar.

11
freie Lösung

12
Musterlösung
a. Siempre – nunca – un día
b. de repente – Entonces
c. Un día – cuando
d. un día
e. Siempre – Un día

13
fui – tenía – vi – tenía – pregunté – dijo – estaba – prestó – fui – me invitó

14
freie Lösung

15 a
von links nach rechts und von oben nach unten
B, B, A, A, A, B, B, A

15 b
a. buscaba – invitó, b. dijo, c. se probó – entró – se casó, d. estaba – quería, e viajó – llegó – se probaron, f. fue – conoció – se enamoró – bailaron

15 c
1, 2, 3, [A], 4, [D], 5, 6, [B], [F], 7, [E], 8, [C]

16 a
a. Cuando el río suena, // piedras lleva.
b. Viene a menudo // sin decir nada.
c. ¿Vamos al cine // o a cenar?
d. Estoy muy cansada, // así que no voy a salir.
e. Tenía una cita, // por eso no vino.
f. La película trata de tres chicos // que se van a vivir a Londres.
g. Ayer vino tarde // porque tenía mucho trabajo en la oficina.

16 b
a. Ha venido Johannes, // el amigo alemán de Marta // que vive en Barcelona.
b. Quería concertar una cita // para hacerme un masaje.
c. Nos vemos // para cenar a las nueve // con Jaime y Rosa.
d. A los 16 años // me regalaron una Vespino negra.
e. Yo no estaba allí // cuando Jaime tuvo el accidente.

17
b. No, tenemos que continuar.
c. No lo supe.
e. Si lo sé, te digo.
g. Si vamos mañana, podemos dar un paseo.

Unidad 6

1
trabajar: en equipo, en el extranjero, en una oficina, con mucho estrés
ser: muy organizado, recepcionista, empresario
tener: conocimientos de informática, un título universitario, carné de conducir, experiencia, buena presencia, buen horario
saber: idiomas, escribir a máquina

2
von oben bis unten:
INFOEMPLEO.NET: Puesto, título, experiencia, contrato
RECEPCIONISTA: presencia, conocimientos, jornada laboral, sueldo

3 a
von oben bis unten:
4 (Saludo formal), 3 (Referencia al anuncio de trabajo), 2 (Presentación del currículum vitae), 1 (Despedida formal).

3 b
von oben bis unten:
Datos personales, Estudios y formación, Experiencia profesional, Idiomas, Otros

4 a
Nombre: Miguel
Apellidos: Valle Goméz
Teléfono: 3452179
2004 – 2007. Estudios de Hostelería en Barcelona
2007 – 2008. Estudios de Hostelería en Berna (Suiza)
2007 – 2008. *durante 6 meses* camarero en un hotel de Berna
Idiomas: alemán, inglés y un poco de francés
Otros: trabajo en equipo, sociable, comunicativo, organizado.

4 b
Musterlösung
Puede solicitar el puesto de recepcionista *porque* tiene experiencia y sabe idiomas.

5
freie Lösung

6
a. sé – puedo, b. Puedes – sé, c. puedo – sabes, d. Puede – sabe

7 a
1. empresario, 2. administrativo, 3. auxiliar de vuelo

8 a
1. el jefe es bastante difícil/ es muy estresante/ los horarios son muy irregulares. 2. tengo muchas vacaciones / tengo mucha responsabilidad. 3. los horarios son muy irregulares / es muy estresante / el jefe es bastante difícil / tengo mucha responsabilidad. 4. los horarios son muy irregulares / es muy estresante / el jefe es bastante difícil. 5. tengo mucha responsabilidad.

8 b
freie Lösung

9
Musterlösung
Enviar. En mi lengua: *senden, schicken.* Ejemplo: *Voy a enviar una postal a mis padres.*
El pedido. Palabra de la familia: *pedir, la petición.* Ejemplo: *En mi trabajo han hecho un pedido muy caro.*
La factura. En mi lengua: *die Rechnung.* Ejemplo: *No me han dado la factura de la compra.*
La fotocopia. Palabra de la familia: *fotocopiar, la fotocopiadora.* En mi lengua: *die Kopie.* Ejemplo: *¿Me puedes hacer dos fotocopias de esto?*
La reunión. En mi lengua: *die Versammlung.* Ejemplo: *Mañana tengo una reunión hasta las seis de la tarde.*
Contestar. En mi lengua: *antworten.* Ejemplo: *¿Has contestado bien las preguntas?*
El informe. En mi lengua: *Protokoll.* Ejemplo: *Mi compañera no encuentra el informe de la reunión de ayer.*
Revisar. En mi lengua: *überarbeiten, nachlesen.* Ejemplo: *¿Has revisado este archivo?*

10
Musterlösung
Fotocopiadora: fotocopiar
Fax: mandar un fax
Teléfono: llamar por teléfono
Escáner: escanear
Impresora: imprimir

11
El teléfono, las tijeras, el papel, el archivador, la lámpara (el flexo).

12 a
freie Lösung

12 b
1. tú, 2. usted, 3. tú, 4. tú, 5. usted, 6. tú/usted

13
Musterlösung
b. ¿Me dejas un bolígrafo rojo? / ¿Tienes un bolígrafo rojo?
c. No sé como abrir este fichero, ¿me puedes ayudar? / Oye, ¿tú sabes cómo se abre este fichero?
d. ¿Puedo ir con vosotros en el coche? / ¿Me podéis llevar a casa también?
e. Perdone, es que ahora estoy ocupado, ¿me puede llamar a las doce y media? / ¿Podría llamarme otra vez más tarde? Es que ahora estoy ocupado.

14
Musterlösung
b. ¿Me puedes ayudar a mandar este fax? Es que no sé cómo funciona esta máquina.
c. ¿Puede corregirme este texto, por favor?
d. ¿Le puedes dar este libro a Jordi?
e. ¿Podría recoger el pedido?
f. ¿Me pasas el libro?

15
b. Llévaselo, c. Corrígeselos, d. Tráemela, e. Ábremela, f. Escríbamela.

16
Musterlösung
b. ¿Le puedes llevar este paquete a Alberto, por favor?
c. ¿Por qué no le corriges a Andrés sus errores?
d. ¿Me puedes traer la camisa rosa?
e. ¿Me abres la puerta del coche, por favor?
f. ¿Me puede escribir una postal desde Tenerife?

17
b. aquel – este – ese, c. aquella – esa – esta, d. esos – estos – aquellos

18
Musterlösung
a. Vale, ¿qué te gustaría comer?
b. ¡Claro! ¡Cómo no!
c. Lo siento, pero no puedo.
d. Es que ahora mismo no puedo...
e. Espera, que ya la cierro.

19
von oben bis unten:
Imprimir, guardar, Enviar, Bajar, Apagar

20
abrir/ cerrar: un /el archivo, el menú "archivo", un /el documento
encender / apagar: el ordenador
navegar: en/por Internet
hacer clic: en el documento, en "imprimir", en el menú "archivo", en el archivo
guardar: en el archivo, en el menú "archivo", el documento
seleccionar: "enviar a", "imprimir", el menú "Archivo"

21
1. V, 2. V, 3. V, 4. V, 5. F, 6. V

22
freie Lösung

23 b
besonders höflich sind: b, c, e, f

24 a
Im Spanischen wird ein Komma verwendet,
..., wie z.B. im Satz **a**
..., die einen Gegengrund (*sin embargo*, **pero** usw.), ...
... wie *además, o sea*, en fin, **es decir** usw.
..., wie z.B. in dem Satz **c.**
... innerhalb eines Satzes, wie z.B. in **e.**

24 b
a. En verano me encanta salir a dar paseos, hacer barbacoas, nadar y tomar el sol.
b. Ya casi no utilizo el fax, además, cada vez menos gente lo tiene en su oficina.
c. Carmen estaba muy cansada, sin embargo, vino.

Otra vuelta II (Test Unidades 4-6)
1. c, 2. d, 3. c, 4. a, 5. d, 6. b, 7. c, 8. d, 9. b , 10. b, 11. a, 12. c, 13. d, 14. a, 15. c

Unidad 7

1
Musterlösung
Carnaval: disfraces, bebidas, globos, serpentinas, CDs.
Cumpleaños: tarta, bebidas, globos, flores, CDs.
Nochevieja: bebidas, globos, fuegos artificiales, serpentinas, CDs, canapés.

2
freie Lösung

3
Musterlösung
b. Luis ha llevado a Miguel a casa.
c. Necesitamos a tu padre porque nos va a ayudar en la nueva casa.
d. La televisión ha invitado al profesor a hablar sobre su especialidad.
e. Mi marido va a llamar a Carmen para preguntarle una cosa.
f. Mi empresa ayuda a los empleados mucho.

4
1. Ø, 2. a, 3. a, 4. en, 5. Ø, 6. Ø, 7. a, 8. Ø, 9. A, 10. por

5
Musterlösung
b. El sábado, 24 de abril, viene a visitarlo su prima Toñi / va a visitar a su prima Toñi.
c. El lunes, 26 de abril, tiene que ir a recoger a Maribel al aeropuerto a las dos menos cinco.
d. El miércoles, 28 de abril, va al cumpleaños de Juani.
e. El sábado, 1 de mayo, tiene que llevar a Maribel al aeropuerto.
f . El domingo, 2 de mayo, tiene que el tren a Valencia a las doce y cuarenta y ocho.
g. El lunes, 3 de mayo, tiene que ir a Valencia para participar en un curso de formación.
h. El jueves, 6 de mayo, va a hacer un examen de francés.

6 a
1. Mañana vamos a visitar a Claudia. Está enferma desde el fin de semana. ¿Vienes? Vamos por la tarde. Besos. Pepa.
2. Hemos quedado el sábado en el bar Toni a las 5. Besos. Manu.
3. ¿Vamos a mi fiesta de cumpleaños? Mañana a las 9 en mi casa. ¿Puedes traer algo de beber, por favor? Marta.
4. ¿Quedamos para tomar algo? Estoy aburrido en casa. Tengo ganas de verte. Besitos, Lucas.

6 b
Diálogo 1: sms 1
Diálogo 2: sms 4.

6 c
freie Lösung

7
a. formal: Estimado Sr. /Sra. – Tenemos el placer de invitarlos – Saludos cordiales
b. informal: Hola – os invitamos - Besos

8a, b, c
freie Lösungen

9 a
3 Una persona invita a otra a ir al teatro.
5 Dos personas discuten sobre quién paga.
1 Una persona organiza una fiesta porque tiene visita de un familiar.
2 Una madre llama a su hija para invitarla a comer.
4 Dos personas se van a tomar algo para celebrar una buena noticia.

9 b
1. f, 2. v, 3. f, 4. v, 5. f

10
2. se canta – se baila, 3. se come, 4. se decoran, 5. se prepara, 6. se celebran

11
4 La Fiesta de la Cerveza de Múnich
5 Fiesta de los Muertos en Ecuador.
1 Carnaval
2 Fiesta de Inti Raymi o del Padre Sol
3 Fiestas del Pilar o Fiesta Nacional de España

12

N			R					
E			A					
1 G	U	I	R	N	A	L	D	A
R			B					
I	2 M	U	E	S	T	R	A	
7 V	3 F	O	L	C	L	O	R	E
		4 V	E	R	B	E	N	A
5 C	O	N	8 C	U	R	S	O	
6 A	C	T	U	A	C	I	Ó	N

13
freie Lösung

14
1. con, 2. en, 3. a, 4. de, 5. a, 6. a, 7. a, 8. con, 9. en, 10. a, 11. a, 12. a, 13. de, 14. a, 15. de

15
freie Lösung

16 a
freie Lösung

16 b
En España...
el 22 de diciembre: lotería de Navidad
el 24 de diciembre. Nochebuena: cena en familia
el 25 de diciembre. Navidad: día en familia
el 28 de diciembre. Santos Inocentes: se hacen bromas.
el 31 de diciembre. Nochevieja: se comen 12 uvas y hay cotillones.
el 1 de enero. Año Nuevo: se descansa de la noche anterior.
el 6 de enero. Los Reyes Magos: hay regalos y se come el Roscón de Reyes.

17
freie Lösung

18
1-C, 2-F, 3-D, 4-E, 5-A, 6-B

19
Freie Lösung

20 a
Musterlösung
a, e, o + i*, u wie z.B. in **baile** und **Europa**
i, u + a, e, o wie z.B. in **tienda** und **sueño**
i + u; u + i* wie z.B in **ciudad** und **ruido**

20 b

cau-sa	puer-ta	vein-te
Ceu-ta	in-vier-no	viu-do
sue-lo	eu-ro	Lui-sa

21 a
Musterlösung
... einen orthografischen Akzent (*tilde*) wie z.B. in *país* oder **poesía**.

21 b
cli-en-te, Ma-rí-a, me-dio-dí-a, a-hí, Sue-cia, rí-o, ha-cé-is, com-prá-is, tra-er

Unidad 8

1
Musterlösung
b. *Uruguay* es un país que está al oeste de Argentina y al sur de Brasil.
c. *Mendoza* es una ciudad que está en el oeste de Argentina.
d. *Tierra del Fuego es una región* que está al sur de Sudamérica. Es una isla.
e. *El Aconcagua* es una montaña de la cordillera de los Andes.
f. *Las Islas Malvinas* están en el Océano Atlántico, al este de Argentina.
g. *El vocán Ojos del Salado* está en el norte de Argentina, cerca de la frontera con Chile, en la cordillera de los Andes.
h. *La Península Valdés* está a orillas del Mar Argentino, en el océano Atlántico.
i. *Río Negro* es un río que está en el centro de Argentina.

2
Musterlösung
b. Si quieres hacer un curso de español puedes ir a Guatemala, por ejemplo, en Antigua hay muchas escuelas de español.
c. Para ver el océano Pacífico puedes ir a Perú o a Chile.
d. Si te interesa la cultura maya, tienes que ir a Guatemala o al sur de México.
e. Si quieres ir al Machu Picchu, tienes que ir a Perú.

3
1. París
2. El Danubio
3. El Teide

4 a
1. la ciudad, 2. el río, 3. el volcán, 4. el bosque, 5. el lago, 6. la playa, 7. los campos, 8. el pueblo, 9. la selva, 10. los árboles, 11. la montaña

4 b
freie Lösung

5 a
fundó – refundó – comenzó – se desarrolló – sufrió – se construyó

5b
freie Lösung

6
Musterlösung
a. Mérida en España tiene menos habitantes que Mérida en Venezuela o México. Mérida en Venezuela está a mayor altura que Mérida en España y México. Mérida en España es la que tiene mayor superficie y es la más antigua.
b. Córdoba en México es la que tiene mayor altitud pero la que tiene menor superficie. La que tiene más superficie es Córdoba en España y además es la más antigua. Córdoba en Argentina es la que tiene más población.
c. Barcelona en Venezuela está a mayor altura que Barcelona en España, pero Barcelona en España tiene mayor superficie y es la más antigua. Además tiene más habitantes que a Barcelona de Venezuela.

7.
Musterlösung
La contaminación: el autobús, la fábrica, el avión
La oferta cultural: el teatro, el monumento
El ruido: el autobús, la obra, el avión
Los atascos: el autobús, el aparcamiento
Zonas verdes: el árbol
Patrimonio artístico y cultural: el teatro, el monumento

8 a
freie Lösung

8 b
freie Lösung

9 a
Musterlösung
Barrio A. Tiene aspectos negativos como el tráfico, la delincuencia, edificios feos…
Barrio B. Tiene aspectos positivos como las casas bonitas, las zonas verdes, la seguridad…

9 b
Musterlösung
Barrio A: 3, 4, 6
Barrio B: 1, 2, 5

9 c
freie Lösung

10
freie Lösung

11
b. En este barrio el aire está muy sucio. Por eso hay mucha contaminación.
c. Una vecina ha llamado. Por eso la policía está buscando al delincuente.
d. Los habitantes de Alcudia quieren hablar sobre el nuevo polideportivo. Por eso quieren organizar una reunión.
e. Es el cumpleaños de David. Por eso tenemos que llamarlo.
f. Luis y Esme están muy cansados. Por eso no tienen ganas de quedar con nosotros.

12
1. mucho, 2. mucho, 3. muy, 4. mucho, 5. muy, 6. muchos, 7. muy, 8. muchos, 9. mucha, 10. muchos, 11. muy, 12. muchas, 13. muy, 14. muy, 15. Muchos

13 a
1. Toma la línea 2 hasta Manuel Becerra (una parada), allí cambia y toma la línea 6 hasta Nuevos Ministerios (cuatro paradas). 2. La persona está posiblemente en la parada de Chueca y tiene que tomar la línea 5 hasta Gran Vía (una parada), allí cambiar y tomar la 1. Sol es la siguiente parada. 3. Está en Argüelles y quiere ir a Chueca. Para ello toma la línea 4 hasta Alonso Martínez (tres paradas) y allí toma la 5 en dirección a Chueca (una parada).

13 b
Musterlösung
1. Tiene que tomar la línea 1 hasta la parada Plaza de Castilla. Allí hace un transbordo y toma la línea 9. Hasta Colombia son tres paradas.
2. Para ir al aeropuerto puede ir de Sol hasta Cuatro Caminos y luego tomar la línea 8 hasta Aeropuerto.

14 a
freie Lösung

14 b
freie Lösung

15
La letra *z* y *c* se han pronunciado de distinto modo. En las cinco primeras palabras se han pronunciado como [θ]. En cambio, las palabras *cerveza*, *cero*, *corazón* y *diccionario* se han pronunciado como [s].

16
La letras ll en la primera variante corresponde al sonido /j/, en la segunda variante /[ʎ]/. La tercera variante se corresponde con la variante argentina similar a las letras *sh* en inglés.

17
a. Juanjo es español, b. Marcos es argentino, c. Cecilia es peruana, d. Rocío es española.

Unidad 9

1
a. 7, b. 10, c. 8, d. 12, e. 4, f. 2, g. 14, h. 1, i. 13, j. 5, k. 9, l. 3, m. 6, n. 11

2
freie Lösung

3 a
a. Lola, b. Manolo, c. Lucas, d. Inés

3 b
freie Lösung

3 c
freie Lösung

4 a

Infinitivo	**Imperativo afirmativo**	**Imperativo negativo**
preguntar	pregunta	*no preguntes*
ir	*ve*	no vayas
hacer	*haz*	*no hagas*
seguir	*seguir*	no sigas
dormir	duerme	*no duermas*
comportarse	*compórtate*	*no te comportes*

Musterlösung
Ejemplos: *¡Pregunta a tu madre!*, *¡No vayas a la discoteca!*, *¡Haz más deporte!*, *¡Sigue todo recto!*, *¡Duerme más!*, *¡Compórtate bien!*

4 b
1. vayas, 2. pongas, 3. ponte, 4. oigas, 5. ve – compra, 6. llegues.

5
Musterlösung
a. Álvaro, chico, no cuentes más chistes que estás siendo un poco pesado.
b. Vamos, Sofía, no seas tan tímida y habla un poquito más. Es mejor para ti.
c. Iván, por favor, ¿por qué no te callas un poco?
d. Vamos, Carmencita, sal un poco de casa, que te va a venir bien. ¡Venga!
e. Chicos, ¡hablad un poco más con la gente!
f. ¡Por favor! No habléis tanto de la tele que aburrís un poco.

6 a
1. a, 2. b, 3. a, 4. b

7.
a. arroje, b. deje, c. hable, d. meta, e. saque

8 a
Musterlösung
2. Chico, busca más contacto con la gente.
3. Venga, haz un curso de cocina.
4. Por favor, compórtate de una forma positiva.
5. Tened una actitud positiva y sed original, chicos.
6. Chico, vete de vacaciones con un grupo.

9
freie Lösung

10
a. 3, 5, 6
b. 1, 7, 9, 10, 11
c. 1, 8
d. 2, 4, 12

11
a. Cuánto tiempo sin – tirando, b. ni hablar – me toca a mí, c. pasad, pasad – esto es para – si no era necesario

12
a. 2, b. 1, c. 1, d. 2, e. 1

13 a
Musterlösung
Margarita antes estudiaba. Estaba gordita y llevaba gafas. Era un poco desordenada. Fumaba y comía muchos dulces.

13 b
Musterlösung
Margarita ha empezado a hacer deporte y ha dejado de fumar. También ha dejado de comer dulces. Ya no es desordenada. Sigue llevando gafas.

14
freie Lösung

15 a
2. f, 3. a, 4. e, 5. d, 6. g, 7. b

16
a.1, b.2, c.1, d.2, e.2, f.1

17 a
freie Lösung

17 b
Son petición o sugerencia: a, b, d, e
Es orden: c

Otra vuelta III (Test Unidades 7 – 9)
1. b, 2. d, 3. c, 4. b, 5. c, 6. b, 7. b, 8. d, 9. b, 10. d, 11. a, 12. d, 13. c, 14. c. 15. a

Lösungen Test Start Español A2

1. a, 2. b, 3. b, 4. c, 5. c, 6. a, 7. c, 8. c, 9. c, 10. b
11. b, 12. a, 13. f, 14. e, 15. e, 16. b, 17. d, 18. f
19. v, 20. f, 21. f, 22. f , 23. v, 24. v, 25. v, 26. f, 27. v,
28. f, 29. f, 30. f, 31. F, 32. B, 33. C, 34. G
35. v, 36. f, 37. v, 38. v
39. a, 40. c, 41. f, 42. b

Kurssprache Spanisch

1. Wie sage ich es im Kurs?

Können Sie / Kannst du es an der Tafel schreiben?
¿Puede/s escribirlo en la pizarra?

Können Sie / Kannst du bitte langsamer sprechen?
¿Puede/s hablar más despacio, por favor?

Können Sie / Kannst du bitte wiederholen?
¿Puede/s repetir, por favor?

Können wir die CD bitte noch einmal hören?
¿Podemos escuchar el CD otra vez?

Welche Seite ist es?
¿Qué página es?

Ich verstehe nicht.
No entiendo.

Ich bin noch nicht fertig.
Todavía no he acabado.

Was sollen wir tun?
¿Qué tenemos que hacer?

Ich habe eine Frage.
Tengo una pregunta.

Was bedeutet ...?
¿Qué significa...?

Wie sagt man ... auf Spanisch / Deutsch?
¿Cómo se dice... en español / alemán?

Wie schreibt man ...?
¿Cómo se escribe...?

Ich weiß es nicht.
No lo sé.

Wie spricht man ... aus?
¿Cómo se pronuncia ...?

Leider kann ich nächstes Mal nicht kommen.
Lo siento, pero la próxima vez no puedo venir.

Tschüss! Bis nächste Woche!
Adiós. ¡Hasta la próxima semana!

2. Was sagt der Kursleiter / die Kursleiterin?

¿Está claro?
Ist das klar?

¿Entendéis?
Versteht ihr?

¿Puedes leer, por favor?
Kannst du bitte lesen?

¿Estáis listos?
Seid ihr fertig?

¿Quién del curso...?
Wer im Kurs...?

Abrid el libro por la página...
Öffnet das Buch auf Seite ...

3. Wortliste für die Anweisungen

el acento	Betonung
la actividad	Aktivität
adivinar	erraten
anotar	aufschreiben
asociar	verbinden
ayudar	helfen
buscar	suchen
el CD	CD
clasificar	sortieren
coincidir con...	übereinstimmen mit...
el compañero/-a	Partner/in
completar	ergänzen
comprobar	überprüfen
concertar	vereinbaren
contestar	antworten
corregir	korrigieren
contar	erzählen
los deberes	Hausaufgaben
describir	beschreiben
el diccionario	Wörterbuch
dictar	diktieren
discutir	diskutieren
diseñar	entwerfen
ejercicio	Übung
elaborar	erstellen
elegir	auswählen
la encuesta	Umfrage
escribir	schreiben
escuchar	hören
explicar	erklären
expresar	ausdrücken
la expresión	Ausdruck
falso	falsch
la frase	Satz
el gesto	Geste
hablar	sprechen
hacer	machen
la información	Information
intercambiar	austauschen
inventar	erfinden
leer	lesen
la letra	Buchstabe
el libro	Buch
la lista	Liste
marcar	markieren
la opinión	Meinung
ordenar	ordnen
la página	Seite
la palabra	Wort
el párrafo	Absatz
pensar	denken
planificar	planen
preguntar	fragen
presentar	vorstellen
la pronunciación	Aussprache
la propuesta	Vorschlag
relacionar	verbinden
rellenar	ausfüllen
representar	darstellen
responder	antworten
seleccionar	auswählen
subrayar	unterstreichen
la tarea	Aufgabe
el texto	Text
unir	verbinden
verdadero	richtig

Notizen

Umschlag vorn: links © getty images/Digital Vision/Robert Harding; Mitte © Stockbyte Platinum; rechts © getty images/Riser/Grant Faint; Umschlag innen: © Cartomedia Karlsruhe, www.cartomedia-karlsruhe
S. 7: alle Fotos © MHV-Archiv
S. 8: A © Andrés Rodriguez/fotolia.com; B © pitopia/Oliver J. Graf, 2005; C © panthermedia/ Werner H.; D © José Manuel Gelpi Díaz/fotolia.com
S. 12: Musterexamen © telc GmbH, www.telc.net
S. 13: Karte © Cartomedia Karlsruhe,www.cartomedia-karlsruhe.de
S. 17: alle Fotos © Ana González Salgado
S. 18: alle Fotos © Ruta Quetzal BBVA
S. 20: links © Martin Gerrits; rechts © panthermedia/Danny B.
S. 21: Satellit © HISPASAT (Lanzamiento del satélite Amazonas de HISPASAT); Bill Clinton © picture-alliance/dpa; 500 Jahre Entdeckung Amerikas : mit freundlicher Genehmigung von José María Cruz Novillo; Olympische Spiele © Francisca Tortosa Salgado; Expo 92 © Sociedad Estatal de Gestión de Activos, S.A. (AGESA); Rigoberta Menchú © picture-alliance/Photoshot; AVE © RENFE; Miguel Induráin © picture-alliance/dpa
S. 22: Gloria Fuertes © picture-alliance/dpa; Gedicht „Autobiografía" von Gloria Fuertes
S. 23: Kolumbus © panthermedia/Heiko S.; Moros y Cristianos © Asociación de Fiestas de Moros y Cristianos San Francisco de Asís de Crevillent; Casa Calderón de la Barca © Beate Dorner; Parque Público © Nydia Contreras; Gemälde © Museo de l'Almodi; Xátiva; Mexiko © Katharina Heuberger
S. 27: Koffer © irmurka/fotolia.com; DVD-Cover © El Deseo S.A.; Vase © Tiler84/fotolia.com; Kinderradio © www.myToys.de; Tisch © David Hughes/fotolia.com; Tasse und Lampe © IKEA Deutschland GmbH & Co. KG; Vorhang © panthermedia/Simone D.; Handtücher © panthermedia/I., K.H.; Gläser © benoitphoto/fotolia.com; Gemälde © drizzd/fotolia.com; Handtasche © terex/fotolia.com
S. 30: junger Mann © irisblende.de; Maler © Inna Felker/fotolia.com; ältere Frau © Lisa Kyle Young/istockphoto; Büro © Werner H.; Fitnessstudio © mauritius images/Jupiterimages; Restaurant © Photodisc/Vision SRL; Kosmetik © panthermedia/Bernd B. ; Heißluftballon © MEV/MHV; Ausstellung © irisblende.de; Malen © Rubberball; Zebra © panthermedia/Brigitte S.; Kreuzfahrt © panthermedia/Holger W.; Kochen © irisblende.de; Whirlpool © MEV/MHV; Gourmetessen © MEV/MHV
S. 31: links © Pixtal; Mitte © Pitopia/Yvonne Bogdanski, 2006; rechts © Jack Hollingsworth/Corbis
S. 33: 1 © archana bhartia/fotolia.com; 2 © Gerd Ludwig/Visum; 3 © irisblende.de; 4 © Piñata © Gabriela Farah
S. 37: Tango © Jürgen Frank; Karte © Cartomedia Karlsruhe, www.cartomedia-karlsruhe.de
S. 40: A © MEV/MHV; B © Beate Dorner; C © Digital Vision/Andy Sotiriou; D © panthermedia/Christian L.;"Oye" Musik & Text: Rene Touzet © Ed. Musical Latino Americana S.A. / Universal Music Publ. GmbH
S. 41: A © laif/Cover; B © picture-alliance/dpa; C,D © interfoto; E © SEAT S.A.; F © vario images
S. 43: von links nach rechts: Familie © Carlos Sanz Oberberger; © interfoto; © picture-alliance/KPA/TopFoto; © picture-alliance/dpa
S. 44: oben von links nach rechts: © Gertrude Kaindl/fotolia.com; © MEV/MHV; © MEV/MHV; © Dominique Vernier/fotolia.com; Mitte © picture-alliance/dpa; unten © panthermedia/ Ludger B.
S. 45: 1 © Executive Office of the President of the United States; 2 © picture-alliance/dpa; 3 © laif/Cover; 4 © Archivo General de la Nación, Argentinien
S. 46: © Archivo Lunwerg und © Pablo Pérez Minguez
S. 47: Brasero © María del Angel Arroyo Sebastian; Mate © Jürgen Frank; Girlanden © Katharina Heuberger; Maismühle © Nydia Contreras; Kamm © asterix059/istockphoto; Poncho © Vera Gummesson; Türklopfer © Beate Dorner; Botijo © MHV-Archiv; Aztekenuhr © Stephen Sweet/fotolia.com; Fächer © Sujit Mahapatra/fotolia.com; Familie © Pepe Figueredo
S. 51: A © FotoLyriX/fotolia.com; B © danielschoenen/fotolia.com; C © Lucky Dragon/fotolia.com; D © Compañia Menaje Doméstico (Magefesa); E © Franc Podgoršek/fotolia.com; F © Helmut Brands/fotolia.com; G © ketrin/fotolia.com; H © panthermedia/ Jürgen G.
S. 53: links und Mitte © interfoto; rechts © Cristóbal González Salgado
S. 55: oben links © falkjohann/fotolia.com; rechts oben © Gina Smith/fotolia.com; unten links © Galina Barskaya/fotolia.com
S. 61: Zeichnungen: oben links © Magnus Schmidhuber; oben rechts © Ana Díaz; unten links © Paula Dorner; unten rechts © Ella Adam
S. 64: © MHV-Archiv
S. 67: Hintergrund © Franz Pfluegl/fotolia.com
S. 71: links © EyeWire; Mitte links © Michael Martin/istockphoto; Mitte rechts © ZM Photography/fotolia.com; rechts © Kurt Fuchs Presse Foto Design
S. 74: alle Fotos © Creatas/Dynamic Graphics; „Tu tenías veinte años", Musik & Text: Antonio Parera Fons, Manuel Vazquez Montalban © Ed. Musicales PolyGram S.A. – Unimusic, Ed. Musicales Discorama S.A. / Universal Music Publ. GmbH, Ed. Musicales Discorama S.A.
S. 75: A © Florencio Sánchez Sanz; B © Ayuntamiento de Cádiz; C © Instituto de Turismo de España – Turespaña ; D © getty images/Taxi/Edgardo Contreras
S. 77: © MHV-Archiv
S. 78: Mama Negra © Tourismusministerium Ecuador/Freddy Rivadeneira; Feuerwerk © Bildunion/Florian Köhler; Chirimoya © Tim Abbott/istockphoto; Guaguas de pan © Victoria Lastiri ; Día de la Raza © Ministerio de Turismo del Ecuador
S. 79: alle Fotos © Ayuntamiento de Zaragoza
S. 80: alle Fotos © MHV-Archiv
S. 81: Kastagnetten © Anyka/fotolia.com; Bandoneon © Bandoneonfabrik Klingenthal; Tamburin © Arturo Limón/fotolia.com; Maraca © Radhoose/fotolia.com; Trompete © Jari Aherma/fotolia.com; Marimba © Katharina Heuberger; Akkordeon © Izaokas Sapiro/istockphoto; Panflöte © Marek Walica/istockphoto
S. 85: Foto Santiago © panthermedia/Rene W.
S. 86: links © Robert Lerich/fotolia.com; Mitte © Tersina Shieh/fotolia.com; rechts © panthermedia/Hans-Joachim A.
S. 89: © panthermedia/Philip L.
S. 90: Abbildungen © Metro de Santiago
S. 95: links © Roger Higgins, Library of Congress. New York World-Telegram & Sun Collection. http://hdl.loc.gov/loc.pnp/cph.3c14985; Mitte links © akg-images; Mitte rechts © panthermedia/Michael K.; rechts © picture-alliance/dpa
S. 96: © panthermedia/Ralph G.
S. 98: A, C, D, E © Virginia Azañedo; B, F © MHV-Archiv
S. 101: © Colourbox
S. 108: links © MHV-Archiv; rechts © bildunion/Tobias Ott;Text „La vida es un carnaval", M+T: Victor Daniel Roberto © by Musivida Publishing, SVL: Neue Welt Musikverlag GmbH & Co. KG
S. 111: a © Claus Breitfeld, Madrid; b © irisblende.de; c © Creatas/Dynamic Graphics; d © Kurhan/fotolia.com
S. 114: links oben und beide unten © Creatas/Dynamic Graphics; rechts oben © MEV/MHV
S. 115: a © panthermedia/Hanns-Joachim R.; b © Beate Dorner; c © Eray Haciosmanoglu/fotolia.com; d © Franz Pfluegl/fotolia.com; e © Elnur/fotolia.com
S. 122: oben rechts © irisblende.de; unten links © MEV/MHV; unten rechts © Shotshop/calgal
S. 125: Gebäude Gaudí © Martin Gerrits
S. 128: © anrip
S. 131: 1 © mauritius images/Phovoir ; 2 © Ljupco Smokovski/fotolia.com; 3 © Jasmin Awad/istockphoto; 4 © Britta Meier
S. 132: 6 © panthermedia/Heike B.
S. 135: links © Pixtal; Mitte © Pitopia/Yvonne Bogdanski, 2006; rechts © Jack Hollingsworth/Corbis
S. 142: Handy © Thomas/fotolia.com; Schreibmaschine © irisblende.de; Brille © Optik Wettwer, www.antike-brillen.de; altes Schaukelpferd © Gunnar Leon/fotolia.com; neues Schaukelpferd © PhotoCreate/fotolia.com; altes Bett © photooiasson/fotolia.com; neues Bett © rgbdigital.co.uk/fotolia.com
S. 143/145: alle Fotos © Cristóbal González Salgado
S. 147: links © laif/Cover; rechts © picture-alliance/schroewig
S. 148: 1 © snakefood/fotolia.com; 2 © irisblende.de; 3 © MHV-Archiv; 4 © Bildunion/Uwe Bumann; 5 + 5 © Fotoplaner/fotolia.com
S. 154: oben © Panthermedia/Stefan K.
S. 156: links © Sandy Schulze/fotolia.com; Mitte links © hsfelix/fotolia.com; Mitte rechts © Bildagentur-online/ Design Pics; rechts © Warwick Lister-Kaye/fotolia.com
S. 161: © Andres Rodriguez/fotolia.com
S. 162: © panthermedia/Anita T.
S. 164/167: © MHV-Archiv
S. 180: Roscón © Raquel Muñoz Martínez
S. 184: alle Fotos © Jürgen Frank
S. 186: Statue © panthermedia/Michael K.; Park © Michael Mulkens/fotolia.com; Flugzeug © MEV/MHV; Busstation © JCVStock/fotolia.com; Fabrik © Tadeusz Ibrom/fotolia.com; Theater © Ferenc Szelepcsenyi/fotolia.com; Baustelle © Irina Fischer/fotolia.com; Parkplatz © Sgtrix/fotolia.com
S. 187: links © Susanne Schindler; rechts © Philip Lange/fotolia.com
S. 189: U-Bahn-Plan © Metro de Madrid
S. 195: Signalbi der Ruhe und Feuergefahr © SETON
S. 197: © a4stockphotos/fotolia.com
S. 198: © panthermedia/Andres R.

Wir haben uns bemüht, alle Inhaber von Text- und Bildrechten ausfindig zu machen. Sollten Inhaber hier nicht aufgeführt sein, so wäre der Verlag für entsprechende Hinweise dankbar.

Inhalt CD 1 Kursbuch

Track	Aktivität
Unidad 1	
[1–6]	Einstieg
[7]	1b
[8]	5a
Unidad 2	
[9]	2b, c
[10]	3c
Unidad 3	
[11–13]	2a
[14]	5a
Otra vuelta I	
[15]	canción
Unidad 4	
[16–21]	Einstieg
[22]	3b
Unidad 5	
[23]	Einstieg
[24]	1a
[25–27]	4b
Unidad 6	
[28–29]	1b
[30]	2c
[31–33]	4a
Otra vuelta II	
[34]	1 (S. 71)
[35]	2 (S. 71)
[36]	canción
Unidad 7	
[37]	Einstieg
[38–43]	2a
[44]	4c
[45–46]	5c
[47]	ec b
Unidad 8	
[48–50]	1d
[51]	3b
[52]	4a
[53]	atp
Unidad 9	
[54–58]	2b
[59–64]	3b
[65]	4a
[66]	ec b
Otra vuelta III	
[67]	canción

Die Texte der Hörverständnisübungen sind im Internet-Lehrwerkservice www.hueber.de/ene zu finden.
Gesamtlaufzeit: 148 Minuten, CD 1 ca. 78 Min., CD 2 ca. 70 Min.

Sprecher: Pablo Esteban Avila, Thomas Bennett-Long, Macarena Berlín González, Francisco José Camino Jiménez, Silvia Christl, Nydia Contreras, Álvaro Díaz Minguez, Jürgen Frank, Valentina Alejandra Garrido López, Marina Hernández Zárate, Hans Hillreiner, Annette Medick-Pons, Britta Meier, Luz Emilia Minera Reyna, Carmen María Ramírez Cabello, Angelita Sandoval, Alexis Soto Ferrera, Josefina Vázquez Arco, Gina Vera de Schönauer
Gesang: Augusto Aguilar, Josefina Vázquez Arco
Produktion: Tonstudio Langer, Ismaning; Studio Jensides-Studio (Musik)

Inhalt CD 2 Arbeitsbuch

Track	Übung
Unidad 1	
[1]	7
[2]	16
[3–8]	20
Unidad 2	
[9]	5
[10–13]	8b
[14]	13a
[15]	15
[16]	19a
[17]	21
Unidad 3	
[18–22]	6
[23]	8
[24–26]	12
[27–29]	16
[30]	20a
Unidad 4	
[31]	3a
[32–34]	6b
[35]	10b
[36]	12a
[37]	20a
[38]	20c
[39]	22
Unidad 5	
[40]	3a
[41]	7b
[42]	9
[43]	16a
[44]	16c
[45]	17
Unidad 6	
[46]	4
[47–49]	7a
[50–52]	7b
[53–58]	12b
[59]	23a
[60]	23b
Unidad 7	
[61–62]	6b
[63–67]	9
[68–72]	11
[73]	16b
[74–75]	19
[76]	20b
[77]	21b
Unidad 8	
[78]	2
[79]	3
[80]	9b
[81–83]	13
[84]	15
[85]	16
[86]	17
Unidad 9	
[87]	6b
[88]	11
[89]	12
[90]	15a
[91]	15b
[92]	16
[93]	17b, c
Test Start A2	
[94]	2 Parte 1
[95]	2 Parte 2
[96]	2 Parte 3
[97]	Witze, S. 57